ARCHE

İrfan Orga

ARCHE

Das Haus am Bosporus

Die Geschichte meiner Familie

Aus dem Englischen
von Fritz Schneider

Für Margarete, meine Frau, in Liebe

Inhalt

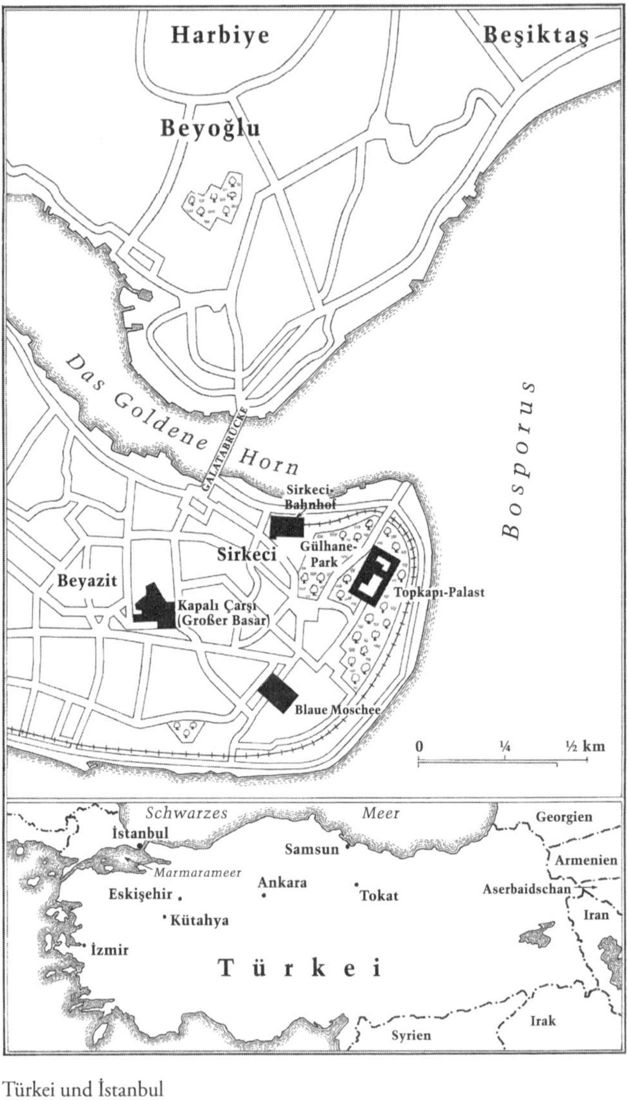

Türkei und İstanbul

I. Vorstellung der Familie

Ich kam am 31. Oktober 1908 in İstanbul zur Welt, als das erstgeborene Kind meiner Eltern. Zum Zeitpunkt meiner Geburt war meine Mutter fünfzehn, mein Vater zwanzig. Das Domizil unserer Familie, ein Haus mit Blick auf das Marmarameer, stand hinter der Blauen Moschee, an der Ecke zu einer kleinen Sackgasse, vom Meer nur durch eine niedrige Steinmauer getrennt. Es war ein stiller, grüner Ort, und in unmittelbarer Nähe gab es noch eine winzige Moschee. Zu meinen frühesten Erinnerungen zählen das sanfte, unaufhörliche Plätschern des Marmarameeres und das Vogelgezwitscher in den Gartenanlagen. Unser Haus war ein großes, weiß angestrichenes Holzhaus mit grünen Fensterläden und vergitterten Balkonen an seiner Vorder- und Rückseite. Es gehörte meinem Großvater und meiner Großmutter, mit denen wir dort unter einem Dach lebten.

Im Rückblick kommt es mir so vor, als sei meine gesamte frühe Kindheit verbunden mit dem Geräusch des Meeres und mit den Stimmen meiner Großeltern und Eltern, wie diese unten auf der Terrasse mit Blick auf den Garten gemeinsam beim Frühstück saßen. Noch immer kann ich die kindliche Zufriedenheit verspüren, mit der ich damals in dem niedrigen, sonnigen Zimmer aufwachte, einem Raum, der von dem vom Meer reflektierten weißen Licht durchflutet war, und noch immer höre ich schwach die Haushaltsgeräusche aus der Küche und das hohe, unterdrückte Lachen unserer schwarzen Köchin. Sobald ich aufgewacht war, krabbelte ich aus dem Bett, wobei ich in meinem altmodischen Nachthemd einen komischen Anblick geboten haben muss, presste meinen Kopf gegen die aus Sicherheitsgründen an den Fenstern angebrachten Eisenstangen und rief etwas hinunter zu der unten sitzenden Familie. Dies war für meinen Vater das Signal, seine Serviette beiseitezuwerfen und mir nach oben zuzurufen, dass er zu mir komme. Daraufhin flitzte ich wieder zurück ins Bett, wobei ich vor Vorfreude leise in mich hineinlachte, denn ich hatte bereits mitbekommen, dass ich ein wichtiges Mitglied des Haushalts war. Für mich begann jeder Tag damit, dass mein Vater seine Serviette beiseiteschleuderte, in Windeseile die Treppe heraufstürmte, mich packte und ein ums andere Mal in die Höhe warf, begleitet von meinen aufgeregten, angsterfüllten Schreien. Doch es war eine Angst, die ich nicht missen mochte, und mein Tag hätte nicht richtig begonnen, hätte mein Vater dieses aufregende Spiel weggelassen. Von meinem Lachen angelockt, erschien dann İnci auf der Bildfläche, mit rollenden dunklen Augen in ihrem kleinen schwarzen Gesicht und mit vor Lachen verzerrtem Mund. İnci war mein Kindermädchen, kohlrabenschwarz und erst dreizehn Jahre alt, und dennoch hatte man ihr die volle Verantwortung für mich übertragen.

Sie war die Tochter von Feride, unserem Stubenmädchen, und in İstanbul zur Welt gekommen, als ihr Vater Diener im Palast des Sultans gewesen war. Nachdem İncis Vater gestorben war, hatte meine Großmutter sie und ihre Mutter zu uns ins Haus geholt, und nach meiner Geburt wurde İnci mir zugewiesen. Ich liebte sie über alles und hätte mir ein Leben ohne sie nicht vorstellen können. Sie war immer gut gelaunt und brachte mich zum Lachen, wenn sie mich ansah und dabei die Augen verdrehte oder komische Grimassen zog. Selbst wenn ich noch renitenter war als sonst und sie laut anbrüllte oder mit den Füßen aufstampfte, bewahrte sie ihre gute Laune und verpasste mir lediglich einen kurzen kräftigen Klaps, dort, wo es am meisten wehtat; dann ließ sie mich allein und wartete, bis sich meine Wutanfälle wieder gelegt hatten.

Sobald İnci morgens in meinem Zimmer aufgetaucht war, stellte mein Vater mich auf die Füße, riet mir, ein braver Junge zu sein, tätschelte İncis gekräuseltes Haar und ging dann seiner Wege. İnci und ich starrten uns ein oder zwei Momente lang ernst an, und dann begann sie, ihre komischen Grimassen zu ziehen und mit ihren schmalen Hüften zu wackeln, und wir beide brachen in lautes Gelächter aus, ich rannte zu ihr hin und schlang meine Arme um sie. Anschließend begann sie damit, mich zu waschen und anzuziehen. Sie packte mich am Arm und hielt mich über das flache Porzellanbecken, um mir das Gesicht und den Hals mit Seife einzuschäumen, wobei mir das meiste davon in die Augen geriet. Und die ganze Zeit über trat ich um mich und versuchte vergeblich, mich aus ihrem Griff zu befreien. Die nächste Tortur, die ich zu erdulden hatte, war das Haarekämmen. Ich hatte dichte Locken, die der ganze Stolz meiner Mutter waren. Sie waren auch İncis ganzer Stolz – wenn sie in Ordnung gebracht waren, doch die Herstellung dieses Zustands wurde begleitet von meinen Wut- und Schmerzensschreien und von İncis Aufforderungen, endlich stillzuhalten und sie ihre Arbeit machen zu lassen. War mein Haar schließlich zu ihrer Zufriedenheit gekämmt, so starrten wir einander wütend an, ich mit noch immer vom Zupfen und Zerren des Kamms schmerzender Kopfhaut und noch immer rot geränderten Augen von der Seife. Es war ein täglich aufs Neue entbrennender Kampf, der ebenso sehr zu meinem Leben gehörte wie das Geräusch des Meeres oder wie der Kuss meines Vaters, doch nach fünf Minuten war alles wieder vergessen, und ich stürmte die Treppe hinunter, mit İnci im Schlepptau, um meiner Mutter und meinen Großeltern guten Morgen zu sagen. Der Kuss meiner Mutter verlieh dem Tag das Siegel der Vollkommenheit. Was ihm vorausging – mein Aufwachen in jenem lichtdurchfluteten Raum, mein Vater, wie er mich hoch in die Luft warf, mein Kampf mit İnci –, all dies war bloß das süße, herrliche Vorspiel für den Kuss meiner Mutter. Ein Kuss, der kühl und zart war und der den Duft von Rosen verströmte.

Meine Mutter war bildschön, ihr Haar schwarz und glänzend und oben auf dem Kopf zu eleganten Locken gedreht, ihr Gesicht blass und oval, mit einem kleinen, humorvollen Mund und großen melancholischen Augen, die, wenn sie lächelte, wie Juwelen strahlten. Sie war immer sehr schlank und kleidete sich mit Vorliebe in Pastellfarben, in weiche, schimmernde Seidenstoffe, die nach Lavendelwasser oder Eau de Cologne dufteten, und sie trug lange goldene Ketten, die sie sich zwei oder drei Mal um den Hals schlang. Sie war eine sanfte, stille Person mit zarten, nutzlos wirkenden Händen, welche schwer beladen waren mit unzähligen glitzernden Ringen, die sie fast ständig zu tragen pflegte. Sie fertigte die hübschesten Handarbeiten und Petit-Point-Stickereien an, und bevor sie damit begann, zog sie sorgfältig sämtliche Ringe ab und ließ diese mit einem leisen Klimpern in eine mit Samt ausgekleidete Schachtel gleiten, die einzig und allein diesem Zweck diente. Meine Mutter war sehr elegant, und wäre sie in Europa geboren worden, so wäre sie sicher wegen ihrer Schönheit berühmt gewesen; da sie jedoch eine türkische Dame war und ihr Gesicht hinter einem Schleier verbergen musste, wann immer sie das Haus verließ, war sie niemandem außer ihren Familienangehörigen bekannt. Sie heiratete meinen Vater mit dreizehn und war ihm bereits als Dreijährige versprochen worden. Sie ging selten aus, und wenn, dann niemals allein, sondern verbrachte ihre Zeit vorwiegend auf der Terrasse unseres Hauses oder im Garten unter einem Feigenbaum sitzend, wie es die Frauen aus ihrer Familie schon seit Generationen getan hatten. Sie wirkte glücklich und zufrieden – es machte ihr nichts aus, lediglich ein Ornament im Haus ihres Mannes zu sein. Meine Großeltern waren ein liebevolles Paar, und sie verwöhnten mich über alle Maßen, womöglich weil ich ihr ältestes Enkelkind war. Die beiden kamen mir uralt vor, doch wenn ich heute auf die Zeit zurückblicke, über die ich hier schreibe, das Frühjahr 1914, so muss meine Großmutter gerade in ihren frühen Vierzigern gewesen sein, denn auch sie hatte sehr jung geheiratet. Doch aus der Sicht eines Kindes von etwas über fünf Jahren wirkte sie unglaublich alt.

Es ist seltsam, heute hier zu sitzen, in die Vergangenheit zurückzublicken und sie alle so klar und deutlich vor mir zu sehen, die Menschen, die mich gemacht und geformt haben und die, zum Teil, für das verantwortlich gewesen sind, was ich heute bin; Menschen, die inzwischen gestorben und von allen, die sie kannten, vergessen sind, Menschen, die auch ich vergessen hatte, bis ich damit begann, einen Blick in meine weit zurückliegende Kindheit zu werfen. Ich wusste nicht, dass ich mich an dermaßen viel erinnern konnte, doch nun, wo ich damit begonnen habe, gibt das Unterbewusste seine Geheimnisse preis, und die Erinnerungen an jene verschüttet geglaubten Jahre stürmen nur so auf mich ein. Meinen Großvater kann ich nicht beschreiben, doch ich erinnere mich schemenhaft an den hochgewachsenen alten Mann, der mir Naschwerk oder frisch gepflücktes, noch taufeuchtes Obst aus dem Garten zu geben pflegte. Er nahm mich mit auf seine Spaziergänge, wenn İnci sich um meinen kleinen Bruder kümmern oder Feride bei der Arbeit im oberen Stockwerk helfen musste. Nach dem Frühstück ging mein Großvater für gewöhnlich in ein Kaffeehaus, um dort eine *nargile,* eine Wasserpfeife, zu schmauchen, und nach meinem fünften Geburtstag nahm er mich dorthin mit. Er saß dann an einem offenen Fenster des Kaffeehauses und ließ mich in den Gartenanlagen spielen, wobei er stets ein wachsames Auge auf mich hatte. Manchmal war er jedoch so sehr in das Gespräch mit seinen Freunden vertieft, dass sein Auge weniger wachsam wurde; und dann begann ich, mit dem Erdreich zu spielen, und baute mir Lehmburgen, ein selbstverlorener, gedankenversunkener kleiner Junge, der völlig darin aufging, den feuchten Lehm zwischen seinen Fingern hindurchgleiten zu lassen. Die Steine, die mir dabei in die Knie stachen, nahm ich überhaupt nicht wahr, doch schon bald holte mich ein kräftiger Klaps auf den Arm wieder in die Gegenwart zurück. Verträumt ließ ich den restlichen Lehm durch meine Finger laufen, und dann schaute ich hoch und erblickte meinen Großvater, wie er mit vorgeblich zornigen Augen auf mich herabstarrte. Auf dem Heimweg musste ich dann immer ein Stück weit hinter ihm gehen, wie ein junger Hund mit eingeklemmtem Schwanz, völlig zerknirscht und mir der Verärgerung des alten Mannes sehr bewusst. Sobald wir zu Hause angelangt waren, wurde ich in İncis Obhut gegeben, die den Schmutz an mir und meiner Kleidung mit strenger Miene beäugte und mich dann fortzerrte, um mich rechtzeitig für das Mittagessen zu waschen.

Ich erinnere mich noch daran, wie ich eines Tages beim Spielen in den Gartenanlagen des Kaffeehauses zu dem großen Zierteich in der Mitte spazierte, um dort »Schiffchen« zu spielen – ein Zeitvertreib, der für mich damals genauso aufregend war, wie er es heute für meinen kleinen Sohn am Round Pond in den Kensington Gardens ist. Für mein Spiel verwendete ich jedoch keine Schiffe, sondern alle möglichen Stöckchen. An jenem Tag nahm mich dieses Spiel dermaßen gefangen, dass ich mich zu weit nach vorn beugte und mit einem fürchterlichen Platscher bis zum Hals ins eiskalte Wasser fiel. Meine Kleidung zog mich nach unten, und ich hatte Angst zu ertrinken. Von meinen gellenden Schreien alarmiert, eilten mein Großvater und zwei Kellner augenblicklich herbei, und ich wurde unsanft aus dem Teich herausgefischt. Mein Gesicht war blau angelaufen, und ich musste, so jedenfalls kam es mir vor, literweise Wasser ausspucken. Und ach, die Geborgenheit, die ich in Großvaters Armen empfand! Man brachte mich ins

Kaffeehaus, wo ich bis auf die Haut ausgezogen und in eine Decke gewickelt wurde, während sich ein Bote auf den Weg zu uns nach Hause machte, um trockene Anziehsachen für mich zu besorgen. Durch meine vor Kälte klappernden Zähne wurde mir heiße Milch eingeflößt, und mein kreidebleicher, ziemlich mitgenommen aussehender Großvater blies mir gehörig den Marsch. Noch immer vor Angst und Kälte bibbernd, wurde ich schließlich in trockener Kleidung nach Hause gebracht. Mein Großvater weigerte sich, auch nur ein Wort mit mir zu wechseln. Nach diesem Vorfall musste ich tagelang zu Hause herumhocken und Däumchen drehen. Der Gutenmorgenkuss meines Großvaters fiel fortan frostig aus, und wenn ich mich zaghaft nach seinem Befinden erkundigte, strafte er mich mit Verachtung. Er ging allein ins Kaffeehaus und ließ mich mit meiner Mutter und meiner Großmutter auf der Terrasse zurück.

Ich spielte im Garten unter einem Apfelbaum, der mein Zufluchtsort war, wenn mir die Last der Welt unerträglich wurde. Hatte ich das Alleinsein satt, so spazierte ich ins Haus zurück, um dort nach İnci zu suchen. Vielleicht würde Hacer, unsere Köchin, mich leise zu sich in die Küche rufen, um mir *lokum,* Geleefrüchte, zu naschen zu geben und mich dann unverzüglich wieder hinauszuscheuchen, damit meine Großmutter mich dort nicht erwischte. Hacer war, wie İnci, meine Freundin. Sie war unglaublich dick, auf eine fast schon groteske Weise fettleibig – wenn sie lachte, begann ihr ganzer Körper zu beben, und ihre Augen versanken in Wülsten aus Fleisch. Sie arbeitete bereits seit vielen Jahren für meine Großmutter, und sie war wahnsinnig eifersüchtig auf Feride, denn sie argwöhnte, dass dieser in unserem Haus mehr Wohlwollen zuteilwurde als ihr. Sie machte mir heimlich kleine *pasta,* kleine Kuchen, mit komischen Gesichtern darauf, oder sie gab mir Gewürznelken zu essen, eine verbotene Leckerei. Manchmal, wenn ich wusste, dass mir meine Großmutter nicht in die Quere kommen konnte, stahl ich mich zu Hacer in die Küche, wo sie mir Kekse zusteckte. War sie besonders gut gelaunt, dann tanzte sie für mich und sang seltsame alte türkische Lieder, die einem das Herz vor Wehmut zusammenschnürten. Ihr Tanz war für mich immer ein Riesenspaß. Ihr gewaltiger alter Bauch vollführte anzügliche Bewegungen, ihre von keinem Mieder gebändigten Brüste wippten fröhlich auf und ab, und ihr Hinterteil gab sein eigenes Tänzchen zum Besten. Von meinem brüllenden Gelächter angezogen, kam İnci auf der Suche nach mir in die Küche, packte mich am Ohr und zerrte mich hinaus. Oder, noch schlimmer, meine Großmutter vernahm mein Geschrei und kam mucksmäuschenstill hereingeschlichen, ihr Gesicht eine steinerne, Angst einflößende Maske. Die aberwitzigen Brüste der armen Hacer hüpften vor Schreck ein allerletztes Mal in die Höhe, und damit war die Vorstellung abrupt beendet.

Meine Mutter war für gewöhnlich im Salon anzutreffen, das heißt, wenn sie nicht draußen im Garten weilte oder gemeinsam mit meiner Großmutter jemandem einen Höflichkeitsbesuch abstattete. Meine Großmutter wollte sich jedoch nur sporadisch in unserem von cremefarbenen Pferden gezogenen Phaeton durch die Stadt kutschieren lassen, und da meine Mutter nicht allein ausfahren durfte, verließ sie das Haus nur selten. Falls diese Regelung sie langweilte, so ließ sie es sich nicht anmerken. Meine Mutter legte nie Unzufriedenheit oder Gereiztheit an den Tag, sie war immer ruhig und gelassen. Wann immer ich in den Salon spazierte und sie dort antraf, legte sie ihre Stickerei beiseite, klopfte mit der flachen Hand auf den Sessel neben sich und lud mich dazu ein, ihr zu erzählen, was ich denn so gemacht hätte. Meistens schlug ich diese Einladung aus, denn angesichts dieses vollkommenen Gleichmuts fühlte ich mich befangen und zog die Gesellschaft der weniger förmlichen, burschikosen İnci vor. Doch morgens musste İnci normalerweise Feride helfen oder sich um meinen kleinen Bruder Mehmet kümmern, und der Aufenthalt in den oberen Räumen des Hauses war mir strengstens untersagt. Gelangweilt und einsam verzog ich mich dann in den Garten, wo ich auf den kleinen Apfelbaum kletterte, um die Schiffe zu beobachten, die draußen auf dem Marmarameer vorüberfuhren. Viele lange Stunden meiner Kindheit verträumte ich in jenem Baum, wo ich dem sanften Geschrei der Seemöwen lauschte, bis ich wieder in die Gegenwart zurückgeholt wurde durch İncis Stimme, die mich ins Haus beorderte.

Eines Morgens weckte mich mein Vater in aller Frühe, und nachdem er mich zwei oder drei Mal in die Höhe geworfen hatte, teilte er mir mit, dass mein Großvater mich in seinem Zimmer zu sehen wünsche. Ich eilte unverzüglich dorthin, lugte vorsichtig durch die geöffnete Tür und erblickte ihn, wie er mit tief in die Stirn gezogener weißer Nachtmütze im Bett saß und mir zublinzelte. Er sah komisch aus, und er rief mir zu, ich solle hereinkommen. Freudig hüpfte ich zu ihm ins Bett, denn ich hatte sehr unter seiner Verärgerung gelitten und konnte es nun vor Glück kaum fassen, dass ich wieder in dieses große, aufregende Bett hineindurfte. Dieses Bett zu erkunden war eine atemberaubende Sache, und es konnte einem kleinen Jungen die herrlichsten Gruselschauder bescheren, wenn er sich zu weit unter das Bettzeug wagte und tiefer und tiefer in die darunter herrschende Finsternis vordrang, während Großvater vorgab, ein wilder alter Löwe zu sein, und das furchterregendste Gebrüll anstimmte. Wurde ihm mein Geschrei zu hysterisch, so riss er das Bettzeug mit einem Ruck weg, und ich kroch darunter hervor, wobei mein Herz noch immer wie verrückt hämmerte. Mein Großvater ließ mich dann nach Feride klingeln, und wenn diese auftauchte, bat er sie, uns beiden das Frühstück zu servieren. Und an dem Morgen, über den ich hier schreibe, war es nicht anders. Großvater und ich spielten, wir balgten uns und wir knurrten einander fürchterlich an, und als İnci mich abholte, um mich anzukleiden, rief er mir hinterher, ich dürfe ihn später zum Kaffeehaus begleiten. Da wusste ich endgültig, dass wir beide wieder Freunde waren.

Wir gingen dann aber doch nicht zum Kaffeehaus, denn als wir uns auf den Weg machten, änderte mein Großvater plötzlich seine Meinung. Und womöglich ist es das, was jenen Tag und alles, was an ihm passierte, noch immer so bemerkenswert klar aus meiner Erinnerung hervortreten lässt. Denn an jenem Tag spazierten wir beide am Ufer des Marmarameeres entlang – das erste und letzte Mal, dass ich mit meinem Großvater spazieren ging und mich mit ihm unterhielt, denn bis dahin war ich mit ihm nie weiter gekommen als bis zum örtlichen Kaffeehaus. An jenem strahlenden jungen Tag schritten wir beide nebeneinander her wie zwei alte Kameraden. Spaziere ich heute an einem ähnlich milden Morgen am Marmarameer entlang, so bin ich wieder ein Kind von fünf Jahren, das neben der verschwommenen Gestalt jenes freundlichen alten Mannes herumtollt. Und obgleich er an jenem Morgen angeregt mit mir plauderte, schien er sich schwerer auf seinen Spazierstock zu stützen als sonst; bald nahm er auf einem Felsblock Platz und meinte, er sei erschöpft. Er sagte, ich dürfte im Sand spielen, wenn ich nicht zu nahe ans Meer ginge. Ich begann Muscheln zu suchen, und wann immer ich ein besonders schönes Exemplar gefunden hatte, rief ich ihm ein paar Worte zu, um ihn von meinem Fund zu unterrichten. Als er dann einmal nicht auf mein Geschrei reagierte, drehte ich mich zu ihm um und sah ihn mit den Händen in meine Richtung gestikulieren. Ich lief zu ihm hin und spürte – wie Kinder es instinktiv zu spüren pflegen, mit jenem ihnen eigenen, zusätzlichen Quäntchen an Wahrnehmungsvermögen –, dass an diesem Morgen etwas nicht stimmte. Dennoch weigerte ich mich ebenso instinktiv, diese Wahrnehmung zu akzeptieren, denn obwohl ich zu ihm hinlief, krähte ich aufsässig, ich wolle spielen, spielen, spielen …

Er sagte: »Großvater geht es nicht gut, mein Kleiner. Komm, lass uns nach Hause gehen.«

Widerstrebend klaubte ich meine Muscheln zusammen, doch dabei merkte ich, wie ein klitzekleiner, eisiger Angststrahl mein Herz berührte.

Es ist seltsam, wie viel Intuition Kinder und Tiere besitzen. Drohte mir heute irgendeine Gefahr, so bezweifle ich, dass ich jene deutlichen Warnsignale verspüren würde, die ich als Kind verspürte. Die übermäßige Betonung des Verstandes und die seit der Kindheit verstrichenen Jahre haben gemeinsam jenen feinen animalischen Instinkt erstickt, überlagert, und ich bin mir sicher, ich könnte mich heute tatsächlich einer unmittelbaren Gefahr aussetzen, ohne dass mein Herz auch nur ein einziges Mal zusammenzucken würde. Doch an jenem Tag spürte ich die Gefahr: Sie umgab meinen Großvater wie eine Aura.

Ich hielt seine Hand fest umklammert, und fast stockte mir das Herz angesichts der finsteren Vorahnung, die mich beschlich. Als wir die Hälfte unseres Heimwegs zurückgelegt hatten, begegnete uns der Imam der kleinen Moschee. Er kam zu uns herüber. Der Mann wirkte besorgt und sprach leise mit meinem Großvater. Ich empfand eine riesige, geradezu überwältigende Erleichterung, dass nun jemand da war, der meine Besorgnis teilte. Der Imam nahm meinen Großvater beim Arm, und langsam, quälend langsam bewältigten wir die letzte, lange Steigung, die zu unserem Haus führte.

Sobald wir das Haus erreicht hatten, wurde ich İnci übergeben, die sich mit Mehmet im Garten befand. Mehmet war damals achtzehn Monate alt und fing gerade an zu laufen. Es hieß, er sei zart und empfindlich, und ich ärgerte mich maßlos über ihn, denn wann immer ich krakeelen und herumtoben wollte, wurde ich von İnci oder von meiner Mutter unverzüglich zum Schweigen gebracht und strengstens ermahnt, auf meinen schlafenden Bruder Rücksicht zu nehmen. Es kam mir so vor, als täte er nichts anderes, als zu schlafen, und ich fragte mich verzweifelt, ob ich wohl jemals den Tag erleben würde, an dem man ihn für groß genug erachtete, um mit mir spielen zu können. Doch manchmal mochte ich ihn auch, und es gefiel mir, seine weiche Wange zu streicheln und den Flaum auf seinem Kopf zu betasten. Hin und wieder rief er nach mir, und dann legte er seine kleinen Finger um meine Hand und plapperte munter drauflos. An dem Tag, als wir meinen Großvater nach Hause brachten, konnte ich nicht auf das Lachen in den Augen meines Bruders eingehen, denn ich wurde von Sorge und Neugier verzehrt. İncis dunkle Augen schauten mich fragend an, und sie wollte von mir wissen, was auf unserem Spaziergang passiert sei.

Wir verbrachten den ganzen Vormittag im heißen Garten, und als wir zum Mittagessen ins Esszimmer gingen, wirkte meine Mutter, wie sie da ganz allein an dem großen Tisch saß, irgendwie eigenartig und sehr einsam. Wir Kinder und İnci aßen, wie immer, an einem kleineren Tisch in einer Nische, und während des gesamten Mittagsmahls konnte ich verfolgen, wie meine Mutter mit ihrem Essen spielte und sich aus einer Kristallkaraffe ein Glas Wasser nach dem anderen einschenkte. Mitten in der Mahlzeit stürzte Feride herein, um zu verkünden, dass der Arzt eingetroffen sei; ohne jede Förmlichkeit und ohne ihr Essen richtig angerührt zu haben, verließ meine Mutter den Raum. İnci wollte von Feride wissen, was los sei, doch Feride sagte, mit einem schnellen warnenden Blick in meine Richtung, sie wisse es nicht.

Am Nachmittag ließ man nach meinem Vater schicken, und ich erinnere mich noch daran, wie er mit einem schmalen, besorgten Gesicht in der Diele an mir vorüberhastete, ohne von mir Notiz zu nehmen.

İnci brachte uns ins Spielzimmer, denn es war zu heiß, um noch draußen im Garten spielen zu können. Ich entsinne mich verschwommen, dass ich mit Bauklötzen spielte, während Mehmet auf einer großen Matte auf dem Fußboden herumkrabbelte und İnci in einem Schaukelstuhl am Fenster saß, einen Stapel Kleidungsstücke neben sich, die geflickt werden mussten. Wir waren alle schlaff von der Hitze. Nach einer kurzen Weile kam mein Vater herein und nahm mich auf den Arm. Er sagte:

»Großvater ist sehr krank, doch er möchte dich sehen. Willst du ein großer tapferer Junge sein und mit mir kommen?«

Ich nickte stumm, und gemeinsam verließen wir das Zimmer, der hochgewachsene junge Mann und der ernste kleine Junge, der nun wieder von den Ereignissen des Morgens überwältigt wurde.

Im Zimmer meines Großvaters war es dämmerig. Die Fenster standen offen, doch die grünen Fensterläden waren geschlossen und schützten vor der gleißenden Nachmittagssonne.

Meine Mutter saß an einer Seite des Bettes und hielt einen silbernen Krug in der Hand, der, wie ich wusste, mit Wasser vom Grabe Mohammeds gefüllt war. Ich wusste auch, dass dieses kostbare Wasser nur im äußersten Notfall benutzt werden durfte. Mein Großvater hatte einmal die Pilgerfahrt nach Mekka gemacht und dieses Wasser von dort mitgebracht; fortan durfte er den Ehrentitel Hadschi tragen, der besagte, dass er in Mekka gewesen war.

Meine Großmutter stand an einem der Fenster und starrte durch die Ritzen der Fensterläden nach draußen; das grellweiße Schimmern der Gärten muss ihren Augen wehgetan haben, doch sie schien es nicht zu registrieren. Sie stand vollkommen reglos da, wie eine Statue, und die Tränen flossen ihr ungehindert die Wangen hinunter. Es war ein Schock, meine für gewöhnlich so gelassene Großmutter dermaßen hemmungslos weinen zu sehen, und dies verstärkte noch die Angst, die mein Herz bereits halb gelähmt hatte.

Der Arzt wusch sich in einer Ecke die Hände, so still und leise, dass es kaum zu hören war.

Als wir hereinkamen, stellte meine Mutter den silbernen Krug auf einem Wandtisch ab und hob mich vom Arm meines Vaters. Dieser begab sich auf die andere Seite des Bettes, wo er den Koran zur Hand nahm und dann in seinem sanften, melodischen Arabisch laut daraus vorlas. Ich stand da und betrachtete meinen Großvater mit ehrfürchtiger Scheu angesichts der ungewohnten feierlichen Atmosphäre, die den Raum erfüllte. Großvater bewegte seine Finger, und meine Mutter hob mich zu ihm hoch und sagte: »Vater, hier ist İrfan.«

Er legte mir seine schwere alte Hand auf den Kopf, so als wollte er mir seinen Segen erteilen, und anschließend strichen seine Finger erst schwach durch meine Locken und dann sehr langsam an meinem Gesicht hinunter. Ich küsste seine Hand und verspürte dabei den dumpfen Schmerz zurückgehaltener Tränen. Er versuchte mir noch etwas zu sagen, doch der Arzt kam herbeigeeilt und deutete mit dem Kopf auf mich, woraufhin meine Mutter mich hinausbrachte. Sie sagte zu mir, ich solle zu İnci gehen, und dann kehrte sie mir den Rücken und ging in Großvaters Zimmer zurück, wobei sie die Tür leise hinter sich schloss. Und mit einem Mal begann ich zu weinen, dort auf jenem stillen Treppenabsatz, und ich erinnere mich noch daran, so als sei es erst gestern gewesen, wie eine große dicke Ringeltaube draußen am Fenster vorüberflog und dabei mit ihrer sanften, kehligen Stimme gurrte.

Dies ist nach wie vor das Geräusch jenes Tages, an das ich mich am besten erinnern kann.

II. Eine Autokratin im Hamam

Von Zeit zu Zeit, für gewöhnlich etwa einmal in der Woche, stand meiner Großmutter der Sinn nach Geselligkeit, und überkam sie diese Anwandlung, so pflegte sie in den *hamam* zu gehen. Die Hamams, die türkischen Badehäuser, waren eine Brutstätte von Klatsch und Tratsch, das genaue Gegenteil von vornehmer Zurückhaltung, und für jede Frau des Wohnviertels der Vorwand, sich einen freien Tag zu genehmigen. Keine dachte auch nur im Traum daran, ein Bad zu nehmen, das nicht mindestens sieben oder acht Stunden dauerte. Die jungen Mädchen gingen dorthin, um den älteren Frauen ihre rosig weißen Körper vorzuführen. In der Regel galt diese Präsentation den Müttern lediger Söhne, denn diese Mütter, so erhoffte man sich, würden ihre Söhne von den Vorzügen des nackten Körpers der jungen Soundso brühwarm in Kenntnis setzen. Es kam häufig vor, dass Ehen aufgrund solchen Hörensagens geschlossen wurden, aber ob derlei Verbindungen dann glücklich waren oder nicht, vermochten nur die wenigsten von uns in Erfahrung zu bringen.

In den heißen Räumen der Hamams wurden kleine Eifersüchteleien und Rivalitäten zu kräftig lodernden Feuern angeschürt, und oftmals kam es sogar zu Handgreiflichkeiten zwischen Müttern von attraktiven Töchtern, die um die Gunst desselben Junggesellen buhlten.

Die Mütter von Söhnen genossen den Vorrang gegenüber den Müttern von Töchtern. Zwischen diesen beiden Lagern war so etwas wie eine scharfe Trennlinie gezogen, und ein Fremder hätte mühelos sagen können, welche der korpulenten, matronenhaften Damen die begehrteren Waren feilzubieten hatten.

Während die Mütter von Töchtern dazu neigten, viel und laut zu lachen, um auf sich und ihren Anhang aufmerksam zu machen, lagen die Mütter von Söhnen schweigend auf ihren Diwanen, sich ihrer eigenen Überlegenheit viel zu bewusst, um etwas zum allgemeinen Lärm und Geläster beizusteuern. Sie knabberten träge an diesem oder jenem Stück Obst, beäugten mit kritischem Blick die posierenden, verschämt lächelnden jungen Mädchen und akzeptierten hin und wieder das Angebot, sich von einem hinreißenden jungen Geschöpf den Rücken waschen zu lassen. Diese Erlaubnis erfolgte jedoch mit einer solchen Herablassung, dass bei den anderen Frauen sogleich die wildesten Spekulationen darüber entflammten, warum eine so offenkundige Gunst überhaupt gewährt worden sei. Sobald das Rückenwaschen beendet war, wurde das hinreißende junge Geschöpf wieder fortgeschickt, und dann machten sich die Mütter der nicht beachteten Mädchen der Reihe nach an die teuflische alte Autokratin heran, der soeben der Rücken gewaschen worden war, und unterrichteten diese im Flüsterton von den charakterlichen Mängeln der kurz zuvor auserkorenen, aber nun wieder in der Menge verschwundenen Rückenwäscherin.

Meine Großmutter hatte keine ledigen Söhne im Angebot, doch dies hielt sie keineswegs davon ab, auf sich aufmerksam zu machen. Das Bedürfnis nach Geselligkeit entwickelte sich bei ihr über einen Zeitraum von mehreren Tagen, bis sie dann eines Morgens meiner Mutter würdevoll verkündete, dass sie an dem und dem Tag in den Hamam zu gehen gedachte. Meine Mutter begleitete meine Großmutter nur selten ins Badehaus, denn sie hatte keine soziale Ader, und es entsprach auch nicht ihrem Naturell, auf boshafte Weise Intrigen zu schmieden oder sich über gescheiterte oder aufkeimende Romanzen das Maul zu zerreißen. Für gewöhnlich seufzte sie in Anbetracht der vielen zusätzlichen Arbeit, die unseren Dienstboten wegen der Entscheidung meiner Großmutter aufgebürdet wurde.

Es kam ziemlich oft vor, dass meine Großmutter mich mitnahm, doch nach meinem fünften Geburtstag bezweifelten die anderen Familienmitglieder, dass es noch schicklich sei, einen erwachsenen jungen Mann wie mich an einen Ort voll nackter Frauen mitzunehmen. Meine Großmutter, die dies bei anderen Leuten als Erste moniert hätte, meinte jedoch, fünf Jahre seien ein großartiges Alter, und sie bestand darauf, dass ich sie begleitete.

Sie ließ sich im Hamam immer Privaträume reservieren: einen Raum zum Auskleiden und einen für die Waschungen, denn sie meinte, man könne unmöglich von ihr erwarten, dass sie sich ganz und gar unter die gemeine Masse mische. Geselligkeit war etwas Schönes, aber eben nur bis zu einem gewissen Punkt.

Ich erinnere mich noch gut an die helle Aufregung, in die sie unseren Haushalt versetzte, als sie eines Tages verkündete, sie wolle am folgenden Tag ihr Bad nehmen. Dies lähmte sozusagen den gesamten Betrieb, denn man konnte nicht mir nichts, dir nichts beschließen, dass man sich in weniger als vierundzwanzig Stunden in den Hamam begeben wollte. Dazu waren gewisse Vorbereitungen unerlässlich. Es mussten besondere Speisen eingekauft, zubereitet und verpackt werden. Die Privaträume mussten gebucht werden. Meine Mutter versuchte vergeblich, sie davon zu überzeugen, einen Tag länger zu warten, doch diese Einmischung bewirkte lediglich, dass meine Großmutter noch halsstarriger auf ihrem ursprünglichen Ansinnen beharrte.

Feride wurde zum Hamam geschickt, um die Betreiber wissen zu lassen, dass meine Großmutter und ich am folgenden Tag kämen, denn man hatte bereits beschlossen, dass ich sie begleiten sollte. Im Rückblick hege ich den Verdacht, dass Feride diese Art von Auftrag ziemlich genoss; sie hatte so lange mit meiner Großmutter zusammengelebt, dass es ihr einen Mordsspaß bereitete, für Aufsehen zu sorgen und die Dienstboten anderer Leute zu schikanieren kraft ihrer gehobenen Stellung als das persönliche Faktotum meiner Großmutter, deren gesellschaftlicher Rang zweifellos der höchste in der gesamten Nachbarschaft war.

Die Betreiber des Hamam waren natürlich bestens vertraut mit den vielfältigen Schrullen und Marotten meiner Großmutter, und sie fanden nichts dabei, meiner Großmutter Privaträume zu geben, wann immer sie wollte – selbst wenn sie dazu andere Frauen, die die fraglichen Räume bereits für sich reserviert hatten, vor den Kopf stoßen mussten. Meine Großmutter war eine Respektsperson, doch da sie dies ganz genau wusste, nutzte sie es schamlos aus und führte sich alles in allem wie eine königliche Hoheit auf.

Nach der erfolgreichen Reservierung der Räume bestand der nächste wichtige Tagesordnungspunkt meiner Großmutter darin, mit Hacer lange und fruchtlose Diskussionen darüber zu führen, welche für den Verzehr im Hamam gedachten Speisen zubereitet werden sollten. Murat, der Kutscher, wurde spornstreichs zum Markt geschickt, in aller Regel, wenn meine Mutter ihn gerade für etwas anderes benötigte; dazu wurde er mit einem Korb ausgestattet, der beinahe so groß war wie er selbst, denn er war ein schmächtiger Mann. Er kehrte dann immer mit Unmengen von Nahrungsmitteln zurück, von denen die meisten zweifellos ungenutzt verderben würden, doch nun, da sie ihren Kopf durchgesetzt hatte, zeigte sich meine Großmutter von ihrer gnädigsten Seite, und vor Großzügigkeit und Gebefreude geradezu triefend, rechtfertigte sie diese Extravaganz damit, dass es ihr gefiel, sich etwas aus einer großen Auswahl von Speisen auswählen zu können und dabei gleichzeitig zu wissen, dass die Unglücklichen, die zu Hause bleiben mussten, die gleichen Köstlichkeiten genießen würden, die sie sich im Hamam zu Gemüte führte. Das Essen bei uns zu Hause war stets gut, denn sie bestellte immer alles selbst. Sie erlaubte es meiner stillen, gleichmütigen Mutter nie, diesbezüglich einen Wunsch zu äußern, da sie bezweifelte, irgendjemand könnte bessere oder originellere Ideen haben als sie selbst. Überdies ermunterte sie nicht zu Originalität, denn sie war der felsenfesten Überzeugung, dass dies, wenn es ums Essen ging, nicht nur die Verdauung störte und die Magenschleimhaut angriff, sondern auch das Nervensystem zerrüttete oder, kurzum, die Ursache aller bekannten Krankheiten war.

An jenem denkwürdigen Tag stand Hacer von früh bis spät am Herd. Sie machte *dolma,* mit köstlichem Reis und Korinthen, Nüssen und Olivenöl gefüllte Weinblätter. Alle paar Minuten platzte meine Großmutter in die Küche, um sich einzumischen und der wesentlich erfahreneren, phlegmatischen Hacer ungefragt Ratschläge zu erteilen. Meine Großmutter wollte von allem probieren. Für Hacer war das Ganze eine echte Strapaze, und bei diesen nervenaufreibenden Anlässen wartete ich nur darauf, dass sie vor Wut in Tränen ausbrach oder einen hysterischen Anfall bekam und sämtliches Geschirr vom Tisch fegte. Die arme Hacer zog immer den Kürzeren. Sie schaute bekümmert zu, wie meine Großmutter kritisch in ihren noch nicht ganz abgekühlten Dolma herumstocherte und daran schnupperte, und in neun von zehn Fällen wurde sie dazu verdonnert, neue zuzubereiten, da der Verzehr der bereits gemachten allenfalls Christen zuzumuten sei. Feride wurde hereingerufen, um die Zubereitung der *kadingöbeği* zu beaufsichtigen, gehaltvoller, klebrig-süßer Spritzkuchen, die, werden sie richtig gemacht, luftig-leicht und eine Köstlichkeit sondergleichen sind. Ich war ganz versessen auf Kadingöbeği und lungerte in der Küche herum, um nach Möglichkeit einen zu stibitzen, wenn sie in dem dickflüssigen Sirup abkühlten. Die Ankunft der hochnäsigen Feride machte Hacer stocksauer. Sie schimpfte leise vor sich hin, wobei sie Wörter benutzte, die ich hier lieber nicht wiedergeben möchte.

Nun, wo ihre über alle Maßen geschätzte Feride sicher in der Küche untergebracht war und, wie sie glaubte oder jedenfalls in törichtem Optimismus hoffte, nichts mehr schiefgehen konnte, begab sich meine Großmutter als Nächstes in ihr Schlafzimmer im oberen Stockwerk, wobei sie İnci mitnahm, sehr zum Verdruss meiner Mutter, denn dadurch blieben Mehmet und ich ohne Aufsicht. İnci wurde instruiert, die frische Wäsche und die Bademäntel sowie die unzähligen Handtücher zusammenzusuchen, die im Hamam benötigt wurden. Mehrere Stück Seife, eine große Flasche Eau de Cologne und all die anderen Artikel, derer eine Dame von Welt beim Besuch eines Badehauses für eine angemessene Toilette bedurfte, wurden aus ihren Verstecken geholt. İnci wurde aufgetragen, all diese Dinge in kleine bestickte Tücher einzupacken, die nur diesem einen Zweck dienten, und ich wurde ein ums andere Mal nach oben zitiert, wo man mir einschärfte, wie ich mich im Hamam zu verhalten hätte und was ich dort auf gar keinen Fall tun dürfe. Nachdem meine Großmutter selber etliche Male sinnlos die Treppe rauf- und runtergelaufen war, tauchte sie plötzlich keuchend im Salon auf und ließ sich, alles andere als damenhaft, in einen großen Sessel fallen. Sie fächelte sich hektisch Luft zu und beklagte sich bei meiner Mutter. Sie sagte, sie sei völlig entkräftet und könne nicht verstehen, warum sie immer diejenige war, die, wenn sie ein Bad nehmen wollte, die ganze Arbeit allein erledigen musste. Hacer, so fuhr sie fort, sei noch nutzloser als sonst, und sie frage sich, warum sie diese Person weiterhin beschäftige, außer, weil sie Mitleid für sie empfinde, da sie wisse, kein anderer Haushalt der Welt würde sie länger als einen Tag behalten. An diesem Punkt reichte es meiner Mutter, die eine Schwäche für die verunglimpfte Hacer hatte. Sie unterbrach meine Großmutter und meinte, es verhalte sich doch wohl eher so, dass sie den gesamten Haushalt durcheinanderbringe, wenn sie in den Hamam gehen wollte. Einmal in

Schwung gekommen, ließ sie sich von Großmutters ungläubigem Blick nicht beirren, sondern sagte, hier sitze sie nun und komme fast um vor Hunger, weil niemand da sei, der ihr eine Mahlzeit zubereiten könne, und ihre Kinder seien ebenfalls hungrig; und dass sie, da Hacer bereits zwei Mal gezwungen worden sei, all die Dolma wegzuwerfen, für die sie den gesamten Vormittag am Herd verbracht habe, befürchte, auch der Rest des Tages könnte auf ähnliche Weise verlaufen, bis wir alle vor Hunger gestorben wären.

Dies versetzte meine Großmutter gehörig in Rage, denn sie hielt diese Vorwürfe tatsächlich für mehr als ungerecht; und dann stiftete sie noch mehr Chaos, indem sie ungestüm nach Murat klingelte und diesem auftrug, sich unverzüglich zum Schlachter zu begeben und Fleisch zu besorgen, da alle Hunger hätten. Murat, der selbst hungrig war, stürmte in Windeseile davon, damit meine Großmutter es sich nicht wieder anders überlegen konnte. Voller Empörung über die ungerechten Vorwürfe, die man ihr gemacht hatte, verzog sich meine Großmutter wutschnaubend in die Küche, wo sie Hacer befahl, alles stehen und liegen zu lassen und stattdessen das Mittagessen zuzubereiten, weil, wie sie sagte, meine Mutter, völlig ausgelaugt von all den Stickereien, die sie während des Vormittags angefertigt habe, zu verhungern drohe.

Mit einem Mal fiel ihr ein, dass ihr Haar noch mit Henna getönt werden musste. Sie ließ die noch immer in der Küche mit den Kadingöbeği beschäftigte Feride kommen und wollte von dieser wissen, warum das Henna denn diesmal nicht im Voraus angerührt worden sei. Ihr eigensinniges Verhalten wirkte sich auf uns alle aus, aber auf mich ganz besonders: Ich wurde dermaßen bockig, dass ich İnci schließlich beinahe bis zur Weißglut gebracht hätte.

»Wenn ich mit dir in den Hamam gehe«, zischte sie mir durch ihre fest zusammengebissenen Zähne zu, »wirst du hinterher aussehen wie ein gebrühter Hummer! Ich werde deinen Kopf unter kochendes Wasser halten, bis du tot bist, und ich werde dich an der Nase ziehen, bis sie so lang ist wie der Rüssel eines Elefanten!«

Gründlich eingeschüchtert, floh ich zu Hacer, die mir Zucker zusteckte und mich auf einen Hochstuhl setzte, damit ich verfolgen konnte, was sie machte. Doch der heiße Essensgeruch war zu viel für mich, und ich war ohnehin viel zu aufgekratzt, um lange still sitzen zu können, und deshalb ließ ich mich wieder von dem Hochstuhl herunterheben und begab mich auf die Suche nach meiner Großmutter. Ich entdeckte sie schließlich in ihrem Schlafzimmer, und da sie gnädig gestimmt war, erlaubte sie mir, hereinzukommen oder jedenfalls ein Stück weit über die Schwelle zu treten und zu beobachten, was Feride mit ihr veranstaltete. Ich musste lachen, als ich meine Großmutter erblickte, denn sie sah wirklich zu komisch aus. Sie saß auf einem Stuhl mit gerader Rückenlehne vor einem hohen Spiegel, und Feride stand neben ihr und bedeckte den auf das Haar meiner Großmutter geschmierten scheußlichen Hennabrei mit Schichten von sauberem weißem Papier. Eine Silberschale, deren Rand mit den Überresten der braunen Pampe bekleckert war, stand neben ihnen auf einem niedrigen Korbstuhl, und daneben befand sich ein maurischer Tisch, auf dem sich schneeweiße Handtücher sowie ein Tablett mit kleinen goldenen Haarnadeln stapelten.

Da meine Großmutter Henna auf ihrem Haar hatte, konnte sie nicht in den Salon oder ins Esszimmer gehen, und so blieb sie in ihrem Zimmer, wo sie aus einer großen Schüssel in ihrem Schoß Lokum vertilgte und ein rosafarbenes Sorbett trank. Als İnci ihr dann wenig später ein Tablett mit dem Mittagessen aufs Zimmer brachte, wies sie dieses mit einer matten Handbewegung zurück und sagte, sie sei nicht hungrig und brauche ohnehin nur sehr wenig Essen, um gesund und bei Kräften zu bleiben. Ich bat sie darum, die Speisen auf dem Tablett essen zu dürfen, die sie verweigert hatte, und diese Bitte wurde mir großzügig gewährt; als meine Mutter davon Wind bekam, wurde sie wütend und schickte İnci nach oben, damit diese mich auf der Stelle ins Esszimmer holte. Ich verließ die abgeschiedene, wohlriechende Atmosphäre des Zimmers meiner Großmutter nur sehr ungern, und auf dem Weg nach unten biss ich İnci aus Rache in den Finger.

Gleich nach dem Mittagessen machte Feride sich daran, all die Bademäntel und all die Unterwäsche, die İnci am Vormittag so sorgfältig eingepackt hatte, wieder auszupacken und noch einmal neu einzupacken. Dabei steckte sie in jede Falte kleine, mit Lavendel gefüllte Beutel, denn dies hatte İnci ärgerlicherweise vergessen. In unserem Haus duftete es immer nach Lavendel: Alle Schubladen und Schränke waren voll von dem Kraut, das, in Musselinsäckchen eingenäht, zwischen die Wäschestücke gelegt wurde.

Jedes Jahr sammelten die wilden, abgezehrt aussehenden Zigeuner oben in den Bergen Lavendel, und dann kamen sie in die Stadt herunter, um Körbe, gerappelt voll von diesem Wohlgeruch, zu verkaufen. Lavendel wuchs auch in einer Ecke unseres Gartens, doch wir kauften ihn immer von den Zigeunern. Ich erinnere mich an ein Zigeunermädchen mit fröhlichen Augen, das immer zu unserem Haus kam, als ich noch klein war. Die junge Frau stand draußen auf der Straße und sang ihr Lavendellied, und dann wurde sie von Feride ins Haus geholt, die raffiniert um den Preis des Lavendels zu feilschen verstand. Hacer machte ihr einen türkischen Kaffee, und ich stahl mich in die Küche, um einen Blick auf das dunkle, exotische Gesicht des Zigeunermädchens zu werfen, wie es da am Tisch saß und seine langen, nackten Beine baumeln ließ. Mitunter sorgte meine Großmutter dafür, dass Hacer dem Zigeunermädchen eine ordentliche Mahlzeit auftischte; anschließend wurde es in den Salon gerufen, um meiner Großmutter und meiner Mutter die Zukunft vorherzusagen, denn beide glaubten auf eine kindlich-naive Weise an derlei Hokuspokus. Die junge Frau erhielt ein Polsterkissen, auf dem sie nahe der Türschwelle Platz nahm, so als scheute sie sich davor, zu weit in das elegante Zimmer vorzudringen, als wollte sie die Teppiche nicht mit ihren nackten, schmutzverkrusteten Füßen verunreinigen. Nachdem sie all die erstaunlichen Dinge vorausgesagt hatte, die ihr ihre schimmernde Kristallkugel offenbarte und die meine Fantasie in fieberhafte Aufregung versetzten, holte sie aus einer an ihrem breiten Gürtel befestigten Tasche eine Handvoll getrockneter Saubohnen, ein bemerkenswert sauberes Taschentuch sowie ein paar blaue Glasperlen hervor und begann die Zukunft noch ein weiteres Mal vorherzusagen. War sie damit fertig, warf meine Großmutter ihr eine Goldmünze zu, die sie geschickt auffing.

Ich erinnere mich daran, dass das Zigeunermädchen lange schlanke Finger hatte, mit haselnussförmigen, stets von Henna verfärbten Nägeln, und ein kleines braunes Gesicht mit einem breiten Mund, der immer zu lachen schien. Die junge Frau erzählte uns von ihrem Leben in den Zelten und von ihrem Ehemann, der Körbe flocht, die er für gewöhnlich an die Bauern, aber zuweilen auch an wohlhabende Hausbesitzer in İstanbul verkaufte. Auf eine eigenartige Weise faszinierend, machte sie einen blitzgescheiten Eindruck, und ich stellte mir ihren Ehemann als einen verwegenen Draufgänger vor, als einen Mann mit dunklem Teint, schimmernden weißen Zähnen und herabbaumelnden goldenen Ohrringen, die im Sonnenlicht blitzten, wenn er sein Löwenhaupt bewegte. Er musste ein großer, muskulöser Mann sein, mit einer magnetischen Anziehungskraft, die dem eigentümlichen Charme des Zigeunermädchens entsprach. Und so war ich bitter enttäuscht, als er seine Frau eines Tages zu unserem Haus begleitete, weil er hoffte, Murat beziehungsweise meiner Großmutter einen seiner Körbe verkaufen zu können. Er war klein, ausgemergelt und auf furchterregende Weise hässlich, mit einem pockennarbigen Gesicht, einem bösartigen Mund und, wie es schien, ständig vor Habgier zusammengekniffenen Augen. Ihn umgab eine finstere Aura von Gefahr, von unaussprechlichen Übeltaten in einer stürmischen Nacht, und ich hatte eine Heidenangst vor ihm. Er war neidisch auf seine Frau, das Zigeunermädchen, und ich bemerkte, dass sie in seiner Gegenwart sehr zurückhaltend war und dass das Lachen in ihren Augen erstarb. Gegenüber Feride nahm er sich Freiheiten heraus, auf die diese gereizt und hochnäsig reagierte und sich unglaublicherweise fast genauso aufführte wie meine Großmutter bei einem Wutanfall. Er tatschte Hacer immer wieder an ihr wogendes Hinterteil und brach in schallendes Gelächter aus, wenn sie sich dies verbat. Ich floh aus der Küche in den Salon, wobei mir aus irgendeinem Grund Tränen in die Augen schossen. Ich verspürte eine hilflose, kindliche Wut gegen diesen Mann und seine Grobheit, und ich bemitleidete das arme, fröhliche Zigeunermädchen, das er geheiratet hatte. Ich wusste damals noch nicht, dass das Leben und die Menschen nur selten den Vorstellungen entsprechen, die wir uns von ihnen machen.

Als mein Vater an jenem Abend nach Hause kam, stapelten sich in der Diele Tragkörbe voller Essen, die Feride gepackt hatte, und daneben standen die Pakete, die die frische Wäsche und diverse andere Dinge enthielten. Mein Vater musste bei diesem Anblick lachen, und er sagte zu meiner Mutter, alle Welt wisse, wann meine Großmutter ein Bad nehmen wolle.

Als er dies sagte, kam sie gerade die Treppe herunter, mit von Schmuck funkelnden Händen und einem großen, bunt gemusterten Seidenschal, den sie sich um den Kopf gewickelt hatte. Sie sah ziemlich merkwürdig aus mit ihrem kleinen, schlanken Körper und diesem riesigen, ballonartig angeschwollenen Kopf. Das mittlerweile trocknende Henna und die zahllosen

Handtücher bedeckten nach wie vor ihr Haar, doch als Zugeständnis an die Konventionen der feinen Gesellschaft hatte sie ihren farbenfrohen Schal um das Ganze gewickelt, sodass sie mit dem Rest der Familie im Esszimmer dinieren konnte.

»Morgen gehe ich in den Hamam«, verkündete sie, und mein Vater erwiderte mit todernster Miene und einer Geste in Richtung der Körbe und Pakete, dies sei nicht zu übersehen. Er runzelte jedoch die Stirn, als er erfuhr, dass ich mitgehen sollte, und er meinte, dafür sei ich mittlerweile zu alt. Meine Großmutter versuchte sofort, seine Einwände zu entkräften, und sie versprach mit typisch weiblicher Diplomatie, dass sie mich zum allerletzten Mal mitnehmen würde.

Als mein Vater sich ihren Überredungskünsten schließlich geschlagen gab und einlenkte, geriet ich dermaßen aus dem Häuschen, dass ich kaum etwas essen konnte, denn eigentlich hatte ich fest damit gerechnet, dass er mir diesmal die Erlaubnis verweigern würde – ein Gedanke, der mich den ganzen Tag über gequält hatte.

Murat erschien am Vordertor mit dem auf Hochglanz polierten Phaeton und den cremefarbenen Pferden, die ungeduldig mit den Hufen scharrten und deren Zaumzeug jedes Mal melodisch klingelte, wenn sie ihre schönen Köpfe zurückwarfen. Feride reichte Murat die Dinge, die wir an diesem Tag benötigten, und dann stolzierte sie wichtigtuerisch zum Haus zurück, um meine Großmutter zur Kutsche zu geleiten, obwohl ihre Herrin durchaus in der Lage gewesen wäre, diesen Weg allein zu bewältigen. Ich ging hinter den beiden her und kam mir ziemlich wichtig vor. Als Murat mich erblickte, schaute er missbilligend drein und konnte sich, wie erwartet, die Bemerkung nicht verkneifen, dass ich zu alt sei, um noch von den Frauen mitgenommen zu werden. Eingedenk der elterlichen Erlaubnis ignorierte ich ihn jedoch und umklammerte trotzig die Hand meiner Großmutter. Als wir am Hamam vorfuhren, kamen Bedienstete heraus, um uns in Empfang zu nehmen. Sie verbeugten sich tief vor meiner Großmutter, wirkten aber ein bisschen irritiert und verunsichert, als sie mich neben ihr erblickten. Sie sagten jedoch nichts, sondern führten uns zu dem Auskleideraum, den man für uns vorbereitet hatte.

Ich hatte alle Mühe, mit den schnellen, verächtlichen Schritten meiner Großmutter mitzuhalten, doch ich wollte ihre Hand auf gar keinen Fall loslassen. Wir kamen durch einen riesigen Marmorsaal mit Diwanen, die entlang der Wände angeordnet waren, und mit kleinen Milchglastüren, hinter denen sich die Privaträume verbargen. Im Saal wimmelte es von Frauen, die sich auf den Diwanen rekelten, und in seiner Mitte gab es ein Schwimmbecken und einen Springbrunnen. Das Wasser plätscherte erfrischend, wenn die Frauen sich aus dem steinernen Bassin erhoben oder darin herumplanschten. Im Becken standen zum Abkühlen jede Menge Flaschen mit *gazoz,* einer Art Brause, denn dies war ein Gemeinschaftsraum und der Ort, wo die Frauen zusammenkamen, um zu essen und zu tratschen, sobald sie ihre Waschungen beendet hatten. Wir durchquerten den Saal, ohne dabei nach links oder rechts zu schauen; tatsächlich hielt ich meine Augen, wie mir vorher befohlen worden war, unverwandt auf den Fußboden gerichtet. Feride hatte mich am Arm gepackt, und als ich ihr einen verstohlenen Blick zuwarf, bemerkte ich die Verachtung in ihrem schwarzen, fein geschnittenen Gesicht, ihre Nase, die sie so hoch trug, als wollte sie einem üblen Geruch ausweichen. Wir gingen eine Treppe hinauf und wurden dann in einen Raum geführt, wo wir uns zu entkleiden begannen. Ich war als Erster fertig, und Feride ging anschließend meiner Großmutter zur Hand. Draußen vor der Tür stand eine Bedienstete und wartete auf unsere Instruktionen; als wir umgekleidet waren, rief Feride die Frau zu uns herein und gab ihr unsere Seifenstücke, das Eau de Cologne und den großen Silberkelch, mit dem wir unsere Körper abzuspülen pflegten.

An unseren Füßen trugen wir Holzschuhe, sogenannte *takunya*. Meine waren, wie ich mich erinnere, goldfarben lackiert und auf ihrer Oberseite mit kunstvoll gemalten roten Rosen verziert, meine Großmutter trug schwarze Exemplare mit edelsteinbesetzten Absätzen. Auf dem nackten Steinfußboden veranstalteten wir damit einen ziemlichen Lärm. In ihrem rosafarbenen Bademantel wirkte meine Großmutter sehr elegant – ein Eindruck, der noch verstärkt wurde durch die kleinen vergoldeten Kämme, mit denen sie sich das Haar an den Schläfen und über den Ohren zurückgesteckt hatte. Feride hingegen repräsentierte ganz und gar die Würde des Orients mit einem schlichten, makellos weißen Bademantel, den sie fest um ihren schlanken Leib geschlungen hatte. Feierlich verließen wir den Umkleideraum und folgten der Bediensteten zu dem Raum, wo wir uns waschen und anschließend das mitgebrachte Essen verzehren würden.

Wir mussten erneut den Gemeinschaftsraum passieren, wo manche der Frauen sich noch immer wuschen, während andere auf den Diwanen herumlagen. Dort herrschte ein gewaltiger Lärm. Die Frauen schrien einander über ihre Köpfe hinweg etwas zu und tauschten mit kreischenden Stimmen die Skandal- und Klatschgeschichten aus, die sie sich alle aufgespart hatten für ihre Zusammenkunft in diesem Raum des Hamam – denn nirgendwo sonst ließ es sich dermaßen ungeniert tratschen und lästern wie hier.

Da Güte und Geselligkeit die Grundtöne der Stimmung meiner Großmutter an ihren Hamam-Tagen waren, ließ sie unsere kleine Prozession natürlich innehalten, um sich nach dem Befinden der Frauen zu erkundigen, die, ein wenig überwältigt von dieser unglaublichen Gnade, praktisch auf der Stelle verstummten.

Meine Großmutter musterte die nackten jungen Mädchen mit dem kritischen Blick einer Connaisseuse; hin und wieder, wenn ihr eine Figur nicht gefiel, schlug sie mit einer sehr ausdrucksstarken Geste der Missbilligung die Hände zusammen und sagte, die junge Soundso sei insgesamt viel zu dünn, ja, sie sei ein Klappergestell und werde nie einen Ehemann finden, sollte sich ihre Figur nicht verbessern. »Geben Sie ihr jede Menge *baklava* zu essen«, riet sie der Mutter, und alle konnten spüren, wie peinlich dies dem vor Scham erröteten Mädchen und der gekränkten Mutter war, doch meine Großmutter war sich nie bewusst, dass sie alle Welt brüskierte.

Als Nächstes pickte sie sich als Gegenbeispiel eine voll entwickelte junge Schönheit heraus und tätschelte anerkennend deren üppige Schenkel. Dies weckte die Aufmerksamkeit aller Mütter von ledigen Söhnen, woraufhin meine Großmutter schlicht und einfach bemerkte, dies wäre genau das Mädchen, das sie, hätte *sie* einen Sohn im heiratsfähigen Alter, für ihn auswählen würde.

Die kleinen Mädchen beäugten meine Großmutter abschätzig, doch dies war nicht von Bedeutung, da sie es überhaupt nicht bemerkte. Sie hatte einzig und allein Augen für die halbwüchsigen, wohlgeformten Mädchen, die so um die dreizehn Jahre alt waren, und sie erklärte irgendeiner entzückten Mutter lang und breit, dass sie gut beraten wäre, wenn sie eine solche Tochter so schnell wie möglich mit dem stärksten jungen Mann verheiratete, den sie auftreiben könne.

»Der wird wissen, wie er sie beglücken kann«, sagte sie mit dröhnender Stimme, »aber überzeugen Sie sich davon, dass er stark wie ein Löwe ist, denn andernfalls würde sie ihn mit ihren prächtigen Schenkeln garantiert zu Tode quetschen.«

Dies ließ den ganzen Saal verstummen, bis die Frauen mit einem Mal mich erblickten, wie ich im Hintergrund herumlungerte. Es verschlug ihnen vor Schreck den Atem, als sie bemerkten, dass ein junger Mann im fortgeschrittenen Alter von fünf Jahren unter ihnen weilte und Zeuge ihrer Nacktheit war.

Sie verrenkten ihre Körper zu den unnatürlichsten Stellungen und versuchten irgendwie, ihre Blöße zu bedecken, wobei sie schützend ihre Arme um sich legten und hämische Bemerkungen kicherten, die sich auf mein Geschlechtsteil bezogen. Meine Großmutter runzelte die Stirn über diese Frivolität. Obwohl sie selbst kein Blatt vor den Mund nahm, wenn es um die Eigenschaften anderer Leute ging, durfte sich niemand erdreisten, eine entsprechende Bemerkung über sie oder einen ihrer Angehörigen fallen zu lassen.

Damit war es vorerst Essig mit der Geselligkeit. Meine Großmutter richtete sich hochmütig zu ihrer vollen Größe auf und zeigte der geduldig auf uns wartenden Bediensteten an, dass wir nun bereit seien.

Unsere kleine Prozession bewegte sich wieder voran, und das Geklapper unserer Takunya übertönte die Bemerkungen, die über mich und natürlich auch über meine Großmutter gemacht wurden.

Bevor wir den Raum erreichten, wo wir uns waschen konnten, mussten wir einen schmalen Kanal überqueren, durch den das Schmutzwasser des Hamam in die Kanalisation abfloss. Wir konnten ihn jedoch nicht überqueren, ohne dass jeder von uns drei Mal feierlich in das trübe Wasser gespuckt und *»Destur bismillah«* gesagt hatte, um die bösen Geister zu beschwichtigen, die einem an schmutzigen Orten aufzulauern pflegten. In der alten Türkei musste man zu den bösen Geistern sehr höflich sein. Sagte man nicht *»Destur bismillah«,* was »Verschwinde, in Gottes Namen« bedeutet, so könnten sich die bösen Geister der Kanalisation angesichts dieser Respektlosigkeit womöglich beleidigt fühlen und einen von hinten schubsen, sodass man kopfüber in den Abwasserkanal fiel; ja, sie könnten sogar dafür sorgen, dass ein respektloser Mensch eine Zeit lang halbseitig gelähmt war. Deshalb ging man bei ihnen lieber kein Risiko ein. Wir waren immer sehr respektvoll.

Nachdem wir auch diesmal unsere Verpflichtungen gegenüber den bösen Geistern erfüllt hatten, konnten wir das schmutzige Wasser bedenkenlos überqueren und uns leichten Herzens und ohne weiteren Verzug in unseren Waschraum begeben. Dieser Raum war von beträchtlicher Größe, aber da er nur privat genutzt wurde, enthielt er lediglich ein *kurna,* ein großes Wasserbassin, statt der ungefähr zwanzig, die es in dem Gemeinschaftswaschraum gab. An einer Seite der marmornen Wand befand sich eine Nische, in der Feride als Erstes unsere Proviantkörbe verstaute. Bevor sie uns verließ, legte die Bedienstete die Seife, die Handtücher und das Eau de Cologne auf ein dafür vorgesehenes Bord, und danach schloss Feride unverzüglich den über der gewölbten Türöffnung angebrachten, aus grobem Frotteestoff gefertigten Vorhang, damit uns niemand bei unseren Waschungen beobachten konnte. Anschließend begann sie, das Kurna, die Wände und den Fußboden mit einer Seife zu reinigen, die wir eigens zu diesem Zweck mitgebracht hatten. Während sie sich abrackerte, ermahnte meine Großmutter sie, alles drei Mal zu reinigen, denn nur dann könne man sagen, dass der Raum auch wirklich sauber sei; und sei der Raum nicht picobello sauber, so würden sich böse Geister an dem Schmutz festsetzen und uns womöglich etwas Schlimmes antun, während wir uns wuschen. Ich saß auf dem gereinigten Teil des Fußbodens und hatte Angst, Feride würde es nicht schaffen, alles blitzblank zu putzen: Ich stellte mir teuflisch grinsende, grässliche Dämonen vor, die unsichtbar in der Luft lauerten und nur darauf warteten, sich auf mich herabzustürzen, sobald ich meinen Bademantel ablegte.

Als Feride ihre schweißtreibende Arbeit endlich erledigt hatte, legte sie weitere Handtücher auf den Fußboden, die uns als Sitzgelegenheiten dienen sollten, und dann setzte sie sich ebenfalls hin und pustete Seifenblasen in die Luft, um mich zu unterhalten und meine Gedanken an böse Geister zu vertreiben. Das Waschen war für mich immer der schlimmste Teil eines Hamam-Besuchs, denn Feride kannte, wie İnci, kein Erbarmen und seifte mich insgesamt drei Mal von Kopf bis Fuß ein. Dabei sorgte sie dafür, dass ich ihr nicht ausbüxen konnte, indem sie mich zwischen ihren kräftigen Schenkeln einklemmte. Sie zog sich einen Handschuh aus Luffaschwamm über die rechte Hand, mit dem sie meinen Körper von oben bis unten abschrubbte und durchwalkte, bis sich große, hässliche Bahnen von dunklem Schmutz von der beinahe blutenden Haut zu lösen begannen. Trotz meines gellenden Geschreis ließ sie nie locker, und immer wenn ich glaubte, dass ich das Schlimmste hinter mir hatte, füllte sie den Silberkelch mehrmals hintereinander mit, wie mir schien, kochend heißem Wasser, das sie mir über Kopf und Körper goss, bis ich schließlich mit brennender und prickelnder Haut unter dem Seifenschaum zum Vorschein kam und aussah wie ein gebrühter Hummer.

Während meine Großmutter einer ähnlichen Behandlung unterzogen wurde, wobei die listige Feride in einem fort die zarte, faltenlose Beschaffenheit der cremefarbenen Haut ihrer Herrin pries, musste ich mich zum Ausruhen hinlegen; dieser Teil des Tages langweilte mich immer über alle Maßen, und ich sehnte mich nach der Aufregung, die mit dem Verzehr des mitgebrachten Essens verbunden war, denn ein Mahl im Hamam war doppelt so reizvoll wie eines, das man zu Hause einnahm. Einmal gelang es mir jedoch, mich unbemerkt hinauszustehlen, und ich spazierte, ohne meinen Bademantel, in den Gemeinschaftsraum, wo ich mich am Klang der dort sprudelnden kühlen Fontäne erfrischen wollte.

Die Frauen musterten mich mit einer Art feindseligem Interesse. Sie riefen die jüngeren Kinder in scharfem Tonfall zu sich, und ich stand mutterseelenallein in der Mitte des großen Raums, verlegen und schüchtern, aber trotzdem nicht gewillt, zu den Dunstschwaden und der tödlichen Langeweile unseres

Privatraums zurückzukehren. Eine dicke armenische Frau rief mich und bot mir einen Apfel an, doch da man mir eingebläut hatte, nie etwas von Fremden anzunehmen, konnte ich mich nur bei der Frau bedanken und ihr Angebot ausschlagen, obgleich mir angesichts der Vorstellung, in den kalten roten Apfel in ihrer Hand zu beißen, das Wasser im Munde zusammenlief.

Sie lockte mich an ihre Seite und legte ihren fleischigen Arm freundlich um mich, woraufhin eine junge Frau ihr anzüglich-ordinär zurief:

»Madame! Sie hätten besser Ihren Ehemann mitgebracht! Der da ist nicht mal so groß wie mein kleiner Finger, und ich bezweifle, dass Sie viel mit dem anfangen können!«

Die anderen Frauen lachten derb darüber, und die dicke armenische Frau wurde zornig.

»Passen Sie bloß auf, dass die Großmutter nicht mitbekommt, dass Sie so über ihn reden«, sagte sie, aber es fielen noch mehr Bemerkungen über mich. Manche der Frauen hörten auf zu essen, um zu sehen, ob es zu einer Rauferei zwischen der dicken Armenierin und der jungen türkischen Frau käme. Ich riss mich los und rannte zurück zu dem Privatraum, zur freundlicheren Gesellschaft meiner Großmutter und Ferides, denn mit einem Mal war mir das Ganze so fürchterlich peinlich, dass sogar mein Hinterteil zu erröten schien.

Als ich zurück war, ruhte meine Großmutter gerade, und Feride war damit beschäftigt, Teller mit Essen auf ein auf dem Fußboden ausgebreitetes weißes Tischtuch zu stellen. Wenig später saßen wir drei in unseren Bademänteln im Schneidersitz da und verspeisten mit großem Appetit die *lahana dolması,* die gefüllten Kohlblätter, die die geschmähte Hacer offenbar doch noch perfekt hinbekommen hatte. Außerdem aßen wir *köfte,* schmackhafte Hackfleischbällchen, *börek,* Blätterteig, gefüllt mit Schafskäse, Ei und Petersilie, sowie *turşu,* einen Salat aus sauer eingelegtem Gemüse, in erster Linie Weißkohl, grünen Paprikaschoten und goldgelben Zucchini.

Eine Bedienstete brachte uns eisgekühltes Gazoz, und dann machten wir uns über Ferides Spezialität her, die Kadingöbeği. Danach überkam uns eine solche Schläfrigkeit, dass meine Großmutter es nicht mehr abwarten konnte, bis ich aufgegessen hatte. Barsch befahl sie Feride, die Reste unseres Festmahls wegzuräumen, weil sie nun zu schlafen wünsche. Ich machte es mir neben ihr bequem, rülpste schamlos, um zu demonstrieren, wie gut mir das Essen geschmeckt hatte, und dann schlief ich ebenfalls ein.

Als ich aufwachte, war unser Tag im Hamam so gut wie vorbei. Meine Großmutter badete sich gerade zum letzten Mal, und als Feride bemerkte, dass ich die Augen aufgeschlagen hatte, nutzte sie prompt die Gelegenheit, um mich noch einmal zu waschen. Erfrischt von ihrem Nickerchen, schrubbte sich mich mit einer solchen Energie und Ausdauer ab, als haftete an mir der Schmutz von Jahrhunderten.

Der Tag neigte sich seinem Ende zu. Feride packte das Geschirr, die schmutzige Wäsche und den silbernen Waschkelch ein. Die leere Eau-de-Cologne-Flasche lag einsam und verlassen auf dem Fußboden: Sie würde nicht mehr benötigt werden.

Meine Großmutter zog ihren rosafarbenen Bademantel an, half mir in meinen, und dann gingen wir durch den langen, laut widerhallenden Korridor zu dem Raum, wo wir am Morgen oder, wie es mir nun vorkam, vor einer halben Ewigkeit unsere Kleidung zurückgelassen hatten.

Ich wandte meinen Blick zur Seite, als wir die Gruppen der anderen Frauen im Hamam passierten. Viele von denen, die uns dort am Morgen gesehen hatten, waren bereits nach Hause gegangen, aber diejenigen, die noch da geblieben waren, wandten sich nun respektvoll meiner Großmutter zu und wünschten ihr weiterhin Gesundheit und Wohlstand, doch ihr war nicht nach dem Austausch von Belanglosigkeiten zumute. Sie würdigte die Frauen keines Blickes. Ihr Bedarf an Geselligkeit war für diese Woche gedeckt.

III. Eine reine Männersache

Der lange heiße Sommer verging wie im Fluge, und der Tod meines Großvaters verblasste angesichts des herbstlichen Herannahens meines sechsten Geburtstags und meiner *Beschneidung!*

Beschneidung war für mich bloß ein Wort, doch mit der Zeit wurde es zum aufregendsten Wort der Welt. In den Gesprächen meiner Eltern tauchte es nun immer häufiger auf. Mein Vater brachte den Stein ins Rollen, indem er zum Beispiel sagte, dass Ali, der Sohn des örtlichen Schulmeisters, vor ein paar Tagen beschnitten worden sei und dass das ganze Viertel noch immer von seiner Tapferkeit spreche. Dies war für meine Großmutter das Signal, sich einzuschalten. Sie schaute ungläubig drein, ließ ihre Stricknadeln wie wild klappern und bemerkte verächtlich: »Dass ich nicht lache! Dieser kränklich aussehende Junge? Der soll tapfer gewesen sein? Das liegt dem doch gar nicht im Blut!« Und dann plapperte sie los und äußerte sich des Langen und Breiten über den Vater und den Großvater dieses Jungen und über deren Mangel an Tapferkeit, bis ich ungeduldig herumzuzappeln begann und sie sich wieder beruhigte und triumphierend verkündete: »Die sollen warten, bis sie *meinen* Enkelsohn erlebt haben!«

Und weil sich das auf mich bezog, fuhr mir ein heißer Schauder unbändigen Stolzes durch die Adern.

Meine Mutter sagte mit ihrer kühlen, besonnenen Stimme: »Ja, du hast recht, natürlich. Mein Sohn wird tapfer sein wie ein Löwe, und wir werden alle stolz auf ihn sein.«

Niemand wollte mir erklären, was denn diese schreckliche Sache war, die mir da bevorstand und die den Mut eines Löwen erforderte, und ich traute mich nicht, danach zu fragen, obgleich ich von Tag zu Tag neugieriger darauf wurde. Einmal bat ich İnci, es mir zu erklären, doch die lachte nur und sagte: »Wart's ab!« Also floh ich zu Hacer, um vielleicht von ihr etwas erfahren zu können. Sie stopfte mir frisch zubereitete Baklava in den Mund und grinste anzüglich. Sie machte eine Handbewegung und deutete dabei vage auf die unteren Regionen meiner Anatomie, doch ich verstand dies nicht und muss wohl ziemlich verwirrt ausgesehen haben, denn sie wurde wieder ernst und meinte, ich solle aus der Küche verschwinden und mir wegen dieser Sache nicht unnötig den Kopf zerbrechen. Meine Mutter verriet mir auch nicht viel mehr, doch sie versuchte zumindest, mir eine gewisse Vorstellung zu vermitteln. Sie erzählte mir, dass alle kleinen Muslimjungen eine Beschneidung bekämen und dass dies der Beginn meines »Mannesalters« sei und dass ich zu diesem Anlass schöne neue Kleider bekäme, weil der Akt der Beschneidung in der Türkei eine festliche Angelegenheit sei. Ich dachte über ihre Worte nach, aber ohne es zu merken, hatte sie mir ein weiteres Problem bereitet, mit dem ich mich zu allem Überfluss nun auch noch herumschlagen musste. Was hatte sie mit dem Wort »Mannesalter« gemeint? Hatte das etwas mit meinem Vater zu tun, der, wie ich mitbekommen hatte, als »Mann« bezeichnet wurde? Für einen kleinen Jungen war dies alles ziemlich rätselhaft, doch die Gespräche hatten den gewünschten Erfolg: Ich wurde ungeduldig und brannte darauf, endlich diese Beschneidung zu erleben.

Jeden Abend kletterte ich meinem Vater auf die Knie und fragte ihn, wann es passieren würde. Er schaute dann immer sehr ernst drein und fragte meine Mutter, ob ich tagsüber ein artiger Junge gewesen sei. Die Antwort war immer ein Ja. Tatsächlich war ich ein Muster an Gehorsam und Höflichkeit, seitdem der Gedanke an die Beschneidung von mir Besitz ergriffen hatte. Also versprach mir mein Vater, die Sache noch vor meinem Geburtstag zu arrangieren, und ich lief mit stolzgeschwellter Brust herum. Fortan konnten mir die Tage nicht mehr schnell genug vergehen.

Ich gewöhnte mir an, jeden Abend draußen auf meinen Vater zu warten, wenn er von der Arbeit nach Hause kam. Sobald ich ihn um die Ecke biegen sah, rannte ich los, um ihm das Tor zu öffnen und seine prall gefüllten Jackentaschen zu inspizieren, die in der Regel Spielzeug oder Süßigkeiten für Mehmet und mich enthielten. Eines Tages hatte er einen großen Pappkarton unter dem Arm, und als ich von ihm wissen wollte, was sich darin befand, sagte er, es sei mein Beschneidungsgewand. Ich geriet vor Aufregung ganz aus dem Häuschen und bettelte darum, das Paket ins Haus tragen zu dürfen. In der Diele lief uns meine Mutter über den Weg, und ich deutete auf den Pappkarton, wobei ich wegen seines Inhalts vor Stolz beinahe geplatzt wäre. Sie zügelte meine Begeisterung, und ich stürmte davon, um Mehmet und İnci zu suchen und sie von diesen Neuigkeiten zu unterrichten.

Mehmet war mittlerweile zwei, und er begann zu weinen, weil das Gewand nicht für ihn, sondern für mich war. Er wolle auch etwas Neues zum Anziehen haben, heulte er. İnci stopfte ihm Süßigkeiten in den Mund und sagte zu ihm, er solle aufhören zu flennen und er könne froh sein, dass er keine Beschneidung verpasst bekomme, denn das würde ziemlich wehtun.

Es war das erste Mal, dass jemand in diesem Zusammenhang von Schmerzen sprach, und mir fuhr ein gehöriger Schreck in die Glieder. Ich erinnere mich noch daran, dass İnci mich mit weit aufgerissenen, entsetzten Augen anstarrte, denn sie hatte sich offenkundig verplappert. Ich stürmte aus dem Spielzimmer, die Treppe hinunter und in den Salon, wobei ich in meiner Panik vergaß, vorher anzuklopfen und zu warten, bis ich hereingebeten wurde. Als ich so in den Salon hineinplatzte, schaute mein Vater mich erstaunt an.

»Was hat das zu bedeuten?«, fragte er mit strenger Stimme.

Und ich schrie aufgeregt: »*Baba!* İnci hat gesagt, es wird wehtun! Stimmt das? Tut es weh?«

Mein Vater warf meiner Mutter einen kurzen Blick zu, und dann wandte er sich wieder an mich und sagte:

»Gar nichts wird wehtun! Das ist eine ganz einfache Sache und im Nu vorbei. Und jetzt lass uns einen Blick auf dein Gewand werfen und sehen, ob es dir gefällt.«

Damit war das Thema für ihn erledigt, doch ich registrierte, wie meine Mutter ihr Nähzeug beiseitelegte und aus dem Zimmer eilte. Ich wusste, sie würde sich İnci vorknöpfen, und einen Moment lang empfand ich Mitleid mit dieser, denn sie würde sicher einiges zu hören bekommen.

Die Worte meines Vaters hatten mich jedoch wieder halbwegs beruhigt, und so begab ich mich leichten Herzens zu dem Tisch in der Diele, auf dem das wertvolle Paket lag, und brachte es in den Salon. Meine Mutter kehrte rechtzeitig zurück, um es für uns zu öffnen, und ich warf einen verstohlenen Blick auf ihr Gesicht. Sie wirkte gelassen wie immer, doch ihre Wangen zeigten einen Stich ins Rötliche.

So etwas Herrliches wie dieses Gewand hatte ich noch nie gesehen. Es war blau, aus einer dicken Seide, die einem angenehm über das Gesicht glitt, und prachtvoll bestickt mit goldenem, silbernem und rosafarbenem Garn. Da war auch noch eine blaue Kappe aus demselben Material, eine Art Fez, auf dessen Vorderseite, in Lettern aus strahlendem Gold, das Wort *Maşallah* prangte.

Ich war dermaßen überwältigt, dass es mir die Stimme verschlug, und meine Großmutter rief mit gebieterischer Stimme nach Feride, Hacer und İnci, damit sie sich dieses prächtige Gewand ansahen. Unter ihren Lobesbekundungen und Begeisterungsrufen schritt ich stolz wie ein Pfau durch den Salon und verlor nur einmal die Fassung, als ich sah, wie Mehmet mit einer kleinen, zaghaften Hand nach der Kappe zu grabschen versuchte. Glücklicherweise lenkte İnci ihn von dem schimmernden blauen Wunderding ab, und mein Herz begann wieder zu schlagen.

Fortan zerfraß mich die Ungeduld. Ich wollte ein definitives Datum wissen, und meine unbestimmten Ängste verdichteten sich und drohten mir den Verstand zu rauben. İnci hatte Mehmet erzählt, es würde wehtun. Mein Vater hatte mir versichert, das stimme nicht. Ich vertraute meinem Vater bedingungslos, aber İnci vertraute ich nicht minder. Ich konnte mich an keine Zeit in meinem Leben erinnern, wo ich ihr schwarzes, lachendes Gesicht nicht über mich gebeugt gesehen hätte. Sie war ebenso sehr ein Teil meines Lebens und meines Daseins, wie es meine Finger und meine Zehen waren. Ich begann grässliche Träume zu haben, doch es gab keinen Menschen, an den ich mich hätte wenden können, damit er mir Trost spendete. Oh, die vagen, unfassbaren Ängste der Kindheit und die völlige Unmöglichkeit, diese Ängste mit jemandem zu teilen oder sie zu lindern!

Manchmal lief ich zu meiner Mutter, legte meinen Kopf in ihren Schoß und begann bitterlich zu weinen. Dann hob sie mich auf ihr Knie, und ich konnte den tröstlichen, vertrauten Duft ihres Eau de Cologne riechen, während ich mich an ihre Schulter schmiegte. Sie forderte mich auf, ihr zu erzählen, was mich bedrückte, aber Scham und Stolz verbaten es mir, mit ihr über eine Männersache wie die Beschneidung zu reden. Doch eines Tages waren Angst und Zweifel mit einem Mal Vergangenheit – sie wurden zu etwas, auf das man amüsiert und mit einer gewissen unterschwelligen Beschämung zurückblickte.

Jener Tag brach ganz anders an, als ich es gewohnt war. Zunächst einmal ging mein Vater nicht in sein Büro, und das ganze Haus war erfüllt von dem geschäftigen Treiben eines außerplanmäßigen Großreinemachens. Die arme Hacer geriet in der

Küche völlig außer sich, denn alle paar Minuten kamen meine Mutter und meine Großmutter hereingeschneit, um ihr auf die Finger zu schauen. Feride wurde dazu angehalten, ihre Arbeit im oberen Stockwerk schnellstmöglich zu erledigen, damit sie der kurz vor einem Nervenzusammenbruch stehenden Hacer in der Küche zur Hand gehen konnte. İnci wurde ebenfalls zu anderen Arbeiten abkommandiert, und deshalb mussten Mehmet und ich im Garten bleiben, in der Gesellschaft meines Vaters, der in seinem Büro sicher besser aufgehoben gewesen wäre, denn das lärmende Haus war kein Platz für ihn.

Am Nachmittag wurde ich aus dem Garten abgeholt, um gebadet zu werden – eine noch nie da gewesene Sache, denn für gewöhnlich wurde ich unmittelbar vor dem Schlafengehen gebadet. Während İnci mich abtrocknete, teilte sie mir mit, der Zeitpunkt meiner Beschneidung sei nun gekommen. Genau in diesem Moment tauchte meine Mutter auf, ziemlich aufgeregt und mit einer Flasche ihres besten Eau de Cologne. Sie badete mich förmlich in diesem süßlichen, überwältigenden Duft, indem sie mir damit nicht nur die Locken anfeuchtete und glättete, sondern auch noch den ganzen Körper einrieb. İnci rümpfte ihre kleine Stupsnase und meinte, ich röche nun wie eine Frau, und dann ließ sie ihre Zunge zwischen den Zähnen hervorschnellen, um mich zum Lachen zu bringen. Als die beiden schließlich von mir abließen – nachdem sie mich zu ihrer vollen Zufriedenheit gepudert und parfümiert hatten –, wurde das blaue Festgewand aus seiner Schachtel genommen und mir über den Kopf gestreift. Anschließend wurde mir die Kappe auf mein flach angeklatschtes Haar gesetzt, in einem kecken, schicken Winkel, denn İnci hatte ein großartiges Gespür dafür, wie ein junger Mann seine Kopfbedeckung tragen sollte.

Vor Aufregung konnte ich kaum still stehen, und meine Mutter tadelte mich mehrmals auf das Schärfste, als sie versuchte, mir weiße Strümpfe über meine herumzappelnden

Füße zu ziehen und diese in feine Seidenpantoffeln zu stecken. Ich war so aufgeregt, dass mir mein Magen komische Streiche spielte, und als İnci ein kleines Tablett mit Obst und Milch hereinbrachte, da rebellierte er auf eine sehr unzweideutige Weise. Ich wurde dennoch gezwungen, etwas Milch zu trinken, obwohl sie wie Gift schmeckte, und dann brachte man mich nach unten zu meinem Vater. Er hielt mich eine Armlänge von sich entfernt und lachte über mein verzagtes Gesicht. Hacer und Feride kamen herein, um mich in Augenschein zu nehmen, und Mehmet, der sich fest an İncis rote Röcke klammerte, brach unvermittelt in ein lautes Geheul aus – ob aus Neid oder aus Angst, habe ich nie herausfinden können. Er musste eiligst hinausgeschafft werden, denn der missbilligende Gesichtsausdruck meiner Großmutter drohte ihn zu einem noch hysterischeren Geschrei zu veranlassen. Der Salon war voller Leute. Feride half meiner Mutter, Likör und Bonbons zu servieren, und der Lärm und das Gelächter waren beträchtlich, denn alle tranken sie auf mein Wohl und riefen mir laut »Maşallah« zu.

Man hatte sich darauf geeinigt, die Beschneidung im Haus unseres Nachbarn, eines Obersts der Osmanischen Armee, stattfinden zu lassen, denn dessen Sohn und ein halbes Dutzend anderer Jungen sollten ebenfalls beschnitten werden. Alsbald ertönte die Glocke an unserer Vordertür, und der Oberst wurde in den Salon geführt, ein Mann mit aufrechter Körperhaltung, der sehr militärisch wirkte. Allein schon sein Anblick und das, was er repräsentierte, reichten aus, um mir das Herz in die Hose rutschen zu lassen. Er fasste mir unters Kinn und dröhnte mit einer schrecklichen Stimme:

»Nun, wir sind alle bereit und warten nur noch auf dich.«

Ich fühlte mich wie ein Lamm, das zur Schlachtbank geführt wurde. Mein Magen drehte sich mir um und schlug einen Salto, ohne dass ich ihm dabei irgendwie helfen musste – es fühlte sich so an, als würde er mir aus dem Leib gerissen. Meine

Mutter kam zu mir herüber und legte mir ihren Arm um die Schultern. Nachdem der Oberst seinen Likör auf einen Zug hinuntergekippt und Feride und ihre Bonbons voller Entrüstung zurückgewiesen hatte, gesellte er sich zu meinem Vater. Bald kamen die beiden zu mir herüber und nahmen mich bei der Hand, und wir gingen gemeinsam hinaus, wobei uns die Gäste hinterherjubelten. Meine Mutter blieb im Haus zurück, denn in der Türkei ist es nicht üblich, dass Frauen bei einer Beschneidung zugegen sind.

Aus Angst, ich könnte mir meine Seidenpantoffeln schmutzig machen, trug mein Vater mich über den schmalen Seitenpfad, der unser Anwesen von dem des Obersts trennte. Vor seinem Haus wimmelte es von Kindern, und ein oder zwei der mutigeren unter ihnen hatten sich sogar in den Garten hineingewagt, um einen besseren Blick auf die Beschneidungsgewänder zu haben. Ich mochte sie nicht ansehen und vergrub mein Gesicht an der Schulter meines Vaters.

Das Haus des Obersts war innen überall mit Blumen und silbernen Papierschlangen geschmückt. Dort herrschte das gleiche geschäftige Treiben wie in unserem Haus, und als ich durch die lange Diele getragen wurde, erhaschte ich einen Blick auf die Dienstboten des Obersts, wie sie mit Tabletts voller Getränke den Salon betraten und verließen. Ich wurde in ein kleines Zimmer gebracht, das speziell für die Kinder reserviert war. Dort befanden sich bereits sechs oder sieben andere Jungen, die alle ein wenig älter waren als ich und ähnliche Gewänder trugen. Sie unterhielten sich angeregt und offenbarten keine Anzeichen jener ungeheuren Angst, die mich nun immer heftiger packte. Sie begrüßten mich auf eine erwachsene Weise, und ich beneidete sie um ihre Gelassenheit. Mein Vater und der Oberst verließen uns, um sich den erwachsenen Gästen zu widmen. Als wir allein waren, stolzierten die anderen Jungen – der Älteste von ihnen war acht – selbstbewusst im Raum umher, wobei sie sich auf eine sehr lässige Weise unterhielten und sich fragten, wer von uns wohl als Erster zum Doktor gerufen würde.

Plötzlich tauchte ein Clown bei uns auf, der zwischen den Tischen und Stühlen herumhopste und dazu Flöte spielte. Bald erschien noch ein weiterer Clown, der mit Apfelsinen jonglierte. Die beiden sahen so komisch aus mit ihren übertrieben geschminkten Augenbrauen, ihren weißen Gesichtern und roten Nasen, dass wir alle herzhaft lachen mussten und selbst ich meine Feigheit zu vergessen begann. Aus dem Salon war ein Musikorchester zu hören, das seine Instrumente stimmte, und dann intonierte eine Frauenstimme eine kleine wehmütige Melodie, die mich an Hacers Gesang erinnerte.

Mit einem Mal begann ich lauter zu lachen als alle anderen, und die Clowns waren entzückt und verdoppelten ihre Anstrengungen, uns zu amüsieren. Doch sie ahnten nicht, dass ich lachte, weil ich die dicke Hacer und ihre auf und ab hüpfenden, lustigen Brüste vor mir sah. Es tauchten immer mehr Clowns auf, und wir versammelten uns neugierig um sie herum. Sie spielten auf ihren Flöten fröhliche Melodien, und wir Kinder tollten unbeschwert durch den Raum. Der Älteste von uns, der Sohn des Imams, war sehr dick, ein Junge mit käsigem Gesicht und einer riesigen, ihn entstellenden Brille auf der Nase. Plötzlich schnappte sich einer von uns einen Clownshut und pflanzte ihn dem dicken Jungen auf den Kopf. Dieser sah so würdevoll und witzig aus mit seinen eulenhaft hinter den dicken Brillengläsern blinzelnden Augen, dass wir in ein lautes, gehässiges Gelächter ausbrachen. Er sah unbeschreiblich albern aus, wie er so dastand, fast reglos, während wir vor Lachen brüllten, bis uns die Tränen die schmerzenden Wangen hinunterkullerten.

Der Oberst erschien an der Tür und befahl uns, ins obere Stockwerk zu gehen. Die Clowns, das Gelächter, die Aufregung – alles war auf einen Schlag vergessen, und selbst das Orchester im Salon war verstummt. Wir hielten alle den Atem an und blickten uns leicht beklommen um. Mein Vater kam zu mir herüber und nahm mich bei der Hand, und dann folgten wir den anderen die Treppe hinauf. Oh, wie langsam ich jede Stufe nahm! Und wie jede, die ich hinter mich brachte, mein Schicksal unausweichlich zu besiegeln schien!

Der dicke Junge befand sich genau vor uns, mit dem Imam, seinem Vater, und dieser sagte zu ihm:

»Also, es gibt nichts, wovor du Angst haben müsstest. Du bist hier der älteste Junge, und deshalb musst du auch der tapferste sein und den anderen mit gutem Beispiel vorangehen.«

Der arme dicke Junge zitterte jedoch wie Espenlaub und schien ganz verängstigt zu sein. Der Raum, den wir betraten, lag am hinteren Ende eines langen Korridors, ein geräumiges Zimmer mit Blick auf die Gartenanlagen. Ich erinnere mich noch daran, dass ich aus einem der Fenster schaute, hinüber zu unserem Garten, und dass ich dort İnci und Mehmet erblickte, wie sie auf einer auf dem Boden ausgebreiteten Decke spielten. Ich wollte auf der Stelle zu den beiden hinüberlaufen, doch es gab kein Entrinnen. Mein Vater nahm mich beruhigend bei der Hand. Er hatte registriert, dass ich unwillkürlich aus dem Fenster geschaut hatte, und ich glaube, er wollte mich wissen lassen, dass er verstand, wie mir zumute war.

In dem Zimmer gab es acht wie in einem Schlafsaal angeordnete Betten, jeweils vier entlang den Längsseiten. Jedes Bett war mit frischen Laken bezogen, auf denen Kissen mit Spitzenbesatz und eine blauseidene Zudecke lagen. In der Mitte des Zimmers stand ein großer, mit Süßigkeiten, Obst und Gläsern beladener Tisch. Die Clowns waren uns gefolgt und tanzten und kasperten nun auch in diesem Raum herum, indem sie Flöte spielten, mit Apfelsinen jonglierten und ihre grotesken hohen Hüte in die Luft warfen. Mein Vater zeigte mir mein

Bett, denn ich würde in diesem Haus ein oder zwei Mal übernachten müssen. Es stand an einem Fenster, und einen Augenblick lang fühlte ich mich besser, denn von dort aus konnte ich İnci und Mehmet in unserem Garten spielen sehen. Da kam der Arzt herein.

Instinktiv wandte ich den Blick von ihm ab und schaute zu dem dicken Jungen hinüber. Seine Wangen bebten vor Angst, und seine Knie schlotterten unter dem langen Gewand dermaßen heftig, dass ich mich fragte, wie sie ihn überhaupt tragen konnten. Seine Furcht färbte auf mich ab: Ich wollte weglaufen und schreien, ich wollte nach meiner Mutter rufen und mich in İncis tröstende Arme werfen. Ich schaute meinen Vater an und spürte, wie meine Unterlippe unkontrollierbar zu zittern begann. Er beugte sich über mich, und ich erinnere mich noch heute an sein Gesicht, an jenes liebevolle, sanfte Gesicht, jenes einsame, verschlossene Gesicht, das ich so innig liebte. Er wollte, dass ich tapfer war, und seine Finger schlossen sich fest um meine eisige Hand.

»Hab keine Angst«, tröstete er mich leise, damit es die anderen nicht hören konnten. »Du musst noch eine einzige Minute lang tapfer sein, und dann hast du's geschafft.«

Der Arzt schaute uns an, wie wir da alle so lammfromm neben unseren Vätern standen, und er begann lauthals zu lachen.

»He!«, rief er vergnügt. »Acht Kinder in einem Raum, und es ist kein Mucks zu hören!«

Dann schaute er mich an.

»Du bist der Jüngste«, sagte er. »Also kommst du als Erster dran.« Er nahm mich bei der Hand und musterte gründlich mein Gesicht. »Ich glaube nicht, dass du Angst hast«, sagte er sanft. »Es gibt überhaupt keinen Grund, Angst zu haben, verstehst du? Braven Jungen tue ich nie weh, und wie dein Vater mir erzählt hat, bist du ein *sehr* braver Junge, nicht wahr? Los, komm!«, sagte er mir direkt in mein widerspenstiges, ungläubiges Gesicht. »Du wirst sehen, es wird nicht wehtun.«

Er schnappte sich meinen Arm und führte mich in einen Nebenraum, eine Kammer, die so kahl und leer war, dass sie ein bereits banges Herz noch mehr ängstigen konnte.

Der Oberst stellte mich auf einen Tisch, der eigens zu diesem Anlass in der Mitte des Raums platziert worden war. Ich schaute in Richtung Fenster, den Oberst zu meiner Linken und meinen Vater zu meiner Rechten. Der Arzt beschäftigte sich derweil mit dem Inhalt einer schwarzen Tasche und einem Gefäß voll kochendem Wasser. Nach einer Minute, die mir wie ein Jahr vorkam, näherte er sich dem Tisch.

»Und jetzt sei ein braver Junge und steh still!«, befahl er mir, doch er hätte sich seine Worte sparen können, denn ich hätte mich nicht bewegen können, selbst wenn ich es gewollt hätte. Meine Beine waren steif und starr, wie an der Tischplatte festgeschraubt, und mein Körper war eiskalt. Ich drehte den Kopf zur Seite, als ich ein kleines glänzendes Instrument erblickte, und dann hörte ich den Arzt gut gelaunt sagen:

»So, Hüsnü Bey. Dann wollen wir mal sehen, was für ein Mann Ihr Sohn ist.«

Mein Vater hob mein Gewand an, um meine Beine und meinen Unterleib zu entblößen.

»Mach die Beine auseinander!«, befahl mir der Arzt, wobei seine Stimme nicht mehr mit Zuckerguss überzogen, sondern die eines Mannes war, der eine berufliche Aufgabe, eine Pflicht zu erfüllen hatte. »Noch mehr!«, rief er mit dröhnender Stimme.

Zitternd gehorchte ich. Ich erinnere mich noch daran, dass der Oberst von hinten meine Fesseln festhielt, während mein Vater meine Arme umklammerte. Ich schloss die Augen und war bereit zu sterben. Dann spürte ich ein kurzes Ziepen, und plötzlich war alles vorbei.

Ich war beschnitten, und meine Ängste hatten sich als völlig unnötig erwiesen. Trotzdem schrie ich nach Leibeskräften. Dies war für meine überreizten Nerven so wohltuend, dass ich noch lange damit fortfuhr, obwohl dafür eigentlich kein Grund mehr bestand.

Der Oberst trug mich zurück in das große Zimmer, vor dessen Tür bereits das zweite Opfer wartete. Ich wurde ins Bett gelegt, und die Clowns spielten ihre Musik und schlugen ihre Purzelbäume, nur um meinetwillen, und ich war stolz und fühlte mich ungeheuer wichtig.

Ich hatte mir vorgenommen, jede Menge Süßigkeiten zu vertilgen, doch nun forderte die Natur ihren Tribut, und im Handumdrehen war ich eingeschlafen.

Als ich wieder aufwachte, hatten alle ihre Beschneidung hinter sich gebracht, und die Musik des Orchesters erklang leise und angenehm aus dem Salon. Die Clowns waren allesamt verschwunden. Es war Nacht, und die an einem wolkenlosen Firmament funkelnden Sterne schienen mir zum Greifen nahe. Gelächter und Musik und Gläserklang drangen von unten die Treppe herauf, und die anderen Jungen schliefen alle fest. Ich war schläfrig und zufrieden und drehte mich auf die Seite und schlief wieder ein.

Als ich am nächsten Morgen aufwachte, herrschte draußen strahlender Sonnenschein und rings um mich herum schallendes Gelächter. Am Fußende meines Bettes stapelten sich Geschenke, und ich setzte mich sogleich aufrecht hin und begann, sie auszupacken. Die Ängste des Vortags waren verflogen, und alle prahlten mit ihrer außerordentlichen Tapferkeit – das heißt, alle außer dem dicken Jungen. Wie sich herausstellte, hatte dieser einen Sinn für Humor, denn er erzählte uns, er habe, als der Arzt auf ihn zugekommen sei, gewiehert wie ein Pferd.

Unter unserem Gelächter betrat eine farbige Hausangestellte den Raum und brachte uns auf einem Tablett unser Frühstück. Es gab den obligaten Schafskäse, Weintrauben, weichgekochte

Eier, Brot und Butter, Wildkirschen- und Rosenmarmelade sowie Tee mit Zitronenscheiben in kleinen Gläsern.

Die Hausangestellte machte sich darüber lustig, dass wir nicht aufstehen und gehen konnten, und machte eine Bemerkung über unseren, wie sie meinte, überraschenden Appetit, denn am Vortag hätten wir jede uns angebotene Nahrung zurückgewiesen, sodass sie geglaubt habe, wir seien womöglich verzogene Blagen. Sie sagte dies mit einem Augenzwinkern und machte sich damit lustig über die Feiglinge, die wir noch vor weniger als vierundzwanzig Stunden gewesen waren. Nach dem Frühstück besuchten uns unsere Mütter und versprachen uns, dass wir am folgenden Tag nach Hause geholt würden. Ich fragte meine Mutter, warum sie mich nicht am Vorabend besucht habe, und sie antwortete, sie sei da gewesen, aber ich hätte tief geschlafen und sie habe mich nicht wecken wollen. Sie sagte, sie sei sehr stolz auf mich, denn jemand habe ihr erzählt, ich sei ein tapferer Junge gewesen. Ich errötete vor Scham und versuchte ihr zu erklären, dass ich keineswegs tapfer gewesen sei, doch sie legte mir ihre kühlen Finger auf die Lippen und ließ mich den Satz nicht vollenden.

»Manchmal sind die Schwächsten von uns die Tapfersten«, sagte sie.

Mehmet hatte mir Lokum geschickt, und während seines Frühstücks hatte er um mich geweint. Ich war davon so gerührt, dass ich mir fest vornahm, nie wieder ungeduldig mit ihm zu sein, wenn er einem Spiel nicht zu folgen vermochte – ein guter Vorsatz, an dem ich ganze drei Tage lang festhielt.

IV. Sarıyer

Das schönste Geschenk, das ich zu meiner Beschneidung bekam, ein großes Schaukelpferd, stammte von meinem Onkel Ahmet.

Onkel Ahmet, der Bruder meines Vaters, war ein großer, lustiger und sehr gut aussehender Mann. In seinen jüngeren Jahren hatte er meinen Großvater zur Verzweiflung getrieben, doch seit seiner Hochzeit mit einem jungen Mädchen aus wohlhabendem Hause führte er offensichtlich einen solideren Lebenswandel. Ich mochte ihn und seine Frau sehr, denn die beiden hatten selbst keine Kinder, und sie verwöhnten mich nach Strich und Faden.

Einen Tag nach meiner Rückkehr aus dem Haus des Obersts tauchten Onkel Ahmet und Tante Ayşe in einer Pferdedroschke und mit Geschenken beladen bei uns auf. Ihr Besuch war unangekündigt, doch wir hießen sie erfreut willkommen, wobei wir Kinder völlig außer Rand und Band gerieten und uns durch nichts beschwichtigen ließen. Für Mehmet hatte mein Onkel allerhand Stofftiere mitgebracht und für meine Mutter Butter, Käse und Eier, die von seinem Landgut stammten.

Tante Ayşe war eine liebenswerte, schüchterne Frau mit großen dunklen Augen und, überraschenderweise, blondem Haar. Ich glaube, sie hatte ein bisschen Bammel vor meiner Großmutter, denn in deren Gegenwart machte sie fast nie den Mund auf, so als traute sie sich nicht, etwas zu sagen oder eine Meinung zu äußern. Später fand ich heraus, dass ihre Angst völlig unbegründet war, denn meine Großmutter hatte ein ausgesprochenes Faible für sie und ihr Geld. Vor Geld hatte sie zeitlebens immer den größten Respekt.

Am Tag der Ankunft meines Onkels und seiner Frau herrschte in unserem Haus binnen kürzester Zeit ein heilloser Lärm. Unser Freudengeschrei, kombiniert mit dem lauten, herzhaften Lachen meines Onkels, den Anweisungen, die meine Großmutter den Dienstboten zurief, und dem Geschnatter meiner Mutter und meiner Tante – all dies war ein Stimulans für das verschlafene alte Haus, in dem mit einem Mal eine fast schon unwirklich anmutende Ausgelassenheit herrschte.

Mein Onkel trug mein neues Schaukelpferd ins Spielzimmer, wobei ich ihm langsam und mit schmerzverzerrtem Gesicht folgte, denn ich konnte noch immer nicht richtig gehen. Mehmet wurde, vor Vergnügen glucksend, auf das herrliche Pferd gesetzt, und ich war wahnsinnig eifersüchtig, da ich es ihm noch nicht gleichtun konnte. Mein Onkel spielte eine ganze Weile mit uns, und er versprach mir, meinen Vater um die Erlaubnis zu bitten, dass ich ihn begleiten durfte, wenn er wieder nach Sarıyer zurückkehrte – das war der Name des Anwesens, auf dem er und seine Frau lebten. Ich hielt mich gern in Sarıyer auf, denn es war viel größer als unser Domizil und verfügte über weitläufige Gartenanlagen, einen Obstgarten und eine Reihe von Gewächshäusern. Und es gab dort auch einen Gärtner, der, wider alle damaligen Gepflogenheiten, kleine Jungen ernst nahm und zu verstehen versuchte.

Unsere Familie pflegte jedes Jahr drei Monate in Sarıyer zu verbringen. Normalerweise brachen wir im Mai dorthin auf, sobald die Hitze in İstanbul unerträglich zu werden begann, doch in diesem Jahr hatten uns der Tod meines Großvaters und die Planung meiner Beschneidung den ganzen Sommer hindurch an die Stadt gefesselt, wo wir nicht nur der staubigen Luft und der brütenden Hitze ausgesetzt waren, sondern auch der alljährlichen Fliegenplage; unter unseren Moskitonetzen wären wir aus Frischluftmangel beinahe erstickt, denn die Fenster waren mit Fliegengittern versehen worden, um die Insekten auszusperren, und die Fensterläden wurden jede Nacht geschlossen, doch die Stechmücken fanden dennoch Einlass und erfüllten die dunklen Nächte mit ihrem sirrenden Gesang. Und so kam es, dass meine Eltern erst in der Mitte jenes verhängnisvollen Augusts 1914 nach Sarıyer reisen konnten.

Ich hingegen durfte meinen Onkel und meine Tante begleiten, als sie sich am folgenden Tag auf die Heimreise machten; der Rest der Familie sollte mir folgen, sobald es die geschäftlichen Aktivitäten meines Vaters gestatteten. Der Gedanke, zu verreisen, ohne unter der Fuchtel von İnci oder meiner Großmutter zu stehen, versetzte mich in helle Aufregung. Ich half İnci beim Kofferpacken und streichelte zärtlich mein Schaukelpferd, das ich mitnehmen durfte. Ich ignorierte Mehmets Jammergeschrei und ließ mich auch nicht dazu überreden, mir das Pferd später von meinem Vater nachbringen zu lassen, denn ich war fest davon überzeugt, dass, ließe ich es zu Hause zurück, mein kleiner Bruder ihm die herrliche Mähne herausrupfen und ihm zweifellos noch andere irreparable Schäden zufügen würde.

Murat, der Kutscher meiner Großmutter, fuhr uns zur Galatabrücke, wo wir an Bord des Schiffes gehen sollten, das uns den Bosporus hinunter nach Sarıyer bringen würde.

Murat, ein launischer alter Griesgram, machte uns sofort Schwierigkeiten wegen des Schaukelpferds. Mein Onkel konnte ihn jedoch schließlich davon überzeugen, dass der Phaeton genug Platz dafür bot. Aus Rache prophezeite Murat, dass das Pferd auf dem Schiff Schaden nehmen werde. Im Unterschied zum Gärtner meines Onkels hatte er kein Herz für kleine Jungen, und er hielt es für unter seiner Würde, uns zur Galatabrücke zu fahren, einem Ort, wo sich seiner Ansicht nach der Abschaum von İstanbul herumtrieb. Am liebsten ließ er sich dabei blicken, wie er meine Mutter und meine Großmutter, beide schwer verschleiert, um die idyllischen grünen Plätze von Beyazit herumkutschierte, auf dem Weg zu einem der vornehmen Häuser, wo sie jemandem einen vormittäglichen Höflichkeitsbesuch abstatteten.

Hinter unseren hochtrabenden cremefarbenen Pferden über die Galatabrücke zu fahren war ein Abenteuer für sich. Damals ließ die Regelung des Straßenverkehrs in İstanbul noch mehr zu wünschen übrig als heute – und heute ist sie weiß Gott nicht vollkommen. Pferdedroschken, Lastkarren, Träger mit Betten oder anderen Möbelstücken auf ihren Schultern, Zigeunerinnen, die buchstäblich zwischen den Hufen der vorwärtspreschenden Pferde auf die Fahrbahn traten, Bauern, die auf ihren Mauleseln dahinzottelten – an jenem Morgen liefen sie alle Gefahr, über den Haufen gefahren oder umgekippt zu werden, denn Murat raste wie der Teufel, ohne die geringste Rücksicht auf Menschenleben; er gebärdete sich auf dem Kutschbock noch selbstherrlicher als jeder Sultan.

An Bord des Schiffes zu gelangen war problematisch, denn in dem allgemeinen Gedränge verlor ich mein Pferd aus den Augen, was mich dermaßen aus der Fassung brachte, dass ich lauthals zu heulen begann und mich auch nicht wieder beruhigen ließ, trotz der wiederholten Beteuerungen meiner Tante, sie habe mit eigenen Augen gesehen, wie Murat meinem Onkel das Pferd überreicht habe. Doch schließlich entdeckte ich das Pferd, gesund und munter, wie es keck und ganz für sich allein dastand und mit gläsernen Augen über die Schiffsreling schaute. Onkel Ahmet kaufte *simit,* eine Art Sesamkringel, und damit fütterten wir die kreischenden Seemöwen, die unserem Schiff folgten.

Die Fahrt dauerte zwei Stunden, und gerade als mich das Nichtstun zu langweilen begann, kam die Anlegestelle von Sarıyer in Sicht.

Es war gut, wieder an Land zu sein und durch die Bäume, die die Gartenanlagen gegen die neugierigen Augen von den Schiffen abschirmten, einen Blick auf die Gewächshäuser meines Onkels erhaschen zu können. Wir wurden von Hausangestellten in Empfang genommen, die sich um unser Gepäck kümmerten, und ich marschierte glücklich die staubige Straße entlang, wobei ich mich an der kräftigen Hand meines Onkels festhielt und ein wenig beklommen Ausschau nach Schlangen hielt, denn für diese war Sarıyer berüchtigt.

In jener Nacht schlief ich in einem kühlen kleinen Zimmer mit Blick auf den Hausgarten – ein Dickicht aus ineinander verschlungenen Dornensträuchern, unangenehm scharf riechenden Tabakpflanzen und Rosen, die für den berühmten Rosengarten angeblich nicht gut genug waren. Der Duft von Jasmin kam durch die Fenster hereingeweht, und die Nacht war unglaublich ruhig. Ich vermisste das Geräusch des Meeres, denn der Bosporus befand sich auf der anderen Seite des Hauses, und ich konnte ihn von meinem Zimmer aus nicht hören. Und ich vermisste İncis geschickte Finger beim Knöpfeaufmachen. Meine Tante hatte eine alte Hausangestellte beordert, sich um mich zu kümmern, und diese Frau ging sehr ruppig mit mir um, als sie mich auszog und badete. Zur Krönung des Ganzen vergaß sie mein allabendliches Glas Milch und machte obendrein auch noch die Tür hinter sich zu, nachdem sie mich zu Bett gebracht hatte – İnci ließ meine Tür immer einen Spalt offen, sodass ich beim Klang der Stimmen meiner unten im Salon sitzenden Eltern einschlafen konnte oder bei dem beruhigenden Geklapper, das die alte Hacer in der Küche veranstaltete, wenn sie nach dem Abendessen das Geschirr abwusch. Ich lag in meinem kleinen Bett und lauschte all den unbekannten Geräuschen, die auf einen einstürmen, wenn man in einem fremden Haus weilt. Die Möbel schienen besonders laut zu knarren und sich von selbst zu verrücken, und die Schatten in den Ecken wimmelten von Furcht einflößenden Monstern.

Fidèle und Joly, die beiden Haushunde, tappten unter meinem Fenster ruhelos auf und ab, wobei sie manchmal raschelnd durch die Büsche strichen und manchmal innehielten, um fürchterlich loszubellen – vielleicht weil sie ein ungewohntes Geräusch vernommen hatten, aber vielleicht auch nur aus Langeweile. Wenn sie bellten, redeten Hasan, der Gärtner, oder Thérèse, die griechische Köchin, leise auf sie ein, bis sie sich wieder beruhigt hatten. Einmal kletterte eine große schwarze Katze auf die Äste eines Baums gegenüber von meinem Fenster, und mir blieb vor Schreck das Herz stehen, denn dort, in dem dämmerigen Licht, kam sie mir riesig vor, vollkommen reglos und bösartig. Doch trotz all meiner Ängste schlief ich tief und fest, bis ich am nächsten Morgen von meiner Tante geweckt wurde, die mich mit freundlicher Stimme bat aufzustehen.

Wir nahmen das Frühstück im Garten ein – mein Onkel erfrischt von einem kurzen Bad im Bosporus. Danach spielte ich mit meiner Tante und den Hunden, großen, liebenswerten Dalmatinern, die auf dem weichen Rasen herumtollten, den zahllosen Küchenkatzen hinterherjagten und die glänzende Lackierung von meinem Schaukelpferd fast vollständig ableckten.

Nachdem ich einige Tage in Sarıyer verbracht hatte, teilte mir mein Onkel eines Morgens mit, dass er sein Landgut in den Bergen zu besuchen gedachte, und er schlug vor, dass ich ihn dorthin begleitete. Meine Tante wurde gebeten, etwas Reiseproviant vorzubereiten, denn es war eine zweieinhalbstündige Fahrt von Sarıyer zu dem Landgut. Der Phaeton fuhr vor, und wir kletterten hinein und nahmen in bester Laune auf den Polsterbänken Platz. Das Gesicht meiner Tante war mit einem dichten, für Autofahrten gedachten Schleier bedeckt, der im Wind flatterte und mich hin und wieder an der Nase kitzelte. Als wir den Gutshof erreichten, kamen Hunde herausgesprungen, um meinen Onkel ungestüm zu begrüßen. Sie erschienen mir sehr groß und wild, und ich klammerte mich fest an Onkel Ahmets Rockschöße. Die Hunde trugen schwere Halsbänder, und da Wölfe andere Tiere immer zuerst an der Kehle packen, waren diese Halsbänder zum Schutz mit Eisenspitzen gespickt.

Wir nahmen das Mittagessen im Gutshaus ein, in einem niedrigen Esszimmer mit einem Natursteinfußboden und einem offenen Kamin, der groß genug war, um darin einen kompletten Ochsen zu braten. Das Mobiliar war primitiv und handgefertigt, doch das Mahl, das man uns servierte, war köstlich. Es gab gebratenes Geflügel, angerichtet auf einem Berg von in Butter und Hühnerbrühe gekochtem Pilawreis, sowie Schwertfisch, frisch gefangen und serviert mit Petersilie, Zitronenscheiben und allerlei Salaten. Es gab Schüsseln mit Weintrauben und Wassermelone und irgendeine schwere Süßspeise aus geschrotetem Weizen, Butter, Sirup und zerstoßenen Nüssen. Aus Karaffen wurde Wein eingeschenkt, und als mein Onkel meinen neugierigen Blick registrierte, goss er mir ein wenig davon in mein Glas. Nach dem Mahl wurde unter den Lindenbäumen türkischer Kaffee serviert, und die Erwachsenen begannen, vor sich hin zu dösen. Sie lehnten sich auf ihren Chaiselongues zurück und kniffen die Augen zusammen, da sie das Sonnenlicht auf dem Gras blendete.

Ich zog los, um die Umgebung zu erkunden. Als Erstes ging ich in die leeren Stallungen, wo es nach Pferden und Leder roch, und dort entdeckte ich sieben oder acht Hündchen, die im Stroh herumtollten. Sie waren so weich und flaumig, dass ich nicht widerstehen konnte und eines davon in die Arme nahm, um es zu streicheln. Die anderen spielten zu meinen Füßen und versuchten, an meinen Beinen hochzuklettern. Plötzlich kamen zwei große Hunde hereingesprungen, und ich ließ den Welpen fallen und wollte weglaufen, doch die Hunde hatten mir im Nu den Weg abgeschnitten, und ich dachte, sie wollten mich auffressen. Ich begann lauthals zu schreien. Ein Gutsarbeiter kam herbeigestürmt, und aus der Ferne vernahm ich die Stimme meines Onkels. Meine Beine drohten mir wegzuknicken, und – oh, welche Schande! – ich machte mir in die Hose. Der Gutsarbeiter sagte zu mir, in seinem schwer verständlichen bäurischen Türkisch, ich bräuchte keine Angst zu haben – die Hunde seien der Vater und die Mutter der Welpen, und sie wollten nur mit mir spielen. Ich bezweifelte jedoch, dass das Ganze bloß ein Spiel sei. Der Mann wollte mir ein Stück Brot in die Hand drücken, mit dem ich die Hunde füttern sollte, doch bevor ich es ihm abnehmen konnte, hatten es ihm die Hunde schon gierig entrissen. Die verspielten Welpen zwängten sich übermütig unter meine Schuhe, woraufhin ich zu Fall kam und rücklings im Stroh landete. Im Handumdrehen krabbelten sämtliche Hunde und Welpen auf mir herum. Ich versuchte vergeblich, mich hochzurappeln, und schrie wie am Spieß. Schließlich zerrten mich die kräftigen Hände meines Onkels aus dem Hundeknäuel hervor, und ich wurde, in Tränen aufgelöst, zum Waschen und Umkleiden ins Haus geführt. Meine Tante und mein Onkel brüllten vor Lachen, und je lauter sie lachten, umso lauter heulte ich, denn ich fand, ihr Lachen machte alles noch viel schlimmer.

Nach diesem peinlichen Vorfall hielt ich mich von den Stallungen fern, und ich war froh, als wir wieder nach Sarıyer zurückkehrten.

Jeden Morgen nahm mein Onkel ein Bad im Bosporus, und ich schaute ihm dabei von den Esszimmerfenstern aus zu. Sobald er zum Haus zurückkam, rannte ich hinunter in den Garten, um ihn zu begrüßen. Manchmal nahm er mich morgens mit und versuchte mir das Schwimmen beizubringen. Wir beide planschten ausgelassen im kühlen Wasser herum und erschienen dann mit einem Bärenhunger zum Frühstück. Mein Onkel hatte ein ausgeprägtes Faible für Weintrauben. Er konnte jeden Morgen mühelos zwei bis drei Kilo davon verdrücken. Deshalb sah meine Tante es nicht gern, wenn er sich Trauben aus den Weinreben schnitt, die am Haus rankten und sich über der Terrasse ausbreiteten wie ein Baldachin. Sie hütete diese wertvollen Trauben wie ihren Augapfel und verpackte sie sorgfältig in Musselinbeutel, um sie vor Vögeln oder Bienen zu schützen. Und sie gab meinem Onkel nie genug davon – jedenfalls seiner Ansicht nach. Stattdessen wurden Schüsseln mit Weintrauben vom Markt auf den Tisch gestellt, was zu hitzigen Debatten zwischen den beiden führte, denn er meinte, wenn er sich schon sonst nichts im Leben gönnte, so dürfe er sich doch wohl wenigstens von seinen eigenen Weinreben so viele Trauben abschneiden, wie er wollte. Wenn er morgens auf die Terrasse kam, musterte er angewidert die Trauben vom Markt, die da so verführerisch, aber für ihn völlig unnütz auf dem Tisch arrangiert waren.

»Pfff!«, pflegte er verächtlich zu sagen, um dann mit einer kleinen silbernen Handglocke nach dem Hausmädchen zu läuten, das daraufhin verschüchtert auf die Terrasse trat, weil es genau wusste, was nun kam. »Was haben diese Weintrauben hier verloren?«, wollte er von seiner Angestellten wissen, und diese antwortete mit zaghafter Stimme:

»Bey Efendi, es war heute Morgen leider nicht möglich, welche von unserem Wein …«

Sie verstummte und starrte auf ihre Füße, während ihr Gesicht und ihr Hals sichtlich erröteten. Bevor mein Onkel sie noch mehr überfordern konnte, pflegte meine Tante auf der Terrasse zu erscheinen, um zu fragen, was los sei.

»Die Weintrauben, Hanım Efendi …«, begann das Hausmädchen.

»Diese Weintrauben, Ayşe«, platzte mein Onkel dazwischen

und scheuchte das Hausmädchen mit einer Handbewegung fort. »Wieso können wir statt dieser halbtoten Exemplare nicht unsere eigenen essen?«

Und dann schob er seine Unterlippe vor und schaute meine Tante äußerst charmant an, woraufhin diese womöglich kurz aufseufzte, um ihm dann ohne ein weiteres Wort die Traubenschere zu reichen.

Nachdem er seinen Kopf durchgesetzt hatte, zeigte sich mein Onkel auf der Stelle bußfertig und gab sich mit nur zwei Trauben zufrieden, einer übergroßen, vor Beeren strotzenden und einer mickrigen, und er forderte meine Tante auf, seine außerordentliche Sparsamkeit zu würdigen. Doch der Sieg wurde ihm nicht immer so leicht gemacht. Das Resultat hing weitgehend von der Stimmung meiner Tante ab, und es gab Tage, wo sie sich von meinem Onkel nicht breitschlagen ließ. Und so heckte dieser einen Plan aus. Ich wurde schamlos ausgenutzt und instruiert, mich bei meiner Tante nach allen Regeln der Kunst lieb Kind zu machen und, sobald mir ihr Herz erweicht schien, sehnsüchtig in Richtung der am Haus rankenden Reben zu blicken und um ein paar Weintrauben zu betteln. Ich tat, wie mir geheißen, und meine Tante reagierte so, wie es mein Onkel vorausgesagt hatte, doch manchmal fragte ich mich, ob sie seine List vielleicht nicht durchschaut hatte. Denn er pflegte unbekümmert an den Tisch zu kommen, über beide Backen strahlend angesichts seiner Lieblingsweintrauben, doch meine Tante sah ihn hin und wieder nachdenklich an, um ihren Blick gleich anschließend auf mich zu richten, so als fragte sie sich, ob wir beide sie nicht zum Narren hielten.

Ich verbrachte meine Tage überwiegend in den Gartenanlagen, während meine Tante mit einer Handarbeit unter einem Magnolienbaum saß und ein wachsames Auge auf mich und meine Aktivitäten hatte. Ich liebte die Magnolienbäume mit ihren schimmernden grünen Blättern und den dicken weichen

Blüten, und manchmal pflückte ich eine davon ab und gab sie meiner Tante, die sie sich hinters Ohr steckte und mit einem Mal sehr exotisch und fremd auf mich wirkte. In der Mitte des Anwesens gab es einen Teich, in den ich stundenlang zu starren pflegte, um gemeinsam mit Fidèle und Joly, die japsend neben mir saßen, die trägen Goldfische zu beobachten. Die beiden hatten mich adoptiert und betrachteten mich als ihr persönliches Eigentum. Sie folgten mir überallhin und heulten schrecklich, wenn ich sie verließ, um nach Hasan zu suchen. Der Rosengarten und der Küchengarten waren für sie tabu, doch sie hatten die Hoffnung nicht aufgegeben, dass eine arglose Person eines Tages eine der Türen in der Mauer offen ließe und sie dann hineinschlüpfen könnten. Hasan bat mich, die überreifen Äpfel aufzusammeln, die auf den Boden gefallen waren, und manchmal gab er mir Pfirsiche zu essen, die noch warm waren von der Sonne an den Südmauern. Einmal nahm ich die Hunde mit in den Küchengarten, und dies war das einzige Mal, dass ich Hasan richtig wütend erlebte, im Gegensatz zu seinem üblichen Gemurre. Er scheuchte die beiden Hunde mit rudernden Armbewegungen aus den Mohrrüben und Zwiebeln, prügelte sie von den Himbeersträuchern weg und schimpfte wie ein Rohrspatz, als sie ihm seine Erdbeerbeete zertrampelten. Ich nahm die Beine in die Hand, Fidèle und Joly, die sich nun genug ausgetobt hatten, schossen hinter mir her, und Hasans Flüche waren noch kilometerweit zu hören.

Mein Onkel hatte ein Ruderboot, und in der Abendkühle pflegte er mich zum Angeln mitzunehmen. Ich starrte dann hinab in das klare blaue Wasser des Bosporus und hielt nach Fischen Ausschau, und mein Onkel amüsierte sich über meine Freudenschreie. Er benutzte eine Angelschnur, manchmal hatten wir Makrelen oder kleine Thunfische am Haken, und ich geriet vor Aufregung völlig aus dem Häuschen, wenn diese auf dem Boden des Bootes herumzappelten und nach Luft schnappten. Einmal begegnete uns eine ganze Delfinschule, und ich beobachtete atemlos, wie die Tiere durch die Luft sprangen. In der Dämmerung, wenn bereits die ersten Sterne am grünen Abendhimmel zu leuchten begannen, ruderten wir wieder nach Hause, mit Makrelen oder Thunfischen zu unseren Füßen, und mein Onkel erzählte mir dann immer Geschichten. Schwerelos glitten wir auf dem Bosporus dahin, wobei wir die Stimmen der Uferbewohner und die Sirenen der großen Schiffe hörten und zugleich nicht hörten. Es waren herrliche Stunden für einen fast sechsjährigen Jungen, Zeiten, die in der Erinnerung fortlebten, noch lange nachdem jenes unbeschwerte Vergnügen ein für alle Mal der Vergangenheit angehörte.

Eines Nachmittags, während der Mittagsruhe, die wir in Polstersesseln auf der Veranda hielten, wurde ich von Gelächter geweckt und hörte meine Tante sagen:

»Ihr müsst von der Hitze ja völlig erledigt sein!«

Darauf antwortete die Stimme meiner Mutter, dass es auf dem Schiff ziemlich kühl gewesen sei und dass sich ihre Erschöpfung in Grenzen halte. Ich sprang auf und stürmte in die Diele, und dort stand sie, meine Familie, mit strahlenden Gesichtern und in unterschiedlichen Ankunfts- und Begrüßungspposituren. Ich war dermaßen froh, dass ich ein oder zwei Augenblicke lang nicht sprechen konnte, sondern einfach so dastand, den weichen Stoff des Kleides meiner Mutter befingerte und vor unterdrückten Gefühlen röter und röter wurde. Meine Mutter nahm ihren Schleier ab und beugte sich über mich.

»Oh, wie braun du geworden bist!«, rief sie, und dann küsste sie mich, und mit einem Mal löste sich mein Gefühlsstau auf, und ich begann loszuplappern.

Ich warf mich auf İnci und Mehmet und merkte erst in diesem Moment, wie sehr ich die beiden vermisst hatte. Die

Komikerin İnci begann sogleich, ihre Augen zu verdrehen, und ich brüllte vor Lachen und schlug Purzelbäume, um meine Dankbarkeit zu zeigen. Mein Vater zügelte meine Ausgelassenheit und legte mir seine Hand auf den Kopf. Er wirkte still, so gar nicht wie er selbst, und ich war zu jung, um zu wissen oder zu verstehen, dass Deutschland und England einander den Krieg erklärt hatten, zu jung, um zu erahnen, welche gravierenden Auswirkungen der Konflikt zwischen diesen weit entfernten Ländern auf die Türkei und auf mein eigenes Leben haben würde.

Wir saßen auf der Veranda, wo uns das Laub der Weinreben vor der Hitze der Nachmittagssonne schützte. Es wurden zusätzliche Kissen herbeigeschafft, ein Hausmädchen servierte Eiswasser und türkischen Kaffee, und ich kletterte auf die Knie meines Vaters. Er nahm mich überhaupt nicht wahr, denn er war in ein Gespräch mit meinem Onkel vertieft, bei dem es darum ging, auf was für eine Schule ich geschickt werden sollte. Mein Onkel lehnte die Idee grundsätzlich ab und meinte, ich sei noch zu jung, um in diesen unruhigen Zeiten zur Schule zu gehen; und an dieser Stelle warfen sich die beiden einen verstohlenen Blick zu, der mich verwirrte, aber dem ich keinerlei Bedeutung beimaß. Das Thema wurde fallen gelassen, und sie begannen über andere Dinge zu sprechen. Ich war zu jung, um ihnen folgen zu können, doch Jahre später habe ich mir das Ganze mithilfe meiner Mutter dann zusammenreimen können.

Als ich in jener Nacht im Bett lag, in einem größeren Zimmer, wo auch Mehmet untergebracht war, konnte ich die Erwachsenen hören, wie sie sich unten auf der Veranda unterhielten. Ihre Stimmen schienen anders zu klingen als sonst. Sie hatten einen heftigen Unterton, der mir neu war. Es wurde weniger gelacht, dafür aber ernster und eindringlicher geredet – was merkwürdig war angesichts der Gegenwart der Damen. Ich krabbelte aus dem Bett und lehnte mich aus dem offenen Fenster. Ich blickte hinab auf den dicken Teppich aus Weinlaub, der an den Stellen, wo von unten das Licht hindurchschimmerte, hellgrün wirkte. Es war sehr ruhig, und ich konnte jedes Wort der Unterhaltung verstehen. Offenbar versuchte mein Vater, meine Großmutter dazu zu überreden, unser Haus zu verkaufen! Er sagte, in Europa herrsche Krieg, und niemand wisse, wann sich unser Land daran beteiligen werde. Er sagte, dass buchstäblich alles geschehen könne und dass wir, da seine Geschäfte in letzter Zeit schlecht gelaufen seien, unsere Ausgaben reduzieren müssten.

»Papperlapapp!«, hörte ich meine Großmutter mit scharfer Stimme sagen. »Warum sollte sich ein Krieg in Europa auf unser Leben hier auswirken? Alle meine Kinder sind in diesem Haus geboren worden, Hüsnü, und auch zwei von deinen. Als ich dort eingezogen bin, war ich erst dreizehn, und ich würde lieber sterben, als es jetzt verlassen zu müssen.«

Hier schaltete sich mein Onkel ein.

»Hüsnü hat recht. Das Haus ist doch viel zu groß für euch. Es ist schon seit Jahren zu groß gewesen, doch als unser Vater noch lebte, wollten wir uns da nicht einmischen.«

»Das wäre ja noch schöner gewesen!«, sagte meine Großmutter, aber ihre Stimme klang nun nicht mehr so barsch: Vielleicht hatten sie diese Diskussion schon öfter geführt. »Wir haben genug Geld«, fuhr sie fort, »und Hüsnü hat das Geschäft eures Vaters …«

»Ich habe dir bereits gesagt, dass ich es verkaufen werde«, hörte ich die Stimme meines Vaters ganz entschieden sagen.

Unten wurde es totenstill, und ich fröstelte in meinem dünnen Nachthemd, obgleich die Nacht warm war. Ich spürte die Spannung, die in der Luft lag. Ich hätte das, was ich dabei fühlte, nicht erklären oder auch nur beschreiben können, doch ich spürte zweifellos etwas Unheimliches, eine fremde Macht, die bedrohlich über meiner Familie schwebte.

Jahre später, als ich damit begann, unsere Familiengeschichte in Tagebuchform niederzuschreiben, hat meine Mutter für mich jene Nacht in Sarıyer gewissenhaft rekonstruiert – die Nacht, in der ein kleiner neugieriger Junge zum ersten Mal den kalten Hauch der Unsicherheit verspürte.

Meine Mutter beendete das kurze Schweigen.

»Das Geschäft verkaufen?«, fragte sie mit verwirrter Stimme, so als versuchte sie vergeblich zu begreifen, welche fremde Kraft meinen Vater antrieb.

»Wenn wir alle überleben wollen, müssen wir es verkaufen. Als mein Vater starb, da war ich noch optimistisch, dass ich das Geschäft im großen Stil wiederbeleben könnte, doch wie ihr alle wisst, hat das leider nicht geklappt. Oh, ich kann euch all diese Dinge unmöglich erklären oder verständlich machen. Es gibt jede Menge Probleme: die Arbeitskräfte, der Export, die mangelhafte Repräsentation im Ausland; und jetzt macht der Krieg in Europa alle meine Hoffnungen zunichte, dort neue Märkte erschließen zu können. Wenn die Türkei in den Krieg eintritt – und das wird sie meiner Meinung nach tun –, dann werde ich eingezogen. Ahmet wird ebenfalls eingezogen. Und wer wird sich dann hier um alles kümmern? Es ist besser, das Geschäft jetzt abzustoßen, und wenn ich eines Tages heimkehre – nun, mit unserem Namen dürfte es ein Kinderspiel sein, das Geschäft wieder neu aufzubauen.«

Es trat wieder diese grauenvolle Stille ein, eine unbehagliche, trostlose Art von Stille, die mich paralysierte. Diese Gespräche waren das erste Anzeichen der sich anbahnenden Veränderungen. Ich stand da, mit Tränen in den Augen, und wünschte mir sehnlichst, dass das Leben so bleiben könnte, wie es war – nein, wie es am Vortag gewesen war, als ich mit meinem Onkel zum Angeln hinausgefahren war und ihm dabei geholfen hatte, die Makrelen an Bord zu ziehen, und als wir unter einem herrlichen Abendhimmel singend nach Hause gerudert waren.

Diesmal war es meine Großmutter, die das Schweigen brach, halsstarrig, widerspenstig, nach wie vor unbeugsam.

»Weil du eventuell zum Militär einberufen wirst, Hüsnü …«, sagte sie, »was mir aber sehr unwahrscheinlich vorkommt, auch wenn du mich jetzt sicher für eine dumme alte Frau hältst, also deshalb gleich das Geschäft zu verkaufen, das scheint mir doch ziemlich übertrieben. Dein Vater und dein Großvater haben es aufgebaut, und dieser Krieg, von dem du hier sprichst, wird uns sicher nicht davon abhalten können, unsere Teppiche nach Persien und Europa zu verkaufen. Es wird auf der Welt doch weiterhin Menschen geben, die schöne Dinge zu schätzen wissen.«

Mein Vater reagierte darauf mit einem lauten Lachen, einem seltsamen Lachen, das mir eine Gänsehaut über den Rücken jagte. Er sagte:

»Mutter, ich küsse deine Hand, ich habe den größten Respekt vor dir, und ich weiß, du wirst mir verzeihen, wenn ich dir jetzt sage, dass du Unsinn redest. Wenn die Türkei in diesen Krieg eintritt, dann wird sich niemand mehr für unsere Teppiche interessieren oder für das Geschäft, das mein Großvater so fleißig aufgebaut hat.«

»Na schön, Hüsnü«, gab meine Großmutter unvermutet nach, »ich verstehe zwar nicht, warum dieser Krieg so viel ausmachen soll, aber du bist ein Mann und kennst dich in diesen Dingen besser aus als ich – also verkauf von mir aus das Geschäft, aber lass mich bitte das Haus behalten.«

Mein Vater seufzte schwer – ein Geräusch, das gespenstisch und deutlich durch das Weinlaub drang. Vielleicht hatte er meinem Onkel einen beschwörenden Blick zugeworfen, denn sofort hörte ich die tiefe Stimme von Onkel Ahmet sagen:

»Hüsnü hat recht, Mutter. Du musst ihn diesen Palast von einem Haus verkaufen lassen und dir etwas Kleineres suchen. Und du musst Nahrungsvorräte anlegen. Die Preise steigen;

die Bauern beginnen bereits, ihren Weizen zu horten. Es ist besser, schon jetzt Vorsorge zu treffen für den Tag, an dem die Läden möglicherweise leergekauft sind und wo du und meine Schwester Şevkiye für euch selbst sorgen müsst.«

»Ich wüsste gern, was diese Schwarzmalerei soll«, sagte meine Großmutter. »Und wieso werden wir für uns selbst sorgen müssen? Wo wird Hüsnü denn sein?«

»Das weiß nur Gott«, sagte mein Onkel vorsichtig.

»Und selbst wenn er einberufen werden sollte«, fuhr meine Großmutter fort, die noch immer nicht klein beigeben wollte, »Hüsnü wird Offizier sein und uns dann alles Mögliche schicken können. Er wird es nicht zulassen, dass seine Familie Hunger leidet.«

Mein Vater sagte ruhig:

»Die Osmanische Armee hat bereits zu viele gut ausgebildete Offiziere. Sie wird nicht noch mehr Offiziere benötigen. Was sie benötigen wird, ist willfähriges Kanonenfutter.«

Ich wusste nicht, was er damit meinte, doch meine Mutter verstand es offenbar, denn sie bekundete ihren Protest mit einem kurzen Klagelaut, und meine Großmutter verstummte schlagartig.

Ich konnte meine Mutter leise schluchzen hören, und plötzlich pochte mein Herz wie wild, und meine Haut begann unangenehm zu kribbeln. Was war los mit meiner Mutter und meinem fröhlichen Vater? Was hatte dieses eigenartige Gespräch über den Krieg zu bedeuten? Ja, was bedeutete »Krieg« überhaupt? Plötzlich war ich hellwach und ruhelos. Am liebsten hätte ich etwas hinuntergerufen zu der kleinen Gruppe, wie sie da so still unter dem schützenden Baldachin aus Weinlaub saß, der ihre tragischen Geheimnisse mit anhörte. Ich weiß nicht, warum ich Angst davor hatte, doch ich war alt genug, um zu wissen, dass ich ein Gespräch belauscht hatte, das nicht für meine Ohren bestimmt gewesen war.

Am nächsten Morgen, gleich nachdem İnci mich angekleidet hatte, rannte ich voller Ungeduld nach unten, um zu erfahren, ob sich meine Eltern tatsächlich verändert hatten. Sie schienen mir vollkommen normal. Meine Mutter war so ruhig wie immer, und mein Vater schaute mich mit lächelnden Augen an. Mir fiel ein Stein vom Herzen. Möglicherweise hatten die Nacht und die Dunkelheit meiner Einbildungskraft einen Streich gespielt, und ihr Gespräch hatte überhaupt nicht stattgefunden.

Mein Onkel begrüßte uns bestens gelaunt, und jede Sparsamkeit vernachlässigend schnitt er gleich mehrere üppige Trauben aus den kostbaren Weinreben. Ich glaube mich daran zu erinnern, dass mein Vater den ganzen Tag über untätig im Garten saß und manchmal aufstand, um für die Hunde Stöckchen zu werfen oder um mit uns Kindern zu spielen. Er fragte mich, ob ich zur Schule gehen wolle, und als ich dies begeistert bejahte, sagte er, er werde dies in die Wege leiten, sobald wir nach İstanbul zurückgekehrt wären.

Ich fragte ihn schüchtern, ob wir aus unserem Haus ausziehen müssten. Er schaute mich einen Moment lang verdutzt an, und ich glaubte, er würde mich fragen, woher ich diese Information hätte, doch das tat er nicht. Er seufzte nur kurz, und dann sagte er, ja, vielleicht.

Bevor ich an jenem Abend zu Bett ging, saß ich draußen auf der Veranda und spielte allein in einer Ecke. Mein Vater und mein Onkel saßen ebenfalls dort. Sie tranken Wein und unterhielten sich mit gedämpften Stimmen. Ich hörte ihnen zu, ohne mir etwas dabei zu denken, und schnappte dabei immer wieder dieses seltsame neue Wort »Krieg« auf. In jüngster Zeit schien dieses Wort sämtliche Gedanken zu beherrschen, und es tauchte mit unfehlbarer Regelmäßigkeit auf, wann immer die Männer unter sich waren.

Mein Vater sagte:

»Die deutschen Offiziere bilden die Türkische Armee doch nicht wegen ihrer schönen dunklen Augen aus.«

Mein Onkel neigte zu einer anderen Ansicht: »Aber wenn wir uns an diesem Krieg beteiligen, werden wir als Nation erledigt sein. Unser Reich haben wir bereits eingebüßt, und jetzt sind wir gerade aus dem Balkankrieg zurückgekehrt, besiegt und von aller Welt verspottet. Envers Eitelkeit wird sicher nicht so groß sein, dass er seine Heimat in Schutt und Asche legen lassen möchte, oder?«

»Will jemand seinen Namen in das Buch der Geschichte eintragen, so wird er vor nichts zurückschrecken, und der Sultan ist machtlos, was jedoch unerheblich sein dürfte, denn im Grunde gibt es keinen großen Unterschied zwischen ihm und Enver Paşa.«

»Was ist das für ein hochverräterisches Geschwätz?«, fragte meine Großmutter mit strenger Stimme, und ich schaute zu ihr auf, von ihrem plötzlichen Auftauchen ebenso überrascht wie die beiden Männer.

»›Hochverrat‹ ist ein Wort, das in diesen Zeiten kaum noch etwas bedeutet«, erwiderte mein Vater, und in diesem Moment erblickte er mich, wie ich ihn gespannt beobachtete. »Wo ist İnci?«, wollte er wissen. »Was hat das Kind um diese Uhrzeit noch hier draußen auf der Veranda verloren?«, fragte er erzürnt und läutete heftig die Handglocke.

Nach diesem Vorfall bekam ich nie wieder eine beunruhigende Unterhaltung über diesen »Krieg« oder über irgendetwas anderes mit, denn meine Eltern achteten fortan sorgfältig darauf, dass ich immer mit etwas beschäftigt war oder sicher in meinem Bett lag und schlief, bevor sie ihre aufwühlenden Gespräche fortsetzten.

Die Tage in Sarıyer vergingen wie im Fluge, und wir Kinder legten uns eine gehörige Sonnenbräune zu. Mein Vater begleitete meinen Onkel abends zum Angeln, und tagsüber saß er untätig im Garten herum. Die Damen pflegten sich mit der Kutsche ausfahren zu lassen, auf kurze Landpartien oder um den Bewohnern der ein oder zwei vornehmen Häuser in dieser Gegend ihre Aufwartung zu machen, und in der Nachmittagskühle nippten sie dann unter den weit ausladenden Zweigen der Magnolienbäume am türkischen Kaffee.

Sie sahen unbeschwert und elegant aus, wie sie da auf ihren Chaiselongues saßen und sich angeregt unterhielten, wobei die gleißende Sonne die leuchtenden Farben ihrer Seidenkleider zu Pastelltönen verblassen ließ. Manchmal blieb ich ein Stück entfernt von ihnen stehen und schaute ihnen dabei zu, wie sie stickten oder wie sie die Kaffeetassen an ihre Lippen führten, mit weißen, trägen Fingern, die feurig funkelten, wenn die Sonnenstrahlen auf ihre glitzernden Ringe trafen. Vielleicht kam auch das Zimmermädchen über den Rasen zu ihnen, mit einer Schürze, die sich strahlend weiß von der schattig-dunklen Farbe seines Kleides abhob, und dann spürte ich, wie mein Herz gepackt wurde von der Sehnsucht nach etwas, das ich nicht zu benennen wusste. Vage Ängste begannen sich formlos in meinem Kopf auszubreiten, und ich wollte diese strahlende Szene voller Leben einfangen und für immer festhalten. Doch schließlich kam der Tag, an dem wir uns von Sarıyer verabschieden mussten, und der Gedanke, nach İstanbul und zu Feride und Hacer zurückzukehren, erfüllte mich mit einer Aufregung von ganz eigener Art.

Meine Tante packte uns noch etwas Reiseproviant ein, und Hasan überreichte meiner Mutter einen Strauß Rosen.

Als das Schiff den rückwärtigen Teil des Gartens passierte, winkten wir meinem Onkel, meiner Tante und den Hausangestellten, die sich dort mit ihnen versammelt hatten, fröhlich zu, und keinem von uns war dabei bewusst, dass wir uns von einem Leben verabschiedeten, das bereits in diesem Moment unwiederbringlich der Vergangenheit angehörte.

Meine Tante winkte uns mit ihrem rosafarbenen Taschentuch zu, und ich wusste noch nicht, dass dieser Tag in späteren Jahren noch einmal in Gedanken an mir vorbeiziehen würde, wann immer ich ein solches rosafarbenes Stück Stoff erblickte. Ich wusste noch nicht, dass uns lange Jahre bitterer Armut bevorstanden und dass ich, dieser glückliche Junge, eines Tages vor Hunger Gras essen würde.

V. Das neue Haus

An der Galatabrücke erwartete uns Murat mit dem Phaeton. Diesmal machte er keinen so großen Aufstand wegen meines Schaukelpferds, und da meine Großmutter uns begleitete, fuhr er auch wesentlich moderater. Bei dieser Kutschfahrt waren unvorsichtige Fußgänger somit vor den Hufen unserer Pferde einigermaßen sicher; ich langweilte mich jedoch, und wäre es nach mir gegangen, so hätte Murat durchaus einen Zahn zulegen können.

Zu Hause angekommen, ging alles binnen Kurzem wieder seinen gewohnten Gang. Unsere Ferien gehörten der Vergangenheit an, und in der Erinnerung begannen sie schon zu verblassen. Und irgendwelche Gespräche über den »Krieg«, die unseren Seelenfrieden hätten stören können, gab es auch nicht mehr. Es wurde beschlossen, dass ich zunächst die Bezirksschule besuchen sollte, und wir benötigten etliche Tage, um mich dafür neu einzukleiden. Außerdem bekam ich noch einen schicken Lederranzen. Hacer bereitete tablettweise *lokma* zu, schwere, klebrig-süße Krapfen, denn damals, vor fünfunddreißig Jahren, war es Brauch, dass die neuen Erstklässler den anderen Schülern am ersten Tag Süßigkeiten mitbrachten. Mein Vater begleitete mich zur Schule, und ich war stolz und fühlte mich ziemlich wichtig. Am Schuleingang nahm uns der Hodscha in Empfang, der Lehrer, der sehr grimmig dreinblickte – so kam es mir jedenfalls vor. Er tätschelte mir allerdings recht freundlich den Kopf, und mein erster Eindruck war damit halbwegs verflogen. Der Hodscha trug einen langen schwarzen Bart, ein farblich dazu passendes schwarzes Gewand und einen um den Kopf gewickelten weißen *sarik*, einen Turbanstreifen. Wir folgten ihm in die Schule, die aus einem einzigen Klassenraum bestand. Es gab darin weder Tische noch Stühle und auch keine Bücher, kurzum, nichts, was auf irgendwelche schulischen Aktivitäten hindeutete. Zwanzig oder dreißig Kinder saßen im Schneidersitz auf Kissen auf dem Fußboden. Der Hodscha saß ebenfalls auf dem Fußboden, allerdings auf einem größeren Kissen und in einiger Entfernung von den Kindern. Murat trug die Tabletts mit den Lokma herein und warf dabei einen säuerlichen Blick auf den Hodscha. Dieser starrte auf die Tabletts, griff sich ein paar Lokma und stopfte sie sich unverzüglich in den Mund. Er kaute verzückt, die Augen gen Himmel gerichtet, und bat Murat, die Tabletts auf dem Fußboden abzustellen, und dann bestimmte er höchstpersönlich, welche Kinder an welchem Tablett Platz nehmen durften.

Ich wurde aufgefordert, meinem Vater auf Wiedersehen zu sagen und ihm die Hand zu küssen, und ich tat, wie mir geheißen, aber mir war nicht ganz wohl dabei, denn ich mochte den Hodscha nicht, und ich bezweifelte, dass sich daran etwas ändern würde, wenn ich ihn näher kennenlernte. Er wies mir einen Platz auf dem Fußboden zu, inmitten der anderen Kinder, und ich hörte tieftraurig zu, wie mein Vater und Murat draußen in die Kutsche stiegen und von dannen fuhren. Ein schmerzhafter Schlag auf den Kopf holte mich jählings in die Wirklichkeit zurück. Der große Stock des Hodschas hatte mich getroffen, ein etwa drei Meter langer Knüppel, mit dem er jedes Kind im Raum züchtigen konnte, ohne dass er sich dazu von seinem Sitzkissen erheben musste. Ich kann mich nicht daran erinnern, dass es an jenem Tag irgendwelchen Unterricht gegeben hätte, ich bin mir einigermaßen sicher, dass es keinen gegeben hat, einmal abgesehen von sporadischen Lesungen aus dem Koran. Am besten erinnere ich mich an die furchtbare Faszination, die mich ergriff, wenn der Stock des Hodschas auf den Kopf eines unglückseligen Schülers herniedersauste. Auf meinen sauste er auch hernieder, etliche Male, und sosehr ich mich auch bemühen mochte, seinen Schlägen auszuweichen, der Hodscha war immer einen Tick schneller als ich. Andere unartige Kinder wurden in die verschiedenen Ecken des Raumes kommandiert, wo sie dann mit erhobenen Armen auf einem Bein stehen mussten. Das sah sehr komisch aus, doch ich ließ mir meine Belustigung nicht anmerken, denn ich hatte Angst, der Hodscha könnte mich dazu verdonnern, eine ähnlich unbequeme Körperhaltung einzunehmen. Er pflegte alle seine Bemerkungen mit dem Spruch *»Padişahim çok yaşa«* – »Lang lebe mein Sultan« – einzuleiten, und wir Kinder mussten ihm das laut nachbeten.

An jenem Abend befragte mich mein Vater eingehend über die Schule. Er schien den ganzen Tag hindurch unter den schrecklichsten Befürchtungen gelitten zu haben. Ich beschrieb ihm meinen ersten Schultag, und ich bemerkte den Blick, den er und meine Mutter dabei austauschten. Meine Großmutter zeigte sich äußerst empört darüber, dass dieser beschränkte Hodscha es gewagt hatte, ihren Enkelsohn zu züchtigen.

»Ahmet hat recht gehabt«, erklärte mein Vater mit fester Stimme. »Der Junge kommt auf die Französische Schule in Gedik Paşa.«

So endete mein erster und zugleich letzter Tag an der Bezirksschule. İnci jammerte um die Tabletts voll Lokma, denn solche Köstlichkeiten dem Hodscha und seinen Schülern zu servieren hieß für sie offenbar, Perlen vor die Säue zu werfen. Mein Vater sprach beim Direktor der Französischen Schule vor und meldete mich dort an; man bestellte eine schicke graue Schuluniform für mich, und in meinen Lederranzen wurden Fibeln und Hefte gesteckt. Im September 1914, einen Monat vor meinem sechsten Geburtstag, begann ich aufs Neue mit der Schule.

Die Französische Schule war ganz anders als die Bezirksschule. So schien es dort Lehrer in Hülle und Fülle zu geben und jede Menge Klassenzimmer. Man brachte mir bei, »Bonjour, m'sieu« oder gegebenenfalls auch »Bonjour, mam'selle« zu sagen und auf Französisch bis zehn zu zählen. Und ich lernte an der Schule viele neue Freunde kennen. Die Mehrzahl der Schüler war türkischer Herkunft und stammte aus Familien, die derselben Gesellschaftsschicht angehörten wie meine, aber es gab unter uns auch einige Franzosen und Armenier. Ich lernte schon bald, allein zur Schule zu gehen, und traf dann unterwegs meine Freunde. Wir pflegten uns voreinander zu verbeugen und affektiert »Bonjour, mon ami. Comment allez-vous?« zu sagen, denn es war bei uns große Mode, die Älteren nachzuäffen und in der Öffentlichkeit französisch zu sprechen, wobei wir uns wer weiß wie vornehm und erwachsen vorkamen.

Manchmal besuchten mich meine neuen Freunde zu Hause, und ich begann mich von Mehmet und İnci abzunabeln. Ich verweigerte mich Mehmets kindischen Spielen, und kam er in ein Zimmer gestapft, wo ich mit meinen Freunden zusammensaß, so schellte ich gebieterisch nach İnci und trug ihr auf, meinen kleinen Bruder unverzüglich aus dem Raum zu entfernen.

Als ich eines Nachmittags mit meiner Mutter im Salon saß und ihr von meinem Schultag erzählte, erschien mein Vater zu Hause mit einem Lastenträger vom Marktplatz, der mehrere große Blechbüchsen in den Armen hielt. Diese wurden Hacer übergeben, und hinterher erklärte mein Vater, dass diese Behälter mit lagerfähigen Lebensmitteln gefüllt werden sollten.

»Die Lage ist ernst«, sagte er zu meiner mit ausdruckslosem Gesicht dastehenden Großmutter. »Ich werde morgen selber auf den Markt gehen. In palastnahen Kreisen wird gemunkelt, dass wir schon bald in den Krieg ziehen werden. Enver und Talat Paşa sind beide sehr deutschfreundlich, und sollte ich eingezogen werden, möchte ich sichergestellt wissen, dass für euer Wohlergehen auch wirklich alles getan worden ist.«

Das Gesicht meiner Mutter wurde ernst, und ich wusste, dass gleich eine Diskussion losbrechen würde. Eigentlich hatte ich damit gerechnet, dass man mich hinausschicken würde, doch mein Vater sagte, ich könne dableiben, und fügte hinzu:

»Wenn ich fort bin, wirst du der einzige Mann im Haus sein, und deshalb wirst du wissen müssen, wie man das Weibsvolk beschützt, nicht wahr?« Dabei zog er mir augenzwinkernd am Ohr.

Er stand an ein Wandtischchen gelehnt, und zum ersten Mal in meinem Leben kam er mir alt vor. Ich wusste nicht, dass er erst sechsundzwanzig war, und selbst wenn ich es gewusst hätte, wäre er mir noch immer alt vorgekommen, denn für ein Kind ist sechsundzwanzig ein biblisches Alter. An jenem Abend sah er bleich und erschöpft aus. Wäre mein Vater in dieser Zeit geboren worden und in einem anderen Land, so hätte er an keinem Krieg teilnehmen müssen. Im Grunde war er ein friedfertiger Mensch, ein guter Muslim, der in großer Ehrfurcht vor seinem Gott lebte und der an ein Leben nach dem Tod glaubte, ein Mann, der über die Armut seines Volkes entsetzt war und der versuchte, diese zu lindern, wo immer es ihm mit seinen bescheidenen Mitteln möglich war. Das Blutvergießen und die Brutalität und die völlige Sinnlosigkeit des Krieges zerrissen ihm das Herz vor Mitleid mit den Normalsterblichen, die ins Räderwerk des Militärs gerieten. Ich besitze kein Bild von ihm, und sein Gesicht weigert sich, klar und deutlich durch die Nebel der Zeit vor mir aufzutauchen, doch meine Mutter hat ihn mir als einen Denker beschrieben, als einen Träumer, wenn man so will, als einen Mann, der eher für ein Leben der Muße geschaffen war als für das Leben, das er später kennenlernen sollte. Er hatte zweifellos Kenntnis von dem heillosen Durcheinander, das in der türkischen Politik herrschte, er wusste von den Intrigen des eitlen Enver und von der Heimtücke und Habgier seiner Untergebenen, von der Schwäche des Sultans und der mangelhaften Organisation, von dem Sachverhalt, dass die Türkei auf einen neuen Krieg keineswegs vorbereitet war.

An jenem Abend, so erinnere ich mich, teilte er meiner Großmutter mit, dass er ein Angebot für unser Haus erhalten hatte, ein Angebot, das, wie er meinte, zu gut war, um es auszuschlagen. Sie schaute nachdenklich drein und sagte:

»Ich weiß nicht, wie wir in einem kleineren Haus zurechtkommen sollen; und die Dienstboten sind ja auch noch zu berücksichtigen.«

»Hacer wird entlassen«, erklärte mein Vater – und man fragt sich unwillkürlich, wie sehr er darunter gelitten haben muss, so zu seinem Weibsvolk zu sprechen, er, der seine Frauen immer nur mit großzügigen Geschenken überhäufen wollte. »Feride«, so fuhr er fort, »muss zusätzlich die Küche übernehmen. Ich überlasse es dir, wie du diese organisatorischen Fragen letztlich regelst, aber Hacer muss gehen.«

»Ach, Liebling«, sagte meine Mutter, »muss Hacer denn wirklich entlassen werden?«

»Ja«, sagte mein Vater. »Der Tag wird kommen, wo ihr euch selbst für Gold nichts mehr kaufen könnt. Und egal, wie viele Vorräte wir jetzt anlegen, sie werden nur für einen bestimmten Zeitraum reichen, und je weniger Münder dann gefüttert werden müssen, umso besser. Heute hat mir der Oberst erzählt, dass die Armee derzeit so viel einkaufe, dass die Geschäfte bald ratzekahl leer sein werden. Murat und die Pferde müssen auch gehen. Im neuen Haus wird es keinen Platz für einen Phaeton geben.«

»Nein!«, sagte meine Großmutter scharf, und sie stand so abrupt auf, dass sie dabei eine Schüssel mit Rosen umstieß, die auf einem kleinen Schreibtisch stand. »Von Murat werde ich mich auf gar keinen Fall trennen.«

Ich beobachtete fasziniert, wie sich das Wasser aus der Schale als dunkler Fleck auf dem Teppich ausbreitete.

»In diesen Zeiten ist an einen solchen Luxus nicht mehr zu denken«, sagte mein Vater. »Du kennst nicht die Armut, die außerhalb deines Hauses herrscht, und du hast auch nicht die Bestürzung auf den Gesichtern der Soldaten gesehen, ihre geflickten Uniformen und die verschlissenen Stiefel, in denen sie herumlaufen müssen. Man kann von dir nicht erwarten, dass du die politischen Zusammenhänge verstehst oder dass du weißt, wie sehr unser Land unter der Fuchtel der Deutschen steht. Wir sind den Deutschen und ihrem Geld auf Gedeih und Verderb ausgeliefert, auch wenn es nach außen hin so aussehen mag, als verhielten wir uns neutral.«

»Ich verstehe kein Wort von dem, was du sagst«, murrte meine Großmutter. »Und wenn du Hacer nur loswerden willst wegen des Essens, das sie zu sich nimmt …«

Doch obwohl sie mitten im Satz innehielt, klärte sie niemand auf. Mein Vater war fertig mit seinen Erläuterungen.

In der Folgezeit wurden uns jede Menge Lebensmittel ins Haus geliefert, zum Einlagern, und aus der Küche drang der süßliche Geruch von frisch gekochter Marmelade. Hacer wurde mitgeteilt, dass sie uns verlassen müsste. Meine Mutter zeigte sich während all dieser Aktivitäten heiter und gelassen und offenbarte, wie ich mich erinnere, kein einziges Mal ihre Gefühle. Meine Großmutter blieb jedoch halsstarrig und uneinsichtig. Sie verbrachte ihre Tage hauptsächlich damit, dass sie Besuche abstattete – als gelte es, plötzlich alle lebenslang vernachlässigten Pflichten nachzuholen.

Sie thronte dann stolz und unnahbar im Phaeton und funkelte vor Schmuck und Arroganz. Sie wusste, sie würde meinem Vater gegenüber nachgeben müssen, doch sie wollte wenigstens mit fliegenden Fahnen untergehen. Ein neues Haus wurde gefunden und gekauft, allerdings zu einem höheren Preis, als mein Vater ursprünglich erwartet hatte. Die Preise waren insgesamt gestiegen, und viele Geschäfte blieben täglich für längere Zeit geschlossen. Immer mehr Männer wurden einberufen, und bald sah man auf den Straßen fast nur noch Frauen. Dienstmädchen und Dienstherrinnen und Prostituierte, sie alle mussten etwas essen und verbrachten ihre Tage damit, auf der Suche nach einem offenen Laden durch die Straßen zu hasten. Bestürzung und Resignation waren auf ihren Gesichtern zu erkennen, aber kein Groll. Der kam später.

Im Vergleich zu dem weitläufigen alten *konak,* der Residenz, in der ich geboren worden war, kam mir unser neues Haus winzig vor. Ich hatte nun kein eigenes Zimmer mehr, sondern musste mir eins mit Mehmet teilen. Es gab kein Spielzimmer, und wir Kinder mussten das Esszimmer benutzen, wenn unsere Eltern den Salon für sich benötigten.

Der Garten war groß; es gab dort allerlei Obstbäume und einen Rasen im Westentaschenformat, und in seiner Mitte stand eine Linde. Als meine Großmutter das Haus zum ersten Mal sah, schnaubte sie verächtlich – falls man ein so derbes Wort im Zusammenhang mit meiner Großmutter überhaupt verwenden darf. Sie verlangte zu wissen, wie man von ihr erwarten könne, in einem Haus von dieser Größe zu leben, und wie sie dort ihr gesamtes Mobiliar unterbringen solle. Sie gab unmissverständlich zu verstehen, dass sie sich von keinem ihrer Möbelstücke zu trennen gedachte.

Als ich das Haus zum ersten Mal sah, sagte mein Vater zu mir:

»Ich hoffe, dich hier eines Tages als erwachsenen Mann zu sehen, mein Sohn, und mich als alten Mann. Sollte mir jedoch etwas zustoßen, so wirst du meinen Platz einnehmen müssen. Das wird nicht immer leicht für dich sein, aber es wird deine

Pflicht sein, dich um deine Mutter und deine Großmutter zu kümmern.«

Ich konnte es nicht ertragen, meinen lieben Vater auf diese Weise reden zu hören, und ich warf mich in seine Arme und weinte, als würde es mir das Herz zerreißen.

Das Haus stand auf einem Hügel, und von den Fenstern im oberen Stockwerk konnten wir das Marmarameer sehen, aus dieser Entfernung allerdings nur verschwommen und eher grau als blau. Ein Vorbesitzer hatte an einer Seite des Hauses eine Waschküche anbauen lassen – ein nachträglicher, planlos ausgeführter Einfall –, und in der Mitte dieses Anbaus wuchs ein Feigenbaum. Die Waschküche hatte kein richtiges Dach, sondern nur eine Art Bretterterrasse obendrauf mit einem Loch in der Mitte, aus dem der Feigenbaum triumphierend aufragte, sodass er im Sommer seine Pracht draußen vor den Schlafzimmerfenstern entfalten konnte. Im Winter muss es dort häufig hineingeregnet haben, doch da es bloß eine Waschküche war, schien sich niemand daran zu stören. Nur in İstanbul konnte man etwas so Schönes und Bezauberndes finden. Später, als wir dort eingezogen waren, pflegte İnci auf dieser Terrasse einen Teppich auszurollen, und darauf lag meine Mutter dann mit uns Kindern auf Kissen und schaute durch die Blätter des Feigenbaums in die Sonne, wobei sie sich hin und wieder nach oben streckte, um mit einem eigens dafür angefertigten Stock die reifen, purpurfarbenen Feigen vom Baum zu pflücken.

Doch bevor wir dort einzogen, zimmerten Handwerker am hinteren Ende des Gartens ein paar Hühnerställe zusammen, und im Haus wurden die Möbel aufgestellt. Das Ergebnis gefiel niemandem, denn angesichts der sperrigen Möbel meiner Großmutter wirkten die kleineren, dunkleren Zimmer unerträglich überfüllt. Sie mochte dieses Haus nie, und während der kurzen Zeit, die sie dort wohnte, schien sie ein völlig anderer Mensch zu sein. Am Tag vor unserem Einzug kaufte mein

Vater einen Schafbock, denn dies ist eine Tradition, die auch heute noch in der Türkei gepflegt wird. Seine Hörner wurden golden angemalt, sein wolliger Pelz rot und golden, und um seinen Hals wurde ein langes rotes Band gebunden, wobei der Knoten neckisch hinter einem Ohr hervorlugte. In jener Nacht konnte ich nicht schlafen, denn ich war fürchterlich aufgeregt und hatte gleichzeitig Mitleid mit dem armen, prächtigen Schafbock, den man am folgenden Tag töten würde. Am nächsten Morgen wurde der Schlachter geholt, und während mein Vater Auszüge aus dem Koran vorlas, wurde dem Schafbock die Kehle durchgeschnitten, und als sich das Blut auf die Straße ergoss, entfuhr der zuschauenden Menschenmenge ein gewaltiger Schrei.

»Hayirli olsun!«, schrien die Leute, was »Möge euch dieses Haus Glück bringen!« bedeutet.

Mein Vater wandte sich an uns und sagte *»Bismillahir rahmaner rahim«,* was sich in etwa übersetzen ließe mit »Ich gehe in dieses Haus im Namen Gottes«.

Damit war die kleine Zeremonie beendet, und der Schafbock wurde fortgeschafft, damit er zerlegt und, wie es Sitte war, an die Armen des Viertels verteilt werden konnte. Am Abend jenes Tages ging mein Vater nach Sonnenuntergang in die Moschee, um Gott für das neue Haus zu danken.

So zogen wir in das neue Haus ein, und an jenem ersten Abend war dort alles tatsächlich sehr neu und ungewohnt. Da war der Garten, der erkundet werden musste, und da war die Freude, an den kleinen Bäumen reife Birnen und Quitten zu entdecken. Es war aufregend, das Gartentor zu öffnen, das auf einen Fußweg zum Haus unseres Nachbarn hinausging und auf ein großes Feld, bei dem es sich im Grunde nur um eine hier und da mit verkümmerten Feigenbäumen übersäte Brache handelte. Es war auch seltsam, Feride in der Küche zu sehen und zu wissen, dass man nie wieder Hacers Lachen hören und auch nie wieder ihr dickes Hinterteil sehen würde, wie es unter ihren Röcken wogte und bebte. Es war seltsam, in der letzten halben Stunde vor dem Zubettgehen im Esszimmer zu spielen, obwohl wir entdeckten, dass man unter dem Tisch ganz passabel »Haus« spielen konnte, und dann in den Salon zu gehen, mit seinen hohen, schmalen, auf die hügelige Straße blickenden Fenstern, und dort meine Mutter und meine Großmutter zu sehen, wie sie mit nachdenklicher Miene die klobigen, schweren Möbel musterten, die für ein geräumigeres Haus gemacht waren. Am seltsamsten war es jedoch, die Treppe hinaufzugehen und Mehmets kleines Bett neben meinem stehen zu sehen – seltsam, aber auch irgendwie angenehm –, İncis Atemzüge die ganze Nacht hindurch hören zu können und zu wissen, dass sie in Rufweite in dem kleinen Kabuff lag, das direkt von unserem Zimmer abging und kaum groß genug war, um ihr Bett und ihren Kleiderschrank aufzunehmen.

Der Reiz des Neuen war jedoch bald verflogen; wir gewöhnten uns an Ferides Anblick in der Küche, und die Schule nahm mich wieder ganz in Beschlag. Als ich eines Abends von der Schule nach Hause kam, bemerkte ich, dass meine Mutter Gäste hatte. Ich warf meinen Ranzen auf den Tisch in der Diele, wusch mir die Hände und stürmte in den Salon, denn mein fortgeschrittenes Alter oder die leichte Lockerung der Disziplin gaben mir nun das Recht, dort ohne anzuklopfen einzutreten.

Eine äußerst elegant aussehende Dame saß auf dem Sofa und nippte am türkischen Kaffee; zwei Kinder, die etwa in meinem Alter waren, saßen artig neben ihr. Mein unbekümmertes Hereinplatzen wurde durch ihre Anwesenheit unversehens gebremst, denn ich hatte nicht damit gerechnet, dort Kinder anzutreffen. Meine Mutter stellte mich ihnen jedoch vor, bevor ich die Flucht ergreifen konnte, um nach İnci zu suchen.

»Dies ist unsere Nachbarin, Madame Müjğen«, sagte sie, und ich musste vortreten und der Frau einen Handkuss geben.

»Und dies hier«, fuhr meine Mutter fort, wobei sie zuerst auf das Mädchen zeigte, »sind Yasemin und ihr Bruder Nuri.«

Ich machte einen Diener vor den beiden, und dann zog ich mich schüchtern zurück, doch meine Mutter schellte nach İnci, und wir wurden in den Garten geschickt, um dort gemeinsam zu spielen.

Sobald wir aus den Augen der Erwachsenen entschwunden waren, schmolz unsere Schüchternheit dahin, und wir begannen uns zwanglos zu unterhalten. Nuri, so stellte sich heraus, war zwei Jahre älter als ich, und Yasemin war ein Jahr jünger. Von dem Tag an spielten wir drei öfter zusammen, und die Erwachsenen nahmen unsere Freundschaft schmunzelnd zur Kenntnis. Nuri war wahnsinnig eifersüchtig auf seine Schwester, und er schien sich maßlos darüber zu ärgern, wie schnell sie und ich Freundschaft geschlossen hatten. Es konnte passieren, dass er uns mitten in einem Spiel sitzen ließ und sich in den Schmollwinkel zurückzog. Er war ein kräftiger, gut aussehender Junge, der es nicht ertragen konnte, wie seine Schwester für jemand anderen schwärmte. Eines Tages kam es zwischen uns beiden zu einer Prügelei, und wir kehrten mit blutigen Nasen und zwei satten Veilchen nach Hause zurück. Unsere empörten Eltern zwangen uns dazu, sich beim jeweils anderen zu entschuldigen, und obwohl wir uns in ihrer Gegenwart einigermaßen am Riemen rissen, führten wir unsere Fehde dann insgeheim noch wochenlang fort.

Ein anderer Tag sticht deutlich aus meiner Erinnerung hervor. Yasemin und ich spielten allein bei uns im Esszimmer. Wir spielten das uralte Spiel »Mann und Frau«, und ich kehrte gerade stolz von meiner »Arbeit« nach Hause zurück und begrüßte »meine Frau« mit einem leidenschaftlichen Kuss, als ein scharfer Klaps auf meinen Hintern dem Ganzen ein Ende bereitete. İnci hatte uns entdeckt, und sie setzte meine Mutter von unserem Treiben in Kenntnis, die offenbar heftig errötete, mich sofort in mein Zimmer sperrte und die weinende Yasemin nach Hause zu ihrer Mutter begleitete. Die beiden Damen scheinen dann ein langes und ernsthaftes Gespräch geführt zu haben. Später informierten sie ihre Ehemänner über unser ungeheuerliches Vergehen, und am Ende wurden Yasemin und ich getrennt, und es wurde uns verboten, jemals wieder zusammen zu spielen.

So bekam Nuri seine Schwester zurück. Ich schaute von Weitem zu, wie die beiden gemeinsam in ihrem Garten spielten, und wenn Yasemin mich dabei erblickte, legte sie den Kopf auf eine frühreif-kokette Art schräg und ignorierte mein beschwichtigendes Lächeln.

Das Leben kam mir damals sehr ungerecht vor. Die Art und Weise, wie meine Eltern auf den Kuss reagierten, den ich Yasemin gegeben hatte, verletzte und verwirrte mich zutiefst, und ich war wütend, weil mir niemand eine vernünftige Erklärung geben wollte, *warum* ich sie nicht küssen durfte. Ich wurde plötzlich zu einem Problemkind, zu Hause und in der Schule, wo ich frech zu meinen Lehrern war, die dieses Betragen unverzüglich meinem Vater meldeten. Einmal verweigerte ich mein Abendessen und verlangte, dass İnci mir zuerst das Dessert servierte. Als sie dies ablehnte, biss ich ihr in die Hand, und obwohl ich wusste, dass ich mir damit gehörigen Ärger eingebrockt hatte, machte ich alles noch viel schlimmer, indem ich sie kräftig in den Arm kniff. Sie schrie vor Schmerz laut auf und lief sofort zu meiner Mutter, um sie von diesem Vorfall zu unterrichten. Mein Vater war sehr verärgert. Er versohlte mir den Hintern mit einem Stock und schickte mich dann auf mein Zimmer, ohne dass ich etwas zu essen bekam. In meinem Zimmer trat ich vor Wut gegen sämtliche Möbel und hoffte, sie dadurch zu demolieren. Ich benutzte zaghaft einige der Schimpfwörter, die ich in der Schule von anderen Jungen aufgeschnappt hatte, und ich erwartete mehr oder minder, der

Zorn Gottes würde das Haus über mir zusammenstürzen lassen. Als jedoch nichts passierte, benutzte ich diese schlimmen Wörter ungenierter und brüllte sie schließlich in dem leeren Zimmer lauthals heraus. Und, was alles noch verschlimmerte, ich konnte Yasemin und Nuri in ihrem Garten spielen sehen, gleichgültig gegenüber den Qualen, die ich litt.

Ich war so hungrig, dass ich am liebsten geheult hätte. Als Mehmet und İnci eingeschlafen waren, überlegte ich hin und her, ob ich es wagen konnte, nach unten zu schleichen und die Speisekammer zu plündern. Doch bevor ich meinen ganzen Mut zusammengenommen hatte, kam meine Großmutter mit einer Scheibe Brot, etwas Schafskäse und einem Glas Milch in mein Zimmer geschlichen. Heißhungrig machte ich mich darüber her, und sie flüsterte mir zu, sie habe den Gedanken an meinen leeren Magen nicht ertragen können, aber ich dürfe meiner Mutter auf gar keinen Fall erzählen, dass sie mir etwas zu essen gegeben hatte. Ich versprach es ihr hoch und heilig, und wenig später war ich eingeschlafen.

Ich ging seit etwas mehr als zwei Monaten auf die Französische Schule, als die Schüler eines Morgens bei ihrer Ankunft nicht in ihre Klassenzimmer, sondern in die Aula geschickt wurden.

Wir waren alle sehr neugierig, vor allem weil sich auch der gesamte Lehrkörper dort eingefunden hatte, und wir fragten uns, was wir wohl verbrochen hatten. Bald erschien der Direktor im Saal. Er begab sich aufs Podium und blickte streng auf uns herunter. Oder wir dachten zumindest, dass er streng dreinblickte.

Wir riefen: *»Bonjour, Monsieur le Directeur«*, und er antwortete in der gleichen Manier.

Anschließend wandte er sich auf Türkisch an uns, was sehr ungewöhnlich war, aber er wollte sicherstellen, dass wir ihn auch alle verstanden. Er sagte:

»Kinder, euer Land befindet sich im Krieg. Dies ist eine Französische Schule, und mein Land und euer Land sind jetzt Feinde. Diese Schule wird auf unbestimmte Zeit geschlossen. Ihr dürft jetzt alle nach Hause gehen, Gott segne euch.«

Seine Stimme versagte, und sein kleiner Spitzbart zitterte traurig. Am selben Tag erzählte mein Vater meiner Mutter, dass die Türkei und Deutschland einen Pakt geschlossen hätten und dass sich unser Land nun im Krieg befinde.

So endete für uns eine Ära, sang- und klanglos und ohne ein Anzeichen dafür, dass diese Zeiten nie mehr wiederkehren würden.

Etwa zur gleichen Zeit machte ich die Bekanntschaft von Bekçi Baba. In der Türkei gibt es auch heute noch einen Bekçi Baba, doch das »Baba« hat man inzwischen fallen gelassen, und seine Aufgaben sind inzwischen weniger schwer, als sie es anno dazumal waren.

Jeder Bekçi Baba ist einem Polizeirevier zugeordnet, und damals, vor fünfunddreißig Jahren, musste er eine Vielzahl unterschiedlicher Pflichten erfüllen. Tagsüber pflegte er die Fässer mit Trinkwasser in die Häuser zu schleppen, und nach Einbruch der Dunkelheit wurde er zu unserem Beschützer, zu unserem Nachtwächter.

Er hatte immer einen langen, dicken Stock dabei, dessen unteres Ende mit Eisen beschlagen war. Dies erwies sich als sehr nützlich, wollte er einen Bösewicht Mores lehren oder ihn bewusstlos schlagen, bis die Polizei eintraf. Es gehörte auch zu Bekçi Babas Pflichten, während des Ramasan oder der religiösen Bairams, der großen Feste des Islam, die Trommel zu schlagen. Außerdem musste er öffentliche Bekanntmachungen ausrufen oder Alarm geben, wenn in irgendeinem Stadtteil von İstanbul ein Feuer ausgebrochen war. Dieser Alarm war das Zeichen für alle jungen Männer des Viertels, aus dem Bett zu springen und unverzüglich die einzige Feuerspritze abzuholen, die jedem Bezirk zugeteilt war, um dann wie der Blitz und unter dem frenetischen Beifall der Anwohner zur Brandstelle zu eilen.

Ich hatte Bekçi Baba noch nie gesehen, denn tagsüber, wenn er das Wasser vorbeibrachte, hatte ich in der Küche nichts zu suchen, und nachts, wenn er zu unserem Beschützer wurde, war ich für gewöhnlich im Bett und schlief.

Einmal hatte ich jedoch Glück, denn ich lag zu später Stunde noch hellwach in meinem kleinen Bett und betrachtete den nächtlichen Himmel. Das fahle Licht der Gaslaternen drang schwach in mein Zimmer, und ringsherum herrschte eine große Stille. Nicht eine Menschenseele schien sich auf den Straßen zu rühren, und nur hin und wieder konnte man aus weiter Ferne leises Hundegebell vernehmen. Doch mit einem Mal schälte sich ein Geräusch aus der Stille heraus – ein kräftiges *Tack-tack-tack.* Das Geräusch kam näher, und ich hörte eine Stimme, die irgendetwas schrie, aber sie war zu weit entfernt, als dass ich die Worte hätte verstehen können.

Mein Vater trat hinaus in die Diele, und er rief in Richtung Salon, wo meine Mutter und meine Großmutter saßen:

»Bekçi Baba kommt. Er ruft etwas, aber ich kann nicht verstehen, was. Es muss irgendwo brennen.«

Als ich dies hörte, wurde ich ganz aufgeregt, dort oben in meinem kleinen laternenbeschienenen Zimmer, und ich setzte mich aufrecht hin und spitzte die Ohren. Das Geräusch von Bekçi Babas Stock klang jetzt sehr viel näher. Es machte *tack-tack-tack* auf dem Kopfsteinpflaster, und der alte Mann schrie: »Feuer! Feuer! Es brennt in Beyoğlu!«, wobei er seine Worte langsam und deutlich artikulierte, damit niemand ihn missverstehen konnte.

Ich sprang aus dem Bett und lief zum Fenster.

Bekçi Baba kam unsere Straße herauf, und mit seinem dunklen, hinter ihm durch die Luft flatternden Mantel und seinem laut von den Pflastersteinen widerhallenden Stock bot er einen Furcht einflößenden Anblick. Unter der Gaslaterne vor unserem Haus hielt er kurz inne, und für meine erhitzte Fantasie sah er einfach grässlich aus.

Das flackernde Funzellicht der Laterne huschte ihm übers Gesicht und ließ seine vorstehenden Backenknochen und seine an einen Totenschädel erinnernden Augenhöhlen mal deutlich hervortreten und mal im Dunkeln verschwinden. Mein Vater rief ihm zu:

»Wo brennt's denn, Bekçi Baba?«

»In Beyoğlu!«, krächzte der alte Mann, und dann setzte er seinen Weg fort, wobei sein Mantel noch immer hinter ihm herflatterte und das *Tack-tack-tack* seines Stocks allmählich in der Ferne verschwand.

Auch als ich seine Stimme nicht mehr hören konnte, vernahm ich noch lange das Echo seines Stocks, das schwächer und schwächer wurde. Wahrscheinlich rief Bekçi Baba noch immer die Nachricht von dem Feuer in Beyoğlu aus.

VI. Einschneidende Veränderungen

Das Jahr 1914 neigte sich seinem Ende zu, und die Türkei befand sich im Krieg – ein Sachverhalt, der mir oder meiner Familie damals wenig bedeutete, meinen Vater vielleicht ausgenommen, denn dieser war ein Mensch mit Weitblick und sah die Dinge deutlicher voraus.

Zunächst gab es bei uns zu Hause keine Veränderungen. Ich ging zwar nicht mehr zur Schule, aber sonst blieb alles beim Alten.

Eines Abends waren unsere Nachbarn bei uns zu einer Tischgesellschaft eingeladen und, Krieg hin, Krieg her, es musste nach wie vor Essen serviert und Wein dekantiert werden. Meine Großmutter zeigte ein reges Interesse an diesem kleinen, ruhigen Diner. Sie traute Feride nicht zu, dass sie alles ordentlich hinbekam – sie trauerte noch immer ihrer Hacer nach.

Eines der Gerichte, die sie eigens für das Diner zubereitet haben wollte, waren ihre heiß geliebten Lahana Dolması, gefüllte Kohlblätter, und den ganzen Vormittag hindurch lag sie meiner Mutter damit in den Ohren, dass Feride sie verpfuschen würde. Schließlich marschierte sie in die Küche, wo sie eine große Schürze über ihr schwarzes Seidenkleid streifte, ihre vielen Ringe abnahm und an einem sicheren Ort verwahrte und dann höchstpersönlich mit der Zubereitung der Lahana Dolması begann. Sie erklärte Feride, sie habe zwar noch nie welche zubereitet, wisse aber trotzdem ganz genau, was dabei zu beachten sei.

Offenbar beobachtete Feride ihre lärmenden Vorbereitungen mit einiger Skepsis, und sie hatte Schwierigkeiten, mit den anderen Arbeiten fortzufahren, da meine Großmutter ihr ständig in die Quere kam.

Ich durfte in der Küche zuschauen, wo man mir auftrug, dies und das zu erledigen – nebenbei bemerkt, immer die schmutzigsten Arbeiten.

Meine Großmutter zitierte Feride an ihre Seite, um ihr zu demonstrieren, wie die Zwiebeln gehackt werden mussten; sie schlug die entsprechende Anleitung in einem alten Kochbuch nach, hielt sich dann aber nicht daran. Sie hackte die Zwiebeln mit großem Enthusiasmus und rief meine Mutter und İnci in die Küche, damit diese ihre Handfertigkeit gebührend bewundern konnten. Während meine Großmutter uns unablässig erklärte, wie tüchtig sie sei, versuchte Feride die ganze Zeit über hektisch, ihren Redefluss zu unterbrechen, um sie darauf aufmerksam zu machen, dass der Topf mit Kohlblättern überkochte, und weil sie wissen wollte, wie sie damit verfahren sollte. Meine Großmutter schenkte ihr jedoch keine Beachtung. Meine Mutter sagte nachdenklich, es komme ihr so vor, als würde ziemlich viel Reis gekocht – vielleicht etwas zu viel für eine ruhige Abendgesellschaft mit einem überschaubaren Gästekreis? Meine Großmutter sah hochmütig auch über diesen Einwand hinweg und fuhr damit fort, den Reis zu waschen und abzugießen. Anschließend begann sie ihre fein gehackten Zwiebeln unter den Reis zu mischen, woraufhin die arme Feride, die die Anspannung nicht länger ertragen konnte, in Tränen ausbrach. Meine Großmutter unterbrach den Mischvorgang. Sie warf der heftig schluchzenden Feride einen Blick zu und fragte sie, was los sei. Zwischen den Weinkrämpfen, die sie am ganzen Körper erzittern ließen, stieß die arme Feride hervor, dass die Zwiebeln, *ehe* sie unter den Reis gemischt wurden, zuerst mit *şamfıstığı,* Pistazien, in Olivenöl angebraten werden mussten.

Meine Großmutter wirkte mit einem Mal unsicher und bat

meine Mutter nachzuschlagen, was das Kochbuch sagte. Unglücklicherweise sagte das Kochbuch das Gleiche, was Feride gesagt hatte.

Meine Großmutter starrte hinunter auf ihre klebrigen Finger, auf die Berge von vergeudetem Reis mit den daruntergemischten, ebenfalls vergeudeten Zwiebelstücken, und dann wusch sie sich die Hände am Wasserhahn des Spülsteins und erklärte, sie sei des Kochens überdrüssig. Unter eisigem Schweigen legte sie die Schürze ab, und nachdem sie sich wieder sämtliche Ringe an die Finger gesteckt hatte, sagte sie zu Feride, dass sie die Dolması allein zubereiten könne – nach dem Rezept aus dem Kochbuch. Sie erklärte, sie werde nie wieder einen Fuß in die Küche setzen, da sie von Feride ein bisschen Dankbarkeit erwartet habe und keine Tränen. Dann stolzierte sie hochnäsig aus der Küche, um ihre Hände mit Eau de Cologne zu benetzen. Anschließend beklagte sie sich über den strengen Geruch der Kohlblätter, und sie plädierte dafür, diese ins Abflussrohr zu kippen und stattdessen Weinblätter zu nehmen, doch meine Mutter redete es ihr aus. Sie begleitete meine noch immer vor sich hin murrende Großmutter in den Salon. Dort begann diese mit einer langen Tirade, in der sie die Unzulänglichkeiten Ferides herausstrich und die Verdienste der entlassenen Hacer pries.

Trotz der schlechten Meinung, die meine Großmutter von Ferides Kochkünsten hatte, wurde uns an jenem Abend eine Platte mit köstlichen Lahana Dolması aufgetischt, und meine Großmutter erzählte jedem, dass sie diese persönlich zubereitet hätte. Als sie meinen verdutzten Blick registrierte, starrte sie mich dermaßen hochnäsig an, dass ich derjenige war, der vor Scham errötete und als Erster wegschaute. Tatsächlich hatte sie mich halbwegs davon überzeugt, dass sie die Wahrheit gesagt hatte.

Unsere Gäste trafen früh ein, man führte sie in den Salon,

wo in unserem weißen Porzellanofen ein helles Feuer fröhlich vor sich hin knisterte, und İnci servierte kleine Schüsseln mit Lokum.

Yasemin und Nuri waren ein Muster an Höflichkeit, die personifizierte Sittsamkeit. Im Esszimmer saßen sie mit Mehmet und mir an einem kleineren Tisch in einer Ecke, während unsere Eltern an dem großen Nussbaumtisch in der Mitte des Raums tafelten.

Während des Essens trieb meine Großmutter angeregt Konversation, und sie ließ sich sogar dazu bewegen, einen kleinen Schluck Raki zu nehmen, der ihre Wangen rötete.

Genau in dem Moment, als das Dessert aufgetragen wurde – geeiste Honigmelonenscheiben in einer silbernen Schale –, ertönte draußen ein seltsames, ungewöhnliches Geräusch, das sich wie Trommelschläge anhörte. Am großen Tisch waren alle mit einem Mal verstummt. Von dieser plötzlichen Stille irritiert, schaute ich zu den Erwachsenen hinüber und sah, wie die Farbe aus dem Gesicht meiner Großmutter wich und wie meine Mutter mit zitternder Hand nach einem Obstmesser griff.

Mein Vater sagte:

»Sie schlagen die Trommeln – das muss irgendeine Bekanntmachung sein. Lasst uns alle hoffen, dass es etwas Gutes ist.«

Unser Nachbar, Orhan Bey, antwortete:

»Sie schlagen die Trommeln normalerweise anlässlich des Ramasan oder eines Bairam. Aber heute haben wir weder das eine noch das andere. Was mag wohl der Grund dafür sein?«

»Sie schlagen die Trommeln auch wegen des Krieges«, sagte meine Mutter leise, und wir schauten sie alle überrascht an, weil sie sich in ein Männergespräch eingemischt hatte.

»Şevkiye Hanım, ich hoffe, Sie irren sich. Ich hoffe von ganzem Herzen, Sie irren sich.«

Er sprach abgehackt, aufgeregt, unfähig, seine eigene Angst zu überspielen.

Das leise Getrommel war auch weiterhin zu vernehmen, und wir beendeten den Nachtisch in fast völliger Stille. Die Erwachsenen spielten mit ihrer Melone herum, und meine Großmutter schälte sich eine Mandarine, wobei sie mit ihrem Messer kräftig in die leuchtende Schale schnitt, die am Ende wie ein Kranz von Blütenblättern um die freigelegte Frucht herumstanden. Sie viertelte diese mit geschickten Fingern und legte sie dann auf ihren Teller, wo sie die Teile versonnen anstarrte, so als fragte sie sich, wie sie dort hingekommen seien. Die Trommelschläge rückten näher, und ich begann zu zittern – die Angst der Erwachsenen übertrug sich wieder einmal auf mich.

Die Tafel wurde aufgehoben, und die Damen drängten sich am Fenster zusammen, während mein Vater und Orhan Bey in die Diele gingen und die Haustür öffneten. Ich schlich mich zu meinem Vater hinaus und stand still neben ihm in der Dunkelheit. Die Trommelschläge kamen immer näher. Sie verkündeten ihr Unheil, ihre schreckliche Botschaft, und bis zum heutigen Tag ist mir der Klang von Trommeln unerträglich geblieben.

Wir konnten hören, wie Bekçi Baba etwas ausrief, aber er war noch zu weit entfernt, als dass wir seine Worte hätten verstehen können. Mein Vater legte mir seinen Arm um die Schultern, und ich drückte mich fest an ihn, denn mich fröstelte, und mir war hundeelend zumute. Dann bog die Gestalt Bekçi Babas um die Ecke, und ein Mann an seiner Seite schlug düster die große Trommel. Sie kamen näher, und die Trommelschläge dröhnten ohne Unterlass. *Dam-dam-da-da-dam-dam* machte die Trommel, und Bekçi Baba trat unter die Laterne vor unserer Haustür und verkündete seine niederschmetternden Nachrichten.

»Männer der Jahrgänge 1880 bis 1885 haben sich binnen achtundvierzig Stunden bei der für sie zuständigen Rekrutierungsstelle zu melden. Wer dies unterlässt, wird die ganze Härte des Gesetzes zu spüren bekommen.«

Dam-dam-da-da-dam-dam machte die Trommel, und ihre Schwermut hallte dumpf in meinem Herzen wider.

Orhan Bey rief:

»Was hat das zu bedeuten, Bekçi Baba?«

Und seine Antwort lautete: »Krieg! Krieg! Ja, wissen Sie denn nicht, dass sich Ihr Land im Krieg befindet?«

Bekçi Baba zog weiter, und der alte, alte Mann mit der Trommel folgte ihm, damit sie ihre Nachricht auch anderenorts verbreiten konnten.

Wir gesellten uns wieder zu den Damen im Salon. Sie standen da, am Fenster, wie drei aus der schwarzen Nacht hereingewehte Blumen, umwallt von ihren Seidenkleidern, ihre Gesichter kreidebleich.

Madame Müjğen wollte etwas sagen, doch plötzlich begann sie zu taumeln und fiel in den Armen meiner Mutter in Ohnmacht. Yasemin und Nuri eilten zu ihr und schrien *»Anne! Anne!«* – »Mutter! Mutter!« –, und İnci musste unverzüglich Eau de Cologne herbeischaffen, mit dem meine Mutter dann die Handgelenke und die Stirn von Madame Müjğen einrieb. Während sie damit beschäftigt war, legte Orhan Bey die Arme um seine beiden Kinder und sagte:

»Ich bin 1885 geboren …«, doch er brach mitten im Satz ab, da ihm die Stimme versagte.

Er presste seine Kinder fest an sich, dermaßen fest, dass Yasemin aufschrie, er tue ihr weh, und dann ließ er die beiden wieder los und betrachtete sie ein oder zwei Momente lang mit den Augen eines Schlafwandlers – mit den Augen eines Mannes, der nicht mehr zwei verängstigte Kinder vor sich sah, sondern die langen, finsteren, elenden Nächte in den Schützengräben und das hin und wieder den Himmel erhellende Mündungsfeuer der Kanonen und, schließlich, die endlose schwarze Nacht des Todes.

Bald hatte seine Frau das Bewusstsein wiedererlangt. Er

reichte ihr den Arm, damit sie sich bei ihm einhaken konnte, und dann bedankte er sich mit der Grandezza eines Weltmannes bei meiner Mutter für den gelungenen Abend und dafür, dass sie sich so reizend um seine Frau gekümmert habe.

Er wünschte uns eine gute Nacht. Mein Vater begleitete sie durch unseren Garten nach Hause, wobei sich die beiden Kinder fest an seine Hände klammerten. Mehmet wurde vor dem Zubettgehen gewaschen, während ich im Salon blieb, bei meiner Mutter und meiner Großmutter.

»Ahmet ist 1885 geboren worden«, sagte meine Großmutter.

Gebetsmühlenhaft wiederholte sie diesen einen Satz mit leiser Stimme.

Am nächsten Tag verließ mein Vater in aller Frühe das Haus, denn er wollte nach Sarıyer fahren, um Onkel Ahmet aufzusuchen.

Jenen ganzen langen Tag über war unser Haus ein totes Haus. Ich versuchte, mit Mehmet im Garten zu spielen, doch mir war langweilig und beklommen zumute, da ich die Beunruhigung der Erwachsenen ganz genau spürte. Die Kinder von nebenan gaben keinen Mucks von sich, und das erste Anzeichen dafür, dass dieser Tag aus dem Rahmen fiel, war das Auftauchen der Köchin von Madame Müjğen. Ich befand mich zu der Zeit auf der hinteren Veranda und hörte, wie sie Feride fragte, ob der *bakkal,* der Lebensmittelhändler, uns schon das Brot geliefert habe. Feride antwortete, sie warte ebenfalls auf ihn, da sie für das Mittagessen kein frisches Brot habe. Die beiden unterhielten sich noch ein paar Minuten lang, im Flüsterton, und ich hatte den Eindruck, dass sich ihr Gespräch um etwas sehr Wichtiges drehte, doch ich konnte kein Wort verstehen. Es hinterließ bei mir nur jenes sonderbare, vage Gefühl, dass irgendetwas nicht stimmte, ohne dass ich zu benennen vermochte, was es war. Der Vormittag verstrich. İnci deckte den

Tisch für das Mittagessen, aber das Brot war noch immer nicht geliefert worden. Schließlich setzte Feride meine Mutter davon in Kenntnis, die das Ganze auf die leichte Schulter nahm. Sie meinte, der Bakkal müsse uns an diesem Tag vergessen haben, und sie erteilte Feride den Auftrag, Brot einkaufen zu gehen. Wir warteten eine geschlagene Stunde auf ihre Rückkehr, und meine Mutter wurde immer ungeduldiger, doch als Feride dann völlig erschöpft bei uns auftauchte, hatte sie kein Brot dabei.

»Wie kann das sein?«, fragte meine Mutter sehr erstaunt.

»Es ist nirgendwo Brot aufzutreiben, Hanım Efendi«, antwortete Feride. »Ich habe die ganze Zeit vor dem Bäckerladen Schlange gestanden, und die Leute haben einander fast umgebracht und sich die Schädel eingeschlagen, nur um näher an die Ladentür heranzukommen. Manche von ihnen haben gleich zwanzig Laib Brot auf einmal gekauft. Jede Familie aus unserem Viertel war da, mitsamt all ihren Kindern und Dienstboten, und alle haben sie versucht, jeweils einen Laib zu ergattern. Bevor ich an die Reihe kam, war der Laden längst ausverkauft.«

So nahmen wir am Mittagstisch Platz und murrten, weil wir das Brot vom Vortag essen mussten. Wir wussten noch nicht, mit welchem Heißhunger wir uns eines Tages über ein Brot von der Vorwoche hermachen würden.

Am Nachmittag begab sich Feride erneut auf Brotsuche, doch sie kehrte mit leeren Händen zurück. Diesmal berichtete sie, der Laden sei geschlossen gewesen und die Schlange davor sei noch länger gewesen als am Vormittag, obwohl niemand zu sagen wusste, wann das Geschäft öffnen würde. Die Nerven lagen blank an jenem Tag, und die Leute verloren schnell die Beherrschung. Meine Großmutter saß da, mit bleichem Gesicht, und las im Koran, und in ihrem schwarzen Kleid machte sie einen schicklich-frommen Eindruck. Meine Mutter saß fast die ganze Zeit über an einem der Fenster, mit ungewohnt leeren Händen, und hielt Ausschau nach meinem Vater. Wie verändert sie bereits jetzt wirkten! Als ich meine Großmutter so ernsthaft dasitzen und im Koran lesen sah, fiel es mir schwer, in ihr die amüsante alte Dame wiederzuerkennen, die uns noch am Vortag mit ihren kulinarischen Eskapaden alle zum Lachen gebracht hatte. Meine Mutter war sehr blass, ein Eindruck, der durch den dunklen Stoff ihres Kleides noch verstärkt wurde, und die ganze Zeit über rang sie ihre unruhigen Hände in ihrem müßigen Schoß. Einmal bat sie İnci, ihr ein Glas Wein zu bringen, und diese Bitte war dermaßen ungewöhnlich, dass İnci für einen Augenblick ihre gute Ausbildung vergaß und ihre Herrin völlig entgeistert anstarrte.

Am späten Nachmittag kehrte mein Vater zurück. Er hatte meinen Onkel nicht in Sarıyer angetroffen. Meine Tante hatte ihm erzählt, dass er früh am Morgen zur Rekrutierungsstelle aufgebrochen sei und dass sie nicht wisse, wo er nun stecke. Sie war, wie mein Vater berichtete, äußerst beunruhigt.

Auf seinem Rückweg zur Schiffsanlegestelle hatte er beim Rekrutierungsbüro von Sarıyer vorbeigeschaut, aber dort war alles drunter und drüber gegangen. Überforderte Beamte brüllten lauthals Instruktionen, und Zivilisten wurden wie Vieh zusammengetrieben, hungrig, mutlos, apathisch. Niemand hatte ihm eine Auskunft über den Verbleib meines Onkels geben können. Tatsächlich schien niemand Zeit gehabt zu haben, sich die Fragen meines Vaters überhaupt anzuhören, und einmal hätte nicht viel gefehlt, und er wäre in die Herde der Einberufenen getrieben worden. Als meine Mutter die Sache mit dem Brot erwähnte, lachte er nur müde. Die Straßen, sagte er, seien voll von verzweifelten Menschen, die alle auf der Suche nach Nahrungsmitteln seien, die sie kaufen und einlagern könnten. Die Nachricht vom Kriegseintritt der Türkei habe ganz İstanbul in Panik versetzt, und in manchen Vierteln sei es bereits zu Unruhen gekommen.

Er zog selbst los, um irgendwo Brot aufzutreiben, und nach einigen Stunden kehrte er zurück mit einem kleinen, noch warmen Laib in der Hand. Er sah unsagbar erschöpft und niedergeschlagen aus, und auf einer seiner Wangen hatte er einen langen blutigen Kratzer, den ihm ein hysterisches Weibsstück verpasst hatte, als es ihm das Brot wegzuschnappen versuchte.

Das Abendessen war freudlos, wobei man uns Kinder zur Eile anhielt, während die Erwachsenen wortkarg so taten, als äßen sie. Die entspannten, von fröhlichem Gelächter erfüllten Abende mit gutem Essen und angeregter Konversation waren vorbei, die Abende, an denen meine Großmutter mit spritzigen, boshaften Epigrammen um sich geworfen und meine stille, schüchterne Mutter unsere Gesellschaft allein mit ihrer Anmut und Schönheit bereichert hatte.

Am nächsten Vormittag kam Onkel Ahmet vorbei, um sich von uns zu verabschieden. Mehmet und ich begrüßten ihn diesmal sehr still, ohne Getobe oder Freudengeschrei, da wir unser Verhalten an den Mienen unserer Eltern ausrichteten. Er hatte uns Schachteln mit Bonbons mitgebracht, und wir wurden ins Esszimmer geschickt, während sich die Erwachsenen im Salon dem ernsten Thema Krieg widmeten.

Manche Dinge im Leben stechen so deutlich aus der Erinnerung hervor, formen ein so lebendiges, so klar umrissenes Bild, dass das geistige Auge sie unauslöschlich für immer bewahrt. Und genau so eine Erinnerung habe ich an den Novembertag, an dem mein Onkel uns zum letzten Mal besuchte. Streng und kalt war der Vormittag, und die Sonne blitzte nur gelegentlich hinter den dahinjagenden Wolken hervor. Das Haus war still und friedlich, so als würde draußen nichts Weltbewegendes vor sich gehen. Der Mann, der bei uns als »Mädchen für alles« fungierte, fegte mit einem Besen das letzte Herbstlaub von der Terrasse. Feride sorgte in der Küche für einen angenehmen, appetitanregenden Duft, und İnci hängte in dem kleinen

Nebenhof Wäsche auf. Die Waschfrau sang in der Waschküche laut vor sich hin, gleichgültig gegenüber dem Unwetter, das sich um sie herum zusammenbraute. Was kümmerte sie dieser Krieg? Was kümmerte Feride oder die junge İnci dieser Krieg? Jeder hatte an diesem Vormittag etwas zu tun. Ich stand da, meine Nase an die Fensterscheibe gedrückt, und schaute hinaus in den vom Wind zerzausten, raschelnden Garten, der seine ganz eigene, winterlich-wilde Schönheit entfaltete, und Mehmet spielte auf dem Fußboden.

Mein Vater kam ins Esszimmer, um etwas Wein zu dekantieren, und er sagte zu uns, wir sollten in den Salon gehen und dort spielen – vielleicht, weil ich niedergeschlagen wirkte, oder vielleicht, weil İnci nicht da war, um auf uns aufzupassen.

Mein Onkel nahm im Salon einen türkischen Kaffee zu sich. Er sah unglücklich aus. Niemand nahm von uns Notiz, und so setzte ich mich in einen der Sessel, und meine Mutter blickte kurz zu mir herüber, weil sie sich womöglich wunderte, mich dort zu sehen. Mein Onkel redete über meine Tante und meinte, dass sich ihr Gesundheitszustand zu verschlimmern scheine. Er sprach in einem gereizten, beunruhigten Tonfall. Dann erwähnte er das Landgut und sagte, dass die Mehrzahl der dort beschäftigten Männer ebenfalls eingezogen worden sei und dass er keine Ahnung habe, wer dort in Zukunft nach dem Rechten sehen würde.

Meine Großmutter saß sehr still da. Sie betrachtete Onkel Ahmet, als könnten ihre Augen nicht genug von ihm, ihrem ältesten Sohn, bekommen. Sie war eine nicht sehr gefühlsbetonte Frau, doch an jenem Tag schien sie immer fast in Tränen auszubrechen, und es war allein ihr unbändiger, hochmütiger Stolz, der sie daran hinderte. Ich nehme an, ihr wurde zum ersten Mal in ihrem Leben bewusst, was ein Krieg einer Familie antun konnte. Zum ersten Mal, so glaube ich, sah sie sich als eine wehrlose, unwissende Frau, die nichts von den Dingen außerhalb ihrer kleinen Welt wusste, einer Welt, die sich in Geselligkeit, Weiberklatsch und Förmlichkeiten erschöpfte. Und nun würden die beiden letzten Männer ihrer Familie von ihr fortgehen. Ich bin mir ziemlich sicher, dass sie keinen Gedanken daran verschwendete, wie meine Mutter und meine Tante sich fühlen mochten. Von Natur aus kaltherzig und eine regelrechte Despotin, bezog sie alles immer nur auf sich. Sie verlor ihre Söhne, verlor sie vielleicht sogar für immer, doch meine Mutter und meine Tante verloren ja nur ihre Ehemänner.

Und obwohl meine Großmutter eine hohe Meinung von Ehemännern hatte – eine noch höhere Meinung hatte sie von Söhnen. Es mag abgedroschen klingen, wenn man sagt, dass den Augen eines Kindes kaum etwas entgeht, aber es ist dennoch eine Tatsache, und ich kannte meine Großmutter damals besser, wenngleich auf eine unausgeformte Art, als sie sich selbst jemals kennen würde. Sie hatte keine Zeit für eine Selbstanalyse, und die Freud'sche Theorie war damals noch nicht nach İstanbul herübergeschwappt. Meine Mutter und ihre latente Gefühllosigkeit kannte ich ebenfalls, sodass ich in späteren Jahren, als diese Gefühllosigkeit vollends von ihr Besitz ergriff, wenig überrascht war, da ich schon seit Langem gewusst hatte, wie tief dieser Wesenszug in ihrem Innern verwurzelt war. Ich könnte heute kein wahrhaftiges Bild von den beiden beschreiben, würde ich nicht mit den Augen eines Kindes auf Bilder zurückblicken, von denen ich geglaubt hatte, sie wären für immer verschwunden; doch so, wie diese Bilder mir heute auf eine plastische Weise wieder Orte, Szenen und Gespräche vergegenwärtigen, die ich längst vergessen geglaubt hatte, so rufen sie in mir auch wieder die *Empfindungen* wach, die ich einst als Kind verspürte.

An jenem Novembertag zum Beispiel *wusste* ich, was meiner Großmutter durch den Kopf ging, so als hätte sie ihre Gedanken laut herausgeschrien. Als sie meinen Onkel bat, noch zum Mittagessen zu bleiben, da wusste ich, dass sie nur jenen verhängnisvollen Moment des Lebewohls hinauszögern wollte, und als er das Angebot ausschlug, schien sie in sich zusammenzusacken, sie sah klein und verloren aus in ihrem hohen Sessel. Er meinte, er habe noch eine Menge in Sarıyer zu erledigen und mache sich Sorgen um meine Tante, wobei er die ganze Zeit über dem Blick meiner Großmutter auswich, weil er womöglich befürchtete, dass auch er zusammenbrechen könnte, würde er sie direkt anschauen.

Bald erhob er sich, um seiner Wege zu gehen, und ich sehe noch heute seine große Gestalt vor mir, wie sie sich dunkel gegen das durch die Fenster hereinfallende Licht abhob.

»Ich werde morgen einrücken«, sagte er, und als meine Großmutter ihn fragte, wohin der Marschbefehl ging, da zuckte er seine breiten Schultern und erwiderte, er wisse es nicht.

Er beugte sich über seine Mutter und küsste ihr die Hände. Sie murmelte ein Gebet über seinem dunklen Kopf, und eine ihrer Hände entzog sich seinen Küssen und streichelte zärtlich seine Wange. Onkel Ahmet hob Mehmet auf seine Schultern und ergriff meine Hand. Dann trat er hinaus in die Diele. Mein Vater sagte, er werde ihn bis zur Galatabrücke begleiten, und mein Onkel trat ungeduldig von einem Fuß auf den anderen, während İnci meinem Vater in den Mantel half. Dann waren sie bereit zum Aufbruch, und wir Kinder wurden verabschiedet. Mein Onkel legte mir seine Hand auf den Kopf, ich sah, wie sein Mund plötzlich zu zittern begann, und mein Kinderherz sehnte sich danach, ihn zu trösten. Die beiden Männer gingen den kurzen Weg hinunter zur Straße, und an der Ecke drehten sie sich noch einmal um und winkten uns zu. Dann entschwanden sie aus unserem Blickfeld, und wir gingen wieder ins Haus zurück, Mehmet und ich – zwei kleine Jungen, die nicht wussten, wie sie diesen Abschied verkraften sollten.

Am Abend jenes Tages schaute Orhan Bey bei uns herein, um sich von uns zu verabschieden. Auch er würde am nächsten Morgen zu einem ihm unbekannten Ort geschickt. Wir tranken auf sein Wohl und wünschten ihm alles Gute, wobei Mehmet und ich unsere Gläser erhoben wie die Erwachsenen. Und weiter unten in der Straße wurden die Trommeln für jemand anderen geschlagen. Denn zu jener Zeit galt es als tapfer und ehrenhaft, in den Krieg zu ziehen, und wenn die jungen Männer aus ihrem Wohnviertel abzogen, spielte die Musikkapelle draußen vor dem Haus eines jeden Rekruten, und dem neuesten wurde die türkische Flagge überreicht. All die jungen Männer mit ihren feurigen, wilden Herzen, sie hüpften und sprangen herum, sie tanzten und schrien, denn so ließ sich auch das Schluchzen der Frauen übertönen. Wenn sie ihre Häuser verließen, spielte die Kapelle ein Lied von unsäglicher Traurigkeit, und alle sangen sie mit:

»Ey gaziler yol göründü
Yine garib serime
Dağlar, taşlar dayanamaz
Benim ahu zarima …«

(Oh, Verwundete, ich komme, um euren Platz einzunehmen, und mein Herz weint, weil ich meine Lieben verlassen muss. Die Berge und die Steine weinen mit mir …)

Orhan Bey sagte uns Lebewohl und ging nach Hause, und die Kapelle spielte noch immer in unserer Straße.

Am nächsten Tag begab sich mein Vater erneut auf Brotsuche, und er wollte versuchen, meinen Onkel noch einmal zu treffen. Er kehrte sehr spät nach Hause zurück, und meine Großmutter fragte ihn sogleich, ob er ihn gesehen habe.

»Ja«, erwiderte mein Vater, »ich habe einen flüchtigen Blick auf ihn erhaschen können, als sie abmarschiert sind.«

»Und, hat er gut ausgesehen in seiner Uniform?«, wollte meine Großmutter neugierig wissen.

Mein Vater sagte leise:

»Er trug keine Uniform. Alle Männer hatten noch ihre Zivilkleidung an, und sie trugen Säcke auf ihren Schultern. Sie hatten keine Marschstiefel an, und neben ihnen liefen bewaffnete Soldaten, die sie von der Menge trennten. Und ihre Frauen und ihre Mütter und ihre Liebsten, alle waren sie da. Ich folgte der Menge, und Ahmet und die anderen wurden in ein Gebäude in Sirkeci geführt. Wir warteten davor, weil wir hofften, sie noch einmal sehen zu können, doch am Ende schickten uns die Wachsoldaten fort.«

Mein Vater hörte auf zu erzählen und blickte verbittert vor sich hin. Er hatte mit eigenen Augen gesehen, wie Onkel Ahmet und die anderen herumkommandiert und herumgeschubst worden waren, wie die bäurischen Soldaten ihnen mit ihren Gewehrkolben Beine gemacht hatten. Er hatte gesehen, wie ein Soldat einem der Männer einen Fußtritt verpasst hatte, aber all diese Dinge verschwieg er meiner Großmutter lieber.

Am nächsten Tag nähte meine Mutter einen Sack für meinen Vater, einen Sack von der Art, wie ihn die anderen Männer auf ihren ungeübten Schultern getragen hatten. Keiner verlor auch nur ein Wort über seine Einberufung, doch wir alle wussten, dieser Tag würde kommen. Also fertigte meine Mutter einen Sack für ihn an, einen Sack aus grobem weißem Leinen, den sie mit großer Kunstfertigkeit zusammennähte. Und ich glaube, sie nähte auch ihr Herz in diesen Sack ein, denn als mein Vater weggegangen war, sahen wir, die wir zurückgebliebenen waren, nichts mehr von ihrem Herzen.

Das Geschäft meines Vaters war verkauft worden, und er verbrachte seine Tage nun zu Hause, wo er voller Bange und, angesichts der Verzögerung, voller Ungeduld darauf wartete, dass er an die Reihe kam. Es schien, als würde man ihn niemals einziehen, und jetzt, wo er wusste, dass er fortgehen musste, wollte er auch fort, wollte er die Warterei, die ihm das Herz zerriss und ihm die Blässe in die Wangen trieb, so schnell wie möglich hinter sich bringen.

Doch schließlich kam dieser Tag. Es war dieselbe Trommel, die ihre bittere Botschaft hämmerte, und es war derselbe Bekçi Baba, der unter derselben Straßenlaterne stand und sein Ultimatum verlas:

»Männer der Jahrgänge 1886 bis 1892 haben sich binnen achtundvierzig Stunden bei der für sie zuständigen Rekrutierungsstelle zu melden. Wer dies unterlässt, wird die ganze Härte des Gesetzes zu spüren bekommen.«

Und *dam-dam-da-da-dam-dam* höhnte die Trommel.

Mein Vater war also doch noch einberufen worden, und wir dachten, etwas Schlimmeres als dies könnte uns niemals zustoßen.

Am nächsten Tag ging er zur Rekrutierungsstelle, und alle jungen Männer, die noch übrig waren in unserem Viertel, schienen mit ihm zu gehen. Als er zurückkam, lag ich bereits im Bett. Ich war noch wach, konnte aber nicht verstehen, worüber sich die Erwachsenen unterhielten. Es war ein grauer Tag, als mein Vater uns verließ, ein kalter, grauer Tag Anfang Dezember, und da so viele andere mit ihm fortgingen, würde die Musikkapelle sie alle gemeinsam hinausbegleiten, aus dem Leben, das sie bis dahin gekannt hatten, hinein in die Trostlosigkeit des Schlachtfeldes. Feride packte Kekse, Pasteten und andere Köstlichkeiten, die sie eigens für ihn zubereitet hatte, in den groben Leinensack. Mein Vater stand in der Mitte des Salons und sah sich, in Gedanken bereits von uns gegangen, noch ein letztes Mal darin um. Sein Gesicht war steinern und verschlossen, das fremde Gesicht eines Soldaten, der in diesem luxuriösen, behaglichen Raum nichts verloren hatte. Meine Mutter stand dicht bei ihm, und auch sie hatte diesen fremden, undurchdringlichen Blick.

Doch meine arme, in sich zusammengesunkene Großmutter, die sich nicht dort hinbegeben konnte, wo sich die beiden hinbegeben hatten, saß bei den Fenstern und lauschte den Trommeln, die ihr nun auch ihren jüngsten Sohn wegnehmen würden. İnci kam herein, um türkischen Kaffee zu servieren, und Feride folgte ihr mit dem gepackten Leinensack. Mehmet tollte hinter ihr her und zog an ihren Röcken – er verstand nicht, was all das Treiben zu bedeuten hatte oder dass sein Vater fortgehen würde. Ich trat zu meinem Vater und umarmte ihn, und er nahm mich auf den Arm.

»Du wirst von nun an der Herr im Haus sein«, sagte er, und als ich meinen Kopf an sein Gesicht drückte, spürte ich eine Träne auf meiner Wange. Von wem mochte diese Träne stammen? Von mir oder von ihm? Vielleicht stammte sie ja von uns beiden, denn wir kämpften beide mit den Tränen. Feride und İnci brachen in lautes Wehgeschrei aus, ihre weichen Herzen unsäglich berührt, während meine Mutter weiterhin ohne jede Träne stumm vor sich hin starrte. Ich vermute, dass sie all die Tränen, die sie zu vergießen hatte, bereits an einem intimeren Ort als diesem vergossen hatte. Und so konnte ihr gefrorenes Herz diese Abschiedsszene nun fast schon mit Gelassenheit nehmen.

Meine Großmutter betete ohne Unterlass, und dann begann sie, vor sich hin zu murmeln:

»Meinen ältesten Sohn und meinen jüngeren Sohn! Meinen ältesten Sohn und meinen jüngeren Sohn! Sie haben mir euch beide genommen!«

In der Ferne begannen die Trommeln zu schlagen. Mein Vater setzte mich wieder ab und kippte dann seinen Kaffee hinunter. Er sagte:

»Şevkiye, schau nicht so traurig drein. Lächle, für mich! Glaube mir, ich werde zurückkommen …«

Ihre starre Miene entspannte sich, sie schenkte ihm ihr altes, bezauberndes Lächeln, und mein Vater sagte zu ihr:

»Du würdest einen besseren Soldaten abgeben als ich.«

Meine Eltern standen da und lächelten sich strahlend an. Sie berührten sich nicht, verschmolzen aber dennoch unauflöslich miteinander. Die Musikkapelle kam näher, und wir konnten nun deutlich die Trommeln und die *zurna,* die Schalmei, hören sowie das Geschrei der Kinder, die den Musikern folgten.

Die Augen meiner Mutter lösten sich von denen meines Vaters, und damit war der wunderschöne Bann gebrochen. Sie hob den schweren Sack auf und reichte ihn meinem Vater. Sie küssten sich wie zwei Fremde, die beiden Eheleute, denen in diesem Moment nicht danach zumute war, sich zu küssen. Meine Großmutter hielt meinem Vater ihre Hand hin, für seine Geste der Sohnesliebe, und Feride und İnci traten zu ihm, um ihm ihre Hochachtung zu bezeigen. Die beiden weinten bitterlich, und er tätschelte ihnen die Köpfe, als wären sie wieder Kinder, wie Mehmet und ich. Er warf sich den Sack über die Schulter und ging zur Vordertür und zu der draußen wartenden Menschenmenge. Die Kapelle spielte leise eine traurige Weise, mein Vater küsste uns Kinder, und dann sagte er uns allen mit unbeweglichen und steifen Lippen Lebewohl.

Ein alter Mann trat zu ihm und überreichte ihm die türkische Flagge, die Leute schrien alle *»Padişahim çok yaşa!«,* und mein Vater nahm seinen Platz unter den anderen Rekruten ein. Das wilde Winken und das laute Jubelgeschrei gingen unvermindert weiter, doch es war nicht nötig, das Schluchzen aus unserem Haus zu übertönen, denn unsere Frauen schluchzten nicht. Sie standen da, sanft lächelnd, und die Kapelle spielte für meinen Vater:

»Ey gaziler yol göründü
Yine garib serime
Dağlar, taşlar dayanamaz
Benim ahu zarima …«

Dann bogen sie um die Ecke und waren aus unserem Blickfeld verschwunden, und wir hörten nur noch die verhallenden Klänge der Musikkapelle und den ebenfalls immer leiser werdenden Lärm der jubelnden und singenden Menge.

VII. Ein Wochenendurlaub und eine frischgebackene Braut

Wir wussten nicht, wo sie meinen Vater hinbrachten, und als wir Bekçi Baba danach fragten, konnte dieser uns lediglich sagen, dass wir in der Rekrutierungsstelle vielleicht Näheres erfahren könnten.

Am nächsten Tag wurde Feride losgeschickt, um sich dort zu erkundigen, und als sie zurückkam, wusste sie zu berichten, dass man die Männer der Altersgruppe meines Vaters zur Hasan-Paşa-Moschee gebracht hatte, wo sie auf ihren Marschbefehl warteten. Meine Mutter war ganz aufgeregt, und sie bat meine Großmutter, sich fertig zu machen und uns zur Moschee zu begleiten, wo wir vielleicht noch einen Blick auf meinen Vater erhaschen könnten, bevor er abkommandiert wurde. Wir zwängten uns durch die von Menschen wimmelnden Straßen, meine Mutter und meine Großmutter beide schwer verschleiert. Letztere beklagte sich lauthals darüber, dass sie zu Fuß gehen musste, und trauerte wortreich ihrem verschwundenen Murat und dem Phaeton nach.

Die Hasan-Paşa-Moschee lag in einem Garten, hoch über der Straße. Als wir dort ankamen, hatten sich vor der Moschee bereits viele andere Frauen und Kinder eingefunden, die ebenfalls gekommen waren, um ihre Männer oder Väter vielleicht noch ein letztes Mal sehen zu können, bevor diese İstanbul verließen. Oben drängten sich die Soldaten am Rand des Gartens und blickten auf uns herunter, um die Menge nach ihren Angehörigen abzusuchen. Einer der Soldaten schrie etwas zu uns herunter, rief meine Großmutter bei ihrem Namen und teilte uns mit, dass sich mein Vater irgendwo im Garten befinde. Wir sahen diesen Soldaten verwundert an, denn wir fragten uns, wer wohl dieser ungehobelte Kerl war, der sich erdreistete, meine Großmutter beim Namen zu rufen? Plötzlich erkannte meine Mutter den Mann, und sie sagte zu uns, es sei der Nachbar, der im Haus gegenüber wohne. Ich konnte es kaum glauben. Dieser Soldat in seiner tristen grauen Uniform und mit seinem fast kahl geschorenen Schädel – das sollte der elegante Herr von gegenüber sein, der seiner Frau immer so stolz den Arm gereicht hatte, wenn die beiden zu ihrem abendlichen Bummel aufgebrochen waren? Das war unmöglich: Wo war die Ähnlichkeit zwischen diesem Soldaten und dem mit Gehrock und Fez bekleideten Mann von der anderen Straßenseite?

Mein Herz schlug höher, als ich meinen Vater an den Rand des Gartens treten sah. Zwischen uns lagen etwa viereinhalb Meter, und der Garten lag so hoch, dass es unmöglich war, einander deutlich zu erkennen.

Meine Großmutter rief zu ihm hinauf und fragte, ob er irgendetwas brauche, doch er schüttelte den Kopf und sagte mit strenger Stimme:

»Bringt die Kinder nach Hause und kommt hier nie wieder her!«

So winkten wir ihm mit unseren Taschentüchern zu und verließen ihn. Es gab nichts, was wir sonst hätten tun können. Wir konnten dort nicht die ganze Nacht verweilen, und wir konnten meinen Vater auch nicht nach Hause zurückholen. Ein paar Tage später erfuhren wir, dass man ihn zur Ausbildung nach Selimiye gebracht hatte, einem Ort auf der anatolischen Seite, und eines Tages nahm meine Mutter mich dorthin mit, in der Hoffnung, meinen Vater dort sehen zu können. Das war jedoch nicht möglich, und völlig erschöpft kehrten wir nach Hause zurück. Als wir dort eintrafen, fanden wir Madame Müjğen mitsamt ihren Kindern bei meiner Großmutter vor, und meine Mutter bat sie, zum Abendessen zu bleiben, denn sie glaubte vermutlich, ihre Gegenwart könnte uns die Abwesenheit meines Vaters vergessen lassen. Es war seltsam, Gäste zu haben, ohne dass mein Vater dabei war, und meine Mutter an seinem angestammten Platz, am Kopfende des Tisches, sitzen zu sehen. Das Gespräch drehte sich natürlich um den Krieg und um ihre abwesenden Männer, wobei meine Großmutter eher dazu neigte, sich darüber zu echauffieren, wie sehr sich die Zeiten insgesamt geändert hätten. Sie zeigte sich schockiert von der Kriegslüsternheit und der Blutrünstigkeit der jungen Leute in unserem Viertel – die einzigen jungen Leute, die sie jemals sah, und dann auch nur von ihrem Fenster aus, denn sie ließ sich nicht dazu überreden, zu Fuß auszugehen. Und sie fragte mit frommer Entrüstung, wie der Sultan und seine Regierung so rücksichtslos sein konnten, dass sie den Frauen die Männer wegnahmen und sie dann schutzlos ihrem Schicksal überließen.

Wir anderen gewöhnten uns jedoch allmählich an den Gedanken des Krieges und sogar an die Abwesenheit meines Vaters. Ohne ihn schien meine Mutter ein anderer Mensch zu sein, tüchtiger, da sie sich nun nicht mehr an seine Schulter lehnen konnte, entschlossener, weniger dazu geneigt, hübsche, aber nutzlose Stickereien anzufertigen. Sie versuchte, mir etwas Wissen einzutrichtern, da es keine Schule gab, auf die man mich hätte schicken können, doch viel kam dabei nicht heraus. Ihr fehlte die Geduld, die ein Lehrer aufbringen muss, und ich hatte keine Lust, mich von ihr unterrichten zu lassen. Sie ging sehr liebevoll mit uns um, aber auf eine merkwürdig distanzierte Art, und kein Kind hätte sich vorstellen können, einfach so zu ihr hinzulaufen oder sich an ihrer Schulter auszuweinen. Wir Kinder schienen in ihrem Leben bloßes Beiwerk zu sein, während mein Vater für sie offenbar eine Art Gott war.

Eines Tages kam Tante Ayşe uns besuchen, in Begleitung einer großen, hageren Hausangestellten. Meine Tante sah sehr dünn aus, und sie litt darunter, ohne meinen Onkel reisen zu müssen, denn der Lärm und das Treiben auf den Straßen, so sagte sie, jagten ihr Angst ein. Sie fragte, ob es Neuigkeiten von meinem Vater gebe, und meine Mutter erzählte ihr, wo er sich befand. Meine Tante erwiderte darauf, dass Onkel Ahmet überhaupt nicht mehr in der Türkei sei, und dabei rang sie verzweifelt die Hände, so als sei dies eine wahre Hiobsbotschaft und als könne Onkel Ahmet nichts Schlimmeres zustoßen, als außer Landes zu sein. Beim Abendessen nahm sie kaum etwas zu sich, obwohl Feride sich die größte Mühe gegeben hatte, all ihre Lieblingsgerichte zuzubereiten. Sie trank etwas Rotwein und hustete in einem fort. Errötend entschuldigte sie sich dafür, und sie meinte, dass sie sich schon seit Monaten mit diesem Husten herumschlage, aber dass er einfach nicht weggehen wolle und dass sie auch nicht auf die diversen Kräuteraufgüsse angesprochen habe, die ihre Köchin ihr empfohlen hatte.

Während des Abendessens erschien Feride mit einem Brief für meine Mutter, den der Bursche eines Hauptmanns, den wir sehr gut kannten, vorbeigebracht hatte. Der Hauptmann schrieb, dass mein Vater wohlauf sei, selbst aber leider nicht schreiben könne, da er gerade eine sehr strenge Offiziersausbildung absolviere, was es ihm aus irgendeinem Grund nicht erlaube, persönlich mit meiner Mutter in Kontakt zu treten. Außerdem schrieb der Hauptmann, dass mein Vater nach Abschluss der ersten Ausbildungsphase, also wahrscheinlich am kommenden Wochenende, ein paar Tage Urlaub bekomme.

Feride stand bei uns am Tisch, als meine Mutter uns den Brief vorlas. Sie reagierte genauso aufgeregt wie alle Übrigen und begann auf der Stelle zu planen, welche Speisen sie für meinen Vater zubereiten würde. Meine Tante lächelte wehmütig. Doch meine Großmutter hielt triumphierend ihr Glas hoch, um sich Wein nachschenken zu lassen, und sagte:

»Na bitte! Sie machen ihn zum Offizier. Das hab ich doch schon immer gesagt!«

Und dann tranken wir alle stolz und glücklich auf das Wohl meines Vaters. İnci wurde losgeschickt, um Madame Müjğen von diesen guten Nachrichten in Kenntnis zu setzen und um sie zu fragen, ob sie nicht auf einen Kaffee zu uns herüberkommen wolle. Mehmet und ich wurden zu Bett gebracht, doch die Frauen saßen noch lange im Salon beisammen. Ihre fröhlichen Stimmen drangen die Treppe zu uns herauf, und hin und wieder war klar und deutlich das Lachen meiner Mutter zu vernehmen – so wie in den Tagen, als mein Vater noch bei uns gewesen war.

Tante Ayşe kehrte wieder nach Sarıyer zurück, und uns blieben noch zwei weitere Tage, um uns auf die Ankunft meines Vaters vorzubereiten. Damals fiel das muslimische Wochenende auf den Donnerstag und den Freitag, und an diesen Tagen durfte man eigentlich nicht putzen. Der Donnerstagmorgen dämmerte klar und kalt herauf, und İnci konnte keine Zeit für Mehmet und mich erübrigen. Sobald wir angekleidet waren, wurden wir strengstens ermahnt, uns nicht schmutzig zu machen, doch hinter der strengen Stimme verbarg sich ein Augenzwinkern, denn dies war ein Freudentag, der nicht durch Tränen getrübt werden sollte. An jenem Tag war unser Haus wie verzaubert. In den Haupträumen wurden frische Gardinen aufgehängt, und es kam zu einer regelrechten Putzorgie. Zu guter Letzt wurden überall Seiden- und Spitzentücher ausgelegt – so wie bei einem Bairam. Doch dies war besser als jeder Bairam, denn unser Vater kehrte nach Hause zurück.

Viele Nachbarn machten uns ihre Aufwartung, und meine Mutter trank unzählige Tassen türkischen Kaffee mit ihnen. Meine Großmutter hielt zwischen ihnen Hof, alle fünf Finger einer Hand mit erlesenen Ringen geschmückt und mit funkelnden Juwelen am Hals. Sie war wieder ganz die Alte, arrogant, selbstherrlich, und führte sich auf wie eine königliche Hoheit.

Feride und İnci schufteten wie die Kulis. Blumen mussten besorgt und arrangiert werden, Gläser mussten poliert werden, bis sie funkelten wie Diamanten, und das Tafelsilber hob sich am Ende herrlich von dem sanften Nussbaumholz der großen Anrichte ab. Der Vormittag wich dem Nachmittag, doch mein Vater ließ weiter auf sich warten. Mehmet und ich warteten stundenlang draußen vor der Tür, bis wir uns schließlich vor Kälte bibbernd ins Haus zurückziehen mussten. Drinnen herrschte überall eine erwartungsvolle Spannung. Die Diele erstrahlte im Glanz des frisch gebohnerten Fußbodens und in den Lichtreflexen der riesigen Silbertabletts auf der Patina des Tisches – ein englischer Tisch, den mein Urgroßvater von einer seiner Reisen mitgebracht hatte. Ein kupfernes *mangal* – eine Art Becken für glühende Kohlen – strahlte Wärme aus, um einen durchgefrorenen und erschöpften Reisenden aufzutauen, und die Chrysanthemen aus Sarıyer strahlten prachtvoll in einer Ecke. Das Haus erwartete seinen Herrn, und es gab nichts mehr zu tun. Doch der Nachmittag verstrich, und mit einem Mal war es Abend und Zeit für İnci, die sechs großen Lampen im Salon und die kleineren in der Diele anzuzünden.

Mehmet und ich waren untröstlich. Würde unser Vater am Ende überhaupt nicht kommen? Wir öffneten die Vordertür, um noch einen letzten Blick hinaus in die Abenddämmerung zu werfen, doch dabei schoss ein so heftiger Schwall eiskalter Luft herein, dass İnci uns in scharfem Tonfall befahl, die Tür auf der Stelle zu schließen. Ich hatte jedoch einen Soldaten um die Ecke kommen sehen, und ich dachte, es sei der Bursche des Hauptmanns, der eine weitere Botschaft vorbeibringen wollte; ich schrie, meine Mutter möge an die Tür kommen. Als der Soldat mich dann bei meinem Namen rief, wurde mir schlagartig klar, dass es gar nicht der Bursche des Hauptmanns war. Es war mein Vater! Ich lief zu ihm hin und warf mich mit aller Kraft in seine ausgebreiteten Arme, und Mehmet kam mir hinterhergeflogen. Wir gingen gemeinsam ins Haus, und dort stand meine Mutter in der Diele, bebend vor Glück und mit rosigen Wangen, in einem burgunderroten Samtkleid und mit Rubinen, die an ihrem Hals funkelten.

Welch Lachen und Weinen da mit einem Mal herrschte, welch aufgeregtes Fragen und Antworten, denn der Herr des Hauses war heimgekehrt, und das alte Haus knarrte in seinen Fugen und lehnte sich zufrieden zurück, weil es einen so strahlenden Glanz beherbergen durfte.

Man sah meinem Vater an, dass er sich in seiner Uniform unwohl fühlte, und er meinte, er benötige zuallererst ein Bad und frische, eigene Leibwäsche, da ihm das grobe Armee-Unterzeug die Haut wund scheuere.

Er war heiter und äußerst gesprächig, froh, wieder zu Hause zu sein, und er verbarg vor uns, wie unglücklich er sich beim Militär fühlte. Er sagte, seine Ausbildung werde noch etliche Monate dauern, und er fügte hinzu, ihm könne gar nichts Besseres passieren, denn dies bedeutete, dass er in Selimiye stationiert bliebe und uns hin und wieder besuchen dürfe. Er sprach von seinem Kommandeur, einem Mann, der ein enger Freund meines Großvaters gewesen war, doch er erwähnte ihn nur en passant und sagte, beim Militär dürfe man keine Vergünstigungen erwarten. Seiner Einheit waren auch deutsche Offiziere attachiert worden, preußische Lackaffen, wie mein Vater sie nannte, und er fügte hinzu, dass die türkischen Offiziere diese großspurig auftretenden Deutschen nicht riechen konnten.

Während der zwei Tage, die mein Vater bei uns weilte, strahlte meine Mutter still vor sich hin, doch am letzten Abend wurde ich im Salon zufällig Zeuge eines Gesprächs zwischen den beiden, das mich noch lange beschäftigen sollte.

»… ich will nicht den Teufel an die Wand malen«, sagte mein Vater mit ernster Stimme, »aber sollte ich nicht hier sein, wenn es so weit ist, möchte ich, dass das Kind den Namen

Muazzez bekommt – oder Arif, falls es wieder ein Junge werden sollte.«

Ich sah, dass İnci, die wie immer aufmerksam die Ohren spitzte, überrascht zu meinen Eltern hinüberschaute – sie schenkte gerade an einer Konsole Kaffee ein –, und ich wurde wahnsinnig neugierig und fragte mich, von welchem Kind sie wohl sprachen. Ich brachte nicht die Courage auf, meine Eltern danach zu fragen, und das Thema wurde ohnehin abrupt fallen gelassen, da mein Vater die Anwesenheit İncis und meine weit aufgerissenen Augen registrierte.

Als mein Vater uns verließ, um zu seiner Einheit zurückzukehren, waren wir alle bester Laune, denn diesmal wussten wir, dass er sich nur nach Selimiye begab und dass er uns wahrscheinlich schon bald wieder besuchen würde.

»Au revoir«, rief meine Mutter ihm fröhlich zu, als er sich umdrehte, um uns noch ein letztes Mal zuzuwinken, und Mehmet und ich warteten, bis er aus unserem Blickfeld verschwunden war.

Dann gingen wir hinein zu İnci, zu unserem gewohnten Tagesablauf, und niemand von uns wäre auf den Gedanken gekommen, dass dies gerade ein Abschied für immer gewesen war.

Ein paar Wochen später wurde meiner Mutter ein Brief meines Vaters zugestellt. Meine Mutter bewahrte diesen Brief ihr Leben lang auf, und heute befindet er sich in meinem Besitz – er ist fast das einzige Andenken an jene Zeit, das mir geblieben ist:

»… so werden wir Selimiye binnen kürzester Zeit verlassen. Unsere Ausbildung ist noch nicht abgeschlossen, und niemand weiß, was sie mit uns vorhaben, doch wir werden wohl bis auf Weiteres mit den anderen marschieren müssen. Wir werden per Bahn abtransportiert. Komm bitte morgen früh zu den Bahngleisen. Ich kann Dir keine Uhrzeit nennen, aber ich würde gern noch einen Blick auf Dich erhaschen, bevor ich fortmuss. Bring auch die Kinder mit. Es gibt momentan nichts, was ich Dir noch schreiben könnte, doch ich bete zu Gott, dass es euch gut ergehen möge. Ich gebe Dich und mein ungeborenes Kind in Gottes Hand, und ein Kuss von Deinen Augen …«

Meine Mutter brach in Tränen aus, als sie diesen Brief las, aber meine Großmutter war beleidigt, weil mein Vater sie darin mit keinem Wort erwähnte, und sie beklagte sich darüber, wie herzlos und undankbar alle Söhne doch seien, sobald sie sich ein Eheweib genommen hätten. Die Aussicht, zu den Bahngleisen zu spazieren, versetzte Mehmet und mich in helle Aufregung. Sie liefen am unteren Ende des großen Stücks Brachland hinter unserem Haus entlang, und obwohl wir sie vom Haus aus nicht sehen konnten, hörten wir häufig das Gepolter der unregelmäßig vorbeifahrenden Eisenbahnzüge. Es kam uns sehr romantisch vor, dass unser Vater in einem so Furcht einflößenden Ungeheuer wie einer Eisenbahn reisen durfte, und wir beneideten ihn zutiefst. An jenem Tag sagte İnci zu mir:

»Vielleicht wirst du ja schon bald ein Brüderchen oder ein Schwesterchen bekommen. Freust du dich darauf?«

»Nein!«, erwiderte ich voller Entsetzen angesichts der Vorstellung, erneut ein Kleinkind in unserem Haus zu haben – womöglich geisterte mir unbewusst noch eine Erinnerung an Mehmets Säuglingsalter durch den Kopf, eine Zeit, in der ich ständig zur Ruhe gemahnt worden war.

»Aber vielleicht wird es ja ein herzallerliebstes Schwesterchen sein«, ließ İnci nicht locker, bis sie schließlich meine Neugier geweckt hatte.

»Wer wird es denn vorbeibringen?«, wollte ich wissen.

»Eine der Tauben hier aus dem Garten, eine *deiner* Tauben wird es uns bringen, von deinem Vater.«

»Heute Vormittag?«, fragte ich. »Oder morgen früh, wenn wir zu den Bahngleisen gehen, um meinen Vater zu sehen?«

»Nein, du Dummerchen«, sagte İnci.

Ich verlor auf der Stelle das Interesse an einem Baby, dessen Ankunft noch dermaßen lange auf sich warten ließ.

»Haben meine Tauben dir das erzählt?«, fragte ich schließlich, noch nicht ganz in der Lage, das Thema endgültig abzuhaken, und İnci erwiderte, genau so sei es gewesen. Ich setzte mich hin, um mir ihre Worte durch den Kopf gehen zu lassen, und dann schleppte ich Mehmet hinaus in den Garten, um nach diesen allwissenden Tauben Ausschau zu halten. Sie stolzierten am hinteren Ende des Gartens herum und dachten wohl, wir wollten sie mit Brosamen füttern. Auf all meine Fragen antworteten sie mit ihren sanften, kehligen Stimmen immer nur »gurr-gurr«. Mehmet machte mich wütend, denn er stürmte mit wild wedelnden Armen auf die Tauben los, woraufhin diese es mit der Angst zu tun bekamen und auf irritierende Weise über meinem Kopf herumzufliegen begannen.

»Los, erzählt's mir!«, rief ich zu ihnen hinauf, und sie antworteten wieder »Gurr-gurr, gurr-gurr«, wobei sie über mir durch die Lüfte kurvten und im Sturzflug auf mich herabstießen und mich blitzschnell umkreisten, bis ich niedergeschlagen zu dem Ergebnis gelangte, dass İnci, was das Verständnis der Taubensprache betraf, mir einiges voraushaben musste.

Am nächsten Morgen wurden wir in schwere Mäntel und Schals gepackt und gingen gemeinsam mit meiner Mutter und meiner Großmutter zum anderen Ende des Brachlands, von wo aus wir einen guten Blick auf alle vorbeifahrenden Züge hatten. Es war bitterkalt, und an jenem Tag kamen viele Züge vorbei, alle zum Bersten voll mit Soldaten, die schrien und sangen und uns zuwinkten, doch mein Vater war nicht unter ihnen. Zugladung auf Zugladung passierte uns, doch er ließ weiterhin auf sich warten, und nach zwei Stunden weinten wir

Kinder fast vor Kälte und stampften mit den Füßen auf, um uns einigermaßen warm zu halten.

»Vielleicht haben wir ihn ja verpasst«, sagte meine Mutter mit verzweifelter Stimme. »Vielleicht haben wir ja noch geschlafen, als er hier vorbeigekommen ist.«

Und sie donnerten weiter an uns vorbei, die Züge auf ihrem Weg nach Edirne und Gott weiß welcher sich dahinter auftuenden Hölle. Auf dem Gegengleis sahen wir einen Zug mit dem Emblem des Roten Halbmonds herannahen, und ich spürte, wie meine Mutter an meiner Seite erzitterte, als sie zu meiner Großmutter sagte:

»Ein Lazarettzug, Mutter! Ob die Soldaten darin wohl krank oder verwundet sind?«

Und meine Großmutter erwiderte:

»Kind, hör auf, dich so zu quälen!«

Der Zug mit dem roten Halbmond und seine erschöpften Passagiere glitten an uns vorbei, und dann weckte ein anderer, aus der Gegenrichtung kommender Zug unser Interesse. So plötzlich, dass uns fast das Herz stehen geblieben wäre, entdeckten wir an einem der Fenster das Gesicht unseres Vaters und sein weißes Taschentuch, mit dem er winkte, um unsere allmählich nachlassende Aufmerksamkeit auf sich zu lenken.

»Schaut!«, schrie Mehmet. »Da ist Baba!«

Meine Mutter winkte zurück und warf meinem Vater unbekümmerte allerletzte Kusshände zu, wobei sie vor Aufregung halb lachte und halb weinte. Als der Zug an uns vorüberfuhr, lehnte sich mein Vater weit aus dem Fenster und schrie uns zu:

»Lebt wohl! Gott schütze euch alle!«

Und meine Mutter schrie zurück: »Nicht lebe wohl, Hüsnü! Auf Wiedersehen!«

Doch sein Waggon war schon so weit an uns vorbei, dass mein Vater ihre Worte womöglich nicht mehr gehört hat, jene letzten, eindringlichen Worte, von denen meine Mutter nicht wusste, dass es die letzten Worte waren, die sie jemals an ihren Mann richten sollte.

Für eine kurze Weile sahen wir noch seine aus dem Fenster gestreckte Hand und das winkende, winkende Taschentuch, doch dann war auch das verschwunden, er war verschwunden, und der kalte Morgen erschien uns plötzlich noch kälter. Wir kehrten nach Hause zurück, zu einem Feuer, das uns aufwärmte, doch der Frost, der sich tief in unserem Innern ausgebreitet hatte, brauchte eine lange, lange Zeit zum Auftauen.

Das Leben musste indes weitergehen, und die langsamen, quälenden Tage des Wartens auf Neuigkeiten mussten durchgestanden werden. Dann begannen andere Probleme aufzutauchen, Schwierigkeiten, die sich hinterrücks in unseren Alltag einschlichen und diesen gehörig durcheinanderbrachten. Als Erstes kam das Problem der Verpflegung auf. Feride hatte schon seit Wochen auf unsere Nahrungsvorräte zurückgegriffen, und meine Mutter zeigte sich beunruhigt angesichts der Geschwindigkeit, mit der diese Reserven dahinschmolzen. In unserem Haushalt mussten sechs Personen mehrmals täglich beköstigt werden, was beträchtliche Löcher in unsere Vorräte an Mehl, Zucker und Reis gerissen hatte. Feride verbrachte mehr Zeit mit der Suche nach geöffneten Läden als in der Küche. Unser Brotverbrauch wurde auf das Allernötigste reduziert. Desserts als fester Bestandteil des Mittagessens wurden zu etwas, an das man sich wehmütig erinnerte, und Frischmilch war knapp und teuer. Gab es welche zu kaufen, so musste sie mehrere Minuten lang abgekocht werden, ehe man sie unbesorgt trinken konnte, und sie bestand fast zur Hälfte aus Wasser. Unser »Mädchen für alles« wurde entlassen, denn der Mann hatte bei uns freie Kost gehabt; die Waschfrau behielten wir bis auf Weiteres, da sie nur einmal pro Woche kam und als unverzichtbar erachtet wurde.

Meine Großmutter wollte mit diesen häuslichen Problemen nicht behelligt werden, doch ich hörte oft, wie sie sich mit nörgelnder Stimme darüber beklagte, dass zu ihrer Zeit sechs Hausangestellte nötig gewesen seien, um ihren Haushalt zu führen, und dass meine Mutter nun erwartete, die gleichen Resultate mit nur zwei Bediensteten und einer Waschfrau zu erzielen. Meine Mutter ignorierte sie jedoch. Sie hatte ihr müßiges Leben aufgegeben und war nun häufig in der Küche anzutreffen, während Feride sich auf ihren Einkaufsexpeditionen befand. Die Teuerung war exorbitant, und wenn es Lebensmittel zu kaufen gab, so wurde dafür das Dreifache des normalen Preises verlangt. Doch in jenen Tagen war Geld nicht unser Problem. Nach dem Verkauf seines Geschäftes hatte mein Vater den Erlös nach Hause gebracht, in Banknoten und Goldmünzen, und er hatte beschlossen, diesen großen Betrag zu Hause aufzubewahren, da er meinte, die Gepflogenheiten des Bankwesens seien für meine Mutter viel zu kompliziert. So lag dieses Geld ungeschützt bei uns im Haus herum, viele Tausende von Lira, die, allen erdenklichen Gefahren ausgesetzt, in einer flachen Holzschachtel im Schlafzimmer meiner Mutter ruhten. Und niemand erkannte, wie riskant dieses Arrangement war.

Meine Großmutter hatte kein eigenes Geld. Dem alten türkischen Brauch entsprechend, hatte mein Großvater alles meinem Vater vermacht und sich lediglich ausbedungen, dass meine Großmutter bis an ihr Lebensende von ihm versorgt werde. Da dies die allgemein übliche Regelung beim Vererben von Besitztümern oder Eigentum war, empfand meine Großmutter keinerlei Groll. Sie besaß jede Menge wertvollen Schmuck, und der Mangel an Bargeld war für sie kein Nachteil. Ihr war nie erlaubt worden, mit Geld umzugehen; sie ging selten aus und sie wusste nicht, welchen Wert die Dinge hatten. Sie reagierte ungehalten, wenn meine Mutter ihr vorrechnete, wie teuer alles geworden sei, und man konnte ihr nicht verständlich machen, warum beim Mittagessen neuerdings kein Nachtisch mehr serviert wurde. Sie hatte einen wahren Heißhunger auf die schweren, zuckersüßen türkischen Desserts, die mit Butter und Eiern zubereitet wurden, und sie warf meiner Mutter vor, sie wolle sie verhungern lassen, wo keine Männer mehr im Haus waren, die sie beschützen konnten. Sie verlangte gebieterisch nach Obst oder Bonbons, und wenn man ihr sagte, dies sei nicht möglich, schmollte sie. Sie beklagte sich auch darüber, dass ihr türkischer Kaffee nicht süß genug sei, und sie gewöhnte es sich an, kleine Päckchen mit Zucker beiseitezuschaffen und sich verstohlen etwas davon in den Kaffee zu schütten, wenn meine Mutter nicht hinschaute.

Als der Winter strenger wurde, gebärdete sie sich immer giftiger und saß, in mehrere Schals gewickelt, in sich zusammengesunken an der Feuerstelle im Salon. Mürrisch und gereizt hatte sie an allem und jedem etwas auszusetzen, und ihr Appetit war unersättlich. Eines Morgens versetzte sie uns in helle Aufregung, als sie beim Frühstück ankündigte, sie werde sich nach Sarıyer begeben, denn dort, so behauptete sie, würde sie mehr zu essen bekommen als bei uns. Sie verlangte, dass Feride sie begleiten und ihr während ihres Aufenthalts bei Tante Ayşe Gesellschaft leisten solle. Meine Mutter wies dieses Ansinnen empört zurück und meinte, sie wisse nicht, wie sie ohne ihre über alles geschätzte Feride zurechtkommen solle. Meine Großmutter brummte und brachte dadurch stillschweigend zum Ausdruck, dass sie das nicht kümmerte. Sie wollte Feride mitnehmen und damit basta! Am Ende wurde die Sache jedoch zu jedermanns Zufriedenheit geregelt. Feride würde meine Großmutter nach Sarıyer begleiten, aber noch am selben Abend zu uns zurückkehren. Wir schlangen unser kärgliches Frühstück hinunter, und Feride zerriss sich förmlich, da sie zu viele Dinge auf einmal erledigen wollte. Doch schließlich machten sich die beiden auf den Weg, und meine Großmutter murrte noch ein letztes Mal herum, weil sie mit einer Mietdroschke zur Galatabrücke fahren musste.

Mehmet und ich folgten meiner Mutter in die Küche, wo sie an jenem Tag Ferides Platz einnehmen würde. Sie trug eine Schürze über ihrem hübschen Kleid, und mein Bruder und ich sollten ihr zur Hand gehen. Ich musste Kartoffeln schälen, eine Arbeit, die ich fast genauso wenig mochte wie den Geschmack von Kartoffeln. Mehmet wurde mit den einfachsten Aufgaben betraut; froh und glücklich umherstolpernd, brachte er das abgetrocknete Tischbesteck in den Besteckkasten im Esszimmer und hängte Porzellantassen in den Geschirrschrank, wobei er es schaffte, einige davon zu zerbrechen.

»Die Zeiten ändern sich«, sagte meine Mutter beiläufig zu mir, während sie die frisch gewaschenen Küchenhandtücher kräftig ausschüttelte. »Möglicherweise wird es eine Menge Dinge geben, die ihr beide lernen müsst, bis dieser Krieg vorüber ist. Wenn euer Vater zurückkommt, wird alles wieder so sein wie früher, aber bis es so weit ist, müssen wir alle lernen, für uns selbst zu sorgen. Eure Großmutter ist alt, und sie versteht vieles nicht. Deshalb müssen wir Geduld mit ihr haben.«

Sie klang bitter und ein wenig ungeduldig, und ich fragte mich, warum sie so über meine Großmutter sprach. Sie bemerkte, dass ich sie beobachtete, und sagte:

»Sie ist eine sehr gute Frau, doch sie will einfach nicht begreifen, dass man viele Dinge heute nicht mehr bekommen kann. Der ganze Luxus, mit dem euer Großvater sie überschüttet hat …«

Sie brach mitten im Satz ab und dachte offenbar über die Zeiten nach, die sich änderten. Ihre Hände sahen rot und hässlich aus, und ich erschrak darüber, wie sehr sie denen von Feride oder İnci glichen. Die sanfte, kühle Blässe schien völlig aus ihnen gewichen zu sein. Als sie meinen Blick bemerkte, lächelte sie mich an, und dann schaute sie wieder auf ihre rauen Hände hinab – sie schien stolz darauf zu sein. Ich fand, sie war sehr tapfer. Sie war damals erst zweiundzwanzig, von vornehmer Herkunft und an das behütete Leben gewöhnt, das in der alten Türkei nur Frauen von vornehmer Herkunft wirklich kannten. Trotzdem hatte sie die Verantwortung für uns Kinder und für meine Großmutter auf sich genommen, und das Wohl ihrer Bediensteten lag ihr so sehr am Herzen, dass sie sich bereitwillig an deren Arbeit beteiligte. Sie konnte nicht untätig herumsitzen, während zwei Hausangestellte die Arbeit von vieren verrichten mussten, und obgleich sie damals eine erbärmliche Köchin abgab, war sie immer dazu bereit, in der Küche zu helfen und sich demütig von der erfahrenen Feride dies und das beibringen zu lassen.

Während meine Großmutter sich in Sarıyer aufhielt, erreichte uns ein Brief meines Vaters. Er war irgendwo in der Nähe von Edirne und wohlauf, aber beunruhigt, weil er keine Post von uns oder von Onkel Ahmet bekam, dem er wiederholt geschrieben hatte. Er schrieb von seiner Sehnsucht, bei uns zu sein, und von den entsetzlichen Strapazen, die der türkische Soldat zu erdulden hatte. Es war sein erstes Lebenszeichen seit Wochen, und auf meine Mutter wirkte es wie ein Stimulans – im Haus war plötzlich wieder ihr beschwingter Gesang zu hören.

Meine Großmutter brachte aus Sarıyer ebenfalls Neuigkeiten mit: Onkel Ahmet befand sich in Şam, in Syrien, und um die Gesundheit meiner Tante war es noch schlechter bestellt, als wir befürchtet hatten. Sarıyer, so sagte sie, sei in einem erschreckenden Zustand; sämtliche jungen Männer seien eingezogen worden, und es seien nur noch Alte da, die sich mehr schlecht als recht um das Anwesen kümmerten, da es niemanden gebe, der sie beaufsichtige. Sie brachte Eier, Hühnerfleisch und frische Butter mit, und sie sagte, sie könne es kaum erwarten, dass Feride uns ein paar schöne, schwere, klebrig-süße Näschereien zubereitete. Meine Mutter legte gegen dieses Ansinnen sogleich ein energisches Veto ein, doch die alte Dame muss daraufhin so jämmerlich dreingeschaut haben, dass sie es sich plötzlich anders überlegte und meiner Großmutter ihren Willen ließ. Der Aufenthalt in Sarıyer war meiner Großmutter sehr gut bekommen. Ich glaube, die dortigen Zustände hatten sie so unsäglich deprimiert, dass sie fortan kleinere Arbeiten im Haushalt übernahm und zu jammern aufhörte – sie schien wirklich froh darüber zu sein, dass sie wieder in der normalen, gesunden Atmosphäre unseres Hauses weilte.

Eines Tages stattete uns die Frau des Imams unseres Viertels einen Überraschungsbesuch ab. Sie war das groteske Zerrbild einer Frau, feist, mit einem Dreifachkinn und einem Busen, der waagerecht aus ihrem Körper hervorstand wie ein Brett. Sie saß stocksteif in unserem Salon, und es war ihr anzumerken, dass ihr Mehmets und meine Anwesenheit ein Dorn im Auge war. Meine Mutter entschuldigte sich für uns und erklärte, İnci habe so viel um die Ohren, dass sie sich nicht ausschließlich um uns beide kümmern könne. Die Frau des Imams nickte ernst und sagte, das verstehe sie, doch ihr strenger Blick wanderte mit unverkennbarem Missfallen über uns Kinder, und ich war mir ziemlich sicher, dass sie es mitnichten verstand. Sie machte es sich nahe meiner Großmutter bequem und begann in einem durchdringenden, zischenden Flüsterton auf diese einzureden. Sie erzählte ihr, ein gewisser Herr von tadellosem Ruf, den wir flüchtig kennen würden, ein wohlhabender, exzentrischer alter Ehrenmann, sei auf der Suche nach einem Eheweib! Und dem letzten Wort verlieh sie einen bedeutungsschweren Beiklang.

»Warum?«, fragte meine Großmutter verdutzt, ja, mit einer solchen Verständnislosigkeit in ihrer Stimme, dass die Frau des Imams eingeschnappt die Nase hochzog und sagte, das wisse sie nicht, aber es sei doch wohl völlig normal, dass ein Herr ein

Eheweib suche. Meine Großmutter erwiderte mit Nachdruck, bei dem fraglichen Herrn finde sie das eher unnormal. Die Frau des Imams kommentierte diese Bemerkung nicht, und als meine Mutter dann mit dem Kaffee hereinkam, wandten sich die Damen anderen Gesprächsthemen zu. Doch wie von einem Magneten angezogen, kam unsere Besucherin schon bald wieder auf ihr ursprüngliches Thema zurück. Diesmal fackelte sie nicht lange und unterbreitete den unglaublichen Vorschlag, meine Großmutter solle den besagten Herrn heiraten. Uns blieb allen die Spucke weg. Da sie unser erstauntes Schweigen offenbar als Zustimmung auslegte, fuhr sie fort, der alte Mann habe selbst eine ausgeprägte Vorliebe für meine Großmutter bekundet! Er warte nur darauf, dass sie ihm ihre Entscheidung mitteile, bevor er offiziell um ihre Hand anhalte, um dann, wie wir folgerten, ungeduldig wie ein junger Mann in die Arena zu springen und meine Großmutter über seine Schwelle zu tragen.

Als die Frau des Imams ausgeredet hatte, herrschte im Salon ein verblüfftes, ungläubiges Schweigen. Ich saß auf dem Fußboden und guckte dumm aus der Wäsche, bis meine Mutter – in einem entnervten, aufgebrachten Tonfall – zu mir sagte, ich solle auf der Stelle das Zimmer verlassen und Mehmet mitnehmen. Ich stürmte los, um İnci zu suchen, denn ich musste ihr unbedingt erzählen, was ich da gerade aufgeschnappt hatte. Ihre Reaktion enttäuschte mich, denn sie nickte wissend mit ihrem Krauskopf und meinte, sie sei darüber längst im Bilde. Ich wollte ihr nicht glauben, doch sie versicherte mir, alle Hausangestellten unseres Viertels wüssten davon, denn die Köchin des alten Herrn, eine gewitzte Person, deren Ohren kaum etwas entging, habe sie schon vor Wochen davon in Kenntnis gesetzt.

Ich konnte mir nicht vorstellen, dass jemand meine Großmutter heiraten wollte, denn sie schien mir unglaublich alt, zu alt, um bei jemandem romantische Anwandlungen wecken zu können, auch wenn İnci mich darauf hinwies, dass sie erst Mitte vierzig und in unserem Viertel eine allseits geschätzte Gastgeberin sei. Ich wusste nicht, was diese Dinge mit ihrer Heiratsfähigkeit zu tun hatten, doch İnci versicherte mir, dass beides ungemein wichtig sei.

Ich hörte mehrere Tage lang nichts mehr von dieser Angelegenheit, denn meine Mutter wollte ein dermaßen heikles Thema nicht in unserer Gegenwart ansprechen. Nachbarn machten uns nun häufiger ihre Aufwartung, sehr zum Verdruss meiner für gewöhnlich gastfreundlichen Mutter, denn sie musste den Leuten Kaffee servieren, und Zucker war knapp. Madame Müjğen tauchte atemlos bei uns auf, um Ratschläge zu erteilen. Sie wies darauf hin, was für eine exzellente Verbindung dies wäre, denn der alte Mann sei steinreich, er besitze jede Menge Kohlelagerhäuser und Verladekais und weiß der Himmel was sonst noch alles. Und – was ihrer Ansicht nach das Beste sei – der alte Mann habe keine lästigen Verwandten, die sich querstellen könnten, einmal abgesehen von einem Neffen, der jedoch, da sei sie sich sicher, keine Sperenzien machen werde. Meine Großmutter ließ sich davon sichtlich erweichen, während sich die Miene meiner Mutter zunehmend verfinsterte, denn sie betrachtete die ganze Angelegenheit als eine Farce.

»Bist du noch ganz bei Trost?«, platzte es eines Tages aus ihr heraus. »Was glaubst du wohl, was Ahmet und Hüsnü zu dieser Heirat sagen werden?«

Meine Großmutter erwiderte, dass Ahmet und Hüsnü ihre Familien um sich hätten, aber dass sie niemanden habe, der sich um sie kümmern könne, und dass sie nicht alt und einsam und zu einer Belastung für alle im Haus werden wolle.

Meine Mutter ließ sich jedoch auf keine Diskussion ein, und fortan herrschte zwischen den beiden eine frostige Stimmung. Mehmet und ich platzten fast vor Neugier, denn wir hätten zu gern gewusst, wie dieses sonderbare, ungewöhnliche Liebeswerben wohl ausgehen würde, aber niemand machte Anstalten, uns Kinder darüber aufzuklären. Eines Tages verkündete meine Großmutter dann trotzig, dass sie eine Entscheidung getroffen habe und dass sie den reichen alten Mann heiraten werde. Mehmet und ich zappelten vor Aufregung hin und her, doch meine Mutter reagierte auf diese Neuigkeit eher reserviert und sagte lediglich, sie werde sich unverzüglich daranmachen, eine Liste der Möbel und Habseligkeiten meiner Großmutter zu erstellen, denn sie gehe davon aus, dass sie diese Dinge in ihr neues Domizil mitnehmen wolle. Noch nie war eine Heirat mit so wenig Wärme arrangiert worden, so formell. Jeder von uns wurde zu diesem Anlass neu eingekleidet, und Feride brach notgedrungen unsere wertvollen Nahrungsvorräte an, denn in unserem Haus musste ein Empfang gegeben werden.

Am Morgen der Hochzeit versammelten sich Madame Müjğen, der Imam – der die Trauung vollziehen sollte –, sein unförmiges Weib und eine Reihe von Nachbarn in unserem Salon, um dort auf das Eintreffen des Bräutigams zu warten.

Meine blass und beherrscht aussehende Großmutter bot einen imposanten Anblick in ihrem Kleid aus moirierter grauer Seide, einem Stoff, der in İstanbul damals gerade der letzte Schrei war. Der alte Mann fuhr in seiner Equipage vor, und sein Neffe half ihm ins Haus, denn die Gicht machte ihm schwer zu schaffen. Der Imam las aus dem Koran, und ein paar Minuten später wurde meine Großmutter zum zweiten Mal in ihrem Leben zur Braut. Es wurden Glückwünsche dargebracht, allesamt so falsch und unecht wie eine Wintersonne, und bevor zur Tafel gebeten wurde und es Essen gab, wurden Likör und Bonbons gereicht. Meine Mutter trank auf das Wohl des frischgebackenen Brautpaars, doch ihr war anzusehen, wie sehr sie diese Heirat missbilligte, und sie begegnete meiner Großmutter mit nicht mehr als einer förmlichen Höflichkeit.

Später am Tag wurden die Brautleute zu ihrer eleganten Kutsche geleitet, und meine Großmutter, die mit einem Mal einsam und verloren wirkte, fuhr fort in ihr neues Zuhause.

Am Abend kamen drei Träger aus dem Haus des alten Mannes zu uns, um das Mobiliar meiner Großmutter abzuholen. Während der nächsten ein oder zwei Stunden waren die Männer damit beschäftigt, die Möbel hinauszutransportieren. Der Salon und das Esszimmer wurden zunehmend leerer, sodass ich befürchtete, am Ende würden für uns keine Möbel mehr übrig bleiben.

Als Letztes räumten sie das Zimmer meiner Großmutter aus, und erst da war sie für mich wirklich verschwunden, denn als das Zimmer leer war, lugte ich hinein und sah, dass sich darin nichts mehr von ihr befand. Die gemusterten Gardinen flatterten im Luftzug, der durch die geöffnete Tür hervorgerufen wurde, und meine Großmutter hatte in diesem Haus so wenige Spuren hinterlassen, dass es mir so vorkam, als hätte sie nie dort gelebt. Als ich laut »Großmutter« sagte, vernahm ich in dem leeren Zimmer ein leises Echo – ich erzitterte und stürmte davon, um İnci zu suchen, die immer in Reichweite war, wenn ein kleiner Junge des Trostes bedurfte.

VIII. Muazzez gibt ihr Debüt

Nach der Heirat meiner Großmutter wirkte unser Haus größer und, zugegebenermaßen, auch friedlicher. Die uns noch verbliebenen Möbel wurden umgestellt, und ich zog in das frei gewordene Zimmer.

Hin und wieder schaute meine Großmutter nachmittags bei uns vorbei, denn sie wohnte weiterhin in der Nähe von Beyazit, doch sie erwähnte niemals ihren Gatten, und meine Mutter erkundigte sich auch nicht nach ihm. Zwischen ihnen bestand das stillschweigende Einvernehmen, dass sein Name tabu war. Später im Jahr, bei schönem Frühlingswetter, erhielten Mehmet und ich die Erlaubnis, sie zu besuchen, doch wir taten dies nur ungern. Wir zogen es vor, sie bei uns zu Hause zu treffen, denn ihr Mann hatte für kleine Jungen nichts übrig, und dies galt ganz besonders für Mehmet und mich. Einmal nahm meine Mutter uns beide dorthin mit, zu einem Nachmittagsbesuch, doch der alte Mann blieb während der Zeit in seinem kleinen privaten Wohnzimmer – ein Wink mit dem Zaunpfahl, der uns zu verstehen geben sollte, wie wenig willkommen wir ihm waren. Meine Mutter beschloss, fortan nie wieder einen Fuß über die Schwelle seines Hauses zu setzen. Auch uns wurde untersagt, dort Besuche zu machen, aber wir hielten uns nicht daran, und wenn das Wetter schön war und man uns wohlbehütet im Garten beim Spielen wähnte, schafften wir es manchmal, uns klammheimlich davonzustehlen.

Das neue Domizil meiner Großmutter war wunderschön, mit herrlichen alten Gobelins und chinesischen Vasen, die, wie man uns bedeutete, äußerst wertvoll waren. Der alte Mann war, auf seine Weise, ein regelrechter Connaisseur und liebte das Schöne. Die Gartenanlagen waren weitläufig und gut gepflegt, doch meine Großmutter wirkte in jenem Haus wie ein Gast, wie jemand, der sich dort nur eine Zeit lang ausruhte. Die Bediensteten waren allesamt alte Hasen, die dort schon seit Jahren beschäftigt waren und ihre Arbeit so gut beherrschten, dass meine Großmutter keinen plausiblen Grund gehabt hätte, sich in deren Domäne einzumischen. Diese Einschränkung, diese Unmöglichkeit, in ihrer Küche frei schalten und walten zu können, erfüllte sie mit Sehnsucht nach Feride und İnci und all den anderen ehemaligen Hausangestellten, die sie von Kindesbeinen an ausgebildet hatte. Wie ich bereits gesagt habe, hegte der alte Mann eine tiefe Abneigung gegen Mehmet und mich. Er war sehr eifersüchtig, wenn meine Großmutter Zeit mit uns verbrachte. Er hasste uns auf eine abstruse, unerklärliche Weise und lag ihr ständig damit in den Ohren, dass ihre Besuche bei uns ein Ende haben müssten. Er sagte zu ihr, dass unsere Familie für sie gestorben sei, dass sie *ihn* geheiratet habe und dass er eine gewisse Aufmerksamkeit von ihr erwarten dürfe. All dies erfuhr ich erst viele Jahre später, doch als Kind sah ich in ihm immer nur einen grantigen, bösen alten Mann – das genaue Gegenbild zu meinem innig geliebten Großvater. Später erfuhr ich noch etwas anderes. Er hatte von dieser Ehe erwartet, dass meine Großmutter das Bett mit ihm teilte, und als sie ihm dies erstaunt und mit allem Nachdruck verweigerte, hatte er sie davon in Kenntnis gesetzt, dass er, wenn er wollte, auf seinen ehelichen Rechten bestehen könne. Sie hatte ihn offenbar scharfzüngig und von oben herab daran erinnert, dass er bereits weit über achtzig sei und dass er sich lieber auf den Tod gefasst machen solle, statt sich als ein *amoureux* aufzuspielen. Diese unverblümten Worte hatten ihn zutiefst gekränkt, und verärgert hatte er sie gewarnt, dass sie von ihm keine Gefälligkeiten erwarten dürfe, falls sie ihre Einstellung nicht ändere.

Da meine Großmutter sich von ihm tatsächlich jede Menge Gefälligkeiten erhoffte, hielt sie ihre Zunge fortan lieber im Zaum, wenngleich sie sich nach wie vor standhaft weigerte, zu ihm ins Bett zu steigen. Später gab es zwischen den beiden eine heftige Auseinandersetzung, und er verbot ihr, uns zu besuchen. Und in jenen Tagen war der Wille eines Ehemanns etwas, das man besser nicht auf die leichte Schulter nahm.

Meine Mutter wusste nichts von diesem Ehestreit, und Mehmet und ich wurden ausgeschickt, um herauszufinden, was los war. Wir begegneten dem alten Mann auf der Straße, sozusagen fast vor seiner Haustür. Er hatte einen großen Stock dabei, und er fragte mich, wo ich hinwolle. Zitternd erwiderte ich, dass ich meine Großmutter besuchen wolle, und er hob seinen schweren Stock, um ihn auf unsere Schultern herabsausen zu lassen. Ich duckte mich schnell vor ihm weg, wobei ich den verdutzten Mehmet mit mir fortzog, und der Stock glitt ihm aus der Hand und fiel laut klappernd auf das Trottoir. Behände schnappte ich ihn mir und rannte damit weg, zu uns nach Hause, wo ich meiner Mutter völlig außer Atem von diesem Vorfall berichtete. Ihr Gesicht wurde aschfahl, als sie hörte, was sich zugetragen hatte. Sie verbannte den widerwärtigen Stock in die Küche, und später erschien bei uns ein Dienstbote des alten Mannes, um ihn abzuholen und um uns die unverschämte Botschaft zu überbringen, dass wir uns zukünftig von seinem Herrn fernzuhalten hätten. Nie habe ich meine Mutter so wütend erlebt. Sie legte ihren Schleier an, bat Feride, sie zu begleiten; nachdem sie uns İncis Obhut anvertraut hatte, machte sie sich auf zum Haus meiner Großmutter.

Wie sie mir Jahre später erzählt hat – wobei sie herzhaft über diese so weit zurückliegende Episode lachen musste –, scheint sie mutig in das Zimmer des alten Mannes marschiert zu sein, ohne auf die erschrockenen Gesichter meiner Großmutter und der Bediensteten zu achten. Sie stieß die Tür zu seinem privaten Wohnzimmer auf und ließ die verängstigte Feride draußen im Flur zurück. Und dann erzählte sie dem alten Mann, was sie von ihm hielt – und, wie ich annehme, noch einiges mehr. Er war genauso verblüfft wie der Rest seines aufgescheuchten Haushalts und hörte sich widerwillig an, was sie zu sagen hatte, bis er sich schließlich so weit erholt hatte, dass er sie seines Hauses verweisen konnte.

Natürlich trug dieser Disput nicht dazu bei, die Wogen zwischen den beiden Familien zu glätten – er ließ sie eher noch höher schlagen. Einmal schaffte es meine Großmutter, uns heimlich zu besuchen, doch sie hatte dabei so große Angst, der alte Mann könne ihr auf die Schliche kommen, dass meine Mutter ihr nahelegte, uns in Zukunft lieber nicht mehr zu besuchen.

Ich fand, sie benahm sich gegenüber meiner Großmutter sehr herzlos. Sie wollte sich ihre Klagen nicht anhören, sie spendete ihr kein Wort des Trostes, und ich war den Tränen nahe, als ich meine Großmutter verstohlen aus unserem Haus huschen sah – sie schien eine kleine, einsame alte Frau zu sein, für die niemand auf der Welt ein tröstendes Wort erübrigen konnte.

Früher, in den alten Zeiten, gab es in der Türkei einen Monat namens *Aşure Ayı*.

Aşure ist eine Süßspeise aus Weizen, Sultaninen, Feigen, Datteln, getrockneten Bohnen und allem, was sonst noch parat sein mag. Das Ganze wird mehrere Stunden gekocht, bis es ein wenig wie Aspikgelee aussieht. Der Legende nach wurde diese Speise erfunden, als auf Noahs Arche die Vorräte zur Neige gingen und er daraufhin befahl, alle noch vorhandenen Nahrungsmittel zusammenzurühren, um daraus eine letzte gigantische Mahlzeit zu kochen. Und das Ergebnis war Aşure – das jedenfalls erzählte man uns. Zu Zeiten des Osmanischen Reichs war jedes Jahr ein Monat dazu bestimmt, dass in den

Häusern der Reichen Aşure zubereitet und dann an die Armen verteilt wurde. Zu Lebzeiten meines Großvaters war auch in unserem Haus Aşure gekocht worden – die dicke Hacer war darin eine Expertin gewesen. Später hatte meine Mutter diese Tradition jedoch nicht mehr fortgesetzt, denn Feride war sich nicht ganz sicher, was das Rezept betraf, und meine Mutter achtete seit Kriegsbeginn darauf, dass von unseren wertvollen Vorräten so wenig wie möglich verschwendet wurde. Im neuen Haus meiner Großmutter wurde jedoch noch Aşure zubereitet, und sie schickte uns davon einen riesigen Silbertopf voll. Feride wurde unverzüglich angewiesen, es an die Armen zu verteilen, aber meine Mutter ließ meiner Großmutter die Botschaft zukommen, uns nie wieder etwas zu schicken. Wäre es nach meiner Mutter gegangen, so hätten die beiden das Kriegsbeil niemals begraben.

Danach erinnere ich mich noch an den Ramasan. Niemand von uns befolgte das Fastengebot, doch zu Lebzeiten meines Großvaters hatte der gesamte Haushalt während des Ramasan gefastet und, wie vorgeschrieben, fünfmal am Tag gebetet. Zum Abschluss des Ramasan gab es den *Şeker Bayramı,* das Zuckerfest, bei dem alle erdenklichen Süßigkeiten verteilt wurden, vor allem an die Kinder. Dieser spezielle Bairam war für uns Kinder jedoch unerträglich traurig, und womöglich erinnere ich mich deshalb so gut an ihn. Mein Vater war nicht mehr bei uns, meine Großmutter hatte wieder geheiratet, und meine Mutter erwartete ihr drittes Kind, wenngleich ich das damals nicht wusste. Und sie war allein in diesem großen, leeren Haus, mit zwei kleinen Kindern und niemandem außer ihren getreuen Gehilfinnen Feride und İnci. Am Morgen jenes Bairam steckte İnci uns in neue Anziehsachen, denn neue Kleidung gehörte ebenso sehr zum Zuckerfest wie die Süßigkeiten und das ausgelassene Feiern. Wir wurden gemessenen Schritts nach unten in den Salon geführt, wo meine Mutter ganz allein saß, in einem hübschen Seidenkleid und mit all ihren Ringen, die an ihren geröteten Fingern prangten. Ein paar Nachbarn schauten vorbei, um uns anlässlich des Bairam alles Gute zu wünschen, und als sie wieder gegangen waren, bemerkte ich, wie meine Mutter still vor sich hin schluchzte.

Welch denkwürdiger Bairam dies war, so emotionsgeladen und so trostlos, wo doch nur Freude und eitel Sonnenschein hätten herrschen sollen.

Noch in derselben Woche wurden Mehmet und ich in das Haus von Madame Müjğen gebracht, wo wir ein paar Tage verbringen sollten, weil sich unsere Mutter, wie man uns sagte, nicht ganz wohl fühlte. Wir wollten gerade in Tränen ausbrechen, doch ich erinnere mich daran, wie İnci uns zuflüsterte, dass das neue Baby ja vielleicht schon da sei, wenn wir wieder nach Hause zurückkehrten. Daraufhin ging es uns sofort besser, und wir prahlten damit vor Yasemin und Nuri, die wahnsinnig eifersüchtig wurden, weil sie kein neues Baby hatten, mit dem sie angeben konnten.

Am letzten Abend, den wir im Haus unserer Nachbarin verbrachten, begann Mehmet zu quengeln und schrie lauthals nach İnci, doch am Ende ließ er sich dazu überreden, bei Madame Müjğens Zimmermädchen zu schlafen.

Ich lag in meinem kleinen, engen Bett und lauschte den Straßengeräuschen, die durch das Fenster hereingeweht kamen. Ich hörte Bekçi Baba, wie er irgendwo ein Feuer ausrief, und schläfrig erinnerte ich mich an die Nacht, in der ich ihn zum ersten Mal gesehen hatte. Ich erinnerte mich an die furchterregenden, düsteren Trommelschläge an dem Tag, als sie kamen, um meinen Vater abzuholen, und mit einem Mal fühlte ich mich sehr allein, wie ich da in diesem fremden Zimmer lag. Ich fragte mich, ob die Tauben das neue Baby wohl schon gebracht hatten, und schließlich schlief ich ein, den Klang von Bekçi Babas Stimme im Ohr. Er rief noch immer ein Feuer aus, das irgendwo in der Stadt wütete, doch ein Feuer war für mich nichts Aufregendes, denn ich hatte noch nie eines gesehen, und ich wusste nicht, dass die aus Holz gebauten Häuser und Konake İstanbuls für Spione des Feindes ein gefundenes Fressen waren. Ich wusste nicht, dass ich eines Tages sehen würde, wie mein geliebtes İstanbul in Flammen aufging, Flammen, die in den leeren Himmel emporloderten.

Am nächsten Morgen kam İnci, um uns nach Hause zu holen. Auf dem Weg durch den Garten sagte sie zu mir:

»Deine Tauben haben dir ein wunderschönes Schwesterchen gebracht. Freust du dich nicht darüber?«

Ich wollte abwarten, bis ich das wunderbare Baby mit eigenen Augen gesehen hatte, und mich erst dann dazu äußern, aber İnci dachte, ich schmollte, und sie lachte mich aus.

Oben im Zimmer meiner Mutter war alles wie für eine Hochzeit geschmückt. Klöppelkissen stützten den dunklen Kopf meiner Mutter, und eine seidene Steppdecke reichte fast bis auf den Teppich hinab. Mehmet und ich standen verlegen in der Türöffnung, unsicher, ob wir einen Fuß in eine solche Pracht setzen durften oder nicht, doch meine Mutter lächelte und bedeutete uns, dass wir zu ihr kommen sollten. Aufgeregt rannten wir zu ihr hin, um uns von ihr einen Kuss geben zu lassen, und meine Großmutter warnte uns hektisch davor, ins Bett zu springen.

»Wo ist das Baby?«, wollten wir wissen, meine Mutter schlug ein Spitzenlaken zurück, und wir erblickten einen kleinen dunklen Kopf und ein Gesichtchen, das an ein rotes, schrumpliges Rosenblatt erinnerte.

Mehmet fragte:

»Warum macht das Baby die Augen nicht auf?«

Meine Mutter lachte und erwiderte, dass es schlafe. Sie griff nach dem Kleidchen des Babys und zog darunter eine längliche weiße Schachtel hervor.

»Seht, was euch euer Schwesterchen von eurem Vater mitgebracht hat«, sagte sie. Begeistert nahmen wir die Schachtel entgegen, und wir entdeckten, dass sie Schokoladenbonbons enthielt, damals ein Luxus par excellence. Wir freuten uns, dass das Baby nicht mit leeren Händen gekommen war, und wir beschlossen, es fortan mit gnädigeren Augen zu betrachten.

Die Tage verstrichen, jene sonnigen Tage des Mai 1915, und es dauerte nicht lange, bis meine Mutter wieder unten bei uns war und wir uns an den Anblick des Babys gewöhnten, wie es in seiner weißen Wiege draußen auf der Terrasse schlief. Mehmet und ich beäugten es neugierig, gespannt darauf, dass es die Augen aufschlug und uns anlächelte. Es lag so ruhig da, dieses bemerkenswert artige Baby, dass wir es immer mehr ins Herz schlossen, denn egal, wie viel Lärm wir veranstalteten, es schlief unbeirrt weiter. Wir wurden seinetwillen nie zur Ruhe gemahnt, und ich glaube, dass unsere Liebe für Muazzez aus jener Zeit herrührt.

Etwa zur gleichen Zeit begann meine Großmutter ihrem Ehemann den Gehorsam zu verweigern, und sie besuchte uns nun, wann immer es ihr gefiel. Eines Tages half sie meiner Mutter, einen Brief an meinen Vater zu schreiben, in dem sie ihm die Geburt seiner Tochter mitteilte, doch wir haben nie erfahren, ob dieser Brief ihn auch erreichte. Die Nachbarn versetzten meine Mutter allmählich in Angst, indem sie ihr indirekt zu verstehen gaben, dass sein langes Schweigen womöglich bedeutete, dass er gefallen sei, und sie empfahlen ihr, sich im Kriegsministerium nach dem Verbleib ihres Mannes zu erkundigen. Doch dies tat sie nicht, vielleicht aus Angst vor dem, was man ihr dort sagen würde.

Tante Ayşe stattete uns einen Besuch aus Sarıyer ab, denn sie war neugierig auf Muazzez und wollte sie unbedingt sehen. Meine Tante hatte sich so sehr verändert, dass ich sie kaum wiedererkannte – sie war ausgezehrt und bleich, und ihre Wangen waren tief eingesunken. Sie begann zu weinen, als sie Muazzez sah, und ich erinnere mich daran, dass ich sie wie gebannt beobachtete. Die Tränen flossen ihr das Gesicht hinunter, und Mehmet zupfte ihr unsicher am Ärmel, beklommen angesichts eines so tiefen Kummers, und sein kleines braunes Gesicht blickte unglücklich zu Tante Ayşe hinauf. Als ihre Tränen versiegt waren, begann sie fürchterlich zu husten, und meine Großmutter, die draußen mit uns auf der Terrasse saß, wirkte verärgert und klopfte ungeduldig mit dem Fuß auf, als missbilligte sie eine solche Zurschaustellung von Gefühlen auf das Schärfste.

Ich stand da und zerbrach mir den Kopf über dieses ständige Geweine. Alle schienen in letzter Zeit zu weinen, und soweit ich es beurteilen konnte, ohne jeglichen Grund. Aufsässig wünschte ich mir, mein Vater wäre wieder bei uns. Ich hatte seit Wochen, vielleicht schon seit Monaten nicht mehr an ihn gedacht, doch nun hatte ich sein Bild plötzlich wieder vor mir, und ich sehnte mich von ganzem Herzen danach, ihn zu sehen, wie er auf die Terrasse geschlendert kam, ihn zu hören, wie er uns beim Namen rief, auf die gewohnte Weise. Und ich spürte einen dicken Kloß im Hals – ich wusste nicht, dass Weinen ansteckend war. Später hörte ich, wie meine Tante sagte, dass Onkel Ahmet irgendwo in der Wüste das Augenlicht verloren habe und dass sie nicht verstehen könne, warum die Behörden ihn nicht zu ihr nach Hause schickten. Ihre Niedergeschlagenheit war herzzerreißend, und selbst der phlegmatische Mehmet spürte dies und versuchte, auf ihren Schoß zu klettern, um sie zu trösten. Meine Mutter erzählte ihr, dass wir alle später im Sommer nach Sarıyer kommen würden, wenn Muazzez ein bisschen älter sei und die Strapazen einer Reise besser verkraften könne. Und meine Tante seufzte auf und fragte, ob wir uns noch an die Zeit erinnerten, die wir dort letztes Jahr verbracht hatten.

Ich lauschte ihrer sanften, auf- und absteigenden Stimme, doch vor meinem inneren Auge tauchte ein Bild von Sarıyer auf. Ich sah das alte Haus mit den Bäumen im Hintergrund, und ich hörte das fröhliche Lachen meines Onkels. Ich fuhr mit ihm zum Angeln auf den Bosporus hinaus, und ich schlief wieder in dem kleinen, nach Rosen duftenden Zimmer über dem Dickicht des alten Gartens. Ich hörte die Sirenen der Schiffe, die in der Nacht vorüberfuhren – auch wenn ich die Terrasse dabei nie verließ. Die Erinnerungen waren jedoch so deutlich und dermaßen tief in mein Gedächtnis eingebrannt, dass ich für den Bruchteil einer Sekunde wieder in Sarıyer war.

Als meine Tante abreiste, tat es mir leid, dass sie gehen musste. Sie sah so klein und verloren aus, dass ich sie vor der Welt beschützen wollte, einer Welt, die sie nun, wo mein Onkel nicht mehr an ihrer Seite war, als so grausam empfand.

Sie küsste uns nicht, wie ich mich erinnere, aber sie streichelte uns die Köpfe, denn sie wäre gern noch länger geblieben, brannte aber gleichzeitig darauf, nach Sarıyer zurückzukehren, wo sie vielleicht Neuigkeiten von Onkel Ahmet erwarteten.

»Wir kommen im Juni«, sagte meine Mutter zuversichtlich, als könnte nichts passieren, was dieses Vorhaben vereiteln würde.

Tante Ayşe verließ uns, und ich sollte sie nie wiedersehen. Auch Sarıyer sah ich nie wieder, denn als ich es viele Jahre später besuchte, war davon nichts mehr übrig außer einem baufälligen Haus und einem von Unkraut überwucherten Garten. Das Sarıyer, das ich gekannt und geliebt hatte, gab es nicht mehr – es war verschwunden wie seine schon lange verstorbenen Besitzer. Doch jenes Sarıyer leuchtet heute noch immer klar und deutlich vor mir auf, genauso wie Tante Ayşes Gesicht aus den Nebeln der Zeit auftaucht und ebenfalls leuchtet. Es gibt Dinge im Herzen, die sterben nie, und die Lieben der frühen Kindheit sind die stärksten Lieben überhaupt.

IX. Ein langer Abschied

Muazzez muss auch weiterhin ein ruhiges Baby gewesen sein, denn ich habe aus jener Zeit so gut wie keine Erinnerungen an sie. Schaue ich heute zurück, so fällt es mir wesentlich leichter, mich an all die seltsamen, beunruhigenden Dinge zu erinnern, die sich damals ereigneten. Ich nehme an, alle Erinnerungen benötigen nur einen klitzekleinen Anstoß, um Orte und Ereignisse und Menschen wieder vor uns auferstehen zu lassen. Sicher war es für mich nicht besonders schwierig, in die Vergangenheit einzutauchen: Briefe und Fotografien und spätere Gespräche haben mir all diese längst vergangenen Tage wieder vergegenwärtigt, in manchen Fällen mit erstaunlicher Klarheit. So erinnere ich mich noch heute an den Tag, als meine Großmutter kam, um uns Feride wegzunehmen.

Es war Hochsommer, und Mehmet und ich spielten im Garten, beaufsichtigt von meiner Mutter, denn İnci hatte im Haus zu tun. Meine Mutter nähte irgendwelche Anziehsachen für Muazzez, die neben ihr auf einer Wolldecke herumkrabbelte. Aus der Küche drang Ferides unbeschwerter Gesang, und ringsum herrschte eine durch und durch friedliche Atmosphäre. Es war ein wolkenloser, strahlend blauer Tag, und mich überkam ein großes Glücksgefühl, einfach so, ohne jeden Grund. Nie hatte unser Haus schöner ausgesehen, wie es da so gedrungen und kompakt auf seinem grünen Rasen stand, die Blumenbeete eine einzige Farbenpracht, das Haus blendend weiß, wo es von den langen Fingern der Sonne berührt wurde, und mit grauen, spitzenartigen Mustern besprenkelt, wo ihm das Laub der Weinreben und der Feigenbaum Schatten spendeten. Erinnere ich mich an jene Szene zurück, so frage ich mich, ob über uns nicht bereits ein zerbrechlicher Friede spürbar war, der diese idyllische Ruhe heute noch stärker hervortreten lässt im Kontrast zu all dem, was sich wenig später ereignen sollte. Jener Morgen hat sich tief in mein Gedächtnis eingebrannt – er gehört zu einer Reihe von Bildern, die ich mein Lebtag nicht vergessen werde.

Meine Großmutter erschien gegen Mittag und schritt über den Rasen auf uns zu, wobei sie in ihrem hochgeschlossenen Kleid sehr streng aussah.

İnci folgte ihr auf dem Fuße mit einem Tablett voll erfrischender Sorbette, eisgekühlter, moussierender Getränke, die nach Rosen schmeckten.

Meine Großmutter setzte sich auf die Chaiselongue, die meine Mutter ihr hingeschoben hatte, entschleierte ihr erhitztes Gesicht und hielt uns Kindern ihre Hand zum Kuss hin. Sie gab sich huldvoll, lobte in den höchsten Tönen, wie sich das Baby entwickele, erteilte meiner Mutter ungefragt Ratschläge zu ihrer Näharbeit und war alles in allem dermaßen charmant, dass ich spürte, sie wollte etwas: Meine Großmutter war nicht dafür bekannt, dass sie ihren Charme an uns verschwendete.

Sie lehnte sich in ihrem Sessel zurück, trieb angeregt Konversation und wedelte sich mit einem kleinen elfenbeinernen Fächer, den sie stets bei sich trug, Luft zu. Meine Mutter nähte ruhig vor sich hin und beantwortete die schnell aufeinanderfolgenden Fragen meiner Großmutter mit ihrer leisen, tiefen Stimme, welche so gut zu der traumhaften Stimmung zu passen schien, die an jenem magischen Tag bei uns zu Hause herrschte. Als meine Großmutter ihr Sorbett ausgetrunken hatte, kam sie auf den eigentlichen Anlass ihres Besuchs zu sprechen. Ihr Gatte, so sagte sie, gebe am Abend eine große Tischgesellschaft für ein paar Geschäftsfreunde, und sie wisse nicht, wie sie diese Herausforderung bewältigen solle, da ihre Köchin krank im

Bett liege und die anderen Hausangestellten keine Ahnung hätten, wie man die komplizierten Gerichte zubereitete, die sie ihren Gästen zu servieren gedenke. An dieser Stelle hielt sie inne und beäugte verstohlen meine Mutter, um deren Reaktion zu prüfen, doch die zuckte nicht mit der Wimper. Sie nähte in aller Seelenruhe weiter, und Mehmet, zutiefst gelangweilt von diesem Tratsch, begann Grashalme zu pflücken und deren Saft auszulutschen. Ich hampelte unsicher neben der Decke meiner Schwester herum, und meine Großmutter offenbarte die ersten feinen Anzeichen von Verärgerung.

»Also, Şevkiye!«, hob sie an mit ihrer üblichen Kommandostimme – es war genug Süßholz geraspelt worden. »Hast du mir zugehört, oder hast du die ganze Zeit bloß vor dich hin geträumt?«

»Selbstverständlich habe ich dir zugehört«, erwiderte meine Mutter, wobei sie ihr direkt in die Augen schaute, »aber ich kann dir keinen Rat geben. Vielleicht ist deine Köchin ja inzwischen wieder so weit auf dem Damm, dass sie aufstehen und alles zubereiten kann, und hinterher legt sie sich dann wieder ins Bett.«

»Sei nicht albern!«, sagte meine Großmutter giftig, und allmählich verlor sie die Kontrolle über ihre Gesichtszüge. »Also, ich muss das irgendwie hinbekommen. Auf Feride wirst du wohl nicht verzichten wollen, oder?«

»Nein«, sagte meine Mutter freundlich, und ich staunte über ein solches Ausmaß von Selbstbeherrschung und Disziplin.

Meine Großmutter zog ein schiefes Gesicht.

»Nur für diesen einen Abend«, bettelte sie. »Ich werde sie gleich morgen früh zu dir zurückschicken.«

Meine Mutter schwieg, und meine Großmutter redete ohne Unterlass weiter auf sie ein, wobei sie alle erdenklichen Gründe anführte, aus denen Feride mit ihr kommen müsse.

Von diesem unaufhörlichen Redeschwall, dieser Hartnäckigkeit entnervt, gab meine Mutter am Ende nach, aber nur unter der Bedingung, dass Feride noch am selben Abend zu uns nach Hause zurückgeschickt würde.

Schmollend erklärte sich meine Großmutter einverstanden, doch sie konnte es sich nicht leisten, zu sehr zu schmollen, denn es war durchaus möglich, dass meine Mutter es sich wieder anders überlegte. Ich glaube jedoch, dass meine Großmutter insgeheim gehofft hatte, Feride behalten zu können, bis ihre eigene Köchin wieder wohlauf war. Es kümmerte sie nicht, dass İnci und meine Mutter die gesamte Hausarbeit unter sich hätten aufteilen müssen – bat man jedoch meine Großmutter, irgendetwas im Haushalt zu erledigen, so wies sie dieses Ansinnen voller Empörung zurück und sagte, sie sei doch kein Dienstbote.

Sobald meine Großmutter ihren Willen durchgesetzt hatte, eilte sie davon. Die Einladung, noch zum Mittagessen zu bleiben, schlug sie aus, aber sie schaute noch kurz in der Küche vorbei, um Feride mitzuteilen, was für den Nachmittag arrangiert worden war.

Als sie verschwunden war, gab meine Mutter einen Stoßseufzer von sich, und das war das Einzige, was wir von ihr zu diesem Vorfall zu hören bekamen.

Nachdem sie selbst ins Haus gegangen war, spielten Mehmet und ich weiter im Garten, matt und träge, denn die Sonne war so heiß, dass ich mir beinahe die Hände am Gras verbrannte. Doch die Tauben gurrten schläfrig vor sich hin, und die ganze romantische kleine Szene war dermaßen friedlich, dass sie ein Stück aus einem Traum hätte sein können. Ich glaube, dass ich an jenem Tag auch in der Stimmung zum Träumen war – oder lasteten Vorahnungen auf mir? Ich sagte zu Mehmet, so jedenfalls hat mir meine Mutter Jahre später versichert, dass es sehr bedauerlich wäre, sollte diesem friedlichen Leben ein Ende bereitet werden. Vermutlich hat Mehmet mich daraufhin verschlafen angestarrt, in seinen schwarzen Augen das blanke Unverständnis, und vermutlich hat er mich auch gefragt, was ich ihm denn damit sagen wolle. Und sollte dies tatsächlich geschehen sein, so hätte ich es ihm nicht erklären können. Mein Wortschatz enthielt noch nicht die Begriffe, derer es bedurft hätte, um meine vagen, nur halb ausgeformten Gedanken auszudrücken. Das weiße Haus, der grüne Rasen, die leuchtenden Blumen, all dies schien mir von Vernichtung bedroht – doch wo waren die Wörter, um diesen Eindruck beschreiben zu können? Der düstere Blitz, der einen Moment lang in meiner Fantasie aufgeflammt war, wäre als ein albernes, kindisches Hirngespinst abgetan worden. Und als ich in Mehmets schlaftrunkene Augen blickte, vergaß ich vermutlich die Bedrohung, die in der klaren Luft gelegen hatte, die dunkle Hand, die über mir geschwebt hatte.

In meiner Erinnerung stechen aus jenem Tag Kleinigkeiten heraus, Dinge, die damals allesamt unwichtig waren, aber in späteren Jahren ihren eigenen melancholischen Wert bekamen. Das Mittagessen wurde in aller Eile eingenommen, denn Feride sollte schnellstmöglich bei meiner Großmutter erscheinen, und İnci wurde losgeschickt, um Brot aufzutreiben, denn mit ihrem kleinen, geschmeidigen Körper konnte sie sich leichter durch die Menschenmassen hindurchzwängen als die kräftigere Feride. Madame Müjğen kam am späten Nachmittag durch ihren Garten zu uns herüber, mit Yasemin und Nuri im Schlepptau. Meine Mutter und sie saßen müßig da und hielten ein Schwätzchen, bis der strahlende Himmel der Abenddämmerung zu weichen begann und Madame Müjğen eingeladen wurde, mit uns zu Abend zu essen. Meine Mutter speiste in jenen Tagen nur ungern allein, und die kleine Abwechslung, die ihre Nachbarin ihr bescherte, war ihr mehr als willkommen.

Madame Müjğen redete über den Krieg und über ihren

Mann, doch ich hatte den Eindruck, dass meiner Mutter dieses Thema missfiel und dass sie das Gespräch lieber in eine andere Richtung gelenkt hätte. Selbst gegenüber Mehmet und mir erwähnte sie meinen Vater kaum; sie sprach so selten von ihm, dass es nicht lange dauerte, bis sein Gesicht vor uns auftauchte wie das eines Fremden oder wie das eines Menschen, den man vor langer Zeit einmal geliebt hat, aber das man nun nur noch verschwommen vor sich sieht oder kaum wiederzuerkennen vermag. Für längere Zeiträume vergaßen wir meinen Vater völlig und konnten uns nicht vorstellen, dass er jemals nach Hause zurückkäme. Das gedrungene weiße Haus, das er für seine Familie gekauft hatte, schien nun ein reines Frauenhaus zu sein, und es bedurfte einer älteren Vorstellungskraft als der meinen, um ihm meines Vaters müßige Gestalt oder Onkel Ahmets Lachen zurückzugeben. Mein Großvater war in weite Ferne gerückt. Es gab nichts in diesem Haus, das an ihn erinnert hätte; er hatte nie etwas von der Existenz dieses Hauses gewusst. Die männlichen Gestalten waren inzwischen blass, und mit jedem Tag verblassten sie ein bisschen mehr, wenn sie einem mit ihren geisterhaften Händen zum Abschied zuwinkten.

Der Tag ihrer Rückkehr würde zweifellos kommen – woran İnci uns regelmäßig erinnerte, wenn wir ungehorsam waren –, doch in der Zwischenzeit hatten sie ihren Einfluss über uns verloren.

Die Sonne sank nun zusehends tiefer, und eine schwache Brise strich durch das hohe Gras. Die Damen legten sich kleine Kaschmirschals um die Schultern, und İnci kam, um Muazzez zu Bett zu bringen. Mehmet und ich packten unsere Spielsachen zusammen, und dann nahmen wir unsere Gäste, Yasemin und Nuri, mit ins Haus, um uns dort vor dem Abendessen zu waschen. Yasemin benetzte ihr Gesicht mit kaltem Wasser, und ihr Spiegelbild schimmerte fahl im diffusen Licht des Badezimmers. Als sie sich selbst erblickte, sagte sie: »Wie seltsam ich aussehe!« Und in ihrer gedämpften Stimme lag ein zweifelnder Unterton, so als erkenne sie sich nicht wieder.

Das Esszimmer war von einem mild strahlenden, grünen Licht erfüllt, und alle Fenster standen offen und gewährten einen Blick auf den leeren Garten. Der schneeweiße, mit Damast, Kristallglas und Tafelsilber sowie kalten Platten gedeckte Tisch wirkte kalt und entrückt, wobei eine in der Mitte platzierte Schale mit schwarzen und weißen Weintrauben einen düsteren Akzent setzte, wie ein Bluterguss in einem blassen Gesicht – wie noch kurz zuvor Yasemins Gesicht im Spiegel, mit ihren Augen wie zwei blaue Flecken auf dem bleichen Elfenbein von Wange, Nase und Stirn. In einem Kühler stand eine Karaffe mit Wein, und uns Kindern wurde ausnahmsweise gestattet, am Tisch der Erwachsenen Platz zu nehmen.

İnci kam aus dem oberen Stockwerk herunter; ihr Tag mit Muazzez war nun beendet. Meine Mutter sagte zu ihr, sie brauche uns nicht zu bedienen, sondern solle rasch ihr Abendessen einnehmen und dann Feride abholen. Meine Mutter war so sehr darauf erpicht, die abwesende Feride wieder unter ihrem Dach zu wissen, dass sie İnci erklärte, der Tisch könne auch am nächsten Morgen abgeräumt werden – ich traute meinen Ohren nicht, denn normalerweise legte meine Mutter allergrößten Wert darauf, dass das Haus picobello aufgeräumt war, bevor sie sich schlafen legte. Als İnci gegangen war, waren wir mit unseren Gästen allein im Haus, und eine große, abwartende Stille schien über uns zu kommen, obgleich der Wein in den Gläsern schwappte und das Lachen der Damen silberhell tönte.

Nach dem Abendessen begaben wir uns in den Salon und ließen das benutzte Geschirr auf dem Tisch zurück, der nun, wie alle Tische nach Abschluss einer Mahlzeit, irgendwie abstoßend wirkte. Meine Mutter kochte auf ihrem kleinen silbernen Spirituskocher Kaffee, und wir saßen da in der zunehmenden Abenddämmerung, die den Salon immer mehr verdunkelte, und waren alle ein bisschen müde, nun, da sich der Tag dem Ende zuneigte. Bald würden wir gähnend zu Bett gehen, und das kompakte weiße Haus, das uns beherbergte, würde knarren und ächzen und grummeln, bevor es unter einem nächtlichen Sommerhimmel in den Schlummer sank. Yasemin und Nuri wurden vor lauter Müdigkeit bockig, und Mehmet war bereits in einem großen Sessel eingenickt. Es war neun Uhr abends, schon weit über unsere übliche Schlafenszeit hinaus. Madame Müjğen schnappte sich ihre Kinder, und wir rafften uns auf, um sie durch den Garten bis zu der kleinen Pforte zwischen unseren Grundstücken zu begleiten. Wir sagten ihnen gute Nacht und gingen wieder auf dem weißen, in der Dämmerung schimmernden Weg zu unserem Haus zurück, und am klaren Firmament begann ein schmaler, sichelförmiger Mond aufzusteigen. Meine Mutter wartete an der Terrassentür des Esszimmers auf uns. Sie sah unwirklich und geisterhaft aus, wie sie dort stand, wie eine Figur aus einem Theaterstück, so bleich in ihrer hellen Kleidung. Das Haus sah bei Nacht in sich gekehrt und geheimnisvoll aus, ein wenig beängstigend mit dem großen Schleier aus Bäumen, der es umgab. Wir gingen zu meiner Mutter hinein, die die Terrassentür fest verschloss, und der von schmutzigem Geschirr und Essensresten übersäte Tisch sah aus wie ein Tisch in einem ausgestorbenen Haus. Ich half, alle Türen und Fenster zu schließen, und dann begaben wir uns im Schein einer großen, goldenen Kerze gemeinsam nach oben, um zu Bett zu gehen. Ohne İnci und Feride wirkte das Haus unglaublich still.

»Wie werden sie reinkommen?«, fragte ich.

»Wer?«, fragte meine Mutter verdutzt.

»İnci und Feride«, erwiderte ich, und sie lachte über mein besorgtes Gesicht und erzählte mir, die beiden hätten einen Schlüssel für die Vordertür, und dann sagte Mehmet plötzlich, er vermisse İnci, und er begann zu weinen. Meine Mutter legte ihren Arm um ihn, und er sagte schluchzend, er habe Angst.

»Aber es gibt nichts, wovor du Angst haben müsstest«, sagte meine Mutter amüsiert.

Das Bild von Mehmets Angst hatte sich jedoch in die Dunkelheit eingeprägt, und auch ich begann mich irgendwie unsicher zu fühlen. Als meine Mutter uns einen Gutenachtkuss gab, bat ich sie, nicht nur unsere, sondern auch ihre Tür einen Spalt offen zu lassen. Es schien ihr dermaßen zu widerstreben, unserer Angst nachzugeben, dass Mehmet erneut zu weinen anfing, und auch ihr Gesicht begann diese Furcht widerzuspiegeln. Ich weiß nicht, warum wir in jener Nacht so unerklärlich ängstlich waren. Vielleicht drang ein wenig von der Zukunft in unser Bewusstsein ein. Oder vielleicht … Ach, ich weiß es nicht. Ich weiß nur, dass Mehmet und ich, obgleich ich bis dahin jahrelang anstandslos im Dunkeln geschlafen hatte, die Kerze nur ungern aus unserem Zimmer und über den Treppenabsatz im Zimmer meiner Mutter verschwinden sehen wollten. Bevor sie uns verließ, stand sie noch ein oder zwei Augenblicke am Fenster, und man konnte das *Tack-tack* von Bekçi Babas Stock hören, wie es allmählich näher kam. Meine Mutter seufzte leise.

»Bekçi Baba ist ein großer Trost«, sagte sie, und sie fügte hinzu: »Ich wünschte, er könnte die ganze Nacht vor unserem Haus Wache stehen.«

Dann fasste sie sich wieder. Sie lehnte das Fenster an und ging in ihr eigenes Zimmer hinüber, wo Muazzez friedlich vor sich hin schlummerte. Nachdem sie gegangen war, lag ich noch geraume Zeit wach in meinem Bett. Straßengeräusche kamen hereingeweht, zwei Katzen, die sich im Rinnstein einen Kampf lieferten, schrill miauend und einander anfauchend voll kalter, raubtierhafter Tücke. Das Haus war sehr still, die Schlafzimmertür eine dunkle Höhle, und als die Straßengeräusche nach und nach verhallten, überkam mich ein seltsames Gefühl des Wartens. Ich wartete, und das Haus wartete, und der leere, starrende Himmel wartete ebenfalls, doch ich wusste nicht, worauf wir alle warteten. Schließlich wurde ich jedoch müde und schlief ein, und wilde Träume schossen mir durch das Hirn. Ich weiß nicht, wie lange ich geschlafen habe, doch ich erinnere mich daran, dass mich ein schrecklicher Schrei meiner Mutter weckte – oder gehörte dieser Schrei noch zu meinen Träumen? Jemand schüttelte mich an der Schulter und schrie, ich solle sofort aufstehen und losrennen – *rennen!*

Mein benebelter Geist, der noch immer in heftigen Träumen verfangen war, konnte nur das Wort »rennen« aufnehmen. Mehmet winselte wie ein kleines Tier, und ich packte ihn bei der Hand, als er blind an mir vorbeilief. Ich schwang mich aus dem Bett, benommen, verwirrt, und fragte mich, ob dieser Schrecken womöglich noch Teil eines Albtraums sei. Meine Mutter schrie, ohne jegliche Kontrolle über ihre Stimme, doch was genau sie schrie, vermag ich bis heute nicht zu sagen – ich könnte es allenfalls erraten, vielleicht –, und dieser unerträgliche Albtraum ging weiter. Durch die dunkle Türöffnung drangen Schwaden eines dichten, beißenden Nebels, der in den Augen brannte und mir die Luft abzuschnüren drohte, doch meine Mutter, mit der heulenden Muazzez in den Armen, stieß Mehmet und mich unerbittlich vor sich her – die dunkle Treppe hinunter, wobei uns der heiße, dichte Nebel in den Kehlen brannte. Blind stolperten wir voran, starr vor Schreck und noch immer ein wenig schlaftrunken. Eine große, dunkelrote Flamme loderte uns von unten entgegen.

»Nein, nein!«, schrie Mehmet. Er hielt inne und zog an meiner Hand, um unseren Schritt zu bremsen.

»Feuer!«, schrie ich, mit einem Mal hellwach und mir unserer Lage voll bewusst, doch meine Mutter schubste mich weiter voran, und ich zerrte Mehmet hinter mir her, dessen Füße widerstrebend die Treppe hinabstolperten.

»Los, rennt!«, befahl uns meine Mutter mit einer schrecklichen Stimme, mit einer Stimme, die einem das Blut in den Adern gefrieren ließ, und sie zwang mich mit aller Gewalt voran, mit so viel Kraft, dass Mehmet hinfiel und meine Hand losließ. Sie beugte sich schnell zu ihm hinunter, zerrte wie von Sinnen an seiner Schulter und schrie mir zu, ich solle mich an ihren Röcken festhalten, und dann rannte sie mit uns in Windeseile den schmalen, mitten durch die Flammen führenden Pfad hinunter. Meine Mutter rüttelte an der glühend heißen Vordertür, und nach einem Moment, der mir wie eine Ewigkeit vorkam, sprang diese auf, und wir stürzten hinaus auf die taghell erleuchtete Straße. Oh, sich an jene Nacht zu erinnern, als feindliche Spione die Holzhäuser von İstanbul in Brand steckten, als diese Häuser brannten wie Zunder! Die Straße war in ein gleißend helles Licht getaucht, denn die Häuser auf beiden Seiten standen in einem grellen, düsterrot lodernden Flammenmeer.

»Die Gartentür«, sagte meine Mutter mit verzagter Stimme, doch es war uns nicht möglich gewesen, zur Gartentür zu gelangen, da die Flammen im hinteren Teil unseres Hauses schlimmer gewütet hatten als vorne. Standen wir einen versteinerten Moment lang töricht auf der von Flammen erfüllten Straße herum? Wer weiß? Hier lässt mich mein Gedächtnis im Stich – ich erinnere mich nur noch daran, dass wir die Straße hinunterliefen und uns an meiner Mutter festklammerten, während diese nach einer Möglichkeit suchte, wo wir abbiegen konnten, um zu dem Stück Brachland zu gelangen, das hinter unserem Haus lag, am Fuße unseres Gartens. Auf der Straße wimmelte es von Menschen, die vorübergehend den Verstand verloren hatten: Dienstmädchen, alte Männer in ihren Schlafanzügen, laut schreiend, vor Schreck gelähmte Kinder. Große brennende Holzbalken aus den verlassenen, dem Untergang geweihten Häusern stürzten rings um uns herab. Einer davon krachte meiner Mutter direkt vor die Füße, und ich hörte, wie sie einen Laut des Entsetzens von sich gab, einen tiefen Stoßseufzer, ein nicht mehr menschlich zu nennendes Aufstöhnen. *Pitschpatsch, pitschpatsch* machten unsere nackten Füße auf dem harten Kopfsteinpflaster, unser Atem kam stoßweise aus unserem Brustkorb, und die ganze Zeit über knisterten die Feuer munter vor sich hin. Dann gingen wir eine dunkle Straße hinunter, wo uns keine herabstürzenden Balken den Weg versperrten. Von Panik ergriffene Männer und Frauen standen draußen vor ihren Türen und fragten sich, ob die Flammen wohl auch auf ihre Häuser übergreifen würden.

»Gott steh uns allen bei! Was für eine schreckliche Nacht!«, sagten ihre zu bangen Fratzen verzerrten Gesichter, doch wir zogen keuchend weiter, um das offene Gelände zu erreichen.

Und dann, endlich, das Brachland, weiches Gras unter unseren zerschundenen Fußsohlen – und Massenhysterie, die uns unter den Feigenbäumen begrüßte. Mehmet und ich ließen uns auf den Boden fallen, mit wunden, blutigen Füßen; das Herz schlug uns bis zum Hals, und unsere dünnen, schweißnassen Nachthemden klebten an unseren zitternden Körpern. Meine Mutter legte Muazzez auf meinen Schoß und lehnte sich dann in einer unsagbar rührenden und verzweifelten Pose an einen kleinen, verkümmerten Baum.

»Mein Geld!«, sagte sie immer und immer wieder. »Und all mein Schmuck.«

Plötzlich erhob sie sich und stürmte auf ihren müden, blutigen Füßen davon wie eine Verrückte – ich bin mir ziemlich sicher, dass die düstere, gefiederte Schwinge des Wahnsinns ihre Stirn in jener Nacht für immer und ewig berührte.

»An-ne! An-ne!«, schrie ich in einem neuerlichen Anfall von Panik. »Verlass uns nicht, verlass uns nicht!«

Und dann begann ich zu weinen, auf eine leise, verhaltene Weise, denn ich hatte keine Energie mehr übrig, die ich in das Weinen hätte stecken können.

Doch meine Mutter rannte davon, ohne auf mich zu achten. Sie geriet ins Stolpern, sie fiel hin, sie kämpfte sich wieder hoch, um weiterzustürmen. Muazzez lag auf meinen Knien, in einen kleinen, mit Spitzen besetzten Wollschal gewickelt. Ich beugte mich über sie und versuchte müde, sie zu trösten. Mehmet zupfte an meinem Ärmel, denn auch er brauchte Zuwendung, und ich legte einen Arm um ihn und zog ihn an meine Schulter. Wir beobachteten die Feuer, schauten zu, wie unser Haus zusammen mit den anderen brannte, und unsere Sinne waren wie betäubt und versagten uns den Dienst. Selbst Angst und Müdigkeit waren von uns abgefallen und barmherzigerweise einer völligen inneren Leere gewichen. Rings um uns herum weinten Kinder und klagten Frauen, doch dies waren für uns nur äußerliche Dinge, die keine Macht über uns hatten. Selbst das Wissen, dass meine Mutter in unser brennendes Haus zurückgelaufen war, vermochte in uns keine Gefühle zu wecken, beschwor in uns keine neue Angst herauf. Wir saßen einfach nur so da, Mehmet und ich, und der Feigenbaum breitete seine Zweige über uns aus, und hin und wieder gab Muazzez ein leises Wimmern von sich.

Vor uns lag unser Garten, und ein Stück dahinter befand sich unser Haus, unser Heim, das uns Kindern Trost und Schutz gewesen war. Die *tulumba,* die Feuerspritze, unseres Viertels war eingetroffen, und die Männer, die sie trugen, suchten nach Wasser. Ihr hektisches Geschrei hallte durch den Garten bis zu uns herüber. Wir konnten sehen, wie sie hin und her hasteten und vergeblich versuchten, dem Feuer Einhalt zu gebieten. Sie hatten nur diese eine Spritze, doch es standen mindestens zehn Häuser in Flammen, und auf der anderen Straßenseite, die wir von unserer Position aus nicht sehen konnten, brannten noch einmal genauso viele. Und so rannten die Männer laut schreiend umher, schütteten umsonst Eimer voller Wasser in Richtung der Flammen, und die Feuer brüllten triumphierend. Ich schaute, ob meine Mutter zurückkehrte, doch lange, lange Zeit entdeckte ich kein Lebenszeichen von ihr. Dann erblickte ich sie endlich, wie sie den Gartenweg herunter auf uns zugelaufen kam, denn es war taghell, und ich sah deutlich ihre Gestalt in einem Nachthemd und ihre schlanken, zarten weißen Füße, wie sie liefen und liefen und liefen …

Als sie uns erreicht hatte, sank sie völlig entkräftet zu Boden. Ihre Haare hingen ihr wild zerzaust ins Gesicht, und in ihren traurigen Augen lag ein Flackern, ein Funkeln, das mit geistiger Gesundheit nichts mehr gemein hatte. Sie blickte in Richtung unseres Hauses, und ich blickte ebenfalls dorthin und sah, wie das, was noch von seinem Dach übrig geblieben war, in das unten lauernde, gierige Inferno hinabstürzte. Unser Haus war, wie all die übrigen, verbrannt wie Kleinholz, wie ein Blatt Papier, und nun erinnerte uns nur noch sein gespenstisches Gerippe daran, wie glücklich wir dort gewesen waren.

Dennoch muss ich heute, dreiunddreißig Jahre später, nur die Augen schließen, um mich wieder in jene Nacht zurückzuversetzen und unser Haus niederbrennen zu sehen: Ich habe alles so klar und deutlich vor mir, als sei es erst gestern geschehen.

Eine Frau warf ihr weinendes Kind neben uns ins Gras, um dann Gott weiß wohin zu verschwinden. Hatte sie keine Hoffnung mehr, dieser Hölle zu entrinnen, sodass es sich für sie nicht mehr lohnte, irgendetwas zu retten? Meine Mutter starrte mit weit aufgerissenen Augen vor sich hin, und vor Angst krampfte sich mir das Herz zusammen, so still und bleich sah sie aus. Sie sagte mit sehr lauter Stimme, so als wollte sie sichergehen, dass ich sie auch wirklich verstand:

»Es ist nichts mehr da! Nichts mehr – weißt du, was das bedeutet?«

Und sie fixierte mich mit diesem starren, flackernden Blick, wobei ihre Nasenflügel bebten, und dann legte sie sich plötzlich auf die Seite, ins dichte, weiche Gras, und nahm die Geräusche um sie herum nicht mehr wahr, genauso wenig wie die verkohlten Ruinen unseres Hauses.

Wie lange sie dort lag, wie lange wir Kinder dort saßen – ich weiß es nicht mehr. Ich denke, dass Mehmet sich in den Schlaf weinte und dass Muazzez schließlich aufhörte zu wimmern. Der Morgen dämmerte über dieser traurigen Szene, und die Feuer waren inzwischen erloschen. Es hing nur noch eine dichte schwarze Rauchglocke über den ausgebrannten Gerippen der Häuser, und in der Luft lag die Kühle des Morgengrauens. Bald erkannte ich an diesem toten, erschöpften Ort meine Großmutter, wie sie mit Feride und İnci über die Felder lief, wobei sie nach links und rechts schauten, als suchten sie nach uns.

»Großmutter!«, schrie ich, doch meine Stimme war keine Stimme mehr, sondern nur noch ein dünner Geräuschfaden, ein leises Krächzen, das die Stille nicht zu durchdringen vermochte.

Ich legte Muazzez vorsichtig ins taufeuchte Gras, erhob mich steifbeinig und lief dann auf die drei Gestalten zu, die nach uns suchten. Ich ging stockend, denn meine Füße waren vom Barfußlaufen völlig zerschunden, und das Blut war zwischen den Zehen angetrocknet. Die leichte Morgenbrise fuhr durch mein dünnes Nachthemd wie eine Sturmbö.

Als sie mich entdeckten, rannten sie weinend zu mir herüber und nahmen mich liebevoll in ihre Arme, und meine Großmutter legte wärmend ihren Mantel um mich. Ich stand da und schaute sie an, als wären sie Fremde, und auf gewisse Weise waren sie auch Fremde, denn für mich kamen sie aus einem anderen Leben, einem angenehmen, behaglichen, schönen Leben, das womöglich nie mehr zurückkehren würde. Ich erzählte meiner Großmutter, dass meine Mutter in Sicherheit sei, genauso wie mein Bruder und meine Schwester, und dann führte ich sie durch das Gras zu ihnen.

Feride kniete neben meiner Mutter nieder, zog ihren warmen Mantel aus und legte ihn zärtlich um ihre Herrin. Ich sah, wie sie meiner Mutter Cognac einflößte, und ich hörte, wie diese wegen der brennenden Schärfe des Alkohols husten und würgen musste. Dann schlug sie ihre Augen auf und schaute uns einen Augenblick lang verständnislos an. Sie schaute uns alle der Reihe nach an, und dann bückte sie sich und nahm Muazzez auf den Arm.

»Hättest du Feride nicht mitgenommen«, sagte sie zu meiner Großmutter, »so wäre mir von meinem Haus vielleicht noch etwas geblieben. Vielleicht hätte ich das Geld retten können, das einzige Geld, das ich hatte, oder meinen Schmuck – wenn du Feride nicht mitgenommen hättest.«

Dann entspannte sich ihr steifer Körper, und die Härte wich aus ihren Augen. Sie blickte auf mich und Mehmet, auf unsere aufgeschürften Füße und unsere rauchgeschwärzten Gesichter, auf unsere zitternden Münder, und sie streckte eine Hand aus und zog uns zu sich heran.

»Aber ich habe noch immer meine zwei starken Männer«, sagte sie, und wir stürzten zu ihr hin und vergossen die Tränen, die sich schon viel zu lange in uns angestaut hatten. Meine Großmutter schenkte uns ein heißes Getränk ein, das sie in einer Art Flanellsack mit sich führte, und dann wurden wir zu ihr nach Hause gebracht.

Und aus dieser kleinen Gruppe war ich womöglich der Einzige, der lange Abschied nahm von unserem eingeäscherten Haus, das noch einen Tag zuvor so strahlend in der Sonne gelacht hatte.

X. Versuch eines Neuanfangs

So begaben wir uns zum Haus meiner Großmutter, wo wir gebadet und, nach einem kleinen Imbiss, in warme Betten gesteckt wurden, während Feride loszog, um uns neue Kleidung zu kaufen.

Meine Mutter bekam hohes Fieber; der Arzt schaute mehrmals täglich vorbei, und wir wurden in einem fort ermahnt, uns ruhig zu verhalten. Das Haus meiner Großmutter kam uns nicht bloß ungewohnt vor, sondern geradezu fremd. Meist saßen wir mit İnci draußen in den Gartenanlagen, denn wir fühlten uns in jenem kinderlosen Haus unerwünscht, und den alten Mann bekamen wir kaum zu Gesicht. Tatsächlich flößte er uns so viel Angst ein, dass wir uns, sobald wir ihn herannahen sahen, auf der Stelle aus dem Staub machten und in die entgegengesetzte Richtung flitzten. Niemand wusste, wie lange wir in diesem Haus bleiben würden. Meine Großmutter sagte lediglich, dass man etwas arrangieren würde, wenn es meiner Mutter wieder besser ginge. Mehmet und ich fühlten uns im Stich gelassen, denn uns wurde nicht gestattet, unsere Mutter zu besuchen, und mit Yasemin oder Nuri konnten wir uns auch nicht treffen, weil sie in ein anderes Viertel von İstanbul gezogen waren, nachdem ihr Haus, wie das unsrige, ein Raub der Flammen geworden war. Alles änderte sich. Eines Morgens verabschiedete sich Feride von uns, denn meine Großmutter hatte ihr eine neue Stelle verschafft, weil wir sie uns nicht mehr leisten konnten. Auch İnci verließ uns, unter vielen Tränen, denn sie hatte bis dahin immer nur in unseren Diensten gestanden. Nun ging sie als Kindermädchen zu einer völlig fremden Familie, und fortan würde sie auch von ihrer Mutter getrennt sein. Der Gedanke, sich von İnci verabschieden zu müssen, ängstigte mich, denn ich wusste nicht, was wir ohne sie machen sollten. Es war fast so, als verlöre man ein Körperteil, ein Stück von sich selbst. Eines Morgens durften wir unsere Mutter besuchen, die in ihrem großen Bett lag und wie eine Puppe aussah. Ihr Anblick versetzte mir einen Schock. Ihre dunklen Locken waren glatt nach unten gekämmt, und ihre Wangen waren vom Fieber verhärmt und die Haut spannte sich über den Knochen. Obgleich sie uns die Hände entgegenstreckte, stand ihr kein Willkommen ins Gesicht geschrieben – ihre Augen waren völlig ausdruckslos. Sie sah so aus, als strengte es sie zu sehr an, wieder ins Leben zurückzukehren, und als wartete sie nur darauf, bei der erstbesten Gelegenheit wieder wegdämmern zu können.

Als ich älter wurde und die Dinge besser verstand, begriff ich, dass das Verhalten meiner Mutter nur dann vorhersehbar war, wenn alles nach ihrem Willen verlief. Sie musste sich der Armut stellen, doch viele Menschen auf der Welt müssen sich der Armut stellen, wenn nicht mit Zufriedenheit, so doch zumindest mit Gleichmut. Meine Mutter konnte dies nicht, aber einen Ausweg sah sie auch nicht. Der Anblick ihres brennenden Hauses war für sie ein größerer Schock, als meinen Vater in den Krieg ziehen zu sehen. Der Verlust von Hab und Gut war für sie der schlimmste Schlag. Mit Geld hätte sie sich ein neues Leben aufbauen können – ohne Geld konnte sie nicht einmal anerkennen, was andere Menschen für sie taten. Der Grund war nicht so sehr Stolz, obwohl der natürlich auch mit hineinspielte. Es war eher eine Unfähigkeit, mit dem Leben zurechtzukommen ohne genügend Geld in der Hinterhand. Ich glaube, sie hatte gehofft, in der Nacht der Feuerkatastrophe zu sterben. Der Gedanke, für drei Kinder, darunter ein Säugling, sorgen zu müssen, war einfach zu viel für ihr schlichtes, unerfahrenes Gemüt.

Sie litt tagelang an hohem Fieber, und als es sich wieder gelegt hatte, war sie ein völlig anderer Mensch. Sie war schon immer still gewesen, doch nun war ihr Schweigen furchterregend. Früher hatte sie nie die Beherrschung verloren, doch nun bekam sie schnell Wutanfälle, was angesichts der frostigen Ruhe, die sie sonst an den Tag legte, umso beunruhigender war. Die scheue, schöne junge Frau tauchte mit einer völlig anderen Persönlichkeit aus ihrem Fieber wieder auf. Als sie das Bett verlassen durfte, pflegte sie in den Gartenanlagen zu sitzen, wo sie Löcher in die Luft starrte und ihre Umgebung überhaupt nicht wahrzunehmen schien. Sie fragte kein einziges Mal nach Feride oder İnci, und sie starrte nachdenklich auf die kleine Muazzez, um die sich nun eine Amme kümmerte.

Eines Tages teilte meine Großmutter meiner Mutter mit, dass der alte Mann willens sei, uns ein paar Zimmer in einem seiner vielen Häuser zu überlassen. Meine Mutter hörte ihr zu und erklärte sich bereit, das Angebot anzunehmen, doch meine Großmutter musste sie praktisch mit Gewalt zu dieser Entscheidung drängen. Meine Mutter besaß noch einen wertvollen Diamantring, den sie in der Nacht der Brandkatastrophe getragen hatte, und sie bat den alten Mann, diesen für sie zu verkaufen. Ich erinnere mich noch daran, wie sie ihm den Ring hochmütig hinhielt, zwischen Daumen und Zeigefinger, und wie er im Sonnenlicht feurig funkelte. Als der alte Mann den Ring entgegennahm, flackerten ihre Augen unsicher auf. Als er wieder zurückkehrte und ihr den Erlös aus dem Verkauf des Rings aushändigte, dankte sie ihm und sagte, sie wäre froh, wenn sie so schnell wie möglich in die Zimmer einziehen könne, die er ihr in Aussicht gestellt habe. Der alte Mann erwiderte höflich, nichts würde ihm mehr Freude bereiten, und dabei musterten seine kalten Augen Mehmet und mich mit einem Ausdruck solch unverhohlener Abneigung, dass es mir vor Erstaunen den Atem verschlug. Dieser alte Mann hatte seinen gesamten Unmut auf uns Kinder gerichtet. Er hatte gehofft, seine Ehe würde ihm Nachkommen bescheren, Söhne, die seinen Namen und sein Geschäft fortführen könnten, und ich glaube, die Weigerung meiner Großmutter, sein Bett zu teilen, hatte seinen Stolz so sehr verletzt, dass er es nicht ertragen konnte, uns vor Augen zu haben, die Früchte des Lebens, das sie mit meinem Großvater geführt hatte.

Gegenüber meiner Großmutter erlebte ich ihn nie anders als auf eine distanzierte Weise höflich. Sie war eine halsstarrige, eigensinnige Frau mit einer scharfen Zunge, und ich stelle mir vor, dass er in seiner Ehe mit ihr schwere Demütigungen erdulden musste. Aus heutiger Sicht erstaunt es mich, wie sehr sie ihn brüskierte, denn damals hätte er sie ohne einen Pfennig Geld aus dem Haus werfen können, indem er in Anwesenheit von Zeugen einfach drei Mal »Ich verstoße dich« sagte. Vor dreißig Jahren war so manche türkische Ehefrau nur deshalb eine gute Ehefrau, weil das Damoklesschwert dieser Worte über ihrem Haupt schwebte. Das Atatürk-Regime setzte dieser Praxis jedoch ein Ende, und in der heutigen Türkei ist eine Scheidung dermaßen kompliziert, dass viele Paare sich längst wieder versöhnt haben, bevor die langsam mahlenden Mühlen des Scheidungsgerichts in Gang gekommen sind.

Der alte Mann schickte ein paar Bedienstete zu dem Haus, in dem wir unterkommen sollten, oder, genauer gesagt, zu den Zimmern, in denen wir unterkommen sollten. Ich durfte sie und meine Mutter begleiten. Das Haus lag hinter dem Beyazit-Platz; es war zweigeschossig und so alt, dass man sich unwillkürlich fragte, warum es noch nicht eingestürzt war. Es hatte keinen Garten und blickte auf eine enge, trostlose Gasse hinaus. Sämtliche Fenster waren mit Kafessen versehen, den dichten hölzernen Gittern der sogenannten Haremsfenster, die in der alten Türkei verwendet wurden, um zu verhindern, dass männliche Passanten einen Blick auf die Frauen im Haus erhaschten.

Das obere Stockwerk sollte das unsere werden. Es bestand aus drei großen, stark verschmutzten Zimmern und einem geräumigen quadratischen Treppenabsatz ohne Licht, abgesehen von einem trüben, durch das verdreckte Oberlicht einfallenden Schimmer. Alle Zimmer waren dunkel und stickig wegen der Kafesse vor den Fenstern. Als meine Mutter zu einem der Bediensteten sagte, er solle sie herausreißen, begann er vor Angst zu schlottern und traute sich nicht, etwas dermaßen Revolutionäres ohne die Erlaubnis des alten Mannes zu tun.

Meine Mutter wusste, dass es zwecklos gewesen wäre, darauf zu beharren. Sie war ungehalten. Als die Bediensteten die Fußböden zu schrubben begannen, nahm meine Mutter mich bei der Hand, und wir kehrten zum Haus meiner Großmutter zurück. Sie wirkte sehr entschlossen und legte ein solches Tempo vor, dass ich Mühe hatte, ihr zu folgen. Diese sonderbaren, unerklärlichen Stimmungen, in die sie verfiel, quälten und verunsicherten mich. Es schien zu viel auf einmal zu passieren. Das löste bei mir mentale Verdauungsstörungen aus, die mich daran hinderten, mit den Ereignissen Schritt zu halten. In letzter Zeit klammerte ich mich verzweifelt an meine Mutter und suchte ihr Gesicht beklommen nach Anzeichen eines möglichen Sturms ab, und ich erfuhr viel zu früh von der Kälte der Welt. Meine Mutter verkörperte für mich Liebe und Beständigkeit, und Kinder sind, um es banal auszudrücken, konservativ.

Als wir im Haus meiner Großmutter eingetroffen waren, verlangte meine Mutter den alten Mann zu sprechen, und als sie merkte, dass ich ihr um keinen Preis von der Seite weichen würde, erlaubte sie mir unwirsch, in sein Zimmer mitzukommen. Er saß in einem großen Sessel am Fenster und sah gereizt aus, denn es war einer jener Tage, an denen ihm die Gicht ihre ganz eigene Hölle bereitete. Meine Mutter fragte mit bemerkenswerter Sanftmut, ob sie die Kafesse von den Fenstern unserer neuen Bleibe entfernen dürfe. Er starrte sie ein oder zwei Augenblicke lang an, doch sie ließ sich nicht einschüchtern, und dann gewährte er ihr überraschenderweise die Bitte. Er fügte hinzu, dass er seine Männer anweisen würde, die Zimmer für sie zu streichen, und dass er hoffe, sie würde sich in ihrem neuen Domizil wohlfühlen.

Seine Stimme war ruhig und förmlich, aber ich glaube, er mochte meine Mutter – auf seine eigene Weise, denn er hatte nur für sehr wenige Menschen etwas übrig. Vermutlich empfand er angesichts ihrer Notlage ein gewisses, irgendwie verständliches Mitleid, doch wegen ihrer Beziehung zu meiner Großmutter war es ihm unmöglich, ihr so etwas wie Zuneigung zu schenken.

Meine Mutter freute sich über ihren Sieg und summte eine kleine Melodie vor sich hin, ein untrügliches Zeichen dafür, dass ihr der Lauf der Dinge gefiel. Ich floss über vor Dankbarkeit, da sie wieder ganz bei uns war, wenn auch nur für kurze Zeit. Seit dem Feuer war sie unerreichbar gewesen, weit weg von uns, und mir war mehrmals aufgefallen, wie sie Mehmet und mich mit einem abwesenden Blick musterte, als fragte sie sich, was sie mit uns zu schaffen hätte. Ich litt unter ihrer Teilnahmslosigkeit, denn nun, wo wir so vieles aus unserer Kindheit unwiederbringlich verloren hatten, war sie alles, was uns noch geblieben war.

Als meine Mutter meiner Großmutter erzählte, was sie mit den Kafessen zu tun gedachte, war diese völlig entgeistert – ähnlich wie die Bediensteten ein paar Stunden zuvor. Sie sagte zu meiner Mutter, dass sie das auf gar keinen Fall tun dürfe, dass man sie als Prostituierte steinigen würde, sollte sie sich dermaßen schamlos zur Schau stellen. Meine Mutter lachte sie aus, und als wir uns später auf den Heimweg machten, wollte sie sich nicht, wie von meiner Großmutter angeboten, von einem Dienstmädchen nach Hause begleiten lassen, sondern sagte schnippisch, in ihrem neuen Lebensabschnitt könne sie sich den Luxus eines Dienstmädchens nicht leisten.

Im Haus waren die Bediensteten mit dem Schrubben der Fußböden fertig, und die sauberen, nackten Dielen glänzten feucht. Ein Mann war damit beschäftigt, die Anstoß erregenden Kafesse von den Fenstern abzumontieren, während ein anderer in einem Eimer Leimfarbe anrührte. Sie benahmen sich meiner Mutter gegenüber sehr höflich, doch es war ihnen anzusehen, dass sie es mehr als seltsam fanden, dass sie die Kafesse entfernen und das ungewohnte Tageslicht in diese deprimierenden Zimmer einlassen wollte. Sie war den ganzen Tag über heiter. Ihre Fröhlichkeit verwandelte sie, sodass sie wieder wie die Zweiundzwanzigjährige aussah, die sie war, wunderschön und bestens gelaunt, wenngleich ohne Ehemann. Vermutlich prophezeiten die männlichen Bediensteten, sobald sie unter sich waren, dass es mit meiner Mutter kein gutes Ende nehmen werde. Sie war seltsam widersprüchlich, erst verzagt, einen Moment später vor Vitalität nur so strotzend. Auf ihre eigene, unauffällige Weise war sie so etwas wie eine Vorläuferin von Kemal Atatürk – sie emanzipierte sich Jahre vor seiner Zeit. Dass sich die Leute in ihrem neuen Leben das Maul über sie zerreißen würden, kümmerte sie nicht.

Sie hatte immer in von frischer Luft durchfluteten Häusern gelebt, und das Gleiche wollte sie auch hier erreichen, und wenn es keinen Garten gab, der sie vor neugierigen Blicken schützte, so würde sie sich eben an die sonderbare Lebensweise der Menschen gewöhnen. Doch frische Luft war für sie ein Muss, selbst wenn sie dafür ihren guten Ruf aufs Spiel setzen müsste. Und so pfiff sie auf die Lästermäuler und markierte in ihren drei schäbigen Zimmern die vornehme Dame, die ihrem Diamantring nachtrauerte. Nun, da sie wieder ein Zuhause hatte, war ihre Vitalität grenzenlos; die Farbe schien auf ihre Wangen zurückzukehren, so wie das Fleisch auf ihre zarten

Knochen. Mehmet und ich fanden ihre Courage einfach toll, und das sehen wir beide auch heute noch so – wir kommen nicht umhin, ihren titanischen Kampf zu bewundern, ihr unerschrockenes Auftreten, und selbst als Kindern war uns ihr Mut bewusst. Wir konnten ihr das gelegentliche Abgleiten in Depression und Übellaunigkeit verzeihen, die scheinbare Unbarmherzigkeit, mit der sie ihre Kinder am Ende verstieß. Heute wissen wir all diese Dinge richtig einzuschätzen und sehen nur noch ihren Esprit, die Tapferkeit und die Fröhlichkeit, die drei armselige Zimmer in einer armseligen Straße in ein beeindruckendes Bollwerk gegen den Rest der Welt verwandelten.

Meine Großmutter überließ uns den größten Teil ihres Mobiliars, die klobigen, edlen Nussbaummöbel, die sie seinerzeit anlässlich ihrer Wiederverheiratung aus unserem Haus hatte abholen lassen. Aus ihren schier unerschöpflichen Beständen versorgte sie uns mit Vorhängen und Bettwäsche sowie mit Vorlegern und Wandteppichen, die einmal den Salon im Haus meines Großvaters geschmückt hatten. In den drei Zimmern und auf dem düsteren Treppenabsatz herrschte mit einem Mal eine so fröhliche Atmosphäre, als hätten diese Räumlichkeiten schon seit Langem auf eine solche Verwandlung gewartet. Die Fenster standen weit offen, für alle Welt einsehbar, und wenn es den Nachbarn angesichts dieser Verwegenheit den Atem verschlug, so war dies, da bin ich mir sicher, meiner Mutter überhaupt nicht bewusst. Natürlich kannten die Leute ihre Geschichte, denn Klatsch verbreitet sich in İstanbul genauso schnell wie überall sonst auf der Welt. Zweifellos dachten unsere lieben Nachbarn, dass meine Mutter dieses »lockere« Gebaren aus ihrem früheren Leben mitgebracht hatte.

Obwohl wir an so vieles andere gedacht hatten, stellten wir am ersten Abend, den wir in unserem neuen Domizil verbrachten, fest, dass uns zwei wesentliche Dinge fehlten: Licht und etwas zu essen. Meine Mutter ging die kahle Treppe hinunter, zu der Witwe, die im Erdgeschoss wohnte, weil sie hoffte, sie könnte uns vielleicht aushelfen. Ihre Unterhaltung muss rührend gewesen sein. Die vornehme Dame in ihrem feinen Seidenkleid und die arme, elende Person, die von den Nachbarn geschnitten wurde wegen ihrer angeblichen »Liebschaften« – sie muss geglaubt haben, kein Geringerer als der Sultan höchstpersönlich käme da zu ihr herabgestiegen, um sie um eine Lampe zu bitten! Unglücklicherweise hatte sie keine Lampe oder war, falls sie eine hatte, viel zu aufgeregt, um danach zu suchen, doch schließlich kramte sie einen Kerzenstummel hervor. Diesen brachte meine Mutter triumphierend nach oben, um ihn in einen silbernen Kerzenständer auf der Anrichte zu stecken. So vieles war unwiederbringlich verloren, doch ein silberner Kerzenständer musste sein – etwas anderes hätte es nicht getan, kein Glas, kein Porzellan und auch kein schlichtes, ehrliches Zinn, nein, es musste Silber sein, denn für eine echte Dame war das Beste gerade gut genug. Im Kerzenschein verbarg das Zimmer einige seiner Geheimnisse, und die Risse in der Decke hätten in diesem milden Licht auch vergoldete Stuckverzierungen sein können – wenn man Fantasie besaß, und ich besaß davon mehr als genug. Da saßen wir also in unserem neuen Zuhause, in unserer neuen Kleidung, die uns meine Großmutter besorgt hatte – und aßen trockenes Brot und eine Handvoll schwarze Oliven, um unsere knurrenden Mägen ruhig zu stellen. Dann legten wir uns schlafen, weit entfernt vom leisen Rauschen des Meeres und vom Duft der Blumen aus einem fast schon vergessenen Garten, doch für mich zumindest war das Ganze so komfortabel wie der Dolmabahçe-Palast – was vermutlich sogar stimmte, denn der wie mit Zuckerguss überzogene weiße Palast mit seinen dumpf widerhallenden Verliesen war, wie ich später erfuhr, nicht gerade dafür berühmt, komfortabel zu sein.

Und ich frage mich, was meiner Mutter durch den Kopf

gegangen sein mag, als sie sich in jener Nacht in das ihr fremde ehemalige Bett meines Großvaters legte – dasselbe, in dem er einst mit mir »Löwen« gespielt hatte und dessen Füße nun in mit Wasser gefüllten Glasschüsseln standen, um die Wanzen davon abzuhalten, zu unternehmungslustig zu werden. Dankte sie Gott dafür, dass sie wieder ein eigenes Dach über dem Kopf hatte, mochte es auch noch so schäbig sein, oder betete sie um Gottes Beistand? Vielleicht. Vielleicht auch nicht. Sie war nie ein religiöser Mensch gewesen, denn sie war von Natur aus zu ungeduldig, um sich die muslimische Lehre des Fatalismus zu eigen zu machen, und ihr Geist war dermaßen rastlos, dass Gott dort allenfalls mit einem kaum merklichen, flüchtigen Nicken in ihre Richtung hindurchgehuscht sein konnte. Sie war in Albanien geboren, und ihre unorthodoxen Ansichten über das Leben und die Religion stammten womöglich von irgendeinem frühen christlichen Vorfahren, der ruhelos in ihrem Blut herumgeisterte.

Am nächsten Morgen weckte uns der *sütçü,* der Milchmann, mit seiner lautstarken Behauptung, seine Milch sei die beste von ganz İstanbul. Mehmet und ich sprangen aus unserem gemeinsamen Bett und rannten zum Fenster, um einen Blick auf diese außerordentliche Erscheinung zu werfen, die es gewagt hatte, uns aus unseren Träumen zu reißen. Früher hatte sich der Sütçü immer diskret an der Hintertür gemeldet und seine Geschäfte mit Hacer oder Feride in einem zischenden Flüsterton abgewickelt – er hätte nicht im Traum daran gedacht, seine Ware aus voller Kehle anzupreisen und damit die schlafenden Hausbewohner zu wecken. Dies war für uns etwas völlig Neues. In unserem neuen Leben begann der Tag für die Leute mit dem Eintreffen des Milchmanns, und dieser machte sich keine Illusionen über seine Bedeutung und sah es als seine Pflicht an, auch noch die letzte Schlafmütze aus dem Bett zu scheuchen.

Als er uns entdeckte, wie wir uns über ihm aus dem Fenster

lehnten, klappte ihm vor Überraschung der Unterkiefer herunter, weil die Kafesse verschwunden waren. Er war groß, schlank und sonnengebräunt, und er trug geflickte Kleidung, die aber nicht seine unter dem Hemd spielenden kräftigen Muskeln verbergen konnte. Er hatte einen Dreitagebart, was uns sehr beeindruckte. Seine Stimme war die Stimme der Verdammnis.

»Milch?«, brüllte er zu uns herauf. »Braucht ihr vielleicht Milch?«

»Nein, vielen Dank«, erwiderten wir höflich wie aus einem Munde. Er lächelte säuerlich und trat einen Schritt zurück, um uns Musterknaben genauer in Augenschein zu nehmen.

Just in diesem Moment öffnete die Witwe die Haustür und hielt dem Sütçü einen Kochtopf hin, den er wortlos füllte. Dann hörte ich die Füße meiner Mutter die Treppe hinunterlaufen, und auch sie streckte ihm ein Gefäß entgegen, um es sich füllen zu lassen. Außerdem kaufte sie uns noch *yoğurt,* den wir, mit Zucker verrührt, für unser Leben gern aßen.

Mit der Ankunft des Sütçü erwachte die Straße zum Leben. Türen schlugen, Kochtöpfe wurden hinausgereicht, und der Milchmann machte blendende Geschäfte.

Vom Treppenabsatz, der zu einer Küche umgestaltet worden war, rief meine Mutter uns zu, es sei Zeit, aufzustehen. Wir begannen uns anzuziehen, wobei wir ungeschickt an den Knöpfen und Schnürbändern nestelten. Als Mehmet völlig entnervt zu weinen anfing und laut nach seiner İnci krähte, kam meine Mutter ungehalten in unser Zimmer gestürmt. Unter ihren geschickten Fingern wurden Knöpfe und Schnürbänder mit einem Mal gefügig. Sie demonstrierte uns beiden, wie wir unsere Kleidung anzuziehen hatten und wie sie zusammenhielt – was, soweit es uns betraf, das Wichtigste war. Sie machte uns klar, dass es einstweilen keine İnci geben würde, die uns helfen könnte, und dass wir lernen müssten, mit diesen Dingen allein zurechtzukommen. Mich nahm sie besonders ins Gebet, denn ein Junge von fast sieben Jahren, so meinte sie, sollte sich zumindest seine Stiefel anziehen können, selbst wenn er sie noch nicht zu schnüren vermochte. Ich ließ beschämt den Kopf hängen, denn jedes Wort, das sie sagte, war traurig, aber wahr, und ich hatte noch immer keinen blassen Schimmer, welcher Schuh nun an welchen Fuß gehörte. Offenbar profitierten wir jedoch von ihrer Nachhilfestunde, denn ich kann mich beim besten Willen nicht daran erinnern, dass sie uns noch ein weiteres Mal beim Anziehen helfen musste.

Als ich später an jenem Tag in unserem sogenannten Salon saß, sah ich meine Großmutter die Straße heraufkommen. Ich erkannte sie an ihrem Schleier, denn damals trugen die Frauen auf der Straße für gewöhnlich den *çarşaf,* eine Art schwarzes Kopftuch, das straff um Stirn und Haare gebunden wurde, und dazu noch ein separates Stück Tuch, ein *peçe,* das ihre untere Gesichtshälfte bedeckte. Sie sahen darin unerträglich hässlich und finster aus, und ich war dankbar, dass weder meine Mutter noch meine Großmutter derlei Sachen trugen. Ich begrüßte sie von meinem kleinen Fenster aus, und sie winkte mir zu, woraufhin ich die Treppe hinunterstürmte, um ihr die Tür zu öffnen. Sie wies mich an, die Tür offen zu lassen, da gleich zwei Träger mit weiteren Möbeln für uns erscheinen würden.

Meine Mutter begrüßte sie, und dann sagte sie mit einem spöttischen Unterton:

»Nanu? Heute ohne Anstandswauwau?«

Und meine Großmutter erwiderte verlegen, sie sehe keinen Grund, warum eine arme alte Frau wie sie – sie war damals um die fünfzig – tagsüber nicht ohne Begleitung durch die Straßen gehen dürfe.

Die Emanzipation meiner Mutter schien auch auf meine Großmutter abzufärben, obgleich sie dies natürlich nie zugegeben hätte, und sie beharrte darauf, dass *sie* vielleicht so unbesonnen sein dürfe, sich allein auf der Straße zu zeigen, wegen ihres Alters, aber dass meine Mutter dies auf gar keinen Fall tun dürfe, und zwar aus dem gleichen Grund!

Die Träger erschienen mit einer Nähmaschine, die Feride früher für die Näharbeiten hatte, die im Haushalt anfielen. Es folgten eine große Konsole, ein mit Intarsien verzierter kleiner maurischer Couchtisch, eine Holztruhe, die Gott weiß was enthielt, sowie ein paar monströse Lehnstühle, die für das übrige Mobiliar im Salon keinen Platz mehr lassen würden. Das Gesicht meiner Mutter war sehenswert, als sie verfolgte, wie all diese Sachen die enge Treppe hinaufgewuchtet und unter beträchtlichem Keuchen in die Zimmer gehievt wurden. Als die Träger verschwunden waren, fragte sie meine Großmutter, wo der ganze Kram ihrer Ansicht nach untergebracht werden sollte, woraufhin meine Großmutter verdutzt dreinblickte, denn daran hatte sie natürlich keinen Gedanken verschwendet. In einem plötzlichen Anfall von Großzügigkeit hatte sie uns diese Möbel geschenkt, und nun erwartete sie von uns eine freudige Reaktion und keine albernen Fragen, die sich auf die Aufstellung der Sachen bezogen. Sie sah sich um und gab zu, dass die Zimmer bereits überfüllt waren, sagte aber zu meiner Mutter, sie sollte ihr für die Möbel dankbar sein. Sie war eingeschnappt und machte auch keinen Hehl daraus. Ich glaube, sie empfand es nicht als unangemessen, wenn diese schönen alten Möbel diese armseligen Zimmer schmückten oder wenn die seidenweichen Sparta- und Perserteppiche auf den unebenen und teilweise splitterigen Fußbodendielen lagen. Sie hatte ihre Schwiegertochter und ihre Enkelkinder in einem feinen Haus unterbringen wollen, und hatte sie dies – Hokuspokus Fidibus! – nicht auch geschafft? Warum schaute sich ihre Schwiegertochter dann so zweifelnd in den Zimmern um, als sei sie ihr nicht dankbar für all die schönen Sachen? Meine Großmutter schien keine Lust mehr zu haben, dieses Problem noch länger zu wälzen, denn plötzlich war das Thema der Anstoß erregenden Möbel für sie erledigt, und sie machte sich daran, die Holztruhe auszuräumen, denn die darin enthaltenen Schätze würden wir vielleicht eher zu schätzen wissen. Sie holte Gardinen hervor, die, wie sie sich ausbedang, unverzüglich aufgehängt werden sollten. Tischdecken und Bettlaken wurden herausgezerrt, bis sie auf den Fußboden herabhingen. Des Weiteren folgten ein schweres Silberbesteck, das wir vermutlich für unser trockenes Brot und unsere schwarzen Oliven benutzen sollten, gehämmerte Messinglampen, die täglich eine Gallone Öl verbrauchen würden, und eine Garnitur seidenbestickter Bettwäsche, die meine Großmutter, wie sie Mehmet und mir voller Stolz erzählte, als junges Mädchen anlässlich ihrer Hochzeit von meinem Großvater geschenkt bekommen hatte.

Als meine Mutter all diese alten Schätze sah, schossen ihr die Tränen in die Augen. Sie erinnerten sie zu sehr an meinen Großvater und meinen Vater und an die Häuser, in denen sie so glücklich gewesen war, und ich spürte, dass sie diese Dinge hier nicht haben wollte, in diesem Haus, mit dem sie keine Erinnerungen verband. Sie sagte kein Wort, gleichwohl ihr die Tränen die Wangen herunterzufließen begannen. Dann fasste sie sich wieder und bat mich, die Kohlen im Mangal anzufachen, damit sie Kaffee aufbrühen konnte. Ich ging hinaus auf den Treppenabsatz, wo das Mangal stand, zusammen mit einem Tisch, Geschirr für den alltäglichen Gebrauch und etlichen Eimern Wasser. Es gab in dem Haus kein fließendes Wasser, aber Bekçi Baba versorgte uns einmal in der Woche mit frischem Trinkwasser. Das übrige Wasser musste von der örtlichen Pumpe herangeschafft werden, dem Treffpunkt der Damenwelt unseres Viertels, und erst am Morgen jenes Tages war ich dort mindestens zwanzig Mal mit kleinen Blechbüchsen hingelaufen, um unsere Vorräte aufzustocken. Ich konnte es nicht ertragen, meine Mutter dermaßen niedrige Arbeiten verrichten zu sehen. Die Dunkelheit verbarg all die Dinge auf dem Treppenabsatz, doch im Haus lag ständig ein unangenehmer Essensgeruch in der Luft. Die Kochgelegenheiten waren primitiv. In einem großen kupfernen Becken, dem Mangal, brannte Holzkohle, und über die Glut stellte man einen eisernen Dreifuß, auf den wiederum der Topf mit dem Essen gesetzt wurde. Nach mehreren, sich endlos hinziehenden Stunden war das Essen dann entweder à point gegart oder rettungslos zerfallen, je nachdem wie versiert man als Koch war. In jenen ersten Tagen mit diesem »Kochherd« war unser Essen meist ungenießbar, denn als Köchin war meine Mutter keinen Pfifferling wert. Sie mochte gutes Essen, doch ihr fehlte die nötige Geduld, und sie konnte sich nicht dazu aufraffen, alles genau nach Rezept zuzubereiten. Viele Jahre später entwickelte sie sich zu einer echten Expertin, doch da hatte sie unsere Verdauung schon ein für alle Mal ruiniert.

An jenem Vormittag machte sie Kaffee für meine Großmutter, und sie servierte ihr diesen auf einem feinen, sehr alten Silbertablett, und wenn man dem Fenster den Rücken kehrte – und die Aussicht ignorierte –, so hätte man denken können, İnci habe soeben das Zimmer verlassen und wir befänden uns wieder in unserem Haus, das ein Raub der Flammen geworden war. Dieses Ritual war ihr dermaßen in Fleisch und Blut übergegangen, dass meine Mutter – der nichts auf der Welt geblieben war, die noch viel ärmer war als die unter uns wohnende Witwe – nichts Merkwürdiges darin sah, den Kaffee auf einem antiken Silbertablett zu servieren, nach dem sich jeder Sammler alle zehn Finger geleckt hätte. Auch wir sahen in dieser Geste meiner Mutter nichts Ungewöhnliches, und erinnere ich mich heute daran zurück, so muss ich unwillkürlich lächeln. Da saßen sie also, diese beiden eleganten Damen, in einer Wohnung in einem Armenviertel, und nippten von ihrem Kaffee, der auf einem Silbertablett serviert wurde. Die alte Ordnung war wiederhergestellt, und bald vergaß meine Großmutter, wo sie war, und suchte die Klingel, um nach İnci zu läuten, damit diese käme und die leeren Tassen abräumte …

Bevor meine Großmutter uns an jenem Tag verließ, drückte sie meiner Mutter ein paar Goldmünzen in die Hand, doch diese wollte nichts davon wissen, da sie, wie sie meinte, noch Geld aus dem Verkauf ihres Diamantrings hätte. Meine Mutter wusste kaum etwas über den Wert des Geldes, und sie hatte nicht die geringste Vorstellung von den Lebensmittelpreisen. Wenn sie etwas haben wollte, dann musste sie es haben, mochte es noch so viele Goldstücke kosten – so war das Leben unglücklicherweise nun einmal, und wir befanden uns mitten in einem Krieg. Und so hauten die Händler meine Mutter übers Ohr und verlangten exorbitante Preise für ihre Waren. Sie war zu schüchtern, um mit ihnen zu feilschen – sie hielt es für unter ihrer Würde, doch ich bemerkte, dass die anderen Frauen für ihre Lebensmittel auf dem Markt immer viel weniger bezahlten als meine Mutter. Machte ich ihr deswegen Vorhaltungen, so fuhr sie mir barsch über den Mund, doch es kam eine Zeit, da sie sich wegen ihrer Finanzen ernsthaft Sorgen zu machen begann. Es war unvorstellbar, dass meine Großmutter uns weiterhin unterstützte. Uns war bereits zu Ohren gekommen, dass ihr Mann vor Wut fast geplatzt wäre, als er entdeckte, dass sie uns all ihre Möbel hatte zukommen lassen, ohne ihn vorher zu konsultieren. Doch die täglichen Mahlzeiten waren nach wie vor unser größtes Problem, und eine Goldmünze schien nur sehr wenig Kaufkraft zu haben – insbesondere wenn man, wie meine Mutter es tat, die Bourse noir frequentierte.

Etwa zur gleichen Zeit wurde ich in das weibliche Mysterium eingeweiht, wie man sich als Kindermädchen verhielt. Meine Mutter hatte es sich angewöhnt, allein einkaufen zu gehen, normalerweise nach dem Frühstück. Sie vertraute Mehmet und Muazzez meiner Obhut an, sehr zu meinem Verdruss, denn ich hasste es, für alles, was die beiden anstellten, hinterher zur Rechenschaft gezogen zu werden. Meine Aufgabe bestand im Wesentlichen darin, »Nein, lass das!« zu sagen, doch hin und wieder verpasste ich Mehmet aus Verärgerung auch einen Klaps, woraufhin dieser so laut zu brüllen anfing, dass die Witwe einmal nach oben geeilt kam, um zu sehen, was los war, und hinterher beschwerte sie sich bei meiner Mutter über mich. Als meine Mutter mit mir schimpfte, reagierte ich verärgert, denn ich hatte es satt, immer den Aufpasser für meine Geschwister spielen zu müssen.

Eines Tages bereitete es meiner Mutter noch mehr Mühe als sonst, Brot für uns aufzutreiben. In letzter Zeit drehte sich unsere ganze Welt nur noch um dieses eine Wort: Brot. Sie hatte fast den gesamten Vormittag vor der Bäckerei angestanden, kam aber völlig erschöpft und mit leeren Händen zurück. Am Nachmittag zog sie erneut los, mit dem gleichen Ergebnis. Gegen Abend brach sie noch einmal auf und bat Mehmet und mich, still zu sein, da Muazzez schlief. Eine Zeit lang spielten wir leise, doch dann wurde Mehmet müde und quengelig; wir räumten unsere Spielsachen zusammen, verstauten sie in einem Schrank auf dem Treppenabsatz und gingen dann zu unserem Lieblingsplatz an einem Eckfenster, um zu sehen, ob unsere Mutter zurückkehrte. Allmählich wurde es dunkel, und meine Mutter schien uns ungewöhnlich lange weg zu sein. Die Straße war wie ausgestorben, und bald hörten wir, wie die Witwe ausging und die Vordertür heimlich, still und leise hinter sich ins Schloss zog. Wir beobachteten ihre dunkle, plumpe Gestalt, wie sie die Straße hinunter verschwand, und uns beschlich ein unbehagliches Gefühl, denn wir wussten, dass wir nun ganz allein im Haus waren.

Vielleicht überkam uns eine Erinnerung an die Finsternis, die der Nacht der Feuerkatastrophe vorausgegangen war, eine Erinnerung, die uns die Kehle zuschnürte und uns im Flüsterton sprechen und verstohlen über die Schulter in das zunehmend dunkler werdende Zimmer blicken ließ. Mehmet fielen vor Müdigkeit die Augen zu, und er bettelte darum, ins Bett gehen zu dürfen, doch ich wollte nur ungern auf seine Gesellschaft verzichten. Ich sehnte die Rückkehr meiner Mutter förmlich herbei. Ich wünschte mir, die Lampen wären angezündet, wagte es aber nicht, sie anzurühren, da meine Mutter es mir schärfstens untersagt hatte. So saßen wir da, doch sie ließ weiterhin auf sich warten, das Zimmer wurde dunkler und dunkler, und unten auf der Straße herrschte Grabesstille. Nahe dem Haus stand eine kleine Moschee, und von unserem Eckfenster aus konnten wir sie ziemlich deutlich erkennen, ihr schlankes Minarett, das die Düsternis durchbohrte. Noch deutlicher zu erkennen war hinter einem ihrer Fenster das Grabmal eines heiligen Mannes, angestrahlt von einer ruhig in einem gläsernen Halter brennenden Kerze, die irgendein frommer Bittsteller angezündet hatte. Der Muezzin hatte das einsame Minarett erklommen und rief die Gläubigen zum Gebet, doch wir konnten nicht sehen, ob jemand die Moschee betrat oder nicht, denn ihr Eingang wies in die entgegengesetzte Richtung. Die Stimme des Muezzin klang traurig und geheimnisvoll – die flüssigen arabischen Laute perlten ihm von der Zunge wie eine exotische, fremde Musik. Als er den *ezan,* den Gebetsruf, vorgetragen und das Minarett wieder verlassen hatte, schien die Nacht noch stiller und schwärzer als zuvor. Nur die Kerze leuchtete nach wie vor hell auf das Grab des heiligen Mannes.

Mit einem Mal packte mich die Angst. Eine Mischung aus Furcht, Hunger und Müdigkeit löste mir die Zunge, und ich schrie: »Der tote Mann kommt! Der tote Mann kommt!« Mehmet glotzte mich im Halbdunkel an, und seine Unterlippe begann zu zittern. Er blickte in Richtung der Kerze und heulte nun ebenfalls vor Angst laut los. Wir rannten vom Fenster weg und hinüber zum Sofa, das mit einem alten persischen Gebetsteppich geschmückt war, und diesen zogen wir uns, vor Angst wimmernd, über die Köpfe. Wir heizten unsere Angst zu einer noch schlimmeren Panik an, indem wir uns erzählten, der heilige Mann sei seinem Grab entstiegen, weil es ihm dort zu kalt und zu einsam gewesen sei, und dass er nun komme, um uns zu holen, damit wir ihm in seinem Grab Gesellschaft leisten und ihn warm halten könnten. Wir schlotterten vor Angst, und unsere Zähne klapperten, und alle möglichen Überbleibsel von İncis Schauermärchen fielen uns wieder ein und hielten unsere Angst auf dem Siedepunkt. Wir lagen da und umklammerten einander in schierer Verzweiflung, wobei wir uns zuflüsterten, der heilige Mann müsse inzwischen fast bei uns angekommen sein. Vor Angst und Aufregung begannen wir einander zu schubsen und zerrten uns gegenseitig den viel zu kleinen Gebetsteppich vom Kopf. Und mitten in diesem Gezerre und Geschubse vernahm ich mit einem Mal Schritte – langsame, sich verstohlen nähernde Schritte.

»Jetzt kommt er!«, kreischte ich, diesmal wirklich von panischem Schrecken erfasst.

Die Schritte kamen näher und näher, durch unsere Vordertür und dann die Treppe herauf – langsam, müde, schwer, genauso wie ich mir den Gang eines seit Langem toten, heiligen Mannes vorstellte. Mein Herz drohte für immer stillzustehen; ich lag wie erstarrt unter dem Gebetsteppich, neben mir Mehmet, der sich vor Angst die Lunge aus dem Leib schrie, und dann riss uns eine strenge Hand den Gebetsteppich von den Köpfen.

»Was ist denn hier los?«, fragte die Stimme meiner Mutter.

Ich war dermaßen erleichtert, sie zu sehen, dass ich kein Wort herausbekam, aber Mehmet schaffte es, »T-t-t-oter Mann!« zu stammeln, bevor ihn ein neuer Weinkrampf packte. Meine Mutter gab sich alle Mühe, ihn zu beruhigen: Sie zerrte ihn unter mir hervor – wohin er sich in seiner Angst verkrochen hatte – und versuchte, ihm den Zipfel des Gebetsteppichs zu entwinden, den seine Finger fest umklammert hielten.

Als sie es schließlich geschafft hatte, stellte sie fest, dass er sich mehrere Male in die Hose gemacht hatte, und es sah so aus, als würde er dies bei der leisesten Kritik meiner Mutter ein weiteres Mal tun.

XI. Das Ende von Sarıyer

Das Leben in unserer Straße war nie langweilig. Vom frühmorgendlichen Eintreffen des ersten Sütçü bis zum spätabendlichen Abzug des letzten *yoğurtcu,* des letzten Joghurtmanns, herrschte dort in einem fort Lärm und Getriebe, Streit und Gelächter. Ich pflegte an meinem Eckfenster zu sitzen, mit einem Stapel Kissen auf dem Stuhl, damit ich noch besser sehen konnte, und die Straßenhändler zu beobachten, wie sie ihre träge dreinblickenden Maultiere die Straße auf und ab führten, auf und ab, und dabei ihre Waren ausschrien und sich gegenseitig Beleidigungen an den Kopf warfen. Da waren die Auberginenverkäufer, die Tomatenverkäufer und die Händler, die große, leuchtende Berge von Zitronen feilboten, und, je nach Jahreszeit, die Verkäufer von Wassermelonen und die Verkäufer von Weintrauben. Dösig führten sie ihre Maultiere die Straße entlang, und an deren Seiten hingen riesige Körbe, aus denen einem die Auberginen, die Tomaten und die jungen, zarten grünen Bohnen entgegenprangten. Sie schrien mit heiserer Stimme in Richtung der lauschenden Häuser, dass man nirgendwo auf der Welt besseres Gemüse kaufen könne als das ihrige. Manchmal kam es vor, dass eine Hausfrau mit schriller Stimme nach dem Preis fragte, und sobald er ihr mitgeteilt wurde, begann sie den Händler zu beschimpfen. Vielleicht kam es sogar zu einer lautstarken Auseinandersetzung zwischen dem Händler und der Hausfrau, bei der es darum ging, wer von ihnen bei ihrer wechselseitigen Schimpfkanonade die Oberhand gewann. Mitunter mischten sich andere Hausfrauen ein, um ihrer Repräsentantin beizuspringen. Einige der anderen

Händler hörten skeptisch zu, und nach einer Weile erreichte das Wortgefecht einen solchen Höhepunkt, dass die Kombattanten tief im Vorleben ihres Gegners herumgraben mussten, um frisches Öl ins Feuer gießen zu können. Es bestand nie die Gefahr, dass einem der Kontrahenten die Wörter ausgingen, selbst wenn dies darauf hinauslief, dass man dieselben Beleidigungen ständig wiederholte. Wurde einem Händler an den Kopf geworfen, er sei der Sohn eines Esels oder der Mann einer Prostituierten oder der Vater zahlloser Bastarde, so waren das noch harmlose Beschimpfungen, verglichen mit den schweren Geschützen, die eine Hausfrau auffahren konnte, wenn sie so richtig in Fahrt gekommen war. Normalerweise triumphierte die Hausfrau über den Händler, denn sie hatte fast immer erwachsene Söhne, die die Ehre ihrer Mutter verteidigen würden, sollte der Händler es ihr mit gleicher Münze heimzahlen. Und natürlich waren da auch noch die anderen Hausfrauen, die keine Hemmungen hatten, über den bedauernswerten Händler herzufallen und mit allem, was ihnen in die Finger kam, auf ihn einzudreschen, während ihre Kinder die prall gefüllten, an den Seiten seines lethargischen Maultiers baumelnden Körbe plünderten.

Es wimmelte auf der Straße von Kindern, von rotznäsigen, unterernährten Kindern, die mit sieben oder acht abgebrühter waren als mancher Mann mit vierzig. Räudige Köter strichen um die Mülleimer herum, die einfach draußen vor den Häusern stehen gelassen wurden, denn in unserer Straße hatte man keinerlei Respekt vor der Obrigkeit. Tausende von Katzen, in sämtlichen Wachstums- und Entwicklungsstadien, durchstreiften die Schutthaufen und jagten die Ratten aus den Abwasserkanälen; und trieb sie der Hunger in den Wahnsinn, fraßen sie sich gegenseitig auf. Durch all dieses Elend, durch all diesen Schmutz und diese Armut bewegte meine Mutter sich stolzen, gemessenen Schrittes, und die anderen Frauen beäugten sie argwöhnisch. Sie tuschelten hinter dem Rücken meiner Mutter, da sich diese so wenig um ihre Meinung scherte, dass sie die Kafesse von ihren Fenstern entfernt hatte und unter ihnen so schamlos umherlief wie eine Prostituierte. Die kleinen Jungen warfen mit Steinen nach ihr, und die Männer starrten ihr lüstern in das verschleierte Gesicht, doch sie schritt durch diese dauernden Anfeindungen hindurch wie eine Königin. Sie erlaubte uns nicht, auf der Straße zu spielen, denn trotz ihrer Armut behielt sie ihren Dünkel bei. Unsere tägliche körperliche oder geistige Übung hing davon ab, wie viel Zeit ihr nach ihren Einkaufszügen übrig blieb. Sie kaufte nur selten etwas bei den Straßenhändlern, da sie sich nicht aufs Feilschen verstand und sich vor dem kalten, taxierenden Blick der anderen Frauen genierte, die sofort herbeigeströmt kamen, um zu sehen, was sie kaufte und wie viel sie törichterweise dafür bezahlte. Deshalb kaufte sie auf dem örtlichen Markt ein und ließ sich ihre Einkäufe von einem der dort immer herumlungernden Straßenjungen in einem Korb, den er sich über seine schmalen Schultern hängte, nach Hause tragen. Sie ging dem Jungen voraus, dirigierte ihn nach oben auf unseren miefigen Treppenabsatz, händigte ihm sein Trinkgeld aus und schickte ihn dann fort.

Mehmet und ich wurden immer damit betraut, das Gemüse an seinem jeweiligen Platz zu verstauen, denn zu jener Zeit machte sich meine Mutter die Hände so wenig wie möglich schmutzig. Sie verabscheute die Straße und deren Bewohner, ihren derben Humor und ihre unflätige Ausdrucksweise – sie hatte eine fast schon akademische Leidenschaft für eine gewählte Sprache. Sobald sie zu Hause angekommen war, legte sie ihren Schleier ab und sank in einen Sessel, von wo aus sie ihren Blick über die Schätze aus der Zeit meines Großvaters schweifen ließ. Nach und nach entspannten sich ihre Gesichtszüge wieder. Sie lebte ständig in der Vergangenheit und kehrte daraus nur ungern in den Alltagstrott zurück. Jeden Abend saß sie, ruhig vor sich hin nähend, in einem tiefen Sessel, wo ihr das Licht der Lampe auf die Haare schien, oder sie pflegte ihre Fingernägel, bei geschlossenen Vorhängen und mit gelassenem Gesichtsausdruck, so als lauerten draußen auf der schäbigen Straße keine Fremden, die ihr feindlich gesinnt waren. Ihre Angewohnheit, in die Vergangenheit einzutauchen, ihre Gedanken fortwährend nach innen zu kehren, sollte sich in späteren Jahren als fatal erweisen, doch damals wusste das noch keiner von uns. Sie schweifte ständig in ihren Erinnerungen umher und weigerte sich, der uns immer näher rückenden Armut ins Auge zu blicken.

Das Geld war knapp, aber trotzdem warf sie das, was wir hatten, mit vollen Händen zum Fenster hinaus. Wenn sie spürte, dass sie sich deswegen Sorgen zu machen begann, fiel der Rollladen in ihrem Kopf, und der Gedanke wurde irgendwo in den Hintergrund verbannt – zusammen mit all den anderen unerfreulichen Gedanken, denen sie sich nicht stellen mochte. Wann immer meine Großmutter ihr vorhielt, dass uns das Geld zwischen den Fingern zerrann, stellte meine Mutter sich taub und zeigte ihr vielleicht eine Stickarbeit, die sie gerade vollendet hatte, und damit war die Diskussion über das Geld schon beendet, ehe sie überhaupt begonnen hatte. Und meine Mutter verbreitete sich angeregt über viele Dinge, lenkte die Konversation in alle erdenklichen Richtungen, sobald das Thema Geld wieder aufzukommen drohte. Sie kehrte die modisch-elegante Dame von Rang heraus und begann über die Rückkehr meines Vaters aus dem Krieg zu fabulieren, und nach einer Weile schlich sich ein beunruhigender Ton in ihr Gerede ein, denn sie vergaß, dass draußen tatsächlich Krieg herrschte, und sie sprach plötzlich von Menschen, die schon lange tot waren. Sie weigerte sich, die Niederlage einzugestehen, doch die Niederlage pirschte sich von hinten an sie heran, wie ein

Dolchstoß im Dunkeln. Sie plante einen Besuch in Sarıyer und versprach Mehmet und mir wortreich, dort einen längeren Urlaub mit uns zu verbringen, doch hin und wieder fuhr ein leichter Schatten über ihr Gesicht, so als sei ihr bewusst, dass sie Unsinn redete, aber ihr Unsinn schien ihr lieber zu sein als die unangenehme Wahrheit. Je mehr Kontakt sie mit der Außenwelt hatte, umso stärker kehrte sie ihre Gedanken nach innen, umso ausgefallener wurden ihre Pläne.

Ich kann mich nicht daran erinnern, dass sie jemals ihre Gefühle offen gezeigt hätte, dass sie ihre Kinder an sich gezogen oder sie in Momenten der Nähe geküsst hätte. Wir hatten mit ihr nie irgendwelche Momente der Nähe, aber trotzdem war sie unser einziges Bollwerk gegen die Welt, unsere einzige Sicherheit. Die Berührung mit ihrer kühlen, unnahbaren Hand, das Rascheln ihres Kleides, der Klang ihrer hellen, leidenschaftslosen Stimme waren uns genug. Diese Dinge reichten aus, um uns unsere Ängste zu nehmen und unsere Schmerzen zu lindern. Im Laufe der Zeit wurde ihr Verhältnis zu der unter uns wohnenden Witwe herzlicher, obgleich meine Großmutter nichts unversucht ließ, um dies zu unterbinden. Doch meine Mutter mochte die Witwe wirklich. Sie hatte so etwas wie einen sicheren Instinkt für die menschliche Natur: Sie ignorierte das äußere Erscheinungsbild und konzentrierte sich stattdessen darauf, das Herz zu entdecken, wobei sie ein bewundernswertes Einfühlungsvermögen an den Tag legte.

Die übrigen Bewohner unserer Straße mieden die Witwe und deuteten an, sie sei nicht gerade eine Heilige. Meine Mutter, selbst eine Gemiedene, aber auch eine Meidende, empfand eine tiefe Sympathie für sie. Sie lud die Witwe hin und wieder auf einen Kaffee zu uns nach oben ein und bat sie um ihren fachkundigen Rat, wie sie Kleidung für Mehmet und mich nähen oder wie sie ein bestimmtes Gericht zubereiten solle. Die Witwe war sehr dankbar für diese kleinen Aufmerksamkeiten meiner Mutter, für diese feinen Schmeicheleien, und avancierte binnen kürzester Zeit zur ergebenen Sklavin der Familie. Sie passte auf uns auf, wenn meine Mutter nicht zu Hause war; sie wusch und kochte für uns, und sie wiegte Muazzez stundenlang auf ihren ausladenden Knien. Sie war so etwas wie eine unbezahlte Hausangestellte, eine İnci und eine ordinäre Hacer in einer Person, und meiner Mutter zweifellos sehr nützlich. Sie fing sogar an, unsere gesamten Mahlzeiten zuzubereiten, doch meine Mutter schob dem bald einen Riegel vor, denn die Hände der Witwe waren selten sauber und sie hatte die Angewohnheit, sich durch ihr schütteres graues Haar zu fahren und den Kopf zu kratzen, sodass das eine oder andere Haar in das Essen fiel, das sie gerade kochte. Die Leidenschaft meiner Mutter für Sauberkeit war genauso groß wie ihre – in der alten, untergegangenen Türkei sehr ungewöhnliche – Leidenschaft für frische Luft. Eines Morgens vernahm ich ein lautes Klopfen an der Haustür und eine Stimme, die nach meiner Mutter fragte. Als ich ihr Bescheid sagte, rannte sie die Treppe hinunter, und kurz darauf schrie ihre Stimme:

»Hasan!«

Während ich mir noch den Kopf darüber zerbrach, wer dieser »Hasan« wohl sein mochte, dankte sie Bekçi Baba, dass er ihrem Besucher den Weg zu uns gewiesen hatte. Und dann erkannte ich mit einem Mal die Stimme dieses mysteriösen »Hasan« wieder, und er war kein Mysterium mehr, sondern der Gärtner von Sarıyer – der Gärtner, dessen man auf ewig gedenken sollte, weil er kleine Jungen mochte.

Meine Mutter und er kamen auf der engen Treppe nach oben in den Salon. Hasan begrüßte Mehmet und mich; dann blickte er sich um und sagte bestürzt und mit der Offenheit, wie sie sich ein alter, treuer Dienstbote der Familie herausnehmen darf:

»Was für ein grässlicher Ort ist dies, Hanım Efendi?«, und

bevor sie ihm antworten konnte, schüttelte er traurig sein altes weißes Haupt. Er starrte meine Mutter mit seinen kurzsichtigen Augen an und sagte unsicher:

»Ich bin zuerst zu Ihrem Haus gegangen. Mich hat fast der Schlag getroffen! Ich hatte ja keine Ahnung, Hanım Efendi. Oben in Sarıyer haben wir davon nicht das Geringste erfahren.« Er hielt einen langen Moment inne, wobei er weiter leise und undeutlich in seinen Bart grummelte, und dann fuhr er fort: »Es war Bekçi Baba, der mir den Weg zu diesem Haus hier gewiesen hat. Oje, oje! Sich vorzustellen, dass Sie an einem solchen Ort leben müssen!«

Und er begann zu schluchzen, was mir sehr peinlich war – große Tränen quollen ihm aus den Augen und tropften auf seinen uralten Mantel herab.

»Also bitte, Hasan!«, sagte meine Mutter missbilligend, etwa so wie zu uns Kindern, wenn wir ihrer Ansicht nach grundlos in Tränen ausbrachen.

Hasan wischte sich die Augen mit dem Handrücken.

»Ach«, sagte er mit tiefer, dunkler Stimme, »wie sich die Zeiten geändert haben, Hanım Efendi. Heute weiß niemand, was als Nächstes passieren wird, aber *Sie* in einem Haus wie *diesem* sehen zu müssen, also …«, und er hielt inne, um nach den richtigen Worten zu suchen.

Meine Mutter überbrückte die Gesprächspause und fragte schnell:

»Und was gibt's Neues aus Sarıyer, Hasan?«

Wieder schossen dem alten Mann die Tränen in die Augen, die einem sehr, sehr alten Mann so leicht und schnell kommen, doch ich konnte spüren, wie mir das Lachen die Kehle hinaufstieg wie Wasser aus einem Springquell. Der Blick meiner Mutter streifte mich tadelnd, was alles nur noch verschlimmerte: Ich wurde puterrot im Gesicht, so sehr strengte es mich an, mich zusammenzureißen. Doch dann platzte das Lachen aus mir heraus, noch bevor Hasan seine nächsten Worte äußerte, die dann jedoch dermaßen unerwartet waren, dass sie mir unter die Haut gingen wie eine kleine Serie von Elektroschocks.

»Es heißt, mein Herr und Gebieter sei tot, Hanım Efendi ...«, sagte er, und dann verstummte er und begann bitterlich zu weinen, unfähig, sich noch länger zu beherrschen. Meine Mutter blickte über sein gebeugtes Haupt hinweg, verständnislos und mit einem Gesicht wie aus Stein gemeißelt.

»Tot!«, hauchte sie. »Ahmet, tot!«

Weil mir ihr aschfahles Gesicht Angst machte, begann ich ebenfalls zu weinen, und als Mehmet sich mir anschloss, brach im Salon die Hölle los. Ich bin mir sicher, dass ich nicht um Onkel Ahmet weinte, denn ich war noch zu jung, um die Bedeutung des Wortes »tot« gänzlich zu erfassen. Und ich weinte auch nicht, weil ich nie wieder nach Sarıyer kommen würde, denn das war mir in dem Moment überhaupt nicht bewusst.

Nein, ich weinte vermutlich, weil Hasan weinte, weil meine Mutter zu Stein erstarrt war und weil sie sich in diesem stillen, sommerlichen Zimmer so weit von uns entfernt hatte. Ich weinte immer heftiger, ohne zu wissen warum, aber mir gefiel der Lärm, den ich dabei veranstaltete. Selbst als meine Tränen versiegt waren, weinte ich trotzdem weiter, heulte mir die Seele aus dem Leib und wünschte mir, niemals damit aufzuhören. Menschliche Tränen haben etwas so Elementares, etwas so Ursprüngliches, dass uns ihr Klang einen Schauder, ein Zittern und Beben über den Rücken und durch die Blutbahn laufen lässt, und an jenem Tag hatten meine eigenen Tränen genau diese Wirkung auf mich. Erst die scharf auf meiner Wange brennende Handfläche meiner Mutter gebot mir Einhalt, ließ mich mitten in einem besonders herzzerreißenden Schluchzer innehalten.

»Hör sofort auf damit!«, fuhr sie mich dermaßen gebieterisch an, dass ich tatsächlich sofort damit aufhörte. Mehmet und ich wurden aufs Sofa verbannt, in die entlegenste Ecke des Zimmers, wo wir, schluchzend und schniefend, allmählich wieder zu Sinnen kamen.

»Hasan«, hörte ich meine Mutter mit sanfter Stimme sagen, »erzähl mir alles. Wie hat deine Herrin davon erfahren?«

Der alte Mann versuchte tapfer, sich am Riemen zu reißen, und nach ein oder zwei Momenten begann er zu sprechen:

»Meine Herrin macht sich schon seit Monaten große Sorgen, und letzte Woche hat sie mich zum Kriegsministerium geschickt, wo ich mich nach meinem Herrn erkundigen sollte. Doch dort wusste niemand so recht Bescheid. Am Ende landete ich bei einem Oberst, und der teilte mir mit, mein Herr sei wahrscheinlich gefallen. Sonst wissen sie nichts über ihn. Nichts!«

»Aber das ist ja schrecklich«, sagte meine Mutter mit einer sonderbaren Stimme. War vielleicht das Bild meines Vaters vor ihr aufgetaucht?

Hasan fuhr fort:

»Meine Herrin hat diese Nachricht sehr schlecht aufgenommen, Hanım Efendi. Sie hat seit drei Tagen nichts mehr gegessen, und ihr Husten will einfach nicht besser werden. Letzte Nacht hatte sie einen Blutsturz.«

»Die arme Ayşe«, sagte meine Mutter. »Natürlich haben wir geahnt, dass sie an Schwindsucht leidet …«

»Erzählen Sie das aber nicht der alten Dame«, mahnte er – mit der »alten Dame« meinte er meine hoch geschätzte Großmutter, die entrüstet gewesen wäre, hätte sie gehört, dass sie so bezeichnet wurde.

»Selbstverständlich nicht«, sagte meine Mutter. »Aber sie wird es garantiert herausfinden. Oh, Hasan, all die schrecklichen Dinge, die in letzter Zeit passieren! Alle Türen fallen zu, eine nach der anderen, und bald wird es keine glücklichen Familien mehr geben. Oh, Hasan!« Sie verbarg ihr Gesicht in den Händen, aber sie weinte nicht.

Dies war eine weitere Sache, die sie in sich hineinfraß, die sie, wie so vieles andere, in ihrem Kopf ganz weit nach hinten schob, um nicht mehr daran denken zu müssen – bis eines Tages der Deckel wegfliegen würde und all diese grässlichen Dinge herausspringen und mit gefletschten Zähnen über sie herfallen würden.

»Es ist Gottes Wille«, sagte Hasan schlicht. Meine Mutter nahm die Hände von ihrem Gesicht und sagte:

»Ein grausamer Wille, Hasan.«

»Wie können Sie so was sagen!«, schrie der alte Mann und vergaß auf der Stelle seinen Kummer, so sehr empörte es ihn, dass eine Frau es wagen konnte, den Willen Gottes in Zweifel zu ziehen.

Meine Mutter ging nicht auf seine Bemerkung ein, sondern sagte stattdessen:

»Erzähl deiner Herrin nichts von dem Feuer, jedenfalls noch nicht gleich. Sie hat zurzeit selber genug Probleme, und das Feuer ist Vergangenheit, genauso wie mein Haus, und darüber zu reden wird es mir nicht wieder zurückbringen. Wir haben es hier einigermaßen bequem …«

Ihr Blick schweifte unsicher im Raum umher, als suchte sie dort Trost und Beruhigung.

Der alte Mann schickte sich an zu gehen, stellte uns aber vorher noch einen Korb mit Lebensmitteln auf den Tisch. Mir lief das Wasser im Munde zusammen, als er die Sachen aus dem Korb hervorholte. Meine Mutter bedankte sich bei ihm, und er blickte traurig und unschlüssig drein, so als verließe er uns nur äußerst ungern. Doch schließlich verbeugte er sich vor ihr, richtete noch ein paar Worte an sie, und dann schlurfte er die Treppe hinunter, wobei er, wie wir hören konnten, unentwegt vor sich hin brabbelte.

Meine Mutter saß in einem Sessel und sah so aus, als wollte sie zu weinen beginnen, doch die Macht der Gewohnheit siegte, und sie unterdrückte die verräterischen Tränen. Sie starrte in ihrem Sessel geistesabwesend vor sich hin, und bald huschte ihr ein Lächeln über die Lippen – ich fragte mich, welche Erinnerung es wohl sein mochte, die so stark war, dass sie ihre Sorgen um Onkel Ahmet wegwischte und das Leben in ihre Augen zurückkehren ließ, sodass sie Mehmets und meiner gewahr wurde, wie wir vor ihr saßen und sie beobachteten.

»Ihr dürft eurer Großmutter nichts davon erzählen«, ermahnte sie uns ernst, und als wir ihr dies hoch und heilig versprochen hatten, verließ sie uns, um mit der Arbeit fortzufahren, die durch Hasans Besuch unterbrochen worden war.

Mehmet vergaß auf der Stelle, warum er noch vor Kurzem so heftig geweint hatte. Er nahm wieder sein Spiel auf, und sein dünnes braunes Gesicht verzerrte sich vor Ungeduld, weil ein bestimmter Bauklotz partout nicht auf einem anderen stehen bleiben wollte. Ich schaute ihm ein oder zwei Augenblicke lang zu, und dann sagte ich zu ihm:

»Komm, ich zeig dir, wie's geht.« Ich nahm die Bauklötze aus seinen gelehrigen, geschickten Fingern. »Schau«, sagte ich, als ich fertig war, »so musst du sie aufbauen!«

Er betrachtete das Gebäude, das ich errichtet hatte, nahm dann geduldig alle Bauklötze wieder herunter, einen nach dem anderen, und begann sie auf seine Weise neu aufzubauen. Die bunt lackierten Bauklötze kippelten und wackelten in ihren unsicheren Positionen und krachten auf den Fußboden. Mehmet saß nachdenklich da, völlig perplex, und stieß mit den Fingern nach den Bauklötzen, sein Gesicht noch immer vor Ungeduld verzerrt.

Ich kehrte ihm den Rücken, um die Schätze in Augenschein zu nehmen, die man uns aus Sarıyer geschickt hatte: Da war ein Berg von Reis, ein fettes Hähnchen, Butter, goldener, als es Butter aus dem Laden jemals sein könnte, große, braun gesprenkelte Eier und ein selbst gebackenes Brot. Ich zupfte ein

Stück braune Kruste von dem Brot ab und tat mich daran gütlich. Es mochte Kummer und Leid in der Welt und in unserer Familie geben, doch die Welt der Kindheit dreht sich um ein Stück frische Brotkruste.

Es war unvorstellbar, dass meine Mutter geglaubt haben könnte, meine Großmutter würde nicht von Onkel Ahmets Tod erfahren. Ich sage lieber »Tod« statt »mutmaßlicher Tod«, und zwar aus zwei Gründen. Zum einen wurde sein Tod kurz darauf offiziell bestätigt. Zum anderen herrschte im damaligen Kriegsministerium eine solche Hektik oder, genauer gesagt, ein solches Chaos und eine solche Inkompetenz, dass noch lebende, aber vermisste Soldaten nicht selten als tot aufgeführt wurden, obgleich sie später durchaus wieder auftauchen konnten. Doch das Kriegsministerium korrigierte seine Fehler nie, weil man dort möglicherweise davon ausging, dass die Mehrzahl der sogenannten Vermissten beim damaligen Stand der Dinge am Ende sowieso tot wäre. Den Leuten wurde damals schnell klar, dass jeder, der als »mutmaßlich tot« aufgeführt und amtlich gemeldet wurde, so tot war, wie er nur sein konnte.

Kommen wir jedoch wieder auf meine Großmutter zurück. Hasan hatte uns noch nicht lange verlassen, als sie wutschnaubend in unser Haus gestürmt kam und nach einem Kaffee verlangte und nach dem Grund für Hasans mysteriösen Besuch fragte. Meine Mutter schaute sie verdutzt an und wollte von ihr wissen, wie um alles in der Welt sie von diesem Besuch erfahren habe.

»Ich hörte davon«, blaffte meine Großmutter zurück, hochgradig verärgert, weil Hasan ihr nicht seine Aufwartung gemacht hatte, und voller Argwohn, er könnte meiner Mutter irgendetwas erzählt haben, das zu erfahren sie ebenfalls ein Anrecht hatte.

Meine Mutter erwiderte, für ihre Verhältnisse ziemlich schwach, Hasan habe uns lediglich einen Korb mit Verpflegung vorbeibringen wollen. Und als sie dies gesagt hatte, saß sie da und musterte meine Großmutter, als hätte die alte Dame fast schon übernatürliche Kräfte entfaltet, um davon Kunde zu erhalten, dass sich an jenem Tag in unserem Haus etwas zugetragen hatte, das den Rahmen des Üblichen sprengte.

Meine Großmutter saß stocksteif in ihrem Sessel und begehrte zu wissen, was es Neues aus Sarıyer gebe.

»Oh, dort ist alles in bester Ordnung«, sagte meine Mutter hastig, doch dabei wurde sie abwechselnd rot und weiß im Gesicht, mit einer solchen Geschwindigkeit, dass meine Großmutter sich gefragt haben muss, was um Himmels willen mit ihrer Schwiegertochter los war.

Mehmet schlenderte zu meiner Großmutter hinüber und lispelte mit der Unbekümmertheit eines Dreijährigen: »Sarıyer.« Ich befürchtete, er könnte sich an etwas aus der Unterhaltung am Vormittag erinnern, an ein einzelnes Wort vielleicht, das meiner Großmutter alles verraten würde. Ich muss irgendwie nervös gewirkt haben, denn plötzlich fragte sie mich:

»Was ist los?«

Ich erwiderte düster, es sei alles in Ordnung, indes Mehmet – mit der grenzenlosen Verschmitztheit eines Kleinkinds und womöglich mit der Ahnung, dass etwas Außergewöhnliches in der Luft lag – ihr am Ärmel zu zupfen begann und dabei beharrlich wiederholte:

»Mehmet hat geweint! Mehmet hat geweint!«

Als sie keine Notiz von ihm nahm, da sie nicht ahnte, welch schreckliche Neuigkeit er ihr zu erzählen versuchte, bekam er einen Wutanfall und zerrte an ihrem Kleid.

»Hat geweint!«, sagte er zu ihr, doch sie befreite sich aus seinem Griff, und dann wurden wir alle abgelenkt, weil meine Mutter mit dem Kaffee hereinkam.

Meine Großmutter trank ihren Kaffee, als sei er vergiftet, und erging sich in dunklen Anspielungen auf Sarıyer und Onkel Ahmet, bis ich glaubte, meine Mutter würde in Ohnmacht fallen, da sie der Anstrengung, die Wahrheit zu verheimlichen, nicht mehr länger gewachsen war. Einmal hätte sie sich beinahe verplappert, als sie unvorsichtigerweise erwähnte, dass sie daran dachte, das Kriegsministerium aufzusuchen, um herauszufinden, ob es dort vielleicht Neuigkeiten über meinen Vater gäbe. Natürlich wurde meine Großmutter hellhörig, und sie fragte meine Mutter, wer sie denn auf solche Ideen gebracht habe. Diese erwiderte vage, niemand habe sie darauf gebracht – sie sei ganz von selbst auf diese Idee gekommen. Meine Großmutter starrte sie unverwandt an.

»Şevkiye«, sagte sie vorwurfsvoll, »du verheimlichst mir doch etwas.«

Ihr Scharfblick kam uns unheimlich vor, und obgleich meine Mutter sich gegen diese Anschuldigung verwahrte und meinte, sie habe vor niemandem irgendwelche Geheimnisse, gab sie mir mit ihren Augen warnend zu verstehen, dass ich mich mit Mehmet zum Spielen in eine Ecke verziehen sollte, von wo aus dieser wahrscheinlich keine Geheimnisse verraten könnte. Er war nämlich fest entschlossen, die Aufmerksamkeit meiner Großmutter auf sich zu lenken, und wollte ihr nicht von der Seite weichen. Als sie uns verließ, strahlte er sie stolz an und sagte laut und deutlich: »Tot! Tot!«

Merkwürdigerweise kam meine Großmutter nicht darauf, welch schreckliches Geheimnis er meinte, und meine Mutter unterbrach Mehmet so elegant, dass die grausige Bedeutung seiner Worte unbemerkt blieb.

Doch womöglich erinnerte sie sich später an ihren Inhalt, denn wir bekamen sie ein paar Tage lang nicht zu Gesicht, und als sie schließlich bei uns auftauchte, da gab es ein Heulen und Zähneklappern, wie es die Welt noch nie erlebt hatte. Natürlich begann ihr Besuch nicht so. Nein, er begann bemerkenswert normal: Meine Großmutter kam hereingerauscht und verlangte nach einem Kaffee, sehr beherrscht, gleichwohl ihre Augen ein wenig verschwollen aussahen. Nachdem meine Mutter sie ein oder zwei Augenblicke lang ungläubig angeschaut hatte, sagte sie:

»Du bist in Sarıyer gewesen.«

Und dann überstürzten sich die Ereignisse. Meiner Großmutter entglitt die Kontrolle über ihre Gesichtszüge, und sie begann zu schluchzen, aber nicht leise, wie Hasan es getan hatte, sondern laut und verzweifelt, so als sei mit einem Mal ein Damm gebrochen. Ihre Tränen und ihr grässlich zuckendes Gesicht jagten mir eine Heidenangst ein, und ich klammerte mich fest an die Hand meiner Mutter, denn die Welt schien noch nie so tränenreich gewesen zu sein wie in letzter Zeit. Diese letzten Wochen waren von Tränen durchtränkt gewesen. Die Welt war zu einem schrecklichen Ort geworden, wo die Menschen ihre Häuser verloren, wo die Männer wer weiß wo ums Leben kamen und wo die Frauen auf sich gestellt waren und die Beherrschung verloren und in einem fort weinten. Der entsetzliche Kummer dieses Augenblicks drückte mich nieder, und auch ich begann zu weinen. Als die Ruhe wieder halbwegs hergestellt war – mittels einiger scharfer Ermahnungen durch meine Mutter und mittels einiger noch schärferer Ohrfeigen –, wurden Mehmet und ich in unsere Ecke geschickt, zum Spielen! Als ob wir hätten spielen können, während das Inferno der Tränen meiner Großmutter das Zimmer erfüllte! Sie schluchzte unaufhörlich weiter, so als vergösse sie ihre Tränen nicht nur für ihren eigenen Sohn, sondern für die gesamte Menschheit. Es dauerte geraume Zeit, bis sie zu weinen aufhörte, und meine Mutter flößte ihr mit sanfter Gewalt etwas Cognac ein. Sie hatte nur wenig Mitgefühl für meine Großmutter, denn diese beiden Frauen kannten im Grunde kein Mitgefühl. Gleichwohl klammerten sich die beiden an jenem Tag fest aneinander, da jede auf die Kraft der anderen angewiesen war, wollte sie

Schicksalsschläge dieses Kalibers einigermaßen unbeschadet überstehen.

Schließlich sagte meine Großmutter:

»Mein Sohn ist tot, und meine Tochter Ayşe ist auch tot, und nun ist mir niemand mehr auf der Welt geblieben.«

»Ayşe?«, fragte meine Mutter mit ungläubiger Stimme, und vielleicht war sie auch ein wenig pikiert, weil meine Großmutter sie offenbar als einen Niemand betrachtete.

Meine Großmutter war jedoch nicht in der Lage zu antworten. Sie schaukelte in ihrem Sessel vor und zurück, in verzweifelter Trauer um ihren erstgeborenen Sohn, der nun nicht mehr unter den Lebenden weilte. Sie war kaum ansprechbar in ihrem tiefen Kummer, und Tante Ayşes Tod schien ihr angesichts dieses größeren, erdrückenderen Schmerzes nur eine Nebensächlichkeit zu sein.

Am Ende konnte meine Mutter ihr jedoch die ganze Geschichte entlocken. Sie lautete ungefähr so: Als meine Großmutter unser Haus verlassen hatte, war sie davon überzeugt gewesen, dass hinter Hasans Besuch mehr gesteckt haben musste, als meine Mutter ihr gesagt hatte. Sie hatte den ganzen Tag darüber gebrütet und sich schließlich an Mehmets vergebliche Versuche, ihr etwas zu erzählen, erinnert – etwas, das offenbar mit Sarıyer zu tun hatte. Nach einer schlaflosen Nacht war sie am nächsten Morgen aufgestanden, fest dazu entschlossen, sich unverzüglich nach Sarıyer zu begeben. Sie hatte ihren erstaunten Ehemann davon in Kenntnis gesetzt, sich ein Hausmädchen zur Begleitung geschnappt – uns ohne Eskorte zu besuchen, mochte noch angehen, aber allein nach Sarıyer zu reisen, war ein Ding der Unmöglichkeit –, und dann hatte sie sich stehenden Fußes zur Schiffsanlegestelle begeben.

Bei ihrer Ankunft in Sarıyer hatten die Bediensteten, die sie dort empfingen, verquollene Augen – ein Anblick, der ihre Besorgnis noch verstärkte –, und sie hatten ihr erzählt, dass Tante

Ayşe an jenem Morgen gestorben sei. Meine Großmutter trug diese Neuigkeit mit Fassung, und sie glaubte, dieser Todesfall sei die Ursache für die tiefe, starke Vorahnung gewesen, die sie in İstanbul gehabt hatte. Ja, sie hatte Tante Ayşe gemocht, doch diese war letztlich nur eine Schwiegertochter gewesen, und in der alten Türkei maßen die Frauen dieser Art von Verwandtschaft keine große Bedeutung bei. Bis dahin hatte noch niemand meinen Onkel erwähnt, und da sie nicht wusste, dass ihr ein noch größerer Schock bevorstand, ging meine Großmutter, obwohl sie Tante Ayşes vorzeitigen Tod betrauerte, zur Tagesordnung über und nahm die Dinge in Sarıyer in die Hand. Meine Tante war an einem heftigen Blutsturz gestorben, den auch ein Arzt, wäre einer zugegen gewesen, nicht hätte hemmen können.

All dies erklärte ihr der Arzt, den die zu Tode erschrockenen Bediensteten hinterher benachrichtigt hatten und der im Haus auf die Ankunft meiner Großmutter gewartet hatte. Er hatte verblüfft reagiert, als er hörte, dass meine Großmutter keine Nachricht aus Sarıyer erhalten hatte, dass ihre Anwesenheit purer Zufall und lediglich ihrer beunruhigenden Vorahnung, dass etwas nicht stimmte, geschuldet war. Die beiden hatten dagesessen und sich unterhalten, in dem stillen, sonnendurchfluteten Salon, der auf die in voller Blüte stehenden Gärten von Sarıyer blickte. Der Salon hatte meine Großmutter auf unerträgliche Weise berührt, denn er wirkte so wohnlich, so gastlich, als wartete er darauf, dass seine Herrin hereintrat. Auf kleinen Tischen standen große Glasvasen voll weißem Flieder, den Tante Ayşe noch am Vortag gepflückt hatte und der den stillen Raum mit seinem penetranten, süßen Duft erfüllte.

Gegen Mittag war ein Notar erschienen, um meiner Großmutter mitzuteilen, dass Sarıyer samt allen dazugehörigen Ländereien und landwirtschaftlichen Betrieben nun wieder an Tante Ayşes Familie zurückfallen würde, an einen Bruder, der als Kavallerieoffizier ins Feld gerückt war. Er hatte meiner verständnislos dreinblickenden Großmutter geduldig erklärt, dass Tante Ayşe ohne Testament und *nach* Onkel Ahmet gestorben sei, weshalb sämtliches Eigentum laut Gesetz auf ihre noch lebenden Blutsverwandten übergehen würde. Dies war die erste Kunde, die meine Großmutter vom Tod ihres geliebten Sohnes erhielt, und daraufhin war sie prompt in Ohnmacht gefallen. Doch als sie das Bewusstsein wiedererlangt hatte, war sie, obgleich noch immer wie betäubt von der schrecklichen Nachricht, in der Lage gewesen, die nötigen Vorkehrungen für die Beerdigung meiner Tante zu treffen und sämtliche Bedienstete zu entlassen, die völlig konsterniert waren und sich fragten, wo sie nun hingehen sollten, denn die Knechtschaft in Sarıyer wäre ihnen allemal lieber gewesen als die unsichere Freiheit der Eigenverantwortlichkeit. Sie hatte sämtliche Möbel verhüllen lassen und schließlich mitverfolgt, wie Tante Ayşe noch am selben Nachmittag in ihr einsames Grab gesenkt wurde – in der Türkei werden Beerdigungen nicht auf die lange Bank geschoben, denn das Klima im Sommer ist einem Leichnam nicht besonders zuträglich. Dann hatte sie Sarıyer Lebewohl gesagt, das in der Junisonne wunderschön aussah, aber nun leer und verwaist war, und wo es nur noch die verblassende Erinnerung an unser Gelächter gab, das dort ab und an auf gespenstische Weise widerhallte. Und meine Großmutter war wieder nach İstanbul zurückgekehrt, wobei sie nun kein Auge für die Schönheit der herrlichen ausgedehnten Küstenstreifen des Bosporus gehabt hatte, sondern nur noch zu meiner Mutter wollte, um sich die Augen aus dem Kopf zu weinen. So saß sie den ganzen Tag hindurch in ihrem Sessel und schaukelte vor und zurück. Und als die Welle ihres Kummers endlich abgeebbt war, da stand die Sonne schon tief am Himmel, und der erste Yoğurtcu jenes Abends kam bereits die Straße herauf. Meine Großmutter schüttelte ihre steif gewordenen, müden Glieder und machte sich auf den Heimweg. Ihr Gesicht sah grau und zerbrechlich aus, und ich glaube nicht, dass ihr im Leben noch einmal etwas dermaßen wehgetan hat wie dies – der Verlust ihres Lieblings, ihres heiß geliebten erstgeborenen Sohnes.

XII. Desillusionierung einer Autokratin

TOD.

Die Welt schien mit einem Mal von diesem Wort erfüllt zu sein – und vom Schluchzen der Frauen. Überall in unserer Straße trafen allmählich Nachrichten ein von Söhnen und Brüdern und Vätern, die an der Front gefallen waren. Die hitzigen Diskussionen mit den Straßenhändlern gehörten fortan der Vergangenheit an. Die Frauen kauften erschöpft, was sie sich leisten konnten, und die jungen Burschen wurden einberufen, um Seite an Seite mit ihren Vätern zu kämpfen, sodass die Straße nunmehr den rotznäsigen Gören, den Hunden und den stets ausgehungerten Katzen gehörte. Jeden Tag gab es neue Nachrichten von der Front, von den entsetzlichen Verlusten, die wir dort erlitten, und die Züge mit dem roten Halbmond, die die Verwundeten und die Sterbenden nach İstanbul brachten, kamen mittlerweile Schlag auf Schlag. In unserer kleinen Straße gab es keine Frau, aus deren Familie nicht jemand an der Front war, selbst die Witwe unter uns, deren einziger Sohn ins Feld geschickt worden war. Nahrungsmittel waren knapper als jemals zuvor, selbst wenn man das Geld hatte, um sie kaufen zu können; die Bourse noir florierte ungehemmt, und die Leute kollabierten auf der Straße vor Unterernährung. Meine Großmutter hatte es sich zur Gewohnheit gemacht, uns haltbare Lebensmittel zu schicken, doch auch sie sah sich nun gezwungen, diese Praxis einzustellen. Meine Mutter kochte uns Suppen aus einer Handvoll Linsen oder Trockenerbsen, oder sie servierte uns nichts als gekochte Gartenbohnen, weil sie so wertvolle Dinge wie Reis, Mehl oder Olivenöl für magerere Zeiten aufhob, mit denen wir, wie sie sagte, rechnen müssten. Sie stand sich noch immer vor der Bäckerei die Beine in den Bauch und kam manchmal mit einem Brot von dort zurück, aber noch häufiger mit leeren Händen. Und wir waren immer hungrig und sehnten uns nach den frischen, knusprigen Scheiben des Brotes, das wir nicht bekommen konnten.

An den Vormittagen ließ meine Mutter mich für gewöhnlich mit Mehmet und Muazzez allein. Mehmet war einigermaßen brav, doch Muazzez pflegte mich bis zur Weißglut zu bringen und jagte mir zugleich eine Heidenangst ein, denn sie heulte dermaßen verzweifelt, dass ihr Gesicht vor Wut puterrot anlief. Sie heulte, wenn ich ihre Wiege schaukelte, und sie heulte, wenn ich es nicht tat, ohne Tränen, schrill und unaufhörlich. Meine Mutter ließ mir immer ein Fläschchen Milch für sie da, das in ein Stück Stoff eingewickelt war, damit es warm blieb, und dieses streckte ich ihr dann entnervt entgegen, um sie zur Ruhe zu bringen, freilich ohne Erfolg. Eines Vormittags führte sie sich dermaßen schlimm auf, dass auch ich in Tränen aufgelöst war, als meine Mutter heimkehrte. Ich erzählte ihr, was geschehen war, woraufhin sie die nun lammfromme Muazzez hochhob und in den Armen wiegte. Sie rief mich zu sich herüber, damit ich mir den hübschen Fratz anschaute.

»Ich hasse sie!«, brauste ich jähzornig auf, wobei ich leicht nach der Wiege trat, und in dem Moment, wo sie meine Stimme vernahm, heulte Muazzez, die kleine Tyrannin, wieder laut los.

Meine Mutter war wegen meiner trotzigen Reaktion verstimmt und schickte Mehmet und mich, vielleicht als eine Art Strafe, zum Spielen nach draußen auf die Straße, schärfte uns aber ein, uns nicht von der Haustür zu entfernen. Als meine Großmutter wenig später die Straße heraufkam, war sie dermaßen schockiert, uns »wie Gassenjungen« vor dem Haus spielen zu sehen, dass sie während ihres Besuchs meiner Mutter gegenüber ziemlich kühl war und ihr vorwarf, sie erziehe ihre Kinder schlecht.

Sie war in einer gedrückten Stimmung an jenem Tag. Sie beklagte sich darüber, dass sie nicht lange bleiben könne, denn dem alten Mann ginge es nicht gut; er habe es sich angewöhnt, zu jeder Tages- und Nachtzeit nach ihr zu verlangen, und ihr neuerlich verboten, uns zu besuchen. Sie schaute zu, wie meine Mutter versuchte, mit der Nähmaschine etwas für uns zu nähen, und sie musste so oft ihren Senf dazugeben, dass meine Mutter am Ende entnervt war und nichts mehr zuwege brachte, solange meine Großmutter bei uns weilte.

An jenem Abend machte sie eine Art Schnuller für Muazzez. Dieser bestand aus Musselin und war mit gewaschenen Sultaninen gefüllt. Ich sollte ihn, so sagte sie mir, Muazzez in den Mund stecken, wenn ich mit ihr allein war und sie zu weinen begann. Sie brachte mir auch ein altes türkisches Kinderlied bei, wobei sie mich nicht nur dazu zwang, es ihr vorzusingen, sondern auch die Witwe nach oben einlud, damit auch sie sich an meinem Gesang erfreuen konnte. Ich war mir sicher, das Lied taugte keinen Deut, um Muazzez zu besänftigen, doch meine Mutter, die İnci nachtrauerte, sah dermaßen niedergeschlagen aus, dass ich ihr versprach, es zu versuchen. Das Lied ging folgendermaßen:

»Dan dini dan dini das dana,
Danalar girmiş bostana,
Kov bostançi danayi,
Yemesinler lahanyi …«,

was unübersetzbar ist, aber in etwa bedeutet, dass die kleinen Wasserbüffel im Garten sind und dass der Gärtner sie von dort vertreiben soll, bevor sie alle Kohlköpfe aufgefressen haben. Die sanften, wohltuenden Worte erinnerten mich daran, wie

İnci sie über Mehmets Wiege gesungen hatte. Soweit ich mich erinnern konnte, war die einschläfernde Wirkung auf meinen kleinen Bruder phänomenal gewesen, und ich hoffte, damit bei meiner Schwester den gleichen Effekt zu erzielen. Schon am nächsten Tag bot sich mir die Gelegenheit, es auszuprobieren, und ich war dermaßen erleichtert, als es tatsächlich funktionierte, dass ich nicht wusste, ob ich lachen oder weinen sollte, doch am Ende verkniff ich mir das eine wie das andere, denn ich hatte Angst, ich könnte den schlafenden Engel dadurch wieder aufwecken. Und so nahm der Alltagstrott seinen Lauf – meine Großmutter steckte uns weiter Geld zu, und meine Mutter gewöhnte sich daran, die Einkäufe zu erledigen. Meinen Vater schienen wir völlig vergessen zu haben, so selten erwähnten wir seinen Namen, und wenn meine Großmutter seinen Namen in den Mund nahm, so traf uns dies jedes Mal wie ein kleiner Schock – als spreche sie von jemandem, der schon lange tot war. Er war zu einer nebulösen, weit entfernten Gestalt geworden, an die man sich nur schwer zu erinnern vermochte, und wurde von meiner Großmutter dermaßen verklärt, dass man in der überzeichneten, romantischen Gestalt, die sie beschrieb, meinen leibhaftigen Vater kaum wiedererkannte.

In der Straße hatte man sich auch an uns gewöhnt und sogar damit begonnen, meiner Mutter zuzunicken. Manchmal baten die Leute sie um einen kleinen Gefallen, zum Beispiel ein Schreiben von einer Regierungsbehörde zu enträtseln oder eines zu beantworten oder ihnen dabei zu helfen, einen Brief an ihre Lieben zu schreiben. Um was immer die Leute sie baten, sie erledigte es stets mit unerschöpflicher Geduld und großem Feingefühl. Für diese letzte Eigenschaft wurde sie so bekannt, dass Bekçi Baba sie schließlich darum bat, die schlechten Nachrichten zu überbringen, die er zu überbringen nicht das Herz hatte. Seit Kriegsbeginn hatte er so viele schlechte Nachrichten überbracht, dass er sich eigentlich an den Schmerz der Frauen hätte gewöhnen müssen, doch er war alt und weichherzig, die Tränen der Frauen trafen ihn jedes Mal bis ins Mark, und er überbrachte nie eine Nachricht des Kriegsministeriums, ohne dass er sich dabei heillos in den Schlingen des Kummers der Empfängerin verstrickte. So hielt er sich an meine Mutter und bat sie häufig um ihren Rat, bevor er sich an einer vom Schicksal gezeichneten Haustür meldete. Meine Mutter wurde sehr beliebt in unserer Straße. Später, als ich älter wurde, sah ich, wie die Frauen aus jener Straße die Hände meiner Mutter mit Küssen übersäten und dabei aus tiefstem Herzen *»Melek!«* – »Engel!« – riefen. Hatte sie den Eindruck, eine Familie litt Hunger, so pflegte sie ihnen etwas zu essen zu bringen, übergab es ihnen aber auf eine Weise, dass sich niemand gekränkt fühlen musste. Sie war für gewöhnlich die Erste, die man an einem Kranken- oder Sterbebett vorfinden konnte, und sie bekam so manche in letzter Minute ausgesprochene Verfügung oder Beichte zu hören. Was immer sie an Güte und Zärtlichkeit aufbieten konnte, ließ sie den Ärmsten zuteilwerden, und viele von ihnen starben mit ihrem Namen auf den Lippen. Die von der Front zurückkehrenden Lahmen und Krüppel weckten ihr besonderes Mitgefühl, und sie wurde es nie müde, auf ihre Wünsche oder Bitten einzugehen. Ich vermute, dass wir, im Vergleich zu dem in unserer Straße vorherrschenden sozialen Standard, noch einigermaßen wohlhabend waren. Die Frauen nannten meine Mutter automatisch »Hanım Efendi« – eine Anrede, die in der alten Türkei den Frauen der besseren Gesellschaft vorbehalten war. Sie suchten ihren Rat in buchstäblich allen familiären Angelegenheiten, und es war ihnen nicht peinlich, dabei auch intimere Details zur Sprache zu bringen.

Als sich jenes Jahr dem Ende zuneigte, machte sich meine Mutter immer größere Sorgen wegen meiner Schulausbildung, denn ich war fast sieben und wusste rein gar nichts. Sie hatte mir das Alphabet beigebracht und darauf geachtet, dass ich ein einwandfreies Türkisch sprach, doch ansonsten beherrschte sie allenfalls die vier Grundrechenarten und ein bisschen Französisch, vornehmlich Höflichkeitsfloskeln, also nichts, was mich auf den Ernst des Lebens hätte vorbereiten können. Die meisten Bezirksschulen waren wegen kriegsbedingten Lehrermangels geschlossen und dienten dem Roten Halbmond als Lazarette. Nachdem meine Mutter mir das wenige beigebracht hatte, das sie wusste, verkümmerte ich geistig und physisch und lernte stattdessen, Kartoffeln zu schälen und meine Schwester in den Schlaf zu schaukeln.

Der Winter brach früh an, und Kohlen waren knapp, von schlechter Qualität und sehr teuer. Meine Großmutter besorgte uns einen Wintervorrat, den wir noch mit Holzscheiten aufstockten. Wir kauerten uns um den kleinen Ofen im Salon, völlig durchgefroren wegen der mangelhaften Ernährung und der minderwertigen Wolle, aus der unsere Pullover gestrickt waren.

In unserer Straße waren viele krank, und der Tod sonderte die Alten, die Schwachen und die Jüngsten aus. Meine Mutter war rund um die Uhr damit beschäftigt, von Haus zu Haus zu gehen, um Rat oder Trost zu spenden oder auch einfach nur den Hinterbliebenen die Hand zu halten. Dann kam eine Zeit, wo sie selbst erkrankte, wo das Fieber sie wieder heimsuchte und wo sie im Delirium laut aufschrie, doch diesmal gab es keinen piekfeinen Arzt, der sie mehrmals täglich besuchte, denn fast alle Ärzte waren einberufen worden, und die wenigen, die noch geblieben waren, hatten Besseres zu tun, als schlecht zahlende Patienten in Armenvierteln zu besuchen.

Doch unsere Straße eilte ihr zu Hilfe. Dürre alte Frauen, die in ihren schwarzen Kleidern und mit ihren straff um die Stirn gebundenen schwarzen Çarşaf aussahen wie Krähen, saßen an ihrem Bett und flößten ihr schlückchenweise Wasser ein oder rieben ihr die Stirn mit Eau de Cologne ein, um das Blut abzukühlen und so eventuell das Fieber senken zu können. Liebevolle und schmutzige Hände wuschen und fütterten uns Kinder, zogen uns an und brachten uns abends zu Bett, bevor sie sich wieder der wichtigeren Aufgabe zuwandten, meine Mutter zu pflegen. Neugierig tastende Finger suchten auf unseren Köpfen nach Läusen und zogen sich enttäuscht zurück, weil sie keine zu finden vermochten. Sie schaukelten Muazzez den ganzen Tag und sangen ihr *ninni,* Wiegenlieder, vor, wenn sie sie zum Schlafen bringen wollten, und sie lag da und strahlte die Frauen mit wachen Augen an, und es ist mir nicht bekannt, dass sie in ihrer Gegenwart jemals geweint hätte. Andere dürre schwarze Krähen wuschen auf dem düsteren Treppenabsatz die Wäsche, stumm und grimmig, und ich hatte so viel Angst vor ihnen, dass ich mich an ihnen vorbeistahl, und dann saß ich oben auf meinem Eckplatz und wünschte mir nichts sehnlicher, als dass meine Mutter wieder gesund wäre. Wenn meine Großmutter auftauchte, versuchten die Frauen sich bei ihr einzuschmeicheln und berichteten ihr, je nachdem, von gesundheitlichen Fortschritten oder Rückschlägen der Patientin, listeten ihr des Langen und Breiten auf, was sie alles getan hatten, verbeugten sich tief vor ihr und harrten weiterer Instruktionen. Meine Großmutter benahm sich ihnen gegenüber unmöglich, auf eine peinliche Weise autokratisch, behandelte sie wie Dienstboten, doch es war nicht sie, der wir die Loyalität der Frauen zu verdanken hatten. Nein, sie liebten meine Mutter, und dies war die einzige Weise, auf die sie sich für ihre selbstlose Aufopferung revanchieren konnten.

Sie weilten Tag und Nacht bei uns im Haus. Zu Mehmet und mir waren sie auf eine derbe Art freundlich, und sie gaben das Geld, das meine Großmutter ihnen anvertraute, so ehrlich aus, wie diese es selbst ausgegeben hätte. Während ihre eigenen Kinder beneidenswerterweise den ganzen Tag vor Schmutz starrend herumlaufen durften, wurden der arme Mehmet und ich täglich mindestens zwanzig Mal eingeseift und abgeschrubbt, da sie glaubten, vollkommene Sauberkeit sei eine der besonderen Eigenschaften der Mitglieder der Oberschicht. Sie widmeten uns mehr Zeit und Aufmerksamkeit, als İnci es jemals getan hatte. Sie zogen sich die Schuhe aus, bevor sie die Schlafzimmer oder das Wohnzimmer betraten, und priesen lautstark die Weichheit der Teppiche unter ihren nackten Fußsohlen. Mit ihren rauen roten Händen prüften sie die Tisch- und Bettwäsche meiner Mutter; sie weideten sich an unserem Silberzeug und polierten es, bis die alten Schätze unter ihren flinken Fingern entzweizubrechen drohten. Neugierig steckten sie ihre Nasen in jeden Schrank und in jede Schublade. Nichts war vor ihnen sicher. Vorhänge wurden freudig betastet und an die Wange gehalten, Porzellan wurde vorsichtig befingert, um zu fühlen, wie fein und zerbrechlich es war, und mitten in ihren Erkundungszügen durch unsere drei Zimmer, bei ihrer Suche nach weiteren Schätzen, an denen sie sich ergötzen könnten, entdeckten sie dann Mehmet und mich und stürzten sich entzückt auf uns, drückten uns an ihre welken Brüste und begannen damit, uns ein weiteres Mal einzuseifen, um uns noch einmal die Haut vom Leibe zu schrubben.

Was für eine Erleichterung, als meine Mutter endlich wieder aufstehen konnte! Ihre Krankheit, so kam es uns vor, hatte Jahre gedauert, und als sie unsere Gesichter und Hände und Körper erblickte, die förmlich strahlten von der vielen Seife, mit der man uns traktiert hatte, da begann sie zu weinen und sagte, wir sähen ihr zu sauber aus. Als wir ihr eilfertig versicherten, dass dies ein Versehen sei und dass es uns, hätten wir selbst auf uns achtgeben dürfen, nie und nimmer in den Sinn gekommen wäre, dermaßen sauber zu sein, musste sie lachen, obgleich ihr noch immer Tränen in den Augen standen, und sie meinte, unsere Nachbarinnen seien jedenfalls sehr freundlich gewesen – worauf wir nichts erwiderten, denn wir fanden, Freundlichkeit sollte gewisse Grenzen haben.

Ein paar Monate später, als meine Mutter wieder auf dem Damm war, erschien bei uns eines Morgens ein Bediensteter aus dem Haus meiner Großmutter, um uns mitzuteilen, dass der alte Mann gestorben sei. Dies war für meine Mutter eine ziemliche Überraschung, denn ihr war nicht zu Ohren gekommen, dass er krank gewesen war. Der Bedienstete erklärte ihr, dass es ein Herzinfarkt gewesen sei und dass meine Großmutter einen Schock erlitten habe, denn sie war es gewesen, die den Toten gefunden habe. Der Bedienstete wollte gemeinsam mit meiner Mutter zu meiner Großmutter zurückkehren, doch sie weigerte sich, ihn zu begleiten. Das war seltsam, denn sonst war sie immer für andere Leute da, und dieses Widerstreben, das Haus meiner Großmutter zu besuchen, stand in einem augenfälligen Kontrast zu ihrer üblichen Hilfsbereitschaft. Aber vielleicht wusste sie ja, dass echter Kummer jede Anteilnahme verdient, während der Kummer meiner Großmutter nur geheuchelt war, um Außenstehende zu beeindrucken.

Was immer der wahre Grund für die Weigerung meiner Mutter gewesen sein mochte, sie ließ uns darüber im Unklaren, und später am Tag, als bereits die Vorhänge zugezogen und die Lampen angezündet waren, erschien meine Großmutter bei uns. Sie sah müde und ein wenig verzagt aus und zeigte sich gegenüber meiner Mutter sehr kurz angebunden. Sie strafte sie geraume Zeit mit Missachtung und beschäftigte sich stattdessen mit Mehmet und mir, während meine Mutter zurückgelehnt auf ihrer Chaiselongue saß und keine Anstalten machte, ihr irgendwelche Fragen zu stellen. Dieses Verhalten brachte meine Großmutter allmählich in Harnisch, und als sie es schließlich nicht mehr aushielt, platzte sie los, dass meine Mutter immer herzloser werde und dass sie erwartet habe, dass sie sich zumindest nach ihrem Befinden erkundigen würde, das, wie sie erklärte, ganz furchtbar sei. Sie zerdrückte demonstrativ ein paar Tränen und beklagte den Tod ihres Mannes, allerdings so halbherzig, dass sie es schließlich aufgab, sogar sich selbst etwas vormachen zu wollen. Sie versuchte ein sittsames Bild von sich herbeizuzaubern: das der frischen Witwe, die um ihren Mann weint, als wäre ihre Ehe eine völlig normale, glückliche Ehe gewesen. Sie sagte, sie wolle bei uns übernachten, denn sie könne es nicht ertragen, wieder in jenes schreckliche Haus zurückzukehren. Meine Mutter äußerte sich nicht dazu. Doch dann sagte meine Großmutter triumphierend, wobei alle Sittsamkeit mit einem Mal wie weggeblasen war, sie sei nun eine sehr wohlhabende Frau und wir könnten alle gemeinsam in ihrem Haus wohnen. Sie sagte, sie müsse sich in Zukunft nie wieder um Geld oder irgendetwas anderes Sorgen machen, und wartete gespannt auf den Kommentar meiner Mutter. Sie wurde immer aufgekratzter, und meine Mutter begann sie auszulachen, doch schon bald wurde auch sie vom Enthusiasmus gepackt. Es gab nur ein einziges, kleines, relativ unbedeutendes Haar in der Suppe, das indes groß genug war, um der Euphorie bisweilen einen Dämpfer zu versetzen. Nach dem Tod des alten Mannes war offenbar nicht nur der Notar bei ihr erschienen, den er als seinen Testamentsvollstrecker eingesetzt hatte, sondern auch der Neffe, der seine Geschäftsinteressen vertrat. Der Neffe hatte zu ihr gesagt:

»Also, Fatma Hanım, ich frage mich, was wir mit Ihnen machen sollen.«

Und dann hatte er hinzugefügt, dass es natürlich noch nicht an der Zeit sei, über derlei Dinge zu reden, und dass man sie später von den testamentarischen Verfügungen in Kenntnis setzen werde.

»Was hat er wohl damit gemeint?«, fragte sie in einem fort meine Mutter, doch diese erwiderte, sie brauche sich keine Sorgen zu machen, denn schließlich sei sie die Ehefrau des Verstorbenen gewesen und somit automatisch seine Erbin.

»Bist du dir da sicher?«, fragte meine Großmutter skeptisch;

dann stützte sie das Kinn in die Hand und geriet ins Träumen. Sie reagierte ziemlich ungehalten, als meine Mutter vorschlug, wir sollten ein paar Monate warten, bevor wir zu ihr ins Haus zogen, damit die Nachbarn keine Gelegenheit bekämen, schlecht über uns zu reden.

»Nachbarn!«, blaffte meine Großmutter, und damit war die Diskussion für sie beendet.

Nachdem Mehmet und ich ins Bett geschickt worden waren, konnten wir noch lange den hin und her wogenden Wortwechsel hören, den sich die beiden lieferten, bis wir schließlich einschliefen.

Ein paar Tage später begleitete meine Mutter meine Großmutter zu einem Termin mit dem Notar und dem Neffen, und wir wurden der Witwe anvertraut. Ich beobachtete die beiden, wie sie die Straße hinuntergingen, meine Mutter mit schwarzen Handschuhen und zuversichtlich festem Schritt, meine Großmutter neben ihr sehr aufrecht und vom Auftreten her alles andere als eine trauernde Witwe.

Als sie zurückkehrten, mochten sie für diejenigen, die sie nicht näher kannten, genauso aussehen wie vorher, doch Mehmet und ich registrierten an ihrem Mund und an ihren Augen eine gewisse Verbitterung, die uns auf der Stelle dazu veranlasste, eine engelhafte Ruhe an den Tag zu legen und keine Fragen zu stellen. Es war nicht mehr die Rede davon, dass wir ins Haus meiner Großmutter umziehen würden, und am nächsten Tag erschienen bei uns Träger mit dem restlichen Mobiliar aus ihrem alten Domizil. Ich war sehr neugierig und fragte mich, wo wir all die Sachen unterbringen sollten. Überdimensionale Porzellanschränke drängten mich von der Tür weg, und als ihnen eine Konsole folgte, verzog ich mich in den hintersten Winkel des Salons und fürchtete, ich würde, sollten noch weitere Möbelstücke hereinkommen, unter diesen begraben werden. Eine zugedeckte Ottomane wurde ins Schlafzimmer meiner

Mutter getragen, und um für dieses Möbelstück Platz zu schaffen, musste Muazzez' Wiege beiseitegerückt werden. Als die Träger noch einige Blechtruhen herauftrugen, wurden sie angewiesen, diese auf dem Treppenabsatz abzustellen, da es sonst keinen Platz mehr gab. Jeder verfügbare Quadratzentimeter Raum schien übervoll, und unsere Zimmer sahen schrecklich aus – die unbeschwerte Geräumigkeit, die meine Mutter mit so viel Mühe hergestellt hatte, war restlos dahin. Sie bewegte sich schmallippig und reserviert durch dieses Chaos, aber zugleich auch mit einer Miene heiterer Gelassenheit, die dazu im Widerspruch stand und die ich schon lange nicht mehr an ihr wahrgenommen hatte. Ich brannte darauf, meine Fragen loszuwerden, doch das Gebaren meiner Großmutter schüchterte mich dermaßen ein, dass ich lieber den Mund hielt.

Wenig später zog die Witwe aus den Zimmern im Parterre aus, denn sie hatte ein Stück weiter unten in der Straße eine neue Bleibe gefunden, und an ihrer Stelle zog dort meine Großmutter ein. Die Möbel wurden ein weiteres Mal umarrangiert, doch es waren immer noch zu viele, und überall sah es hässlich und vollgestopft aus; die Blechtruhen blieben unausgepackt, und etliche Teppiche wurden an die Wände gehängt, weil es auf dem Fußboden keinen Platz für sie gab, sodass die Zimmer dumpf und düster wirkten.

Meine Großmutter war tagelang in einer sehr gedrückten Stimmung; schon beim kleinsten Anlass bekam sie sich mit meiner Mutter in die Haare und rieb dieser ständig unter die Nase, von wem das Geld stammte, mit dem wir nicht nur unser Essen bezahlten, sondern auch die Kleidung, die wir trugen. Das war dermaßen untypisch für sie, dass wir daraus schließen mussten, irgendetwas war grässlich schiefgelaufen. Und das war es tatsächlich!

Ihr verstorbener Mann hatte es ihr gründlich heimgezahlt. Er hatte sie aus seinem Testament gestrichen und ihr nicht das

Geringste vermacht. Sein gesamter Besitz und alles Bargeld waren an seinen Neffen übergegangen – der heute in Amerika lebt, und der alte Konak in Beyazit ist verriegelt und verrammelt. Das Haus, in dem wir wohnten, hatte der alte Mann meiner Mutter überlassen, auf Lebenszeit oder so lange, wie sie dort wohnen mochte, und danach sollte es an seinen Neffen zurückfallen. Er hatte noch nicht einmal verfügt, dass meine Großmutter eines der Zimmer benutzen dürfe – er ignorierte sie so vollkommen, als sei sie niemals mit ihm verheiratet gewesen.

All dies erfuhr ich von meiner Mutter, als ich älter war, als wir schon viele Jahre in jenem Haus wohnten. Meine Großmutter blieb immer bei uns – und sie blieb so halsstarrig wie eh und je. Den alten Mann erwähnte sie nie wieder, doch sie redete fortan ständig von meinem Großvater, als sei ihre zweite Ehe nichts weiter als ein Traum gewesen. Sie wurde über Nacht sehr religiös, blieb aber bis ans Ende ihrer Tage eine Autokratin, denn dieser Charakterzug starb erst, als auch sie starb.

XIII. Neunundneunzig Kuruş für einen Helden

Seitdem meine Großmutter bei uns im Haus wohnte, war das Leben für mich leichter geworden, denn sie passte nun auf Muazzez auf, wann immer meine Mutter unterwegs war. Dem beengten gemeinschaftlichen Leben in einem kleinen Haus konnte sie jedoch nichts abgewinnen – sie war noch launenhafter als früher und krittelte an allem und jedem herum. Sie beanstandete, dass Mehmet und ich im Salon spielten, obgleich uns kein anderer Platz zur Verfügung stand. So gewöhnten wir es uns an, meine Mutter zum Markt zu begleiten, damit meine Großmutter das Haus für sich allein hatte. Um unseren Lebensunterhalt zu bestreiten, waren wir auf sie angewiesen, denn meine Mutter hatte ihre knappen Mittel schon lange erschöpft.

Meine Großmutter bewahrte ihr gesamtes Geld und alle ihre Wertsachen in ihrem Schlafzimmer in einer großen Blechtruhe auf, deren Schlüssel sie stets bei sich trug. Dieses Arrangement ging meiner Mutter gegen den Strich, und sie sehnte sich danach, finanziell unabhängig zu sein. Meine Großmutter monierte ständig die Höhe unserer Ausgaben, wollte aber nicht auf ihr Glas Wein zum Essen verzichten. War ihre Laune besonders schlecht, so erzählte sie uns, dass mein Vater ihr noch Geld schuldete aus dem Verkauf des Geschäfts – was vorne und hinten nicht stimmte, denn mein Großvater hatte ihr kein Bargeld hinterlassen. Wir aßen Nahrungsmittel von minderer Qualität, und dies, so beschwerte sie sich, schlage ihr auf den Magen. Sie beharrte auf blütenweißer Tischwäsche, obwohl Waschseife rar und teuer war, und sie lehnte es ab, dasselbe Tischtuch zweimal zu benutzen. Mitunter leistete sie sich kleine extravagante Genüsse, und im nächsten Atemzug warf sie uns vor, wir würden ihr die Haare vom Kopf fressen. Sie vergaß nie, dass sie eine vornehme Dame gewesen war, und saß müßig im Salon herum, während meine Mutter sich in der Küche abrackerte, um die erlesenen Gerichte zuzubereiten, die sie nach wie vor verlangte. Muazzez war die Einzige von uns, die sie zu mögen schien; sie verbrachte jede Menge Zeit mit ihr und liebkoste und verwöhnte sie nach Strich und Faden, um sich dann hinterher bei meiner Mutter darüber zu beklagen, dass das Kind ihr auf der Nase herumtanze. Wir erfuhren, dass Orhan Bey, der Mann von Madame Müjğen, gefallen war, und die Namen anderer Männer und Jungen, die wir einmal gekannt hatten, kamen uns bald auch nicht mehr über die Lippen, denn man sprach nur ungern von den Toten – sie mochten in Frieden ruhen.

Eines Vormittags kam meine Mutter völlig aufgeregt vom Markt zurück, denn sie hatte dort erfahren, dass eine Einheit von den Dardanellen nach Yeşilköy zurückgekehrt und dass es möglich sei, dass sich mein Vater unter den Männern befand.

Dies führte bei uns zu allerlei Spekulationen, doch am Ende erklärte meine Großmutter das Ganze für dummes Zeug, denn falls mein Vater tatsächlich bis nach Yeşilköy, so nahe an seinem Zuhause, gekommen wäre, so hätte er es sicher irgendwie geschafft, uns eine Nachricht zukommen zu lassen. Meine Mutter wollte sich jedoch nicht so schnell von dieser Spur abbringen lassen. Die Söhne und Männer anderer alter Nachbarinnen waren nach Yeşilköy zurückgekehrt – warum also nicht auch mein Vater? Und so brach sie eines Morgens in aller Frühe nach Yeşilköy auf, und ich durfte sie begleiten. Wir nahmen den Zug vom Sirkeci-Bahnhof, und ich geriet völlig aus dem Häuschen, denn ich war noch nie mit der Eisenbahn gefahren. Trotz der Ermahnungen meiner Mutter konnte ich nicht still sitzen, sondern musste alle Knöpfe und Griffe sowie die zerschlissene

Polsterung der Sitze eingehend inspizieren und meinen Kopf mindestens ein Dutzend Mal aus dem Fenster stecken, um das aufregende Landschaftspanorama an uns vorüberfliegen zu sehen. Ich fühlte mich wie im siebenten Himmel, denn mit diesem Zug zu fahren machte noch mehr Spaß als früher mit Murat im Phaeton dahinzujagen. Ich vermute, ich war nicht besonders gespannt auf das Wiedersehen mit meinem Vater, denn das donnernde Gepolter des Zuges und das schrille, fast ununterbrochen ertönende Geräusch der Signalpfeife nahmen mich völlig in Beschlag. Ich war einigermaßen enttäuscht, als wir unser Ziel schließlich erreichten, und während meine Mutter mich auf dem Bahnsteig voranschubste, drehte ich mich immer wieder voller Bedauern nach dem großen, dunklen Ungetüm um, das uns hier hintransportiert hatte.

Meine Mutter fragte den Stationsvorsteher, wie weit es bis zu dem Militärlager sei, und dieser blickte stirnrunzelnd auf ihre feinen, damenhaften Schuhe und erwiderte, es sei ein längerer Fußmarsch. Seinem Tonfall war zu entnehmen, dass er ihrem Vorhaben skeptisch gegenüberstand, aber er beschrieb ihr dennoch den Weg. Und so zogen wir die leere winterliche Straße entlang, obgleich an jenem Tag bereits ein Hauch von Frühling in der Luft zu liegen schien, doch lange bevor wir das Lager erreicht hatten, verlangsamten sich unsere Schritte. Wir mussten immer häufiger anhalten, um nach Luft zu schnappen und unseren schmerzenden Füßen eine Pause zu gönnen, denn die Straße war sehr schlecht und unser Schuhwerk völlig ungeeignet. Als wir schließlich auf die Kuppe der letzten Anhöhe gelangt waren, da erblickten wir es zu unseren Füßen, das Lager mit seinen tarnfarbenen Zelten.

Die Aufregung verlieh meiner Mutter Flügel, und es war ja auch wesentlich leichter, die Anhöhe hinabzusteigen, als sie zu erklimmen. Auf dem Weg nach unten begegnete uns nur ein Bauer mit seinem Maultier, und überall um uns herum herrschte die dem Land eigentümliche Stille, die nur hin und wieder unterbrochen wurde vom heiseren Krächzen der Krähen. Wir erreichten das Lager völlig außer Puste, und als ein Offizier in einer sehr zerlumpten Uniform auf uns zutrat, um uns nach unserem Anliegen zu fragen, konnte meine Mutter ihm zunächst kaum antworten. Dann erklärte sie ihm jedoch, warum sie gekommen sei, und er starrte ein oder zwei Momente lang nachdenklich vor sich hin, so als erinnerte er sich vielleicht an den Namen meines Vaters. Mit ausgesuchter Höflichkeit bat er meine Mutter, sich ein wenig zu gedulden, bis er die entsprechenden Erkundigungen eingeholt habe. Er kehrte uns den Rücken, und als ich mich zu meiner Mutter umdrehte, um ihr etwas zu sagen, nahm ich zu meinem Erstaunen wahr, dass ihre Augen von Tränen erfüllt waren. Einige davon rannen ihr die Wangen hinab, und sie sagte:

»Der Ärmste! Er sieht so müde und so heruntergekommen aus. Und hast du den Verband an seinem Arm und an seiner Schulter bemerkt? Das heißt, er ist verwundet worden und sollte eher im Krankenhaus liegen, statt hier in diesem Lager herumzulaufen …«

Und plötzlich durchzuckte mich eine Erinnerung an die ersten Wörter des Liedes, das sie gesungen hatten, als sie kamen, um meinen Vater in den Krieg mitzunehmen.

»Ey, gaziler …«, hatten sie gesungen – »Oh, Verwundete …« –, und der Puls stockte mir vor Angst, meine Mutter könnte sich ebenfalls daran erinnern oder die Wörter von meinen Augen ablesen.

Bald näherten sich uns zwei Soldaten, und ich hielt erwartungsvoll den Atem an, während meine Mutter einen leisen Seufzer von sich gab.

»Ob einer von ihnen wohl dein Vater ist?«, fragte sie mich mit unsicherer Stimme, und ich wollte den Soldaten schon entgegenlaufen, doch sie hielt mich zurück.

»Bleib hier«, sagte sie. »Keiner der beiden ist dein Vater.«

Sie setzte sich wieder auf den Boden, um dort zu warten, bis die beiden uns erreicht hatten, und ihr Gesicht bekam einen teilnahmslosen, stumpfen Ausdruck, der die Wangenknochen hervorhob und die Nasenlöcher breiter machte.

Als die Soldaten uns fast erreicht hatten, erkannten wir, dass es sich um Offiziere handelte, die jedoch angesichts ihrer ebenfalls zerschlissenen Uniformen nur anhand ihrer Schulterklappen von einfachen Soldaten zu unterscheiden waren.

»Ali Bey!«, rief meine Mutter einem der Offiziere zu, woraufhin dieser vor ihr salutierte und aus einem mir nach wie vor unbekannten Grund errötete. Ich musterte ihn voller Neugier, denn ich fragte mich, wer er wohl sein mochte und woher meine Mutter ihn kannte.

Sie fragte ihn ungeduldig nach Neuigkeiten von meinem Vater, und er schaute sie unsicher an, so als wollte er abschätzen, ob sie eine schlimme Nachricht verkraften könne, und dann sagte er langsam:

»Wir haben ihn schon vor langer Zeit seinem Gott anvertrauen müssen …«, und er hielt inne und fragte sich offenbar, was er ihr sonst noch sagen könnte.

Obwohl ihr Gesicht bleicher war, als ich es jemals zuvor gesehen hatte, hakte sie voller Ungeduld nach:

»Ja? Fahren Sie fort! Ich will alles wissen – was immer Sie mir zu erzählen haben.«

Der Mann namens Ali, bei dem es sich um einen Hauptmann handelte, räusperte sich, und dann begann er, ihr die folgende Geschichte zu erzählen.

Auf dem Marsch zu den Dardanellen war mein Vater schnell fußkrank geworden. Er musste Tag und Nacht marschieren, tagaus, tagein, und am Ende waren seine Füße dermaßen angeschwollen, dass man ihm die zerschlissenen Stiefel wegschneiden musste. Beide Füße waren bis zu den Knöcheln hinauf böse entzündet und trieften von frischem, hellem Blut. Man hatte ihn, wie es Sitte war, am Straßenrand liegen lassen, und die Männer hatten in der Marschkolonne nach hinten durchgerufen, dass ein Verwundeter unter einem Baum liege. Und irgendwann musste diese Nachricht das Ende der Marschkolonne erreichen, wo ein Pferdekarren vor sich hin rumpelte, der dazu diente, die Kranken und Verwundeten aufzulesen. Aber was, wenn der Karren bereits voll oder überfüllt war von all den kranken Soldaten, die unterwegs umgekippt waren? Nun ja – in diesem Fall blieb ein Mann eben unter der sengenden Sonne am Straßenrand liegen und wartete auf die nächste Kolonne marschierender Soldaten und darauf, dass diese den gleichen alten Schrei anstimmten, demzufolge ein Verwundeter unter den Bäumen am Rand einer unbekannten Straße liege. Der Schrei wanderte durch die erschöpfte Marschkolonne, immer weiter und weiter nach hinten, doch wenn der Verwundetenkarren dann schließlich die Stelle erreicht hatte, war der Mann vielleicht schon gestorben, und es wäre widersinnig gewesen, einen Toten mitzunehmen, wo es doch noch so viele Überlebende gab, die man möglicherweise retten konnte. Doch mein Vater, beeilte Hauptmann Ali sich meiner Mutter zu versichern, sei selbstverständlich aufgelesen und zu einem Lazarett transportiert worden – wo er dann gestorben sei.

Als er ihr all diese grässlichen Dinge erzählte, zuckte sein blasses Gesicht, und er vermied jeden Blickkontakt mit meiner Mutter – denn wie hätte er dieser bleichen, beherzten Frau beichten können, dass weder er noch irgendjemand sonst wusste, wo ihr Mann ums Leben gekommen war. Doch sie zog es vor, sich weiter sinnlos zu quälen, und begehrte den Namen des Lazaretts zu wissen – als ob der junge Hauptmann ihr diesen hätte sagen können, selbst wenn er ihn gewusst hätte. Er legte eine Engelsgeduld an den Tag, nahm eine stramme Haltung ein und versicherte ihr, alles Menschenmögliche sei getan worden.

Und am Ende musste sie sich damit zufriedengeben, denn es gab nichts mehr, das er ihr noch hätte erzählen können. Also bedankte sie sich bei ihm, und er salutierte vor ihr wie ein tapferer Soldat vor einem anderen; dann nahm sie mich bei der Hand, und wir begaben uns auf den langen, mühsamen Fußmarsch zurück zum Bahnhof.

Sie sprach kein Wort und ging wie mechanisch angetrieben, wobei sie ihr Tempo niemals verlangsamte oder variierte, obwohl meine kurzen Beine unter mir zu kollabieren drohten. Ich bat sie um eine kleine Ruhepause, vor Müdigkeit und Kälte weinend, denn der Tag war trübe geworden, und alle Vorzeichen des Frühlings waren verflogen. Ich trottete neben ihr her und zupfte an ihrem Kleid. Sie starrte mich an, als würde sie mich nicht erkennen, als hätte ich sie von irgendeinem weit entlegenen Ort zurückgeholt, und mich überkam ein Gefühl der Verlassenheit, das mich noch bitterlicher weinen ließ. Dann bemerkte ich, dass wieder Leben in ihre toten Augen zurückkehrte; sie zog mich zu sich heran, und wir setzten uns zum Ausruhen in den Straßengraben.

»Armer müder Junge!«, sagte sie wieder und wieder, so als würde sie keine anderen Wörter kennen oder als könnte diese ständige Wiederholung die Erinnerung an etwas anderes auslöschen, das vorne in ihrem Kopf herumgeisterte und das sich nicht so leicht nach hinten schieben ließ, zu all den anderen Erinnerungen, denen sie sich noch nicht widmen konnte, weil sie noch zu frisch waren.

Sie legte ihre Arme um mich und fuhr fort, ihren sinnlosen Refrain zu wiederholen, was mich unsäglich ängstigte, denn ich empfand in ihren Armen keine Sicherheit, und ihre Stimme spendete mir keinen Trost – ich wusste nicht, ob sie mit mir sprach oder mit meinem imaginierten Vater, den sie in ihren leeren Armen hielt und wiegte.

Nach unserer Rückkehr wehte der Wind des Missvergnügens kalt durch das Haus. Meine Mutter wurde fast unansprechbar und so teilnahmslos, wie wir sie noch nie erlebt hatten. Meine Großmutter verzichtete auf ihr übliches Genörgel und verhielt sich ruhig angesichts einer solchen Kälte und Gleichgültigkeit. Die Erinnerung fliegt zu jenen Tagen zurück, um noch einmal den sanften Atem der Angst auf den Wangen zu spüren, um den allmählich das Herz umschließenden Eispanzer zu spüren und die federleichte, kaum wahrnehmbare Unsicherheit, die damals in einem Kind emporzukriechen begann. Ich erblickte meine Mutter, wie sie selbstvergessen in der Küche an ihrer Arbeit saß oder wie sie unverwandt auf eine halb fertige Näharbeit in ihren Händen starrte, mit einem überraschten Gesichtsausdruck, so als fragte sie sich, wie diese wohl dort hingekommen sei. In ihren Augen lag eine milde Verschwommenheit, deren scharfer Schatten hin und wieder über ihr Gesicht glitt und den Verstand verdunkelte – obgleich ein Kind dies nicht so formuliert hätte. Ein Kind nahm nur die Merkwürdigkeit des Ganzen wahr – die Mutter, wie sie nicht wieder aus ihren Träumen von der Vergangenheit auftauchen wollte, selbst wenn die Kinder an ihrem Arm zupften und ihr ihre Schreie in den Ohren gellten. Sie zog sich von ihnen allen zurück und saß über längere Zeiträume einfach nur stumm da. Sie wurde eigenartig, seltsam und wirkte immer häufiger geistesabwesend. In dem kleinen Haus breitete sich Angst aus, auf die vernunftwidrige, unlogische Weise, die der Angst eigentümlich ist. Was immer meine Mutter tat, sie tat es mit der herzlosen Präzision eines Automaten, und nie hörte man sie über meinen Vater sprechen, genauso wenig wie sie sich Gedanken über die Zukunft machte. Meine Großmutter versuchte sie aus dieser Lethargie aufzurütteln und schlug ihr mit absichtlicher Brutalität vor, sie solle zum Kriegsministerium gehen und sich dort über das Schicksal meines Vaters Klarheit verschaffen. Dann schaute sie meine

Großmutter mit ihrem verschwommenen Blick an, und man merkte, wie schwer es ihr fiel, sich auf das zu konzentrieren, was ihr gesagt wurde. Und dann drehte sie ihren Kopf zur Seite und sagte gereizt, sie wünsche nicht mehr mit diesem Thema behelligt zu werden, und meine Großmutter zog sich zurück, geschlagen, ratlos angesichts einer solchen Unerbittlichkeit.

Etwa zur gleichen Zeit begab es sich auch, dass meine Großmutter fast völlig ertaubte und ihre dichten dunklen Haare zunehmend ergrauten und auszufallen begannen. Allerorts stellten sich Verfall und Fäulnis ein.

Natürlich kam irgendwann einmal der Tag, an dem meine Mutter ihrem morbiden Zustand zu entwachsen schien, an dem in ihren Augen wieder ein klares Bewusstsein aufblitzte und sie wieder Interesse an den Menschen um sie herum zeigte. So teilnahmslos sie noch bis vor Kurzem gewesen war, so sehr sprühte sie jetzt vor Energie, als habe ihr das lange Verweilen in Kummer und Gram neue Kräfte verliehen. Sie sprach davon, zum Kriegsministerium zu gehen, und als sie diesen Entschluss gefasst hatte, wollte sie ihn auch sogleich in die Tat umsetzen. Wir wurden der Obhut meiner Großmutter anvertraut, die seit einiger Zeit krumm und alt wirkte. Sie steckte ihre Nase fast den ganzen Tag über in den Koran und rückte das Geld aus ihrer Blechtruhe nun ohne Murren oder Gejammer heraus. Am Tag, als meine Mutter zum Kriegsministerium ging, saß sie im Salon und las im Koran, wobei sie mit grummelnder Stimme Selbstgespräche führte, denn sie war inzwischen dermaßen schwerhörig, dass sie es gar nicht wahrnahm, wenn sie laut sprach. Als meine Mutter zurückkehrte, hing uns der Magen bis in die Kniekehlen, denn meine Großmutter hatte sich nicht von ihren Gebeten losreißen wollen, um uns eine warme Mahlzeit zuzubereiten.

Meine Mutter sah erschöpft aus und schnalzte verärgert mit der Zunge, als sie sah, dass nicht das Geringste vorbereitet war.

Sie ging in die Küche, wo Mehmet und ich aufgeregt um sie herumtollten. Der köstliche Duft des Essens, das sie kochte, ließ uns das Wasser im Munde zusammenlaufen und unsere leeren Mägen knurren. Sie war ungewöhnlich geduldig mit uns und sah großzügig darüber hinweg, als wir gierig an der frischen, knusprigen Kruste des Brotes herumpulten, das sie mitgebracht hatte. Als alles fertig war, trug sie uns auf, unserer Großmutter Bescheid zu sagen, und wir schrien lauthals vom Fuße der Treppe zu ihr hinauf, und nachdem sie widerstrebend den Koran beiseitegelegt hatte, kam sie zum Essen herunter.

Meine Mutter berichtete uns von ihrem Tag. Am Kriegsministerium hatte es von schwarz gekleideten, besorgten Frauen gewimmelt, die etwas über den Verbleib ihrer Ehemänner in Erfahrung bringen wollten. Beamte, die von allen Seiten bestürmt wurden, hatten geschrien, man könne keine Auskünfte erteilen, und den Versuch unternommen, Recht und Ordnung sowie die Würde des Kriegsministeriums wiederherzustellen. Dazu hätte es jedoch herkulischer Kräfte bedurft, die die Handvoll Beamte nicht aufbieten konnte, und so zog sich einer von ihnen zurück, um Verstärkung zu holen. Meine Mutter hatte stundenlang in jener übel riechenden, wütenden Menschenschlange ausgeharrt, um schließlich zu erfahren, dass das, was Hauptmann Ali ihr in Yeşilköy erzählt hatte, der Wahrheit entsprach. Aus den Akten ging hervor, dass mein Vater schon seit Monaten tot war. Zaghaft hatte sie gefragt, wo er ums Leben gekommen sei, doch der Beamte, an den sie geraten war, hatte geblafft, er sei nicht allwissend – es genüge doch wohl, wenn sie wisse, dass ihr Mann tot sei.

»Aber sind Sie sich auch wirklich sicher?«, hatte sie gefleht, hilflos angesichts dieser unverhohlenen Grausamkeit. »Ich bin nie von Ihnen benachrichtigt worden. Warum haben Sie mich nicht früher davon in Kenntnis gesetzt, ohne dass ich hierherkommen musste?«

Der Beamte hatte ihr brutal das Wort abgeschnitten und gesagt:

»Hanım, Ihr Mann ist tot, und bei so vielen Toten und Sterbenden kann man *unmöglich* erwarten, dass wir *alle Welt* benachrichtigen!«

Der Mann hatte, wie meine Mutter sich erinnerte, mit großer Verdrießlichkeit gesprochen, so als seien sie und die anderen dort ausharrenden unglücklichen Frauen auf irgendeine Weise für den Tod ihrer Männer verantwortlich und als halsten sie diesem tapferen jungen Mann jede Menge unnötige Arbeit auf.

Sie hatte ihn noch etwas anderes fragen wollen, doch der Beamte war ihr zuvorgekommen und hatte ihr den hölzernen Fensterladen vor der Nase zugeschlagen, sodass ihr nichts anderes übrig blieb, als sich zurückzuziehen. Sie erzählte, dass alle Frauen um sie herum auf die gleiche barsche Weise abgefertigt wurden. Weinende, jammernde und flehentlich um Informationen bittende Frauen, alte und junge mit ihren Babys im Arm, alle wurden sie unsanft von den Auskunftsschaltern vertrieben. Schließlich riss einer Frau der Geduldsfaden, und sie begann lauthals Beleidigungen auszustoßen, wobei sie ihr erschrocken dreinblickendes Baby in die Höhe hob.

»Ihr Mistkerle!«, hatte sie wutentbrannt geschrien. »Mein Mann hinterlässt fünf Kinder und eine Mutter, die unterstützt werden muss. Werdet *ihr* sie unterstützen, ihr elenden Hundesöhne? Hat mein Mann darum gebeten, von seiner Arbeit und von seiner Familie weggeholt zu werden, um für Leute wie euch in den Krieg zu ziehen? Werdet ihr uns was zu essen geben, damit wir unsere hungrigen Mägen füllen können? Kümmert es euch, wenn wir hungrig und nackt umherlaufen müssen, wenn uns wildfremde Männer auf offener Straße belästigen oder wenn unsere Kinder an Krankheiten sterben oder verhungern? Unsere Männer sind gefallen, um ihr Vaterland zu retten, und dann knallen uns Scheißkerle wie ihr das Fenster vor der Nase zu, wenn wir uns nach unseren Männern erkundigen wollen …«

Die Polizei hatte die Frau nicht mit Samthandschuhen angefasst und sie abgeführt, wobei sie weiterhin Zeter und Mordio geschrien hatte. Als meine Mutter ihre Geschichte erzählte, erregte sie sich über die Ungerechtigkeit, die jener Frau und allen türkischen Frauen widerfahren war.

»Sie hatte ja so recht, so recht!«, betonte sie voller Leidenschaft, ohne die hochmütige Miene meiner Großmutter zu beachten. »Und sie war auch keine Straßendirne. Ohne Anlass hätte diese Frau niemals solche Dinge gesagt. Wir haben nicht um diesen Krieg gebeten. Mein armer, kluger Hüsnü hatte recht, als er einmal sagte, die Eitelkeit einiger weniger Männer könne unser Land ins Verderben stürzen.«

Sie begann bitterlich zu weinen, während meine Großmutter unsicher in ihrem Sessel herumrutschte. Sie war so schwerhörig, dass sie den Bericht meiner Mutter nur zur Hälfte mitbekommen hatte, und sie wusste nicht, wie sie meine Mutter trösten könnte.

Meine Mutter hob den Kopf und schaute meine Großmutter an.

»Hätten wir nicht dein Geld gehabt«, sagte sie in deren angestrengt lauschendes Gesicht, »so hätten wir nicht überleben können. Es gibt Tausende, die nichts haben; dennoch rührt der Staat keinen Finger für sie und lässt sie auf der Straße verhungern. Sind unsere Männer dafür in den Krieg gezogen? Musste mein Mann dafür sterben? Wenn es einen Gott im Himmel gibt, so muss Er sich der Hinterbliebenen erbarmen, der Witwen und Waisen! *Wenn* es einen Gott im Himmel gibt!«

Die halb tauben Ohren meiner Großmutter hatten einige der letzten Wörter aufgeschnappt, und ihr faltiges Gesicht verzog sich vor Beunruhigung.

»Nein!«, protestierte sie sanft. »So darfst du nicht von Gott sprechen. Dafür wird Er dich bestrafen, mein Kind. Wir dürfen Seinen Willen nicht infrage stellen.«

»Pah!«, sagte meine Mutter voll Abscheu. »Wird Er uns ernähren, Mutter? Wird Er vom Himmel herabsteigen, um die knurrenden Mägen meiner Kinder zu füllen?«

Meine Großmutter lauschte angestrengt diesen zornigen Worten und schüttelte missbilligend den Kopf.

»Nein, nein!«, wiederholte sie. »So darfst du nicht reden! Bist du nicht schon gestraft genug? Willst du sehen, wie deine Kinder tot umfallen oder vor deinen Augen erblinden?«

Ihre grässlichen Worte ließen uns vor Angst erschaudern. Meine Mutter sagte zu ihr:

»Du bist alt, Mutter. Du wirst nie verstehen, was es bedeutet, seinen Mann zu verlieren, wenn man noch jung ist, zu wissen, dass man am Ende des Tages nie wieder neben ihm liegen wird, nie wieder seinen warmen Körper ganz nah am Rücken spüren wird. Deine besten Jahre sind vorbei, und du hast deine Männer verloren, als alle Leidenschaft schon längst in dir erloschen war. Doch ich habe meinen Mann verloren, bevor mein Körper die Zeit hatte zu welken. All die jungen und tapferen Männer fallen, und es bleiben nur noch Frauen und hilflose Kinder übrig. Und unser guter Sultan bleibt in seinem Palast und bemisst den Wert eines Menschen in Geld. Er wird mir monatlich neunundneunzig Kuruş zukommen lassen, als Entschädigung für den Verlust meines Mannes – meines jungen und starken Mannes, der nun in einem Grab verwest, das wer weiß wo liegt. Neunundneunzig Kuruş!«

»Was ist mit diesen neunundneunzig Kuruş?«, wollte meine Großmutter wissen, wobei sie vor Angst und Sorge so laut sprach, dass Mehmet und ich zu Tode erschraken.

»Das ist die Rente, die ich für mich und meine drei Kinder bekommen soll«, erwiderte meine Mutter.

»Rente?«, fragte meine Großmutter, die offenbar nichts verstanden hatte, aber auf die aufgebrachte junge Frau, die ihr am Tisch gegenübersaß, einen verständigen Eindruck machen wollte.

Meine Mutter zeigte eine engelhafte Geduld und erklärte es ihr.

»Das ist das Geld, das eine Kriegerwitwe vom Staat bekommt. Ich soll neunundneunzig Kuruş bekommen – mehr war Hüsnü ihnen nicht wert. Ich habe wegen dieses Krieges mein Haus verloren. Ahmet ist tot, und Ayşe ist auch tot – und Sarıyer wird bald nur noch eine blasse Erinnerung sein. Meine Kinder sind noch klein und müssen ausreichend ernährt werden, und du und ich klammern uns ans Leben, weil es manchmal leichter ist, zu leben als zu sterben. Ein Kilo Brot kostet fünfzig Kuruş, und das reicht für einen Tag, oder für zwei, wenn wir den Riemen enger schnallen, und heute gratulierte mir ein Mann vom Schatzamt, weil ich meinen Gatten dem Krieg geopfert habe. ›Gott hat Sie gesegnet‹, meinte er, ›Ihr Mann ist für sein Vaterland gefallen, und nun ist er im Himmel, und wenn Sie jetzt bitte hier unterschreiben würden …‹, und er reichte mir ein Formular, auf dem stand, dass ich einwilligte, neunundneunzig Kuruş für meinen Ehemann zu akzeptieren.«

Ihre aufgebrachte Stimme verstummte, und dann saß sie da und starrte ins Leere, ihre Augen erfüllt von den traurigsten Bildern, ohne ihre Familie um sich herum wahrzunehmen, allerdings auf keine beängstigende, sondern eher auf eine sonderbare Weise. Meine Großmutter schlürfte geräuschvoll ihre Suppe, sagte aber kein Wort, denn ihre Schwerhörigkeit entrückte sie dem Leben, und sie vermochte der flinken Zunge meiner Mutter nicht immer zu folgen.

Als meine Mutter das erste Mal loszog, um ihre Rente abzuholen, begleitete ich sie zu dem Gebäude, in dem heute die İstanbuler Universität untergebracht ist. Dort wimmelte es von Frauen, die einander schubsten und anschrien, und die Warteschlangen reichten weit die Straße hinunter. Es waren indes nicht die ordentlichen, disziplinierten Schlangen, wie ich sie im Zweiten Weltkrieg in England so gut kennenlernen sollte. Ganz im Gegenteil! Diese Schlangen konnten kaum als solche bezeichnet werden, denn sie bestanden großenteils aus Frauen, die sich gegenseitig Beleidigungen und Flüche an den Kopf warfen, wobei sie einander aus dem Weg schubsten und sich hitzige Wortgefechte mit der Polizei lieferten, die eine Zeit lang versuchte, die Menge dazu zu bewegen, gewisse Anstandsformen zu wahren. Die Polizisten waren der geballten Weiblichkeit jedoch nicht gewachsen, und so kapitulierten sie irgendwann und überließen den Frauen das Feld.

Meine Mutter und ich warteten darauf, dass wir an die Reihe kamen – sie mit beträchtlicher Resolutheit, denn wenn eine Frau ihr den Platz streitig zu machen versuchte, fiel sie dermaßen giftig über die Usurpatorin her, dass diese unverzüglich klein beigab und sich verzog. Angesichts ihrer strengen, kompromisslosen Haltung traute sich niemand mehr, sich vorzudrängeln, und ich bewunderte meine Mutter dafür, dass sie sich gegen diese ungehobelten Weibsbilder behaupten konnte.

Als wir dann endlich am Kassenschalter an der Reihe waren, nahm sie das ihr ausgehändigte Geld entgegen, reichte es an mich weiter und sagte, ich solle mir dafür Sultaninen kaufen.

Der Beamte sagte pikiert:

»Der Staat gewährt Ihnen dieses Geld für Nahrungsmittel, Schwester, und nicht als Taschengeld für Ihre Kinder. Oder haben Sie es vielleicht so dicke, dass Sie dieses Geld gar nicht brauchen?«

Meine Mutter drehte sich wie von der Tarantel gestochen zu ihm um und kehrte wieder zu dem kleinen Schalterfenster zurück, wo sie eine Frau, die dort auf ihr Geld wartete, mit sanfter Gewalt beiseiteschob.

»Hören Sie mal«, sagte meine Mutter mit erstaunlicher Selbstbeherrschung, »Ihre Aufgabe besteht darin, den Leuten, die hierherkommen, zu Diensten zu sein, und nicht darin, ihnen Ratschläge zu erteilen, denn wir brauchen Ihre Ratschläge nicht.« Die anderen Frauen spendeten ihr laut Beifall. »Ich frage mich, wie viel Ihr großzügiger Sultan Ihnen im Monat zahlt. Genug, um Ihre Familie ernähren zu können? Ich bezweifle es, denn Ihr Anzug ist, Gott stehe Ihnen bei, eine Schande, und Ihr dürrer Körper sieht so schwächlich aus, dass es einen nicht verwundert, dass Sie nicht hinausgeschickt werden, um gegen die Engländer zu kämpfen. Wenn ich das Geld, das ich hier bekomme, meinem Sohn für Süßigkeiten gebe, dann deshalb, weil dieser lächerliche Betrag zu mehr nicht taugt. Ich bin hierhergekommen, um meine Rente abzuholen, und nicht, um mir Ihre unangebrachten Ratschläge anzuhören.«

»Ich werde Sie festnehmen lassen …«, stotterte der junge Mann mit puterrot angelaufenem Gesicht, und mir fuhr der Schreck in die Glieder, denn ich dachte, er könnte es vielleicht wirklich tun.

Und die Stimme meiner Mutter tönte herausfordernd:

»Na, das können Sie ja mal versuchen!«

Die Stimmen der anderen Frauen erhoben sich bedrohlich, als zwei Polizisten auf den Plan traten, die jedoch am Rand der Menge verharrten, da ihnen noch die Courage fehlte, sich einen Weg durch jenen wütenden, wild wogenden Hexenkessel zu bahnen, um meine Mutter in Gewahrsam zu nehmen.

Die Frauen schrien heiser:

»Gut gesprochen, Schwester!«

Und sie bauten sich schützend um sie herum auf, dazu bereit, sie zu verteidigen, sollten die Polizisten ihr zu nahe kommen. Sie starrte die zaudernden Polizisten an, mit stolz in den Nacken geworfenem Kopf, doch die machten keine Anstalten, sich ihr zu nähern. Sie schritt durch die Reihen der Frauen, noch immer erhobenen Hauptes. Manche der Frauen zupften ihr am Ärmel, wenn sie sie passierte, und riefen:

»Gott segne Sie, Hanım Efendi!«

Und die Polizisten wagten es nicht, sie anzurühren, obwohl das, was sie an jenem Vormittag gesagt hatte, in der alten Türkei als Hochverrat gegolten hätte.

Nach jenem Vorfall ging sie nie wieder zum Schatzamt, um ihre mickrige Rente abzuholen, sondern ließ mich dort hingehen, und ich kaufte dann von dem Geld immer Nüsse und Sultaninen für Mehmet und mich. Doch eines Vormittags hatte auch ich dort ein unvergessliches Erlebnis, und danach ließen wir die Rente sausen, denn niemand von uns hatte noch Lust, sie abzuholen.

Bei jenem letzten Mal schien der Andrang noch größer zu sein als sonst, und ich wartete geduldig darauf, dass ich an die Reihe kam. Je mehr Leute die Kassenschalter verließen, desto mehr strömten in die Halle herein, sodass ich dem Empfang des Geldes keinen Zentimeter näher zu kommen schien. Ich schluckte meine Angst vor den grimmigen Frauen hinunter und schlängelte mich zwischen ihnen hindurch, krabbelte manchmal auch unter ihnen hindurch, ohne auf die Drohungen der erbosten Männer zu achten, und schaffte es schließlich, eines der Schalterfenster zu erreichen – oder es zumindest beinahe zu erreichen. Hinter mir stand ein großer Mann, und als er sah, dass ich zu klein war, um mich mit dem Auszahlungsbuch am Schalter bemerkbar machen zu können, hob er mich hoch. Dabei steckte er seine Finger blitzschnell in den Schritt meiner kurzen Hose, was mir so unangenehm und peinlich war, dass ich wie ein Wilder zu zappeln und zu schreien begann. Meine in alle Richtungen ausschlagenden Beine trafen eine junge Frau an der Schläfe, woraufhin sie wütend auf mich einzuprügeln begann. Der Mann, der mich noch immer hochhielt, setzte seine Nachforschungen ungeniert fort. Ich schrie wie am Spieß und schlug mit der Faust nach ihm. In der Menge kam ein unheilvolles Gemurmel auf, und ich versuchte mit aller Kraft, mich aus dem Griff des Mannes zu befreien, was leichter ging, als er mich teilweise losgelassen hatte. Ich stürzte fast zu Boden, gekränkt und verwirrt, dass jemand auf solche Ideen kommen konnte, und dann floh ich durch die Menge, ohne an das Rentenbuch zu denken.

Ich rannte so schnell nach Hause, wie meine Beine mich trugen, obwohl sie dermaßen zitterten, dass ich vermutlich nur sehr langsam vom Fleck kam. Als ich zu Hause angelangt war, erzählte ich meiner Mutter schluchzend, was sich zugetragen hatte, und ich sah, wie sie die Lippen zusammenkniff; dann sagte sie, ich solle mich waschen gehen und Mehmet nichts von der Sache erzählen.

Danach sagte sie zu mir:

»Wenn du etwas älter bist, werde ich dir all diese Dinge erklären, denn fortan muss ich dir Vater und Mutter sein. Aber merke dir für die Zukunft, dass es gewisse Männer gibt, die Jungen mehr schätzen als Mädchen, vor allem einen so hübschen Jungen wie dich.«

Das war alles, was sie sagte. Sie fügte nur noch hinzu, ich solle diesen Tag so schnell wie möglich aus meinem Gedächtnis streichen.

Doch es war schwer, diese Erinnerung aus dem Kopf zu verbannen. Der Schock saß so tief, dass ich noch lange danach vor jedem Mann fortrannte, der mir über den Weg lief. Während meiner gesamten Kindheit und Jugend war dieser Argwohn mein ständiger Begleiter, und ich betrachtete alle Männer als potenzielle Feinde.

XIV. Not macht geschäftstüchtig

Meine Großmutter alterte zusehends. Sie las noch immer täglich im Koran, und seit einiger Zeit unterstellte sie meiner Mutter, sie sei auf der Suche nach einem neuen Ehemann. Sie grummelte, dass niemand sie haben wolle, dass ihr Geld zur Neige gehe und dass sie ihre Enkelkinder nicht mehr sehen dürfe, sobald meine Mutter wieder verheiratet wäre. Sie suhlte sich in Selbstmitleid und schaltete automatisch auf Durchzug, wenn meine Mutter ihr zu erklären versuchte, dass sie nicht die leiseste Absicht hegte, sich wieder zu verheiraten. Was immer meine Großmutter sagte, sie trompetete es in einer solchen Lautstärke heraus, dass es die gesamte Nachbarschaft mitbekam. Als eines Tages die Witwe an unserem Haus vorbeilief, rief sie dieser mit ihrer Löwenstimme zu, sie solle heraufkommen auf eine Tasse Kaffee, bei der sie ihr alles erzählen wolle, was sie derzeit bedrückte. Die Witwe, eine treue Seele, die vergessen hatte, wie oft meine Großmutter sie bis zum Gehtnichtmehr brüskiert hatte, nahm die Einladung dankbar an. Als sie das Haus betrat, sagte sie, sie habe noch nie einen besseren Kaffee getrunken als den, der bei uns serviert werde.

»Wo bekommen Sie nur den Zucker her«, seufzte sie, doch meine Großmutter setzte sie nicht ins Bild und hatte vermutlich ohnehin nur die Hälfte des Gesagten verstanden.

Obwohl die Witwe eingeladen worden war, eine kleine Stärkung zu sich zu nehmen, war sie es, die die ganze Arbeit erledigen musste, wobei meine Großmutter ihr lauthals und ohne Pause Anweisungen erteilte und darauf insistierte, dass die besten Porzellantassen genommen wurden. Es dauerte nicht lange, und die ganze Straße wusste, dass bei uns Kaffee gekocht wurde und dass unsere Familie praktisch völlig verarmt war.

In dem großen weißen Ofen wurde Holz nachgelegt, und es wurden Sessel für die beiden Frauen herangerückt. Ich lungerte im Hintergrund herum, und als niemand von mir Notiz nahm, setzte ich mich schließlich auf den weichen, warmen Teppich. Die Witwe genoss ihr Glück in vollen Zügen und zeigte keine Neigung, diesen anheimelnden Raum zu verlassen. Meine Großmutter begann ihr zu erzählen, dass wir kein Geld mehr hatten, doch die Witwe war davon wenig beeindruckt, denn sie hatte zeitlebens von der Hand in den Mund gelebt. Als sie schließlich auch einmal zu Wort kam, sagte sie fröhlich:

»Aber Sie haben doch eine Nähmaschine, Hanım Efendi! Und wer eine Nähmaschine hat, der braucht nie Hunger zu leiden – meiner verdanke ich seit nunmehr fünfzehn Jahren Lohn und Brot.«

»Papperlapapp«, sagte meine Großmutter. »Wie soll ich in meinem Alter noch lernen, mit der Nähmaschine zu nähen?«

»Und was ist mit Ihrer Schwiegertochter?«, krähte die Witwe und rückte ihren Sessel noch näher an das knisternde Feuer heran.

»Şevkiye?«, fragte meine Großmutter völlig perplex. »Ach, die ist doch genauso nutzlos wie ich.«

»Nein, ist sie nicht«, widersprach ihr die Witwe. »Haben Sie nicht gesehen, wie schnell sie es gelernt hat, Kleider für die Kinder zu nähen?«

»Ja, das habe ich«, sagte meine Großmutter nachdenklich. »Und sie fertigt wirklich die hübschesten Stickereien an.«

»Stickereien!«, schnaubte die Witwe voller Verachtung. »Das ist doch eine brotlose Kunst, Hanım Efendi. Aber mit der Maschine nähen – das ist was völlig anderes. Vielleicht kann ihr mein Arbeitgeber vom Kapalı Çarşı ja den einen oder anderen Auftrag zukommen lassen. Ich werde ihn gleich morgen fragen, und sollte er zustimmen, so werde ich Ihrer Schwiegertochter helfen und ihr zeigen, was sie machen muss.«

»Sie sind überaus zuvorkommend«, sagte meine Großmutter verwundert, und die Witwe strahlte vor Freude.

Mitten in ihre Unterhaltung platzte meine Mutter herein. Sie sah so eigenartig aus, so derangiert, dass mir vor Angst fast das Herz stehen blieb.

»Was ist passiert?«, rief die Witwe beunruhigt, und meine Mutter erwiderte mit der neuen, harten Stimme, der sie sich in letzter Zeit ausschließlich zu bedienen schien:

»Na, das Übliche! Heutzutage muss man sich von jedem beleidigen lassen. Bei den Behörden behandeln sie einen wie den letzten Dreck oder wollen einem weismachen, wie glücklich man sich schätzen dürfe, weil man seinen Mann dem Vaterland geopfert habe. Auf der Suche nach Brot laufe ich mir jeden Tag die Hacken ab, und wofür? Für ein steinhartes Schwarzbrot, das ich normalerweise noch nicht mal an Tiere verfüttern würde. Die Leute drängeln und treten, sie fauchen einen wütend an, und es scheint, dass niemand mehr den Anstand wahrt …«

Ihre Stimme versagte, und ich dachte, sie würde gleich zu weinen beginnen, doch sie beherrschte sich; zwischen ihren zarten Brauen bildete sich eine feine Furche, fast so als wunderte meine Mutter sich über das, was sie gerade gesagt hatte. Sie streckte eine Hand aus, um sich irgendwo festzuhalten, und ihr Gesicht wurde sehr blass, totenblass, sodass die Wangenknochen deutlich hervortraten, und die Nase schien noch verhärmter und spitzer als sonst.

»Ist heute Vormittag etwas Ungewöhnliches passiert?«, schrie meine Großmutter.

»Ja, jede Menge!«, erwiderte meine Mutter. »Wenn du eine Frau bist und allein auf der Welt, dann musst du dich an Beleidigungen und Unverschämtheiten gewöhnen. Heute Vormittag habe ich versucht, ein Brot aufzutreiben. Die Läden waren alle geschlossen, aber schließlich fand ich einen, der geöffnet hatte. Ich reihte mich in die Schlange ein, um gemeinsam mit den anderen mein Glück zu versuchen. Ich hatte gerade mein Geld auf den Ladentisch gelegt und das Brot entgegengenommen, als es mir von einer Frau neben mir aus der Hand gerissen wurde. Sie sagte, es gehöre ihr, denn sie habe es zuerst bezahlt. Ich riss es wieder an mich, und daraufhin ist sie über mich hergefallen wie eine Furie. Sie hat um sich geschlagen und getreten und geschrien und mir den Schleier vom Gesicht gerissen. Sie hat gesagt, nur die Reichen würden einen Schleier tragen und dass ich nicht das Recht hätte, mich für Brot anzustellen, wenn die Armen es dringender benötigten als ich. Meinen Schleier!«, wiederholte meine Mutter völlig entsetzt. »Vor all diesen Leuten zerrte sie mir den Schleier vom Gesicht, als sei ich eine Prostituierte, und dann bezeichnete sie mich auch als eine solche! Mich! Vor all diesen Leuten! Ich dachte, die Welt würde über mir zusammenstürzen. Ich wollte diese Frau abschütteln, doch sie krallte sich an meinem Kleid fest, und ich hatte Angst, sie könnte mir das auch noch wegreißen. Dann mischten sich Gott sei Dank zwei Männer ein. Sie gaben mir das Brot zurück, und ich sah zu, dass ich von jenem grässlichen Ort fortkam – mit einem völlig zerrissenen Schleier und dem Geschrei der Leute im Rücken. Sie riefen mir alles Mögliche hinterher, denn sie hielten mich für ein Flittchen, das sich mit einem anderen Flittchen in die Haare bekommen hatte. Was für eine Schande! Nein, dass ich so etwas erleben muss, dass ich für so etwas hier Leib und Leben riskieren muss …«

Und sie hielt das steinharte Schwarzbrot in die Höhe. Dann kippte sie plötzlich vornüber, und noch ehe ich verstand, was geschah, lag sie quer auf dem Sofa, aufgefangen und dorthin getragen von den kräftigen, gütigen Armen der Witwe. Meine Großmutter war so aufgebracht, wie ich sie noch nie erlebt hatte. Sie rang die Hände, und ihr Gesicht war beinahe so blass wie das meiner Mutter.

Meine Mutter begann so heftig mit den Zähnen zu knirschen, dass ich fürchtete, sie könnte sie sich kaputt beißen, doch die Witwe zwängte ihr einen Löffel zwischen die Lippen und hob ihren Kopf an, um ihn mit ein paar Kissen abzustützen. Nach einer Weile hörte das beängstigende Knirschen auf, und meine Mutter schlug kurz die Augen auf.

»Cognac!«, schrie meine Großmutter, und dann machte sie sich daran, einen starken Kaffee zu kochen.

Sie führte mit beinahe kreischender Stimme ein Selbstgespräch und beschwor die Namen ihrer toten Söhne, appellierte an sie, wieder zurückzukommen und ihre Frauen zu beschützen. Ihre kärglichen, lange angestauten Tränen rollten ihr die Wangen hinab und fielen leicht zischend in die glosende Asche des Mangals.

Meine Mutter öffnete ihre Augen und setzte sich auf. Die Farbe war nun wieder in ihr Gesicht zurückgekehrt. Sie rekelte sich träge, so als sei sie sehr müde und von weit, weit her zurückgekommen. Sie nahm den ihr angebotenen Kaffee an, und bald schien sie wieder völlig normal zu sein.

Die Witwe blieb noch den ganzen Tag bei uns; falls sie zur Arbeit gemusst hätte, ließ sie es nicht durchblicken. Als die herzensgute Seele, die sie war, wollte sie nur bei meiner Mutter sein, um ihr so gut, wie sie konnte, zu Diensten zu sein.

Die Abenddämmerung brach früh an, und vom Minarett der kleinen Moschee ertönte der Ezan, das Signal für meine Großmutter, mit ihren Gebeten zu beginnen. Jeden Abend wartete sie darauf, dass der Muezzin das Minarett erklomm, denn seit Beginn ihrer Schwerhörigkeit konnte sie nur auf diese Weise feststellen, wann die richtige Zeit zum Beten gekommen war. An jenem Abend betete sie mit ihrer lauten, brummigen Stimme für ihre toten Söhne, für meinen Großvater, für meine

Mutter und für uns Kinder. Am Ende schloss sie auch sich selbst in ihre Gebete ein. Ihre Stimme erfüllte den Raum, und die alten, wohltönenden Worte strömten einem sanft ins Ohr. Die Witwe hatte das Abendessen zubereitet, und da meine Mutter noch zu schwach war, um die Treppe hinuntersteigen zu können, nahmen wir es im Salon ein. Das Feuer loderte fröhlich vor sich hin, und sämtliche Lampen – oh, welcher Luxus! – waren angezündet.

Nach dem Abendessen wünschte meine Großmutter, entgegen jeder Logik, die kleine Moschee aufzusuchen, um dort zu beten, und ich sollte sie begleiten. Wir traten hinaus in die finstere Nacht, ich auf eine wohlige Weise beklommen und aufgeregt. Meine Großmutter führte eine brennende Kerze in einer Art Sturmlaterne mit sich, und ich konnte klar und deutlich eine andere Kerze auf dem Grabmal des heiligen Mannes flackern sehen. Wir gingen schnell, denn die Nacht war bitterkalt, und als wir auf gleicher Höhe mit dem Fenster waren, hinter dem sich das Grabmal befand, bat sie mich mit strenger Stimme, für die Seele des heiligen Mannes zu beten. Sie öffnete ihre Hände gen Himmel, mit, wie es der muslimischen Tradition entspricht, nach oben gekehrten Handflächen, und ich tat es ihr nach. Ich glaube nicht, dass ich besonders viel gebetet habe, denn meine Zähne klapperten vor Kälte, und der Wind hatte sich just diesen Moment ausgesucht, um eisig um die Ecke gepfiffen zu kommen und schneidend durch den dünnen Stoff meines Mantels zu fahren.

Nachdem wir die Moschee betreten hatten, nahmen wir auf der Frauenseite Platz, und mir wurde sofort ganz kribbelig vor Verlegenheit, denn meine Großmutter bestand darauf, ihre Gebete aus voller Kehle zu sprechen. Außer uns war nur eine Handvoll Leute anwesend, doch denen war keine fromme Andacht vergönnt, denn sie kamen nicht umhin, meiner Großmutter zuzuhören, ob sie es nun wollten oder nicht. Wieder und wieder bat sie ihren Gott inständig, sich der Seelen ihrer verstorbenen Angehörigen zu erbarmen und meine Mutter wieder gesund und kräftig zu machen. Ich zappelte vor Ungeduld und versuchte, sie zum Schweigen zu bringen, doch sie wollte keine Ruhe geben, ehe sie nicht all das gesagt hatte, was sie sich zu sagen vorgenommen hatte.

Eines Tages gingen meine Mutter und ich nach Beşiktaş, das in einiger Entfernung von unserem Haus lag. Ich habe vergessen, warum wir dort hingingen, doch ich erinnere mich noch sehr gut an jenen Tag, weil ich damals zum ersten Mal unseren Sultan, Mehmet Reşa, zu Gesicht bekam. Auf der Hauptstraße von Beşiktaş marschierten Soldaten, und eine Kapelle spielte Militärmusik, während die Polizei die neugierige Menge wenig zimperlich von der hoheitlichen Fahrtroute fernhielt. Wir warteten mit den anderen, um den Sultan zu sehen, und als Erstes erschien die Kavallerie auf ihren hochtrabenden Arabern. Soweit ich mich erinnere, trugen die Soldaten blaue Uniformjacken mit blank geputzten Messingknöpfen, scharlachrote Reithosen und auf ihren Köpfen große hohe *kalpaks,* Husarenmützen, mit flatternden weißen Federbüschen. Sie tänzelten uns entgegen, wobei ihre Uniformen die trostlos-graue Menschenmenge um einen willkommenen Farbtupfer bereicherten, und ihre Sporen klirrten und klimperten und blitzten in der blassen Sonne. Auf die Kavallerie folgte eine von edlen Vollblütern gezogene Equipage, und hinter den Fensterscheiben konnten wir kurz einen alten schmächtigen Mann mit einem kleinen weißen Bart erkennen. Er trug eine Uniform, und an seiner Brust baumelten zahllose Orden. Die Leute um uns herum, von denen die Hälfte in Lumpen gekleidet war, ließen einen gewaltigen Schrei untertäniger Ergebenheit ertönen, einen kehligen, wie Donnerhall brausenden Willkommensgruß: *»Padişahim çok yaşa!«,* schrien sie, und dann war er auch schon an uns vorbei, und andere Stimmen nahmen den Refrain auf. Selbst als die Kutsche schließlich aus unserem Blickfeld verschwunden war, konnten wir noch lange das Echo der jubelnden Menge vernehmen. Dann wurden die stillen Straßen noch stiller, denn die Menge hatte sich zerstreut, und meine Mutter und ich setzten unseren Weg fort.

Meine Mutter hatte Arbeit gefunden. Die Witwe hatte Wort gehalten und ihren Arbeitgeber vom Kapalı Çarşı, dem überdachten, auch Großer Basar genannten zentralen Markt von İstanbul, dazu bewegen können, sie für ihn nähen zu lassen. Die Entlohnung war mehr als bescheiden, und seit einiger Zeit war der Salon ständig übersät von erledigten oder noch zu erledigenden Näharbeiten, und das unaufhörliche Surren der Nähmaschine übertönte alles andere im Haus. So verging der Winter des Jahres 1915 zum Klang der Nähmaschine meiner Mutter und zum fröhlichen und beruhigenden Geknister der in unserem Porzellanofen brennenden Holzscheite. Irgendwie passte sich das Leben den neuen Gegebenheiten an: Wir hatten uns an das schlechte und trotzdem nie ausreichende Essen gewöhnt; meine Großmutter erledigte die Einkäufe auf dem Markt, und ich war nun derjenige, der sich auf die Suche nach Brot begab. Doch die ersten milden Frühlingstage sollten all dies wieder zunichtemachen. Man hatte bereits gelernt, dass Sicherheit zerbrechlich war, etwas, das sehr empfindlich auf den ersten kalten Lufthauch reagierte, doch man wollte sich damit nicht so einfach abfinden. Jenes Frühjahr 1916 überschattet alle anderen Erinnerungen, und die Narben, die es schlug, sind bis heute nicht verheilt.

Die Näherei kam für meine Mutter zu einem plötzlichen, abrupten Ende, denn der Arbeitgeber vom Kapalı Çarşı erklärte den Frauen, er könne keine Aufträge mehr vergeben, weil der Staat alle verfügbaren Materialien für die Armee aufgekauft habe. Er sagte, die Armee habe hinter dem Gülhane-Park ein

Nähdepot eingerichtet, und wer sich dort melde, werde sofort eingestellt. Er hatte den Frauen seine großen, behaarten Hände entgegengestreckt und sie gebeten, seine Situation zu verstehen, und die Frauen hatten einander angeschaut und sich gefragt, was sie nun tun sollten. Die Witwe hatte sogleich erklärt, sie jedenfalls werde zu diesem Armeedepot gehen, für sie sei es gehupft wie gesprungen, für wen sie arbeite, Hauptsache, sie bekomme Geld dafür. Meine Mutter und viele der gerade erst verarmten Frauen waren noch unschlüssig. Sie fanden, in der Abgeschiedenheit ihrer eigenen vier Wände zu arbeiten sei etwas völlig anderes, als in einer staatlichen Fabrik wie auf dem Präsentierteller zu sitzen. Als meine Mutter nach Hause kam, blickte meine Großmutter überrascht auf ihre leeren Hände und fragte, was los sei.

»Keine Arbeit mehr«, erklärte meine Mutter. »Die Armee hat alle Materialien aufgekauft und hinter dem Gülhane-Park eine Fabrik aufgemacht. Die Witwe ist heute hingegangen, um zu sehen, ob sie dort Arbeit findet.«

»Na, für dich kommt das aber nicht infrage!«, brüllte meine Großmutter in einer solchen Lautstärke, dass ein Stapel Teller auf dem Küchentisch leicht zu vibrieren begann.

»Was soll dieses Gerede?«, fragte meine Mutter entnervt. »Wir haben kaum noch Geld, und die Kinder müssen etwas zu essen bekommen. Sollen sie Hunger leiden, nur weil wir nicht von unserem hohen Ross heruntersteigen wollen?«

Meine Großmutter erhob sich und bedeutete uns, ihr zu folgen. Sie führte uns ins Schlafzimmer, zauberte einen irgendwo an ihrer Taille versteckten Schlüssel hervor und sperrte die Blechtruhe auf, in der sie ihre Wertsachen verwahrte.

»Wir haben noch diese fünf Goldmünzen hier«, sagte sie zu meiner Mutter. »Nimm sie. Damit werden wir noch eine Weile durchkommen. Und wenn die aufgebraucht sind, kann ich noch immer meinen Schmuck verkaufen – meine Ringe und meinen Smaragdanhänger. Die Sachen wollte ich eigentlich für Muazzez aufheben.«

Sie holte den Schmuck aus seiner mit Seide ausgekleideten Schachtel, und er glitzerte matt in ihren Händen.

»Nein!«, sagte meine Mutter. »Diese Ringe werden nie und nimmer verkauft. Die Händler werden dich über den Tisch ziehen, weil sie ganz genau wissen, dass Leute unseres Standes jetzt ihre Wertsachen verkaufen, da sie so verzweifelt Geld benötigen. Erst letzte Woche hat mir eine der Frauen vom Kapalı Çarşı erzählt, sie habe ein Collier aus Diamanten und Rubinen verkauft, viel wertvoller als deine Sachen hier, Mutter, und alles, was sie dafür bekam, war eine schäbige Goldmünze. Den Wert der Steine kannte sie nicht, und sie war so hungrig, dass sie sie dem ersten jüdischen Händler überließ, der ihr ein Angebot machte. Nein!«, sagte sie nun leiser, tatsächlich so leise, dass meine Großmutter ihre Worte nicht verstand, »diesen Schmuck soll Muazzez einmal bekommen«, und sie fuhr mit den Fingern über das herrliche Geschmeide. Dann nahm sie es meiner Großmutter aus den Händen und schloss es wieder weg. Sie legte ihre Hände auf die Schultern meiner Großmutter und küsste sie sanft auf die Stirn. »All unsere schönen Stücke sind unwiederbringlich verloren«, sagte sie in die angestrengt lauschenden Ohren. »Also lass uns wenigstens diese schönen Sachen hier für Muazzez aufheben. Sie sollen einmal den Hals meiner Tochter schmücken.«

So ward die erste Krise abgewendet, und in dem kleinen Haus kehrte wieder Ruhe ein – eine von keinem Nähmaschinengeräusch mehr beeinträchtigte Stille. Und das Gold in der Tasche gewährte eine zeitweilige, vorübergehende Unbeschwertheit, denn bekam man dafür nicht wieder gutes Essen und – wenn auch nur kurzfristig – Wein für meine Großmutter? Schwach waren sie, sorglos und unglaublich verschwenderisch, ohne die geringste Ahnung, was für schwere Zeiten ihnen noch bevorstanden. Während meiner gesamten Kindheit bewegten mich ihre Schönheit und ihre Tränen und ihre Tapferkeit dermaßen tief, dass es wehtat. Ihr Blut pulste wild in meinen Adern, und ich bin in meinem Leben auch so unglaublich sorglos gewesen wie sie, freilich ohne die Courage, ohne den Witz und ohne die Güte, um solchen Kummer und solchen Schmerz durchzustehen, mit dem sie sich konfrontiert sahen.

Hin und wieder schaute die Witwe bei uns vorbei, um uns mit ihrem derben Humor zu unterhalten und zugleich zu ängstigen, wenn sie uns erzählte, wie es war, in einer Fabrik zu arbeiten. Sie musste dort Tag und Nacht zubringen; sie schlief und aß dort mit den anderen, arbeitete im Schichtdienst und hatte nur einen Tag in der Woche frei.

Der Lohn, sagte sie, sei erbärmlich, doch für sie genug, denn die Armee stelle das Essen.

»Ich«, sagte sie stolz, »ich bin Gott sei Dank stark wie ein Löwe! Denn nur die Starken können an einem solchen Ort überleben.«

Sie drängte meine Mutter nun nicht mehr, ihr dorthin zu folgen, da sie mitbekommen hatte, wie sehr meine Großmutter eine solche Arbeit missbilligte, doch da die beiden offen mit ihr sprachen, kam sie nicht umhin zu bemerken, dass wir wieder knapp bei Kasse waren, und vielleicht wusste sie ja auch, dass es nur eine Frage der Zeit war, bis meine Mutter ihr freiwillig in die Fabrik folgte. Wann ist meine liebe, dumme Familie einmal nicht knapp bei Kasse gewesen? Im Geldausgeben war sie immer ganz groß, doch aufs Sparen verstand sie sich kein bisschen, und selbst das Leben von seiner grausamsten Seite konnte sie nicht eines Besseren belehren. Eines Vormittags stiefelte meine Großmutter durch sämtliche Zimmer und zählte an ihren Fingern die größten und, wenn ich mich nicht irre, hässlichsten Möbelstücke ab, die wir besaßen. Dabei fragte sie sich mehrere Male laut, wie viel sie wohl dafür bekäme, wenn sie sie verkaufte.

»Das sind gute Nussbaummöbel«, murmelte sie vor sich hin. »So etwas gibt es heute gar nicht mehr. Und Şevkiye hatte schon recht, als sie meinte, diese Räume seien zu vollgestellt.«

Als die gute Seele, die sie war, versuchte sie, sich einzureden, dass der Verkauf ihrer Möbel ihr nichts ausmachte. Sie hoffte, auf diese Weise den Tag hinauszögern zu können, an dem meine Mutter sich als Fabrikarbeiterin verdingen musste.

Sie schickte nach einem jüdischen Händler, und ich war derjenige, der ihn ins Haus und zu meiner Großmutter geleitete, die sich zu diesem Anlass völlig verändert hatte. Sie hatte sich herausgeputzt und trug all ihre Ringe und den Smaragdanhänger, um den Händler darüber hinwegzutäuschen, wie bitter nötig sie das Geld hatte.

Der Händler musterte die Möbel mit verstohlenen, argwöhnischen Blicken. Vielleicht wusste er nicht, wie er die Situation einschätzen sollte, denn obgleich das Haus klein war und in einem übel beleumundeten Viertel stand, trug diese alte Dame Diamanten, die, wie er sehen konnte, zweifellos echt waren. Außerdem war sie in Seide gekleidet, das Zeichen der Seriosität, und die Möbel und Teppiche waren die besten, die man für Geld bekommen konnte. Es ist verständlich, dass er sich fragte, wie er sich gegenüber dieser unbeugsamen, stolzen Frau verhalten sollte.

Er fuhr mit den Fingern über das glatte, polierte Holz, wollte aber nicht so recht mit der Sprache heraus. Ich folgte ihm, wobei ich in meiner bunt zusammengewürfelten Garderobe einen komischen Anblick geboten haben muss. Man hatte mich in die besten, mir halbwegs passenden Kleidungsstücke gesteckt, die man finden konnte, und ich hatte Angst, mich hinzusetzen, denn alles war so unangenehm eng, dass die Nähte zu platzen drohten. Der Händler sagte eine Zahl, und ich sah, wie die Handknöchel meiner Großmutter über dem Griff ihres Ebenholzstocks weiß wurden.

»Sind Sie nicht ganz bei Trost?«, fragte sie gebieterisch, wobei ihre laute, selbstbewusste Stimme dröhnend von den Wänden widerhallte.

Der Händler blickte wieder unschlüssig drein und ließ seine Finger ein zweites Mal über das Holz fahren, und diesmal zog er auch die eine oder andere Schublade heraus.

»Es bleibt bei meinem Angebot«, sagte er schließlich, woraufhin sich meine Großmutter hochmütig aufrichtete.

»Dann, fürchte ich, ist unser Gespräch beendet«, sagte sie mit scharfer Stimme und bewegte sich auf die Tür zu.

»Einen Moment bitte«, sagte der Händler und fügte zögernd ein »Efendi« hinzu, denn er hatte noch immer keine Vorstellung von ihrem gesellschaftlichen Rang und, was noch wichtiger war, von ihrer finanziellen Situation.

Es folgte eine längere Pause, in der jeder den anderen misstrauisch beäugte und die Hartnäckigkeit seines Gegenübers abzuschätzen versuchte. Der Händler lenkte als Erster ein und erhöhte sein Angebot ein wenig, nur ein wenig, wohlgemerkt, doch dies war der Moment, wo er den ersten Fehler beging. Meine Großmutter zeigte sich unbeeindruckt. Sie zuckte nicht mit der Wimper. Ich war hingerissen, denn so hatte ich sie zuletzt zu Lebzeiten meines Großvaters gesehen. Ich hatte fast schon vergessen, dass sie so auftreten konnte. Sie stützte sich auf ihren Stock und wartete ab. Der Händler erhöhte sein Angebot noch einmal ein bisschen, denn er witterte hier ein gutes Geschäft und war deshalb bereit, ein wenig nachzugeben. Doch sie stand da wie eine Statue und äußerte sich nicht zu seinem Angebot. Als er es schließlich nicht mehr aushielt, platzte er los:

»Ein besseres Angebot als das meinige wird Ihnen niemand machen. Wenn Sie Geld brauchen, so rate ich Ihnen dringend, mein Angebot nicht auszuschlagen.«

Und das war sein zweiter Fehler, denn dies machte meine Großmutter arrogant, und in dieser Gemütsverfassung war sie am gefährlichsten; es waren schon gescheitere Leute als dieser Händler leichtsinnig geworden, weil sie nichts von der Gefahr ahnten, in der sie schwebten.

»Wenn ich Geld brauchte«, sagte sie, »bliebe mir wohl nichts anderes übrig, als mich von Ihnen über den Tisch ziehen zu lassen. Doch momentan versuche ich lediglich, diese großen Möbelstücke loszuwerden, denn dieses Haus ist, wie Sie ja selbst sehen können, viel zu klein, um sie alle darin unterzubringen. Wenn Sie die Möbel jedoch nicht kaufen möchten, so ist das eine völlig andere Sache, und in dem Fall kann ich nur bedauern, dass wir beide unsere Zeit vergeudet haben. Ich wünsche Ihnen einen guten Morgen.«

Sie schritt entschlossen zur Tür und hielt sie dem Händler auf. Wir hörten ihn die Treppe hinuntergehen, und ich hätte am liebsten vor Verzweiflung laut losgeheult, denn vielleicht würde meiner Großmutter nie wieder ein solches Angebot unterbreitet. Ich schaute sie stumm an, doch dann hörte ich, wie der Händler die Treppe wieder heraufkam, und ich blickte zu meiner Großmutter, die dies noch nicht mitbekommen hatte. Ich hatte Angst, sie würde eine falsche Bemerkung machen, die er aufschnappen könnte und die ihn womöglich dazu veranlasste, auf dem Absatz kehrtzumachen und aus dem Haus zu stürmen oder mit einem niedrigeren Angebot zurückzukehren. Doch sie sagte nichts und verriet kein Anzeichen von Überraschung, als er wieder in den Salon trat. Er rang seine Hände, aus Verzweiflung, aus Resignation – wer kann das wissen? Und dann holte er tief Luft und sagte:

»Sie treiben mich in den Ruin, Efendi. Ich weiß nicht, ob ich solche klobigen, altmodischen Stücke wie diese hier überhaupt loswerden kann, aber hier ist mein letztes Angebot. Schlagen Sie ein oder lassen Sie's bleiben.« Er nannte ihr einen

Betrag, und die Gesichtszüge meiner Großmutter entspannten sich.

»Legen Sie noch zwanzig Lira drauf«, sagte sie hochnäsig, »und die Möbel gehören Ihnen.«

»Fünf!«, sagte der Händler.

»Fünfzehn!«, sagte meine Großmutter.

»Siebeneinhalb«, schrie der Händler, der inzwischen ins Schwitzen geraten war und so aussah, als hätte er am liebsten aufgehört, aber als ginge das nicht, da auch er bei dieser Transaktion für sich das Bestmögliche herausschlagen wollte.

»Zwölfeinhalb!«, erwiderte meine Großmutter, unbeugsam bis zum Schluss.

»Zehn!«, sagte der Händler, wobei er sich mit der Hand über die Stirn fuhr.

»In Ordnung«, lenkte meine Großmutter ein. Daraufhin gab ihr der Händler einen Packen speckiger Lirascheine und schritt zum Fenster, um seine Träger heraufzurufen, die, für den Fall, dass es zu einem Geschäftsabschluss käme, vor dem Haus gewartet hatten.

Er wandte sich wieder meiner Großmutter zu.

»Sie sind eine harte Verhandlungspartnerin«, sagte er. »Aber falls Sie einmal diese Diamanten und Ihre anderen Schmucksachen verkaufen wollen, kann ich Sie mit einem Kollegen zusammenbringen, der Ihnen dafür ein gutes Angebot machen wird.«

»Danke«, sagte meine Großmutter säuerlich, denn nun, wo das Geschäft getätigt war, hätte sie ihn am liebsten von hinten gesehen.

Sie nahm auf dem Sofa Platz und sah zu, wie die Träger nach und nach die Zimmer ausräumten. Sie warf ihnen in einem fort Instruktionen an den Kopf und gemahnte sie, auf ihre Teppiche achtzugeben und sich die Schuhe auszuziehen, bevor sie die Räume betraten. Als die Träger und die Möbel schließlich verschwunden waren, bemerkte ich, dass meine Großmutter am ganzen Leib zitterte.

»Was ist los, Großmutter?«, fragte ich und ging zu ihr.

»Nichts«, sagte sie. »Ich bin nur so glücklich – dass ich, eine alte Frau, es geschafft habe, von einem jüdischen Händler den Preis bezahlt zu bekommen, den ich haben wollte!«

Sie zog mich neben sich auf das Sofa, und ich hatte noch nicht richtig Platz genommen, da ertönte unter mir ein lautes, reißendes Geräusch. Meine Großmutter und ich schauten einander beunruhigt an, doch dann brachen wir in Gelächter aus, denn meine Hosennähte hatten der Belastung nicht standgehalten und waren schließlich geplatzt.

»Macht nichts«, tröstete mich meine Großmutter. »Wir werden dir einfach neue Sachen kaufen. Schau her! Wir haben wieder jede Menge Geld.« Sie hielt die speckigen Lirascheine triumphierend in die Höhe, um sie dann achtlos auf einen kleinen, mit Intarsien verzierten Tisch fallen zu lassen. »Nachdem ich die angefasst habe«, rief sie aufgekratzt, »muss ich mir erst mal die Hände waschen!«

Sie stapfte in die Küche hinunter, von wo aus sich bald das fröhlich plätschernde Geräusch fließenden Wassers vernehmen ließ. Als sie wieder in den Salon zurückgekehrt war, schnappte sie sich das Eau de Cologne, sprenkelte es mit äußerster Sorgfalt auf ihre Handflächen und sagte währenddessen zu mir:

»Denk immer daran! Sollte es dir schlecht gehen, so lass es dir nicht anmerken. Wirf dich in deine beste Kleidung, setz ein stolzes Gesicht auf, und du bekommst in dieser Welt alles, was du willst.«

»Warum?«, wollte ich wissen.

»Weil sie sonst jeden Respekt vor dir verlieren«, schnaubte sie. »Hätte dieser jüdische Händler gewusst, wie bitter nötig ich das Geld habe, hätte er mich auf seinen Preis herunterfeilschen können. Aber so musste er schließlich meinen Preis akzeptieren. He«, fuhr sie zufrieden fort, »er hat mir sogar Komplimente wegen meines Schmucks gemacht!« Sie streichelte zärtlich über den Smaragdanhänger. »Dein Großvater hatte einen sehr guten Geschmack und kaufte immer nur das Beste.«

Sie legte den schönen, glitzernden Halsschmuck ab und zog sich sämtliche Ringe von den Fingern, und dann lag das Geschmeide funkelnd auf ihrem Handteller und entfaltete dort sein schillerndes Eigenleben.

»Jetzt werde ich die Sachen aber wieder wegschließen«, sagte sie zu mir. »Und die nächste Person, die sie trägt, wird deine Schwester sein, die sich einmal als eine große Schönheit entpuppen wird.«

Meine Mutter kehrte vom Markt zurück, mit Mehmet am Rockzipfel.

»Warum bist du so schick angezogen?«, wollte sie argwöhnisch von meiner Großmutter wissen.

»Schau!«, rief meine Großmutter und zeigte dabei auf den halb leeren Salon.

Die Augen meiner Mutter flackerten kurz auf, dann wandte sie sich wieder meiner Großmutter zu und sagte in einem ganz normalen Konversationston:

»Eine enorme Verbesserung. Es war höchste Zeit, das Zimmer von alldem alten, klobigen Mobiliar zu befreien.«

Die Blicke meiner Mutter und meiner Großmutter kreuzten sich, und die beiden starrten sich einen Moment lang an, und dann begannen sie zu lächeln. Meine Mutter verrückte einen Sessel und trat einen Schritt zurück, um die Wirkung zu begutachten.

»Ja, viel besser!«, sagte sie vergnügt.

Und ich war unsäglich berührt von ihrer Tapferkeit und auch von der meiner Großmutter, denn keine der beiden war zusammengebrochen, um den Verlust der halben Wohnungseinrichtung zu beklagen. Stattdessen standen sie im Salon und probierten verschiedene Anordnungen der uns noch verbliebenen Möbel aus, wobei sie vortäuschten, sie hätten die Sachen nur verkauft, weil das Zimmer nicht groß genug war, um alles darin unterzubringen. Und jung, wie ich war, schwoll mir die Brust vor Stolz.

Dann bemerkte meine Mutter meine aufgeplatzte Hose und die darunter hervorblitzende nackte Haut, und sie sagte lachend zu mir, sie hoffe, dies sei nicht passiert, als der Händler da war.

»Nein, natürlich nicht!«, sagte meine Großmutter. »Wäre dies der Fall gewesen, so hätte ich dem Jungen den Hintern versohlt, denn dieses nackte Stück Haut hätte mich womöglich fünfzig Lira oder mehr gekostet!«

Daraufhin brachen wir alle in schallendes Gelächter aus; selbst Mehmet – dieser ernste kleine Junge, der fast nie lächelte – verzog seinen Mund zu einem Grinsen und umklammerte die Beine meiner Großmutter, denn er nahm völlig zu Recht an, dass sie die Ursache für unser Glück war.

Das Leben kehrte wieder in unser kleines Haus zurück: Es gab dort jede Menge Frohsinn und reichlich gutes Essen; meine Mutter sang sogar für uns, und als die alte Autokratin, die sie war, fühlte meine Großmutter sich bemüßigt, zu allem lautstark ihren Kommentar abzugeben. Und die Nachbarn staunten darüber, wie geschickt sie mit dem jüdischen Händler umgegangen war. Sie schüttelten ihre Köpfe aus Mitleid mit dem Ärmsten und meinten, wenn es mehr Leute vom Schlage meiner Großmutter gäbe – nun, dann wären die İstanbuler Juden binnen kürzester Zeit bankrott!

XV. Die Armenschule in Kadıköy

Sosehr sich die Frauen meiner Familie auch abmühen mochten, um uns die Armut vom Leibe zu halten, am Ende ereilte sie uns doch – und diesmal war es die echte, ungeschminkte Armut. Es gab nichts mehr, was wir hätten verkaufen können, oder, genauer gesagt, das, was uns noch geblieben war, war praktisch unverkäuflich, denn obwohl die Teppiche und das Mobiliar von erlesener Qualität waren, hätte uns der Erlös aus ihrem Verkauf allenfalls ein oder zwei Monate über Wasser gehalten. Alle Preise waren beträchtlich gefallen, das heißt, alle mit Ausnahme der Lebensmittelpreise, denn die schnellten unvermindert in die Höhe. Und selbst wenn sie ihn hätte verkaufen wollen, der Schmuck meiner Großmutter war im Grunde wertlos. Die Leute brauchten Nahrungsmittel, keinen Schmuck, wie die Händler zu betonen nicht müde wurden, wenn sie ein paar kümmerliche Lira für echte Steine anboten, die eigentlich Hunderte wert waren. Da es keinen Ausweg aus dieser Misere zu geben schien, blieb meiner Mutter schließlich nichts anderes übrig, als uns zu verlassen und in das Armeedepot hinter dem Gülhane-Park zu gehen. Es war das allererste Mal, dass wir von ihr getrennt waren, und uns überkam ein Gefühl von Verlust und Verlassensein. Meine Großmutter erledigte fortan die Einkäufe, und wir drei Kinder mussten dann selbst auf uns aufpassen. Wenn sie zurückkehrte, war ihre Einkaufstasche erbärmlich leer, denn für das Geld, das ihr zur Verfügung stand, erhielt sie nur die dürftigsten Lebensmittel. Es kam uns so vor, als hätten wir uns schon seit einer halben Ewigkeit ausschließlich von Linsen und Kohlsuppe sowie dem armseligen trockenen Schwarzbrot ernährt. Doch obwohl unsere Mägen gegen diese Kost rebellierten, waren wir immer dermaßen hungrig, dass wir die geschmacklosen, faden Eintopfgerichte fast schon mit Appetit hinunterschlangen.

Überall in unserer Straße trafen weiterhin die tragischen Nachrichten von gefallenen, sterbenden oder verwundeten Angehörigen ein. Und es brachen Krankheiten aus, denn die Menschen litten Hunger, und sie würden wahrscheinlich auch weiter Hunger leiden, es sei denn, sie kauften auf der Bourse noir ein. Doch wer in jener armen Straße konnte schon genügend Geld auftreiben, um auf der Bourse noir einzukaufen?

Eines Tages nahm uns meine Großmutter mit, um meine Mutter zu besuchen. Ich erinnere mich noch daran, dass es ein schöner, milder Tag war, so mild, dass wir auf unsere dünnen Mäntel verzichten konnten. Die Aussicht, unsere Mutter zu treffen, versetzte uns in Aufregung, und als wir das Depot erreichten und uns ein Soldat anhielt, um nach unserem Anliegen zu fragen, hatten wir schon Angst, er würde uns vielleicht nicht passieren lassen. Meine Großmutter konnte nicht hören, was er sagte, aber ich erklärte ihm, wir seien gekommen, um unsere Mutter zu besuchen, und daraufhin trat er beiseite und ließ uns durch. Das Gebäude war alt und schmutzig, und wir stiegen eine lange, gewundene hölzerne Treppe mit hier und da geborstenen Stufen hinauf, wobei wir einen Höllenlärm veranstalteten. Ein weiterer, am Kopf der Treppe postierter Soldat fragte uns erneut, was wir dort verloren hätten. Ich erzählte ihm stammelnd, warum wir gekommen seien, und er führte uns in einen großen, düsteren Raum, in dem viele Frauen an Nähmaschinen saßen und eifrig ihr Soll erfüllten.

In dem Raum herrschte eine große Stille, so als seien die Frauen entweder zu beschäftigt, um nebenbei ein Schwätzchen halten zu können, oder als sei die Disziplin zu streng. Wir standen unsicher in der Tür, ohne dass jemand Notiz von uns nahm, doch bald hatte Mehmet meine Mutter erspäht, und er riss sich von uns los und stürmte auf seinen dünnen braunen Beinchen die Reihen der emsig nähenden Frauen entlang. Als er meine Mutter erreicht hatte, warf er sich in ihre Arme und schluchzte, als bräche es ihm das Herz. Wir folgten ihm, aber da wir uns dort nirgendwo hinsetzen konnten, standen wir um den Tisch herum, wodurch unsere Schatten den in der Nähe meiner Mutter arbeitenden Frauen das Licht raubten. Es war das erste Mal, dass wir sie an ihrer Arbeitsstätte besuchten, und ich war entsetzt angesichts des Schmutzes und der Schäbigkeit und der trostlosen Atmosphäre dieses Ortes. Meine Mutter sah erschöpft aus. Ihre Augen waren rot gerändert und ihre Hände ein bisschen schmutzig. Verhätschelt und sensibel, wie ich war, sträubte sich alles in mir gegen diese elenden Zustände, und ich empfand eine ohnmächtige, kindliche Wut, weil meine Mutter an einem Ort wie diesem arbeiten musste. Vielleicht sprach mein Gesicht Bände, denn sie sagte zu meiner Großmutter:

»Es wäre besser gewesen, du hättest die Kinder nicht hierher mitgenommen.«

Meine Großmutter zuckte gleichgültig die Schultern und nahm Muazzez auf den anderen Arm, um die Kleine dann in die ihr entgegengestreckten Arme meiner Mutter zu legen.

»Was hätte ich denn machen sollen?«, grummelte sie laut, und alle Frauen im Raum hielten kurz in ihrer Arbeit inne, um hören zu können, was sie sagte. »Es war niemand da, dem ich die Kinder hätte anvertrauen können, und ich brauche dringend Geld.«

Meine Mutter griff nach ihrem Portemonnaie und schob den kärglichen Inhalt über den Tisch. Meine Großmutter fragte nörgelig, ob das etwa alles sei. Ich sah, wie das Gesicht meiner Mutter knallrot wurde, und die Witwe, die direkt neben ihr saß, sagte – vielleicht zur Beschwichtigung:

»Wissen Sie, wir bekommen hier zu essen. Es ist nicht viel,

aber besser, als es bei mir zu Hause wäre. Und sie geben mir Geld und einen Platz zum Schlafen. Was kann ich mehr verlangen?«

»Vielleicht sind *Sie* hier ja zufrieden«, röhrte meine Großmutter bissig. »Aber Sie haben ja auch keine Familie, die Sie versorgen müssen. Ich muss jedoch zusehen, dass ich diese drei Kinder irgendwie satt kriege, und mit dem bisschen Geld hier wird mir das kaum gelingen.«

Sie kniff ihre Lippen zusammen und schaute verächtlich auf die paar Münzen in ihrer Hand, und ich erkannte in den Augen meiner Mutter den Schatten der Verzweiflung. Sie sah so aus, als wollte sie sich für uns Kinder entschuldigen, und ich hätte sie liebend gern getröstet, sie irgendwie aufgemuntert, doch ich wusste nicht, wie. Dann bemerkte ich, wie sie mit einer kleinen Geste der Hilflosigkeit die Hände hob, und sie sagte:

»Ich wünschte, ich wüsste, was ich tun soll! Ich wünschte, für die Kinder könnte irgendetwas getan werden.«

Die Miene meiner Großmutter war kalt und starrsinnig.

»Sie werden verhungern, wenn sie noch länger bei mir bleiben«, erklärte sie. »Ich bin alt und komme zur Not auch mit wenig Essen aus, doch die drei hier sind jung, und sie schreien immer: ›Ich will mehr, ich will mehr, ich will mehr.‹«

Meine Mutter konnte nicht antworten. Sie schaute auf ihre geröteten, schmutzigen Hände, und einige der Frauen warfen ihr mitfühlende Blicke zu, doch niemand sagte etwas. Es gab nichts, was man hätte sagen können.

Nach einigen Minuten schnappte sich meine Großmutter Muazzez und bereitete sich auf den Aufbruch vor. Sie sah besorgt und wütend aus, und sie war ganz grau im Gesicht und vermutlich genauso hungrig wie ich, doch in jenem Moment hasste ich sie mit einer Inbrunst, die nichts Kindliches mehr an sich hatte. Sie hatte meine Mutter gedemütigt, sie in barschem Ton angefahren und ihr zusätzlichen Kummer bereitet.

»Wir gehen jetzt«, sagte sie.

Meine Mutter hielt uns ihre Wange zum Kuss hin, aber es war mir unmöglich, sie zu umarmen und ihr zu sagen, dass ich sie lieb hatte und dass sie sich keine Sorgen zu machen brauche. Ihr Kuss war so weit weg und so kalt wie die Wellen, die an die Meeresküste branden, und ihre Augen blickten an uns vorbei auf irgendeine Qual, die wir nicht sehen, aber vielleicht vage erahnen konnten. Um sie aus ihrer Entrücktheit herauszureißen und sie wieder auf uns aufmerksam zu machen, drängte ich mich an ihre Schulter und schmiegte mein warmes Gesicht an ihr kaltes.

»Ja, ja«, sagte sie geistesabwesend zu mir, ohne mich wirklich wahrzunehmen. Ich zog mich von ihr zurück, abgewiesen und hilflos in meiner Unfähigkeit, zu sprechen – ich kam mir unerwünscht vor.

Wir verließen meine Mutter und passierten wieder die Reihen der trübseligen Frauen. An der Tür drehten wir uns noch einmal um und winkten ihr zu, doch sie schaute nicht zu uns herüber. Sie hielt sich die Hände vors Gesicht, und vielleicht weinte sie. Wir wussten es nicht. Dann trotteten wir mit meiner Großmutter nach Hause, zurück zu dem stillen, kalten Haus in Beyazit, und die ganze Welt schien sich verdüstert zu haben, denn meine Mutter hatte uns an jenem Tag offenbar verstoßen, und meine Großmutter sagte zu uns, meine Mutter wolle uns nicht mehr haben. Es gab nichts, was wir tun konnten, denn wir waren Kinder, und unsere Stimmen wären im größeren Getöse der Welt sang- und klanglos untergegangen.

Als meine Mutter das nächste Mal vom Depot nach Hause kam, geschah dies früher als sonst, und wir fragten uns, was sie wohl zu dieser Uhrzeit bei uns zu suchen hatte. Sie sagte, sie habe sich drei Tage freigenommen, und meine Großmutter schöpfte ihr wortlos eine ordentliche Kelle von der ewigen

Kohlsuppe auf den Teller, womit sie möglicherweise andeuten wollte, dass es sich bei dieser wässerigen Pampe nicht lohnte, damit hauszuhalten. Meine Mutter erzählte uns, sie habe einen Brief vom Kommandanten des Depots bekommen, in dem er ihr mitteilte, dass sie, wenn sie es wolle, ihre Kinder auf die kürzlich in Kadıköy eröffnete Schule für Kriegswaisen schicken könne. Die Vorstellung entsetzte und ängstigte mich, und je länger sich meine Mutter zu diesem Thema äußerte, umso größer wurde meine Angst. Aus dem, was sie sagte, ging hervor, dass sie sich bereits dazu entschieden hatte, Mehmet und mich auf diese Schule zu schicken, und mir kam es so vor, als sei das Leben, wie wir es bis dahin gekannt hatten, mit einem Schlag vorbei und als wolle meine Mutter uns loswerden.

Meine Großmutter schien angesichts dieser Entscheidung ein Stein vom Herzen zu fallen, und sie meinte, sie würde sich weiterhin um Muazzez kümmern, aber ich rannte zu meiner Mutter und heulte:

»Nein, *Anne,* nein! Bitte lass uns nicht allein! Schick uns nicht fort!«

Mehmet stimmte in mein Geheul ein, doch in den Augen meiner Mutter war keine Spur von Erbarmen zu erkennen, als sie uns ansah.

Meine Großmutter fuhr uns gereizt an, als sei dies alles für uns nicht das Ende der Welt: »Hört sofort mit der Flennerei auf, alle beide! Ihr habt überhaupt keinen Grund, hier herumzujammern! Es wird euch auf dieser Schule gefallen, und ihr werdet dort jede Menge gutes Essen bekommen.«

»Ich brauche kein gutes Essen«, schluchzte ich, und ich sehnte mich danach, dass die gleichgültige, teilnahmslose Stimmung meiner Mutter verflog, dass sich ihre Miene wieder aufhellte und dass ich mich in ihre Arme werfen und von ihr trösten lassen konnte.

Doch das passierte nicht. Für uns gab es bloß Trennung

und Schule, aber keine Liebe, denn es war niemand da, der sie uns hätte geben können. Ich frage mich, ob meine Mutter ihre Entscheidung unter Tränen und mit einem schlechten Gewissen getroffen hatte oder mit Erleichterung, weil sie nun endlich einen Platz für uns gefunden hatte, sodass sie nicht mehr die Verantwortung für uns tragen musste. Dies sind Fragen, die nur sie hätte beantworten können, doch sie schwieg dazu. Es ist jedoch kein leeres Geschwätz, dass das Herz und die Seele und der Geist eines Kindes gebrochen werden können, und die Ereignisse jenes tristen Tages sollten mein ganzes späteres Leben überschatten. Die Liebe kann im Herzen eines Kindes genauso leicht sterben wie in dem eines Erwachsenen, wenngleich auf eine bitterere Weise. Wo die Sinne aufschreien und hilflos gegen die Erbarmungslosigkeit einer Entscheidung anrennen, mag diese leichten Herzens getroffen worden sein oder nicht, und wo sie abgewiesen werden, unerkannt und unerhört, dort stirbt auch die Liebe, obgleich ein Kind dies nicht so ausdrücken würde. Vielleicht wird dies erst später vollends erfasst, wenn das Kind selbst zum Erwachsenen geworden ist und beim Rückblick auf jenen weit zurückliegenden Tag einen alten Groll in sich aufsteigen spürt.

Und so gingen Mehmet und ich an jenem Abend mit dem Bewusstsein zu Bett, dass Widerstand zwecklos sei, dass wir nur Kinder waren, denen man kein Gehör schenken würde, selbst wenn wir über die Wörter verfügt hätten, um unsere Seelenqualen ausdrücken zu können. Meine Mutter fuhr nach Kadıköy, um Mehmet und mich an dieser Schule anzumelden, und ich bat meine Großmutter, mir zu erklären, warum wir fortgehen mussten. Sie nannte mir einige sehr gute, nüchterne, sachliche Gründe, doch sie war weiter davon entfernt, meine Verzweiflung wahrzunehmen, als ich davon, zu erkennen, wie unbarmherzig sie sein konnte. Sie begriff nicht, dass uns das erbärmliche Essen, das es bei uns zu Hause gab, nichts ausmachte, solange wir nur dort bleiben konnten, denn unser Zuhause bedeutete für uns vor allem und hauptsächlich Sicherheit. Und so hörte ich auf, weiter nutzlose Fragen zu stellen, denn selbst sein eigen Fleisch und Blut kann so grausam und unsensibel sein, dass es Kummer und Schmerz nicht wahrnimmt.

Am darauffolgenden Tag begab sich meine Mutter mit Mehmet und mir zur Galatabrücke, um von dort aus den Bosporus zu überqueren zu dem auf der anatolischen Seite liegenden Kadıköy. Auf der Fähre versicherte sie uns so oft, wie gut es uns auf der Schule gefallen werde, dass wir mehr oder weniger verstummten und ihr keine Fragen mehr stellten. Sie hielt unser Schweigen für Schmollen und biss sich verärgert auf die Lippen.

Von der Anlegestelle in Kadıköy gingen wir zu Fuß zu der Schule; in dem Gebäude ist heute das Französische Krankenhaus untergebracht. Die Lage war einfach herrlich, mit Blick auf das Meer, und das Schulgebäude war so sauber und neu, dass es im milden Sonnenlicht wie Gold schimmerte. Wir stiegen ein paar breite Steinstufen hinauf, und noch immer hoffte einer von uns auf eine Gnadenfrist, auf irgendeine Panne bei den Anmeldungsformalitäten, denn eine Niederlage ist nur schwer zu akzeptieren. In der kalten, schmucklosen Eingangshalle sagte uns ein uniformierter Pförtner, wir sollten uns setzen und warten, bis er jemanden geholt habe, der sich um uns kümmern würde. Ich setzte mich auf den Rand eines wackeligen Stuhls, und mein Herz pochte so heftig, dass ich dachte, jeder würde es hören. Eine große Wanduhr mit weißem Zifferblatt tickte im gleichen Takt wie mein rasender Puls: Ticktack, ticktack, ticktack, sagte sie unaufhörlich und erbarmungslos, und der große Zeiger bewegte sich unerbittlich voran, unbeeindruckt von meinem stummen Stoßgebet, er möge für immer stehen bleiben. Mehrere Schwestern in gestärkten Schürzen kamen durch die Halle und musterten uns gleichgültig, doch es waren nirgendwo Kinder zu sehen oder zu hören.

Bald erschien eine Frau in einem blauen Kleid mit einer steifen weißen Schürze darüber – die Hausmutter, wie wir später erfahren sollten. Sie trat auf meine Mutter zu, und die beiden begannen sich leise zu unterhalten. Die Frau sprach ein erbärmliches, von einem schweren, kehligen Akzent überlagertes Türkisch, denn sie war eine Deutsche mit blondem, zu Zöpfen geflochtenem Haar und blasser Haut.

Nach einer kurzen Weile wandte sie sich Mehmet und mir zu und sagte:

»Verabschiedet euch jetzt von eurer Mutter.«

Wir begannen zu weinen, und sie sagte in scharfem Ton:

»Eure Mutter wird euch hin und wieder besuchen kommen. Also hört auf zu weinen!«

Und so pressten wir uns an meine Mutter und berührten mit unseren Lippen sanft ihre Hände. Ich sehnte mich nach einem freundlichen Wort von ihr, nach einem mitfühlenden Blick, doch ihr Gesicht blieb verschlossen, ausdruckslos, und es gab darin nichts, das irgendwie uns gegolten hätte. Wir verfolgten, wie sie durch die große Glastür ging, und sahen ihren Schatten, wie er ihr die schimmernden Stufen hinunter vorauseilte, doch sie drehte sich nicht nach uns um und zeigte auch sonst keinerlei Gefühlsregung. War sie darüber bekümmert, uns hier zurücklassen zu müssen? Oder war sie so gleichgültig, wie wir sie vorher noch nie erlebt hatten? Wir wussten es nicht, wir zwei unbedeutenden Würmchen, wie wir da neben der drallen deutschen Hausmutter standen, die zu uns sagte, wir sollten uns nun einen Abschiedskuss geben, denn mein kleiner Bruder würde in den Kindergarten kommen, der in einem separaten Gebäude untergebracht war.

Mehmet klammerte sich an meinen Arm und wollte mich nicht loslassen. Seine braunen Augen fragten hilflos, was mit ihm geschah, und ich flüsterte ihm zu, dass alles in Ordnung sei und dass wir uns schon bald wiedersehen würden. Eine rothaarige Schwester führte ihn fort, einen kleinen, stummen Jungen von dreieinhalb Jahren, der sich in dieser verkehrten Welt nicht zurechtfand. Eine andere Schwester nahm mich von der Hausmutter in Empfang, und ich wurde gebadet und in eine triste graue Uniform gesteckt. Als Nächstes wurde ich in den Schlafsaal geführt, wo man mir mein Bett zeigte, eine schmale eiserne Liege mit einer weißen Tagesdecke, und daneben stand ein niedriger Stuhl, auf den ich vor dem Zubettgehen meine ordentlich zusammengefaltete Kleidung zu legen hatte. Dann zeigte man mir das Klassenzimmer und den Platz, an dem ich zukünftig sitzen sollte, sowie den Speisesaal und die Schwester, der ich unterstellt war, eine Frau mit stechendem Blick, der jegliches Verständnis für Kinder abging. Grobknochig war sie und sadistisch, mit riesigen roten Pranken, die es gewohnt waren zu züchtigen. Ich fragte sie zaghaft, ob ich meinen Bruder sehen könne, und daraufhin blaffte sie mich an, das könne ich nicht und dass ich mir außerdem angewöhnen müsse, erst dann den Mund aufzumachen, wenn ich dazu aufgefordert würde. Während der gesamten Zeit, die ich an jener Schule verbrachte, alles in allem an die zwei Jahre, sah ich Mehmet kein einziges Mal, obwohl ich einmal hörte, wie meine Mutter die Hausmutter bat, mich ihn hin und wieder besuchen zu lassen, da er unentwegt nach mir verlangte. Doch die gefühllose Hausmutter sagte, die Schulordnung müsse eingehalten werden und deshalb könne man mir keine Extrawurst braten. Zwischen den Schülern der Unterstufe und den Kindergartenkindern war jeglicher Kontakt *verboten,* und die Hausmutter war nicht umsonst eine Deutsche: Verboten war verboten, und damit basta!

Das Essen war anfangs sehr gut, und überall in der Schule blitzte es vor Sauberkeit – es roch ständig nach Desinfektionsmittel. Wir hatten jeden Tag Unterricht, und es empfahl sich, während der Stunden nicht zu träumen, denn die Lehrer brachten einen mit ihrem schauderhaften Türkisch schnell wieder dazu, dass man aufpasste; zu ihren Strafmaßnahmen zählte sogar ein zeitweiliger Essensentzug. Zweimal in der Woche hatten wir Gesangsunterricht. Eine der Schwestern begleitete uns am Klavier: Wir schmetterten alte Volkslieder, türkische und deutsche, und dies war eine der wenigen Gelegenheiten, wo wir wirklich aus uns herausgehen und so laut sein konnten, wie wir wollten. An den Abenden versammelten wir uns im Garten, jener herrlichen Wildnis mit Blick auf das Marmarameer, und die rührigen Schwestern ließen uns in militärischer Formation antreten und dann um die gehisste türkische Fahne herummarschieren. Dazu intonierten wir aus voller Kehle »Deutschland, Deutschland über alles«, dem wir dann noch ein herzhaftes *»Padişahim çok yaşa!«* nachschickten. Wir waren alle noch zu jung, um die Ironie des Ganzen zu erkennen.

Alle zwei Wochen kam meine Mutter mich besuchen, und ich fieberte ihrer Ankunft schon Tage im Voraus entgegen.

Während der Spielstunde verdrückte ich mich manchmal in eine Ecke des Gartens und sonderte mich von den anderen ab. Ich setzte mich auf die niedrige, bröckelige Steinmauer, von wo aus ich auf das Marmarameer schaute und an meine Mutter dachte; ich fragte mich dann immer, ob sie mich vermisste oder ob sie froh darüber war, dass sie die Verantwortung an jemand anders abgetreten hatte, an eine unpersönliche Institution. Ich begrub mein Gesicht im hohen Gras und weinte um sie und um Mehmet, den ich nie zu Gesicht bekam.

Links neben dem Hauptgebäude der Schule stand ein kleines Haus mit unserem Kino, wenn man es so nennen durfte. Es gab darin ein schmales Fenster neben einer steilen Stiege, über die man in den Vorführraum gelangte, und manchmal kletterte ich diese Stiege hinauf, denn von dort aus konnte ich das große Haupttor sehen. Ich harrte an diesem Fenster so viele Stunden aus, wie ich mich traute. Ich wartete darauf, die Gestalt meiner Mutter am Tor auftauchen zu sehen, und mein Herz hämmerte vor Aufregung und der stets gegenwärtigen Angst, sie könnte diesmal überhaupt nicht kommen. Wenn ich sie erblickte, stürmte ich aus dem Kino und flog ihr entgegen wie eine kleine Rakete. Ich warf mich in ihre Arme, die niemals Wärme spendeten, und stellte ihr stets dieselbe Frage:

»Holst du mich heute nach Hause, *Anne?*«

»Nein, heute noch nicht, mein Sohn. Aber vielleicht schon bald ...«

Immer dieselbe Frage, immer dieselbe Antwort. Bald. Bald. Bald.

Sie brachte mir jedes Mal Nüsse und Sultaninen mit und erzählte mir alles über meine Großmutter und meine Schwester, doch von Monat zu Monat interessierten mich diese Dinge immer weniger. Sie waren allesamt weit in den Hintergrund gerückt, und selbst die erzwungene Trennung von meinem Bruder empfand ich nun nicht mehr als so bitter und schmerzlich wie noch am Anfang. Nur eines war für mich weiterhin real und hell und strahlend – meine Mutter. Ich klammerte mich nach wie vor an mein altes Bild von ihr und wollte sie dazu bringen, mir ein wenig Liebe entgegenzubringen, doch wenn sie gegangen war, weinte ich mich in den Schlaf, denn ihre Besuche waren nie mehr als förmliche Pflichtbesuche. Die Zeit heilt nicht nur Wunden, sondern stillt auch Tränen, ja sie macht sogar eine verblasste Liebe vergessen, und während die Monate ins Land gingen, wurde ich größer und kräftiger, und das gute Essen sorgte dafür, dass sich meine eingefallenen Wangen schon bald wieder strafften. Ich erhielt neue Uniformen, und ich wurde in die nächste und die übernächste Klasse versetzt; ich gewöhnte mich immer mehr an die Schule, und die Sehnsucht nach der Liebe meiner Mutter wurde schwächer und schwächer, bis sie schließlich ganz erstarb. An den

Besuchstagen hielt ich weiterhin nach ihr Ausschau, jedoch ohne dass mein Herz vor Aufregung hämmerte, und ich fragte sie nun auch nicht mehr, wann ich mein Zuhause wiedersehen würde.

Das Frühjahr 1918 bescherte uns jedoch eine Rückkehr zu schlechtem Essen und meiner Mutter sogar noch weitaus härtere Lebensbedingungen. Der Krieg lief schlecht für uns, und im ganzen Land wurden die Nahrungsmittel knapp. In der Schule verließen wir den Speisesaal nach den Mahlzeiten nun immer häufiger, ohne satt zu sein, und auf den Tischen stand nun auch keine Butter mehr. Wir gingen hungrig zu Bett, wir wachten hungrig auf und wir waren den ganzen Tag hindurch hungrig. Brachte meine Mutter mir kostbare Nüsse oder Trockenobst mit, so vertilgte ich sie dermaßen schnell, dass mir hinterher fast immer davon übel wurde. Die deutschen Schwestern verschwanden, und ihren Platz übernahmen alte türkische Frauen; die Schule roch zunehmend weniger nach Desinfektionsmittel, und auf den Korridoren vermisste man das steife Geraschel der weißen Schürzen. Der Unterricht fiel immer häufiger aus, und das Singen wurde ganz eingestellt, denn wie hätten wir singen sollen, wenn wir hungrig waren. Im Musikraum hing indes noch immer ein Porträt des Sultans, Mehmet Reşat, und wir schrien nach wie vor *»Padişahim çok yaşa!«* – selbst mit leerem Magen.

Als der Sommer jenes Jahres angebrochen war, hatten wir in der Schule nicht einmal mehr trockenes Brot, und die alten Frauen führten uns zu einem Ort namens Fenerbahçe, wo viele große *sakız ağacı* standen, Mastixpistazien, an denen Trauben von kleinen roten, harzigen Beeren wuchsen. Wir warfen Steine in die Baumkronen, und manchmal hatten wir das Glück, dass Beeren in das hohe, wilde Gras herabprasselten. Dann stürzten wir uns wie die Wilden darauf, wobei wir uns gegenseitig wegschubsten, um hastig die Beeren aufzuklauben und sie gierig hinunterzuschlingen. Sie schmeckten sauer, waren aber erstaunlich sättigend, und wir stopften uns damit die Jacken- und Hosentaschen voll und nahmen sie zur Schule mit, um sie nachts zu verdrücken. Manchmal gingen wir auch nach Fikir Tepesi, wo wir *kuzukulağı,* Sauerampfer, pflückten und an Ort und Stelle vertilgten, wobei wir den Jüngeren unter uns zeigten, welches die richtigen Pflanzen waren. Und in der Nähe von Kalamış suchten wir nach kleinen weißen *bayırturpu,* Rettichen, von denen man immer einen mordsmäßigen Durst bekam. Außerdem erinnere ich mich daran, dass ich oftmals die Mandelblüten von den Bäumen gepflückt und sie mir gleich fuderweise in meinen unersättlichen Schlund gestopft habe. Einmal ernteten Soldaten in einem am Meer gelegenen, an unsere Gartenanlagen angrenzenden Feld Puffbohnen und warfen die grünen Stängel an den Rand des Feldes, das unserem Lattenzaun am nächsten lag. Wir steckten unsere Finger durch den Zaun und angelten uns die Stängel, um sie hinterher mit großem Appetit auszulutschen.

Als meine Mutter damit begonnen hatte, mir ein kleines Taschengeld zu geben, tat ich es meinen Mitschülern gleich und kaufte mir davon Puffbohnen, die ich roh verzehrte oder, besser gesagt, heißhungrig in mich hineinstopfte, bis ich mich schließlich übergeben musste – um mich hinterher noch hungriger zu fühlen als zuvor. Wir gewöhnten es uns an, kleine Tüten mit Salz und rotem Pfeffer bei uns zu tragen, die wir irgendwo in unserer Kleidung versteckten, und hatten wir das Glück, Kartoffel- oder Auberginenschalen zu finden, so wuschen wir diese an der Wasserpumpe, würzten sie fachgerecht mit dem Inhalt unserer Tüten und aßen sie, wenn uns der Hunger zu Verzweiflung trieb. Unseren stets nach Essbarem Ausschau haltenden Augen entging nichts, das irgendwie als Nahrung dienen konnte. Doch eines Tages aß ich vor Hunger etwas mir Unbekanntes, etwas, das ich für Bayırturpu hielt und wovon ich mich so oft und so heftig übergeben musste, dass man mich auf dem schnellsten Weg in das schuleigene Hospital beförderte. Dort fand man heraus, dass ich mich vergiftet hatte, und fast zur gleichen Zeit bekam ich die Krätze. Es hatte mich schon seit Wochen hier und da gejuckt, doch ich hatte dem keinerlei Bedeutung beigemessen, und die alten Frauen, die die tüchtigen deutschen Schwestern ersetzt hatten, achteten ohnehin nicht auf derlei Dinge. Die Krätze breitete sich über meinen ganzen Körper aus, bis ich fast verrückt wurde, weil mich der brennende, stechende Juckreiz nicht zur Ruhe kommen ließ. Jeden Morgen wurde ich ins türkische Bad gebracht, wo man mir die grindigen Stellen mit einer harten Bürste abschrubbte, bis meine Haut zu bluten begann und der Schmerz unerträglich wurde. Das Ganze war eine Tortur, und ich schrie wie am Spieß, doch vergebens, und das Geschrubbe ging gnadenlos weiter.

Das Essen im Hospital war etwas besser, nicht viel besser, aber wenigstens trieb es uns nicht vor Hunger auf die Felder hinaus. Mittags bekamen wir ein bisschen wässrige *lapa,* Reissuppe, und abends eine dünne Gemüsesuppe, jedoch kein Brot, denn es war nirgendwo welches aufzutreiben. Wir waren immer hungrig, und eine halbe Stunde vor der Ausgabe einer Mahlzeit pflegten sich die Kinder, die aufstehen durften, ungeduldig unter der großen Uhr über der Tür zu versammeln. Wir zählten die Sekunden bis sechzig, um dann triumphierend »Eine Minute!« zu rufen, und dann begannen wir wieder von vorn zu zählen, weil wir glaubten, so die Wartezeit verkürzen zu können. Das Ganze wurde mir regelrecht zur Gewohnheit, und mein rechtes Bein begann im Takt des Zählens zu zucken – selbst heute noch beginnt mein rechtes Bein automatisch zum Ticken einer Uhr zu zucken, wenn ich sehr müde oder deprimiert bin.

Während meines Hospitalaufenthalts hatte meine Mutter

mich nicht besucht, und ich machte mir Sorgen, weil ich keine Nachricht von ihr erhielt und sie bis dahin noch nie von dem zweiwöchigen Turnus ihrer Besuche abgewichen war. Lange Wochen verstrichen, und noch immer gab es kein Lebenszeichen von ihr. Ich wurde aus dem Hospital entlassen, matt wie eine Fliege und sehr dünn, denn die vergangenen Hungermonate waren mir gehörig an die Substanz gegangen. Als ich aus dem Hospital herauskam, erfuhr ich, dass wir nicht mehr in das Kino gehen durften, um vom Fenster des Filmvorführers nach unseren Angehörigen Ausschau zu halten. Stattdessen war im Garten eine Tafel aufgestellt worden, und wenn die Besucher eingetroffen waren, wurden die Namen der entsprechenden Kinder auf die Tafel geschrieben. Wie alle Übrigen pflegte ich an den Besuchstagen neben der Tafel zu warten, doch mein Name tauchte nie auf. Nach einer Weile durchfuhr mich die Angst, dass ich meine Mutter nie wiedersehen würde, dass sie mich schließlich für immer verlassen hatte – ich würde noch jahrelang an diesem grässlichen Ort ausharren müssen, und ich begann vage, unausgegorene Fluchtpläne zu schmieden. Doch dann geschah das Herrliche, so unerwartet wie alle Wunder, und eines schönen Tages im Sommer 1918 erlebte ich, wie mein Name auf die Tafel geschrieben wurde. Ich begab mich langsamen Schrittes zur Eingangshalle – das Herz schlug mir bis zum Hals und mein rechtes Bein machte Anstalten, beim Gehen gefährlich zu zucken. Als ich die Halle betrat, sah ich meine Mutter auf einem der Stühle sitzen, doch sie hatte sich dermaßen verändert, dass nur das Auge der Liebe sie aus der traurigen Menge um sie herum aussondern konnte. Ich rannte weinend zu ihr, und sie nahm mich in die Arme und zog mich mit zitternden Händen ganz fest an sich heran.

Dann sagte sie zu mir:

»Aber wie siehst du nur aus, mein Sohn? So dünn und so blass! Was haben sie bloß mit dir gemacht?«

Angesichts dieser ungewohnten, wohltuenden Anteilnahme begann ich erneut zu weinen und erzählte ihr, dass ich im Hospital gewesen sei, wie man mir dort die Haut blutig geschrubbt hatte und dass wir nichts zu essen bekamen. Sie schaute mich völlig entsetzt an.

»Oh, mein Gott!«, sagte sie. »Da wärst du zu Hause bei mir besser aufgehoben gewesen.«

Ich fragte sie, warum sie mich nicht besucht habe, und sie erwiderte, auch sie sei krank gewesen, das Fieber sei wieder zurückgekehrt und werde wohl nie mehr ganz verschwinden. Erst in diesem Moment bemerkte ich, dass auch sie nur noch Haut und Knochen war und mit ihrem bleichen Gesicht und ihren großen, nie lächelnden Augen wie ein Skelett ohne jede Spur von Leben wirkte. Sie hatte sich ihre Schönheit bewahrt, hauptsächlich deswegen, weil es eine Schönheit des Knochenbaus war und somit niemals vergehen würde, doch nun war es eine traurige, desillusionierte Schönheit, die einem ins Auge fiel, mit feinen Falten am Mund und mit hauchdünnen Spinnfäden, die ihr der Kummer in die breite Stirn geätzt hatte.

Sie fuhr mir mit der Hand durch mein kurz geschorenes Haar und sagte, ich sähe aus wie ein Armenhäusler. Ich erkundigte mich neugierig nach meinem Bruder, doch daraufhin verdüsterte sich ihre Miene, und sie sagte bekümmert, er sei ebenfalls krank und sie habe ihn bislang noch nicht sehen dürfen. Bald erhob sie sich, um zu gehen, und auch diesmal fragte ich nicht, wann sie mich nach Hause mitnehmen würde, denn man hatte gelernt, keine lästigen Fragen zu stellen. »Zu Hause« schien in letzter Zeit so weit entfernt zu sein wie ein Traum, es war nur ein Wort ohne Bedeutung.

Sie nahm mich bei der Hand und sagte, wir würden das Büro der Hausmutter aufsuchen – bei der es sich nicht um die gleiche Hausmutter wie vor zwei Jahren handelte, sondern um eine türkische Frau, eine noch furchterregendere, noch unnahbarere Person. Es war kein Problem, vorgelassen zu werden, und ich glaubte meinen Ohren nicht zu trauen, als meine Mutter sagte, dass sie mich nach Hause mitnehmen werde und dass sie in zwei Wochen wiederkäme, um dann meinen Bruder abzuholen. Die Hausmutter begann kaltherzig, alle möglichen Einwände zu erheben, doch meine Mutter ließ sich nicht einschüchtern. Sie sagte, ohne mich würde sie das Büro nicht verlassen, und meine Uniform würde sie zurückbringen, wenn sie Mehmet abholen käme. Sie drängte darauf, etwas über Mehmets Zustand zu erfahren, doch die Hausmutter reagierte wortkarg und distanziert, weil sie entweder nichts wusste oder weil sie es vorzog, lieber nichts zu sagen.

Während die beiden sich unterhielten, stand ich an der Tür, und mein Herz schlug auf eine ganz merkwürdige Weise. Endlich war der Tag gekommen, der Tag, nach dem ich mich seit über zwei Jahren so sehr sehnte, doch er war zu spät gekommen, und nun war es mir egal, ob meine Mutter mich nach Hause mitnahm oder nicht. Es stimmte zwar, dass ich von der Schule wegwollte, doch ich wusste nicht, wo ich hinwollte. Unser Zuhause verhieß mir keinen Himmel auf Erden, und es war so weit weg, dass ich mich kaum noch daran erinnern konnte – in meinen Gedanken verhieß es noch weniger Sicherheit als diese trostlose Armenschule.

Und so gingen wir nach Hause, wo ich dieselben Zustände vorfand, die ich zwei Jahre zuvor hinter mir gelassen hatte, und Bitternis machte sich in mir breit, weil ich die eine Armseligkeit gegen eine andere ausgetauscht hatte und am Ende nicht besser dastand als vorher. Meine Mutter war tapfer, als sie 1918 eine solche Entscheidung traf, doch der kindliche Verstand fragte sich – vielleicht törichterweise –, warum sie diesen Mut nicht 1916 aufgebracht hatte, als sie zwei kleine Jungen in eine von Deutschen dominierte Schule verbannte und dadurch alles Vertrauen und alle Liebe abtötete, um sie dann zurückgewinnen zu wollen, als es dafür zu spät war. So kam es uns damals vor, und so kommt es uns heute noch vor, obwohl unsere Mutter schon lange tot und jeglicher Kritik enthoben ist.

Unser Zuhause war ein seltsamer und fremder Ort, wo meine Großmutter noch immer die ewige Gemüsesuppe servierte und wo uns die Zimmer nach den großen, kahlen Räumen der Schule noch kleiner und düsterer vorkamen. Muazzez war inzwischen drei, ein dünnes kleines Geschöpf mit blauen Augen und Haaren, die nun hellbraun geworden waren. Sie war gereizt und apathisch, denn auch sie hatte Hunger – wie wir alle. Ich versuchte, mit ihr zu spielen, doch sie zeigte nicht das geringste Interesse, so als sei Spielen für sie etwas Unbekanntes. Sie konnte auch nicht klar und deutlich sprechen: Sie stotterte und errötete und rannte vor mir weg; sie zog es vor, allein zu sein, da sie nie etwas anderes kennengelernt hatte. Meine Schwester war ein eigenartiges, nervöses, sensibles Kind, immer hungrig und nahe am Wasser gebaut. Ich konnte keine Zuneigung zu ihr empfinden, so wie ich sie früher zu Mehmet empfunden hatte, meinem kleinen braunäugigen, stillen Bruder, der meinen Vater gekannt und sich mit mir die Spielsachen geteilt hatte.

Meine Mutter arbeitete noch immer in dem Nähdepot der Armee, und meine Großmutter besorgte nach wie vor den Haushalt. Eines Tages begleitete ich sie zum Markt, doch wir konnten dort nichts kaufen. Die Läden waren verriegelt und verrammelt, und in den wenigen, die noch geöffnet hatten, gab es nur etwas Mais und angeschimmeltes Gemüse. Für Mehl musste man das Dreifache des normalen Preises bezahlen, obwohl es schwarz und verdorben aussah und einen sauren Geruch verströmte. Meine Großmutter blickte auf ihre mageren Einkäufe und auf die wenigen, noch in ihren Händen verbliebenen Münzen, und dann sagte sie voller Erstaunen:

»Dies ist das erste Mal, dass ich vom Markt zurückkomme und noch Geld übrig habe!«

Und an jenem Tag aßen wir saures Brot und dazu eine Suppe, die wie Salzwasser schmeckte. Es folgte eine Reihe von Tagen, wo wir nichts als Olivenöl, und dazu noch ein ziemlich verfälschtes, auf unsere Brotration träufeln konnten, und ich wurde dermaßen schwach, dass ich nicht mehr laufen konnte. Ich erinnere mich noch daran, dass ich fast den ganzen Tag über im Salon lag, völlig entkräftet vor Hunger und unfähig, auch nur ein einziges Glied zu rühren. Muazzez war bei mir; sie saß auf dem Teppich und wimmerte, sie sei hungrig, doch ich war viel zu benommen, um ihr auch nur etwas Aufmerksamkeit schenken zu können. Meine Großmutter kehrte erst bei Einbruch der Dämmerung zurück, von einem langen Fußmarsch in die Hügel von wer weiß wo. Sie gab uns Brot, frisches, beinahe weißes Brot, und dazu geviertelte rohe Zwiebeln und Butter, die ranzig war, was unseren Appetit jedoch kein bisschen beeinträchtigte. Wir aßen, bis wir nicht mehr konnten, und Muazzez schlief ein, wo sie war, ausgestreckt auf dem Teppich, doch niemand störte sich daran, dass sie nicht im Bett lag.

Meine Großmutter saß weinend am Fenster und führte Selbstgespräche, wie sie es sich in letzter Zeit angewöhnt hatte.

»Es gibt keine Lebensmittel mehr«, sagte sie. »Da habe ich zum ersten Mal seit Jahren Geld in der Tasche, und jetzt kann ich mir nichts dafür kaufen!«

Ich weiß nicht, wo sie das Geld herhatte. Vielleicht hatte sie etwas Schmuck für weniger als die Hälfte seines Werts verkauft, um ein paar Lebensmittel bei den Vorräte hortenden, raffgierigen Bauern zu erstehen, die immer satt zu essen hatten.

Sie muss die ganze Nacht am Fenster gesessen haben, denn als ich am nächsten Morgen erwachte, saß sie noch immer dort, ihre alten Augen vor Müdigkeit rot gerändert und überanstrengt, und Muazzez lag noch immer schlafend auf dem harten Fußboden.

XVI. Das vorzeitige Ende einer Friseurlehre

Ich werde wohl nie den Tag vergessen, an dem wir nach Bebek fuhren, zu dem Krankenhaus, wo Mehmet im Sterben lag.

Es war ein schöner warmer Sommertag, und von der Galatabrücke konnte man die grünen Hügel Anatoliens sehen, wie sie unter dem strahlenden Himmel klar und friedlich aufleuchteten. Die Seemöwen kreischten über dem Kielwasser der Schiffe, der großen und der kleinen Boote auf dem Bosporus, der an jenem Tag so majestätisch blau war, dass einem das Herz vor Glückseligkeit aufging. Der Hunger war vorübergehend vergessen angesichts dieses transluzenten Trugbilds von Ruhe und Frieden, und als wir in Eminönü angelangt waren und dort in die Tram stiegen, war mir schwindelig – ich fühlte mich ein wenig benommen von dem Glanz und dem Funkeln des neuen Tages und von dem frischen, salzigen Geruch, der vom Meer herübergeweht kam. Die Tram sauste in dem herzbeklemmenden Tempo aller İstanbuler Trams durch die Straßen. Wir flogen die Hügel hinauf und wieder hinunter, immer schneller und ungestümer, mit einem unablässig ertönenden Däng-Däng-Däng-Däng, so als hätten der Fahrer und die Tram nichts übrig für diese armseligen, verschwiegenen Straßen und als wollten beide so schnell wie möglich die saubere, atemberaubende Bucht von Bebek erreichen.

Beşiktaş wirkte an jenem Tag so verlassen, als wären wir dort mutterseelenallein. Weiter und weiter brausten wir in wilder Jagd dahin, vorbei an Ortaköy, wo wir einen Blick auf die weiß schimmernde Moschee mit ihren beiden hohen, sich in den Himmel bohrenden Minaretten erhaschten, während die Moschee selbst über den Bosporus blickte. Dann hinunter nach Kuru Çeşme mit seinen baufälligen Holzhäusern, auf denen eine feine Schicht schwarzen Staubs von den zahllosen Kohlenlagerplätzen lag, und noch weiter hinunter, bis wir Arnavutköy erreichten – allein schon der Name verhieß Romantik, denn er bedeutet »Albanisches Dorf«. Dann fuhren wir direkt an der niedrigen Küstenmauer entlang und blickten auf Anatolien, auf Çengelköy, das inmitten seiner bewaldeten Hügel wie ein Juwel dalag, und auf den langen weißen Komplex der am Ufer des Bosporus liegenden Kriegsschule von Kuleli, bis uns schließlich die hohen Granitmauern des Sommerpalastes des Khedive von Ägypten die Sicht versperrten und wir ungestüm die eingleisige Strecke hinunterbrausten, die nach Bebek und zu der herrlichen Bucht führte.

Bebek bezaubert mit seiner fragilen, unvergänglichen Schönheit – eine Schönheit, die, wie ich glaube, vornehmlich auf dem blauen, plätschernd gegen das Ufer schlagenden Gewässer beruht sowie auf den großen, weißmastigen Schiffen, die dort stets vor Anker zu liegen scheinen, und den alten schmalen Häusern, die hinter der Stadt die steilen Hügel emporsteigen, bis hinauf zu den Wäldern, die einem das ganze Jahr hindurch grün entgegenprangen. An jenem Sommermorgen des Jahres 1918 erhaschte ich einen ersten Blick auf Bebek, und ich war vor Freude außer mir, weil meine ausgehungerten Augen endlich eine solch subtile, pittoreske Schönheit genießen durften.

An der Endstation der Tramlinie erkundigte sich meine Mutter nach dem Weg zum Kinderkrankenhaus, und als wir es gefunden hatten, mussten wir in der kalten, gefliesten Eingangshalle warten, bis eine Schwester abkömmlich war, um sich um uns zu kümmern. Sie kam schließlich, energischen Schrittes und mit raschelnden gestärkten Kleidern, ihren traditionellen weißen Schleier tief um die Stirn gebunden, sodass von ihren Haaren nichts mehr zu sehen war und sie, lebte sie heute, eher einem Chirurgen auf dem Weg in den Operationssaal ähneln würde. Sie hatte Schwierigkeiten, Mehmet zu finden. Damals gab es in der Türkei noch keine Nachnamen, und deshalb war es häufig nicht leicht, jemanden zu identifizieren. Die übliche Formel lautete etwa so: Mehmet, der Sohn von Hüsnü und Şevkiye aus Beyazit. Trotz der Umständlichkeit dieser Methode konnten die Leute für gewöhnlich eindeutig identifiziert werden, denn es gab nur selten zwei oder mehr Eltern mit exakt derselben Kombination von Vornamen oder einem Kind mit demselben Namen.

Als die Schwester schließlich herausgefunden hatte, wer Mehmet war, teilte sie meiner Mutter mit, diese könne ihn nicht sehen, da er zu krank sei. Meine Mutter wollte sich jedoch nicht abwimmeln lassen und drängte nachdrücklich darauf, nähere Informationen zu erhalten. Die Schwester deutete an, es handele sich um einen schweren Fall von Unterernährung, und nachdem meine Mutter ein oder zwei Augenblicke lang darüber nachgedacht hatte, sagte sie, sie wolle ihren Sohn mit zu sich nach Hause nehmen. Die Schwester hob erschrocken die Augenbrauen und sagte, es sei Mehmets sicherer Tod, würde er das Krankenhaus verlassen. Meine Mutter bestand jedoch weiter darauf, und die Schwester zog stirnrunzelnd von dannen, um einen Arzt ausfindig zu machen. Als sie gegangen war, öffnete meine Mutter das Kleiderpaket, das sie für Mehmet mitgebracht hatte; sie war besorgt, dass die Sachen zu klein für ihn sein könnten, aber andere hatte sie nicht.

Ein alter, ungepflegt aussehender Arzt kam mit der Schwester zu uns zurück und begann sofort, meine Mutter unter Druck zu setzen, doch sie ließ sich nicht einschüchtern und sagte, sie wolle nichts weiter, als ihren Sohn von diesem Ort wegholen.

»Ich will mein Kind wiederhaben«, sagte sie halsstarrig.

»Wenn der Junge sterben muss, dann kann er das zu Hause genauso gut wie hier. Ich übernehme die volle Verantwortung.«

Der Arzt zuckte gleichgültig die Schultern und sagte zu der Schwester, sie solle Mehmet für die Entlassung vorbereiten. Meine Mutter gab ihr das Kleiderbündel und unterzeichnete ein Formular, das ihr der Arzt hinhielt. Dann lehnten wir uns auf unseren Stühlen zurück und warteten auf Mehmet.

Als die Schwester zurückkehrte, trug sie auf ihrem Arm ein kleines, leblos wirkendes Kind. Sie übergab es meiner Mutter, doch diese sagte, nachdem sie es kurz gemustert hatte:

»Das ist nicht mein Sohn. Das hier ist ein Kleinkind, doch mein Sohn ist bereits fünf Jahre alt. Da muss eine Verwechslung vorliegen …«

Doch ihre Stimme stockte unsicher, denn nun betrachtete sie das Kind in ihren Armen eingehender. Und tatsächlich, es war Mehmet! Sogar ich erkannte die Ähnlichkeit.

»Er ist federleicht«, sagte meine Mutter verwundert.

»Er ist ja auch sehr krank«, sagte die Schwester mit ernster Stimme. »Es ist ein Fehler, dass sie ihn mit nach Hause nehmen.«

Ich beäugte Mehmet mit ehrfürchtiger Scheu, sein kleines braunes, verschlossenes Gesicht, in dem die Kieferknochen beängstigend deutlich unter den fleischlosen Wangen hervorstachen, die schwache, dunkle Linie seiner Augenbrauen, die ebenso zart gezeichnet war wie die meiner Mutter, seine nur noch aus Haut und Knochen bestehenden Arme und Handgelenke, seinen elenden, siechen, verhungernden Körper. Ich sah, wie meiner Mutter die Tränen in die Augen schossen, doch sie bedankte sich bei der Schwester, und dann verließen wir das Krankenhaus.

Auf der Rückfahrt nach İstanbul klammerte sich Mehmet in der dahinrasenden Tram fest an meine Mutter, um das heftige Gerüttel abzumildern. Ich presste meine Nase an die Fensterscheibe und war mir des Kummers meiner Mutter und des Schattens, der meinen Bruder umflorte, bewusst. Der strahlende Tag verfinsterte sich für mich, und der Bosporus hatte seine Bläue weitgehend verloren.

Mehrere Tage lang lag Mehmet in einer Art Stupor im Bett, während meine Großmutter, über ihn gebeugt, unermüdlich im Koran las. Muazzez und ich gingen gelegentlich zu ihm, um einen Blick auf ihn zu werfen, betroffen und sprachlos angesichts einer solch entsetzlichen Reglosigkeit. Nach einer Weile versuchten sie, ihn mit Kondensmilch aufzupäppeln, die meine Mutter über das Nähdepot aufgetrieben hatte, und hin und wieder nippte er etwas gekochtes Wasser, wobei er seinen Kopf klagend hin und her bewegte, als litte er Schmerzen. Wenn es auch nicht so schien, als verbesserte sich sein Zustand zu Hause, so verschlechterte er sich jedenfalls auch nicht. Und dann kam ein Tag, an dem sich zwei für mich wichtige Dinge ereigneten. Eines davon betraf Mehmet, denn er öffnete die Augen und sah mich an. Zuerst blickte er mich so an, als erkenne er mich nicht wieder, doch nach einer Weile kehrte die Erinnerung zu ihm zurück, und er lächelte und streckte mir seine kleine Hand entgegen.

»Bruder!«, sagte er zu mir mit einer schwachen, verwundert klingenden Stimme, die eigentlich keine Stimme war, sondern vielmehr ein dünnes, in der Luft schwebendes Klangfädchen.

Ich eilte zu ihm hinüber, schnappte mir seine Hand und fragte ihn, ob er etwas brauche. Er sagte, er habe Hunger, und ich ging in die Küche, um einen Löffel und die halb volle Büchse Kondensmilch zu holen. Ich löffelte ihm Milch in seinen gierigen Mund, bis die Büchse ratzekahl leer war und er um ein Glas Wasser bat. Muazzez stolperte mit der Karaffe zu ihm hin und schüttete dabei ein paar Tropfen Wasser auf sein Bettlaken, woraufhin wir in schallendes Gelächter ausbrachen wie über einen guten Witz. Bald drehte Mehmet sich auf die

Seite und war in null Komma nichts eingeschlafen. Ich blieb an seinem Bett sitzen, bis meine Großmutter vom Markt zurückkehrte. Als sie das Haus betrat, konnte ich hören, wie Muazzez ihr mit aufgeregter, gicksender Stimme die frohe Nachricht verkündete. Meine Großmutter kam wie der Blitz nach oben geschossen und fragte mich mit einem lauten Brüllen, das sie für ein Flüstern hielt, was geschehen sei. Als ich es ihr erzählte, hob sie beglückt ihre Hände und begann ein Dankgebet aus dem Koran zu rezitieren. Sie schlich zu Mehmet hinüber, und nachdem sie eine Zeit lang seinen ruhigen, regelmäßigen Atemzügen gelauscht hatte, sagte sie einfach und mit großer Zuversicht, dass es ihm fortan besser gehen werde. Dann verließen wir auf leisen Sohlen den Raum, um ihn den Schlaf des Gerechten schlafen zu lassen.

Meine Großmutter hatte vom Markt die üblichen, wenig aufregenden Sachen mitgebracht, und bald erteilte sie mir den Auftrag, zum Nähdepot zu gehen, denn meine Mutter würde an jenem Tag nach Hause kommen. Ich sollte ihr die Neuigkeiten von Mehmet überbringen und sie bitten, auf dem Heimweg einen Abstecher nach Sirkeci zu machen, wo es vielleicht noch etwas anderes zu kaufen gäbe als den ewigen Mais, den meine Großmutter in Beyazit zu bekommen pflegte.

Sie konnte mich gar nicht schnell genug aus dem Haus schicken, so sehr brannte sie darauf, etwas besonders Leckeres für meinen Bruder zuzubereiten, und sie grummelte, dass ihre Füße sie neuerdings nicht mehr so weit wie bis nach Sirkeci tragen könnten.

Und so kommen wir nun zu der zweiten wichtigen Sache, die mir an jenem Tag passierte.

Ich begab mich zu meiner Mutter und überbrachte ihr meine Botschaft. Anschließend gingen wir zusammen nach Sirkeci – sie außer sich vor Freude, dass ihr Sohn sich dazu entschieden hatte zu leben.

Ich erinnere mich noch daran, dass es uns gelang, eine Handvoll Gartenbohnen sowie Trockenerbsen und etwas Zucker zu ergattern, damals rare Luxusartikel. Wir machten uns auf den Heimweg und waren gerade genau hinter dem Bahnhof, kamen in der engen, mit Kopfsteinen gepflasterten Straße jedoch nur langsam voran, denn dies war eines der belebtesten Viertel der Stadt. Wir mussten Pferdefuhrwerken ausweichen und Männern, die Lastkarren vor sich herschoben, und mit einem Mal war über dem üblichen Straßenlärm noch ein anderes Geräusch zu vernehmen, ein ungewohntes, eindringliches Geräusch. Meine Mutter hielt inne und schaute in den Himmel hinauf. Meine Augen folgten ihrem Blick, und da sah ich sie: drei Flugzeuge, die über das Goldene Horn in unsere Richtung geflogen kamen.

»Englische Flugzeuge!«, schrie ein Mann und stürmte an uns vorbei in einen Ladeneingang.

Meine Mutter und ich starrten weiter zu den Flugzeugen hinauf, nichts ahnend von der zerstörerischen Fracht, die sie mit sich führten. Die Leute um uns herum hasteten in die Läden, in den Bahnhof von Sirkeci, in Hauseingänge, doch meine Mutter war offenbar zu paralysiert, um die Beine in die Hand zu nehmen. Ich erinnere mich daran, dass sie mich schließlich unter die Markise eines Ladens zog, wo wir uns zusammengekauert hinhockten, und ich erfuhr erst Jahre später, dass sie an jenem Tag tatsächlich davon überzeugt gewesen war, die Markise würde uns schützen, denn sie glaubte, wenn die Piloten uns nicht sehen könnten, würden sie uns nichts anhaben können!

Die Flugzeuge flogen laut dröhnend über uns hinweg, und wenig später erfolgte eine dumpfe Explosion, die die Erde erbeben ließ.

Ich dachte, das Donnern und Krachen würde nie ein Ende nehmen. Staubwolken trieben uns entgegen, und ich merkte, dass meine Beine mir den Dienst zu versagen drohten.

An jenem Tag bombardierten sie die Mahmut-Paşa-Straße, İstanbuls belebteste Einkaufsstraße, und es gab praktisch keine Flugabwehrkanonen, um die Stadt zu verteidigen. Als die Flugzeuge verschwunden waren, gellten einem schon bald die Sirenen der aus allen Richtungen heranrasenden Krankenwagen in den Ohren. Wir machten uns wieder auf den Heimweg und mussten dabei die Mahmut-Paşa-Straße passieren, wo an den kleinen Läden und armseligen Häusern bereits die ersten Flammen züngelten. Ein Pferd lag auf der Seite und wieherte erbärmlich – der umgestürzte Karren lastete auf seinem zerschmetterten Körper, und der Fahrer saß mit eingedrücktem Gesicht hoch oben auf den Trümmern. Es gab nicht genug Krankenwagen, und so wurden Lastwagen herbeibeordert, die uns mit ihrer Fracht von Verletzten passierten, Männern, Frauen und Kindern, von denen manche ohnmächtig waren, während andere vor Schmerzen schrien und einen entsetzlichen Anblick boten, wenn sie mit ihren blutigen Armstümpfen in der Luft herumfuchtelten. Karren, auf denen sich die Leichen stapelten, kamen in unsere Nähe, und einer passierte uns sogar. Mir drehte sich vor Schreck fast der Magen um, als ich seine grausige, von keiner Plane bedeckte Ladung erblickte – von ihren Körpern abgetrennte Köpfe, die furchterregend hin und her kullerten, ein heilloses Durcheinander von Händen und Beinen, alles achtlos auf einen Haufen geworfen, denn dies waren die Toten, und sie waren nicht mehr wichtig, wenn es noch Überlebende zu retten gab.

»Eigentlich wollten sie ja das Kriegsministerium bombardieren«, sagte jemand, »doch die Bomben sind danebengegangen und stattdessen hier runtergekommen …«

Die Leute, die seine Worte mitbekommen hatten, begannen den Mann auszubuhen, und mit einem Mal schwebte er in Lebensgefahr, denn die anderen waren felsenfest davon überzeugt, dass die Mahmut-Paşa-Straße ganz bewusst bombardiert worden sei, weil sie das Zentrum eines belebten Stadtviertels war. Ich erinnere mich noch heute an jenen Tag, an die Unmutsbekundungen der Leute und an das Schluchzen der Hinterbliebenen, und niemand von uns wird jemals erfahren oder, da über diese Sache längst Gras gewachsen ist, noch erfahren wollen, ob die englischen Piloten damals ihr Ziel verfehlt hatten oder nicht. Während unseres gesamten Heimwegs waren die Augen meiner Mutter von den Tränen erfüllt gewesen, die sie nicht nur für die unschuldigen Überlebenden vergoss, die so sehr litten, sondern auch für die Ahnungslosen, die Überraschten, die ihr Leben gelassen hatten. Jener Bombenangriff hat sich unauslöschlich in mein Gedächtnis eingebrannt. Erst kürzlich, als ich Gelegenheit hatte, wieder einmal durch die Mahmut-Paşa-Straße zu gehen, die noch immer ihre hässlichen, nicht sanierten Kriegsnarben aufweist, wurde mir jener Tag wieder gegenwärtig, und ich fragte mich, ob sich auf dieser nach wie vor überfüllten Straße vielleicht noch jemand anders an ihre tragische Geschichte erinnerte.

Mehmets Zustand verbesserte sich kontinuierlich, wenn auch sehr langsam. Ich ging jeden Tag mit ihm hinaus an die frische Luft, bis an die Mauer zum Marmarameer, und sein braunes Gesicht wurde unter der warmen Sonne zusehends brauner. Er war noch ruhiger und nachdenklicher, als er es früher gewesen war, ein kleiner Junge, der kaum den Mund aufbekam und der zurückzuckte, sobald man eine plötzliche Bewegung machte. Daran hat sich bis heute nichts geändert: Mein Bruder hört lieber zu, als dass er selber etwas zum Gespräch beisteuert, und er äußert nur selten eine Meinung – als hätten ihm die zwei Jahre auf der Schule in Kadıköy jeglichen Unternehmungsgeist ausgetrieben.

Der Sommer verging, und die ersten Blätter begannen zu fallen – sie verstopften die schmutzigen Rinnsteine und huschten wie affektierte, verängstigte alte Damen die Bürgersteige entlang. Als es kühler wurde, gingen wir seltener zu der Mauer am Meer. Mein zehnter Geburtstag rückte immer näher, doch Geburtstage waren nicht mehr wichtig, und dann, plötzlich, war der Krieg für die Türkei vorbei.

Als wir abends zu Bett gegangen waren, hatte noch Krieg geherrscht, und am darauffolgenden Tag erfuhren wir, dass unser Land genug gehabt und kapituliert hatte. Für uns, die Hinterbliebenen, war dies jedoch kein Grund zur Freude: Wir hatten alles verloren. Aber da es so viele Familien wie die unsrige gab, hatten wir auch nicht das Recht, uns zu beklagen.

Meine Mutter verlor ihre Arbeitsstelle im Nähdepot, und wir fragten uns, was nun aus uns werden sollte. Gold, so hörten wir, erzielte traumhafte Preise, doch wir hatten unser ganzes Gold schon vor langer Zeit ausgegeben – jene schimmernden Münzen, die so fröhlich in der Truhe meiner Großmutter geklimpert hatten –, vor einer halben Ewigkeit, wie es schien. Doch halt! Besaßen wir nicht noch diesen alten Präsentierteller, den mein Urgroßvater meiner Großmutter zur Hochzeit geschenkt hatte? Einen goldenen Präsentierteller, der wie die Sonne strahlte und den wir nie benutzt hatten, weil er so unhandlich war? Wir hatten ihn tatsächlich noch! Es dauerte nicht lange, bis meine Großmutter sich daran erinnerte, wo sie ihn zuletzt gesehen hatte: unter dem Fußende der Ottomane im Zimmer meiner Mutter, zwischen all dem Porzellan und Kristall, das wir schon seit geraumer Zeit nicht mehr benutzt hatten. Er wurde unverzüglich hervorgeholt, um poliert zu werden, denn er war schwarz angelaufen, und wir sprachen lang und breit über ihn, denn wer hätte gedacht, dass man ein dermaßen nutzloses Ding nun zu Geld machen könnte? Meine Großmutter erhielt den Auftrag, den Teller an den Mann zu bringen, denn keiner von uns hatte vergessen, wie sie einmal einem jüdischen Händler Paroli geboten hatte.

Für ihren Ausflug zum Goldmarkt hatte meine Großmutter sich sorgfältig zurechtgemacht, und ihre Juwelen funkelten wieder einmal an ihren Händen und an ihrem Busen. Die ganze Nachbarschaft kam herbeigeströmt, um sie in Augenschein zu nehmen und um den monströsen Präsentierteller zu bewundern, der ganz allein in einer Zimmerecke vor sich hin strahlte und ein wenig verlegen wirkte, da er bis dahin immer nur mit Verachtung gestraft worden war, selbst zu Lebzeiten meines Großvaters.

»Also, du kennst den Marktpreis eines Gramms«, erinnerte meine Mutter sie streng. »Und verkauf das Tablett nicht, wenn du nicht auch den angemessenen Preis dafür bekommst!«

»Selbstverständlich nicht!«, flötete meine Großmutter wichtigtuerisch, als hätten wir Geld wie Heu und als benötigten wir keines mehr.

Meine Großmutter zog los, und das hastig und verschämt in braunes Packpapier eingewickelte Tablett war so sehr darauf erpicht, sich zur Schau zu stellen, dass es hier und da unter der Verpackung hervorlugte und uns zuzwinkerte und anfunkelte, als es die Straße hinuntergetragen wurde. Und den Nachbarn stockte vor Bewunderung der Atem. Sie priesen das Tablett in den höchsten Tönen und sagten, wir könnten uns glücklich schätzen, dass wir in diesen schweren Zeiten einen solchen Wertgegenstand zu verkaufen hätten. Den ganzen Vormittag über warteten wir und die Nachbarn auf die Rückkehr meiner Großmutter – sie stellten Spekulationen über den Preis an, den das Tablett erzielen würde, und mir wurde fast schwindelig, als ich hörte, wie der Lirabetrag in die Hunderte stieg, denn für etwas, das damals hundert Lira kostete, müsste man heute gut und gern tausend hinblättern. Die alten Männer und die jungen Frauen und sogar die Kinder verstiegen sich zu immer fantastischeren Summen, die meine Großmutter ihrer Ansicht nach kassieren würde, und einmal rannte ich in meine Mutter hinein, keuchend und würgend von den Stapeln unverdauter Lira, die mir in den Ohren klingelten.

»Ich weiß *genau,* wie viel sie dafür bekommen wird«, sagte meine Mutter mit ernster Stimme. »Oder jedenfalls in etwa …«, verbesserte sie sich. »Wir haben es nämlich gestern auf der Waage des Bakkal wiegen lassen. Und jetzt geh und hör nicht auf den Unsinn, den die Nachbarn in die Welt setzen.«

Und ich machte mich davon, zutiefst enttäuscht vom sachlich-nüchternen Tonfall meiner Mutter.

Als meine Großmutter gesichtet wurde, wie sie die Straße heraufkam, stürmte ihr die Menge entgegen, um sie in Empfang zu nehmen, doch ich war der Schnellste von allen und erreichte sie als Erster. In dem Moment, wo ich sie sah, wusste ich, dass sie erfolgreich gewesen war, denn sie hielt ihren Kopf stolz in die Höhe gereckt – in meiner Familie ein untrügliches Zeichen des Triumphs. Sie hatte allerlei Päckchen in den Händen, und unter ihrem Arm klemmte doch tatsächlich eine Flasche Wein! Sie reichte mir einige der Päckchen, weigerte sich aber, den Wein loszulassen, und dann marschierten wir nach Hause, umringt von den aufgeregten, redseligen Nachbarn, die viel zu höflich waren, um sie zu fragen, wie viel sie für das Tablett bekommen hatte, doch die sie inzwischen gut genug kannten, um ihren Schritt als den einer Siegerin zu interpretieren.

»Also nein!«, sagte die Stimme meiner Mutter an unserer Haustür. »Schämst du dich nicht, Mutter? Musst du wirklich mit einer Flasche Wein durch die Straßen laufen – wie eine Trinkerin?«

»Nun, ich habe mein Glas Wein zum abendlichen Diner vermisst«, schrie meine Großmutter so laut, dass alle Welt es hören konnte – als sei es bei uns noch immer Sitte, ein mehrgängiges Abendessen einzunehmen. »Und außerdem«, fügte sie hinzu, »habe ich hier frisch gemahlenen Kaffee und Zucker von der Bourse noir. Lass uns also unsere lieben Nachbarn einladen, damit wir mit ihnen auf unser Glück anstoßen können!«

Und so kamen sie herbeigeströmt, unsere gratulationswilligen Nachbarn, die Treppe hinauf und hinein in den Salon, alle so höflich, sich die Schuhe auszuziehen, bevor sie die kostbaren Spartateppiche betraten. Sie waren so froh und ausgelassen, als sei das Glück dieses Tages ihnen selbst zuteilgeworden, und sie halfen meiner Mutter, Kaffee und Cognac auszuschenken. Dann hoben sie ihre Tassen und Gläser und schrien:

»Güle güle! Mahşallah, Hanım efendi!« – »Alles Gute! Gott segne Sie, gnädige Frau!«

Und alle ließen ihren Gefühlen freien Lauf, wobei einige der älteren und somit eher zu sentimentalen Anwandlungen neigenden Gäste die eine oder andere Träne zerdrückten.

»Nun können wir uns jede Menge gutes Essen kaufen«, brüllte meine Großmutter und fuchtelte dabei aufgeregt mit ihrer Kaffeetasse in der Luft herum. »Und neue Anziehsachen für die Kinder …«, fügte sie hinzu, wobei sie mir einen Blick zuwarf.

Ich hingegen träumte von bunten Bilderbüchern, Sammelalben, einem Tuschkasten und ähnlichen Dingen, die mir die langweiligen Herbsttage verkürzen würden. Ich weiß nicht, wie viel meine Großmutter für den alten Präsentierteller bekommen hat, doch ich denke, es war mehr, als sie und meine Mutter erwartet hatten – Mathematik war nicht ihre Stärke. Es mag unglaublich klingen, aber als wir wieder genug Geld im Haus hatten, um für längere Zeit ein sorgenfreies Leben führen zu können, kam, wie es manchmal im Leben ist, unerwarteterweise noch mehr hinzu, sodass uns binnen weniger Wochen der Sprung aus einer entsetzlichen Armut zu relativem Wohlstand gelang.

Dies hing damit zusammen, dass meine Mutter wieder zu sticken begonnen hatte und Auftragsarbeiten für die besseren

Geschäfte in Beyoğlu erledigte. Servierbretttücher, Tischtücher, Kopfkissenbezüge, Babykleidung – alles ging durch ihre geschickten Hände. Sie entwarf und gestaltete ihre eigenen Muster, was ihren Arbeiten eine gewisse Einmaligkeit verlieh, eine Individualität, die bei der wählerischen ausländischen Kundschaft der noblen Geschäfte großen Anklang fand. Die Nähmaschine wurde nicht mehr gebraucht und in die Küche verbannt, wo sie monatelang Staub ansetzte, bis meine Großmutter mit einem Mal die Leidenschaft entwickelte, neue Kleidung für uns zu nähen. Muazzez begann wie eine Puppe auszusehen: Sie trug in der Regel weiße Kleider mit aufwendigen Stickereien, die meine Mutter anfertigte, und in ihrem braunen Haar steckten zwei weiße Schleifen. Sie entwickelte sich zu einem einnehmenden und herrischen kleinen Mädchen, das vom Temperament her stark an meine Großmutter erinnerte – sie tyrannisierte Mehmet und mich gnadenlos und zwang uns, ihr alle möglichen Gefallen zu tun. Meine Großmutter war sehr stolz auf sie und verbrachte täglich mehrere Stunden damit, ihre dichten Locken zu bürsten.

»Sie wird einmal eine große Schönheit sein«, pflegte sie zu einem gelangweilten Mehmet und zu meiner nicht minder gelangweilten Wenigkeit zu sagen, »und eines Tages wird sie einen sehr, sehr reichen Mann heiraten. Ihr werdet sehen!«

Und die ohnehin schon eitle Muazzez wurde noch eitler.

Allmählich fiel mir zu Hause die Decke auf den Kopf, und ich war oft ungehorsam und aufsässig. Meine Mutter machte sich unablässig Sorgen wegen meiner Ausbildung, doch die Schulen hatten ihren normalen Betrieb noch nicht wieder aufgenommen, und viele Lehrer waren nicht aus dem Krieg zurückgekehrt. Ich lungerte auf der Straße herum oder spielte in der Nähe der Gartenanlagen der Moschee eine primitive Art von Fußball, denn es gab nichts, womit ich meinen Geist hätte beschäftigen können. Meine Mutter und ich gerieten uns ständig in die Wolle, und da es mir zu Hause zu eng wurde, entwickelte ich mich zu einem Herumtreiber und war den ganzen Tag unterwegs, wobei ich mich immer weiter von unserem Viertel entfernte. Hätte ich einen Vater gehabt, der mich an die Kandare genommen hätte, so wären mir diese Flausen zweifellos ausgetrieben worden, doch von meiner Mutter oder meiner Großmutter wollte ich mir nichts sagen lassen, und wenn sie versuchten, mir Vorschriften zu machen, wurde ich fuchsteufelswild.

Meine Mutter begehrte auch gegen das Leben auf – allerdings aus einem anderen Grund. Ihre Rebellion richtete sich, durchaus unerwartet, gegen die Gesichtsverschleierung, denn sie hatte bemerkt, dass keine der Ausländerinnen in İstanbul einen Schleier trug und dass einige der beherzteren Frauen aus angesehenen türkischen Familien ebenfalls von dieser Praxis Abstand genommen hatten. Sie beklagte sich hin und wieder bei meiner Großmutter und sagte, sie habe es gründlich satt, ihr Gesicht bedeckt zu halten, woraufhin ich sie, von der hohen Warte meiner zehn Lebensjahre aus, unterbrach und sagte, ich würde es nie und nimmer zulassen, dass sie sich mit bloßem Gesicht auf der Straße blicken ließ. Ich tadelte sie auch, weil sie meiner Ansicht nach zu häufig außer Haus weilte.

»Du bist nie zu Hause«, pflegte ich ihr vorzuwerfen, und obwohl es in solchen Fällen normalerweise hieß, ich solle mich um meine eigenen Angelegenheiten kümmern, war ich eines Tages ziemlich erstaunt, als meine Großmutter mir doch tatsächlich beipflichtete.

»Der Junge hat recht«, sagte sie aufgebracht. »Du bist neuerdings ständig unterwegs. Und du darfst dich nicht darüber beklagen, dass du einen Schleier tragen musst. Viele Frauen fristen ihr Leben noch immer hinter Kafessen, und sie bekommen nie die Farbe des Himmels zu Gesicht, es sei denn, durch ihre Schleier hindurch. Darüber kannst du dich jedenfalls nicht beklagen, denn du hast hier ja die Kafesse herausreißen lassen! Ich halte es für ein Wunder, dass man dich in dieser Straße akzeptiert hat, denn du hast dich hier aufgeführt wie ein liederliches Weibsstück, das auf einen neuen Ehemann aus ist, oder wie eine Prostituierte. Ja, genau das hast du!«, sagte sie meiner Mutter direkt in ihr erstauntes Gesicht. »Und jetzt sprichst du auch noch davon, dass du deinen Schleier ablegen möchtest. Also, ich habe dreißig Jahre mit meinem Ehemann verbracht, und ich bin nie ohne seine Erlaubnis aus dem Haus gegangen, und draußen musste ich mein Gesicht immer bedeckt halten. Wenn ich mit Murat in der Kutsche ausfuhr, wurden sofort alle Fenster geschlossen und manchmal auch die Vorhänge zugezogen. Ich halte es für einen Skandal, dass Frauen heute in aller Öffentlichkeit ihre Gesichter entblößen. Gott wird sie dafür bestrafen! Ich will davon kein Wort mehr hören, meine Tochter, denn sonst wird sich der Himmel über dir auftun wegen dieses gotteslästerlichen Frevels.«

Noch nie hatte ich meine Großmutter dermaßen lange oder mit so offenkundiger Leidenschaft reden gehört. Meine Mutter erwiderte ihr:

»Das ist doch alles altmodischer Unsinn, Mutter! Mein Platz ist heutzutage nicht mehr im Haus. Wenn ich den ganzen Tag zu Hause herumsitzen soll, und nicht nur ich, sondern auch du, denn das müsste für dich ja genauso gelten – wer bitte soll dann unsere Einkäufe erledigen? Erwartest du etwa von mir, dass ich den ganzen Tag zu Hause verbringe und im Koran lese, mit verschleiertem Gesicht, weil mich die Passanten womöglich von der Straße aus sehen könnten? Ich sage dir klipp und klar: In Zukunft werde ich nur noch unverschleiert aus dem Haus gehen!«

Und dann riss sie sich den hübschen Schleier wütend vom Gesicht und warf ihn demonstrativ auf den Fußboden.

Meine Großmutter hob ihre Hände zum Himmel.

»Ich hätte nie gedacht, dass ich diesen Tag jemals erleben müsste!«, sagte sie.

»Die Zeiten ändern sich eben«, sagte meine Mutter.

»Die Leute werden sagen, du seist eine Prostituierte!«, jammerte meine Großmutter, die wirklich beunruhigt war und sich absolut nicht vorstellen konnte, eine dermaßen ketzerische Geste wie das »Entblößen« des Gesichts jemals zu akzeptieren.

»Sollten sie das tun, so wird es mich nicht kümmern«, erwiderte meine Mutter. »Was immer die Leute sagen mögen, es wird uns kein Brot auf den Tisch zaubern. Und von jetzt an wirst du auch auf den Schleier verzichten, Mutter.«

»Oh, nein! Nein! Niemals!«, sagte meine Großmutter mit übertriebenem Entsetzen. »Ich werde mich hüten, den Zorn Gottes auf mich zu ziehen!«

Als meine Mutter am nächsten Vormittag mit einer Schachtel voll fertiger Stickarbeiten unter dem Arm nach Beyoğlu ging, ihr hübsches Gesicht entblößt und für alle Welt sichtbar, wurde sie jedoch in der Nähe von Beyazit von ein paar Kindern mit Steinen beworfen und fing sich dabei eine böse Platzwunde an der Schläfe ein. Danach ging sie nach Möglichkeit nicht mehr allein irgendwohin, doch sie bestand darauf, sich weiterhin unverschleiert in der Öffentlichkeit zu präsentieren; Mehmet oder ich begleiteten sie fortan nach Beyoğlu, doch meine Großmutter wollte sich um keinen Preis mit ihr zusammen sehen lassen. Die Reaktionen, die meine Mutter auf der Straße auslöste, waren unterschiedlich. Die älteren Frauen erstarrten vor Entsetzen, insbesondere weil sie meine Mutter immer für eine anständige Frau gehalten hatten, doch nun war ihr Vertrauen in sie schwer erschüttert. Sie war noch immer jung und attraktiv – sie war damals fünfundzwanzig – und trotz der Schatten, die sich gelegentlich in ihren Augen ausbreiteten, so außergewöhnlich schön, dass die Leute nicht umhinkamen, sie anzustarren. Manche in unserer Straße fragten sich, ob sie sich womöglich einen Ehemann angeln wollte. Die Nachbarn kamen in Scharen, auch die alten Männer, um meiner Großmutter Vorhaltungen zu machen. Sie bestürmten sie, dieser grässlichen Unsitte Einhalt zu gebieten, und meine Großmutter, die das Ganze sichtlich genoss, pflegte zu stöhnen, dass sie in ihrer missratenen Familie nicht mehr die geringste Autorität besitze. Die jüngeren Frauen ergriffen jedoch Partei für meine Mutter, und manche von ihnen begannen sogar ihrem Beispiel zu folgen. In Vertretung ihrer gefallenen Ehemänner versohlten ihnen ihre Väter jedoch den Hintern, wobei sie fromm vor sich hin murmelten, keine Frau aus ihrer Familie dürfe eine solche Schande über sie bringen. Und so legten sie schleunigst ihre Schleier wieder an.

Nicht wenige hätten auch meiner Mutter gern eine Tracht Prügel verabreicht. Sie überhäuften meine Großmutter mit Mitleidsbekundungen, bis diese davon genug hatte und pessimistisch – aber, wie ich glaube, auch mit ein wenig Vorfreude – prophezeite, mit meiner Mutter werde es einmal ein schlimmes Ende nehmen.

Und tatsächlich hätte sich diese Prophezeiung beinahe erfüllt!

Denn als sie eines Tages allein in Beyazit unterwegs war, versuchte ein heißblütiger Franzose, mit meiner Mutter zu flirten. Sie beschleunigte ihre Schritte, um ihn abzuschütteln, doch dies zeitigte keine Wirkung, oder wenn überhaupt, dann eher die gegenteilige, denn der galante Franzose bemerkte nun erst recht den reizvollen Schwung ihrer Seidenkleider und die so kokett an ihrem Nacken auf und ab wippenden dunklen Löckchen. Natürlich folgte er ihr. Und alle kleinen Jungen des Viertels bemerkten, wie es nun mal die Art aller kleinen Jungen ist, den einseitigen Flirt, der da vonstattenging. Natürlich folgten sie dem hochgewachsenen Franzosen. Und so bot sich einem an jenem Tag in Beyazit der sehr, sehr ungewöhnliche Anblick einer unverschleierten jungen türkischen Frau, die von einem Ausländer sowie einer Horde kleiner, rotznäsiger Bengel verfolgt wurde. Als meine Mutter unüberlegterweise stehen blieb, um dem Herrn in ihrem ziemlich lückenhaften Französisch zu erklären, dass er einen großen Fehler mache, lüftete dieser seinen Hut zum Gruß, verbeugte sich elegant vor ihr und sagte, offenbar völlig hin und weg:

»Vous êtes ravissante!«

Und die kleinen Jungen, die natürlich kein Wort verstanden hatten, brachen, je nach Temperament, in Jubelschreie oder Hohngelächter aus, und meine Mutter machte sich, wie es sich geziemte, unverzüglich davon, die Schamesröte im Gesicht und außer Atem, und vielleicht sehnte sie sich auch ein klein wenig nach dem Schutz ihres Schleiers.

Als sie dann unsere Straße heraufkam, mit ihrer Prozession im Schlepptau, waren die Nachbarn so schockiert wie noch niemals zuvor, und sie eilten in ihre Häuser, um denen, die sich drinnen aufhielten, brühwarm zu erzählen, was sich draußen abspielte. Doch als meine Mutter ihnen auf Türkisch zurief, dass sie verfolgt werde, und zwar gegen ihren Willen, da sprangen sie ihr beherzt bei – sie holten Knüppel und Besen hervor und gaben dem galanten Repräsentanten der französischen Lebensart unmissverständlich zu verstehen, dass er hingehen könne, wo der Pfeffer wächst. Mehmet und ich hatten das Ganze vom Fenster aus beobachtet und brachen in schallendes Gelächter aus, doch meine arme Großmutter wäre vor Scham am liebsten im Erdboden versunken.

»Nein, was für eine Schande!«, sagte sie in einem fort. »Wir werden aus dieser Straße wegziehen müssen.«

Doch damit lag sie falsch, denn als unsere Nachbarn den liebestollen Monsieur schließlich verscheucht hatten – wobei ihm ein paar alte Männer den halben Weg bis nach Beyazit folgten, mit Zinkeimern in den Händen, um ihm damit den

Schädel einzuschlagen –, kehrte in unserer Straße wieder die übliche Lethargie ein, und alle sprachen meine Mutter von jeglicher Schuld frei, oder, genauer gesagt, alle bis auf die alten Frauen.

Das Problem meiner Schulausbildung harrte noch immer einer Lösung. Am Ende wurde beschlossen, dass ich auf eine Privatschule geschickt werden sollte, doch als meine Mutter sich nach diesen Lehranstalten erkundigte, erfuhr sie, dass Türkisch nicht auf deren Lehrplan stand, und darüber echauffierte sie sich so sehr, dass sie meinte, dann würde sie mich lieber zu Hause behalten. Während sie weiterhin nach einer Schule für mich suchte, trieb ich mich, für gewöhnlich mit Jungen, die älter waren als ich, auf der Straße herum, jeglicher Disziplin abhold und wegen der kleinsten Einschränkung zu Tode beleidigt. Ein paar alte Männer versuchten, mich unter ihre Fittiche zu nehmen, doch ihre abgedroschenen, hausbackenen Plattitüden brachten mich dermaßen in Harnisch, dass ich damit drohte, von zu Hause wegzulaufen, falls meine Großmutter mir weiterhin diese senilen, vorgestrigen Gestalten als Mentoren zumuten würde.

Dann führte meine Mutter ein Gespräch mit dem Imam unseres Viertels, und die beiden gelangten zu einer Entscheidung, die sich für mich als ziemlich unangenehm erweisen sollte, obgleich ich das damals noch nicht wusste.

Da eine Schulausbildung seinerzeit unmöglich war, bestand für sie der einzige Weg, mich von Dummheiten abzuhalten, darin, mich irgendwo als Lehrling unterzubringen, doch im Grunde war das Wort »Lehrling« viel zu hochtrabend, denn ich sollte nur so lange »in die Lehre gehen«, bis man eine Schule für mich gefunden hatte.

Sie wählten einen Herrenfriseur aus.

Als sie mich darüber ins Bild setzten, bekamen sie die unbändige Wut eines Zehnjährigen zu spüren, und ich weigerte mich rundheraus, dort hinzugehen. Der schlitzohrige Imam malte jedoch ein dermaßen rosiges Bild von meiner Unabhängigkeit, von den »Trinkgeldern«, die ich bekommen würde, von der Faszination, eines Tages vielleicht meinen *eigenen* Friseurladen zu besitzen, dass ich mich von seinem Enthusiasmus anstecken ließ. Meine Großmutter und meine Mutter waren dieses eine Mal so schlau, den Mund zu halten, obwohl ich vermute, dass ihr Schweigen auf vorherige Warnungen des Imams zurückzuführen war, eines tüchtigen Mannes, der die Dinge gern selbst in die Hand nahm. Welche Hypnose auch immer er eingesetzt haben mochte, am nächsten Morgen ließ ich mich widerstandslos zu dem nur wenige Straßen von unserem Haus entfernten Friseurladen bringen.

Der Friseur begrüßte mich mit einer öligen Überschwänglichkeit, der ich sofort misstraute. In einem zischenden Flüsterton versicherte er meiner Mutter, dass er mich gut ausbilden und darauf achten werde, dass ich keine Dummheiten machte.

»Denken Sie stets daran«, sagte meine Mutter mit Nachdruck, »dass er nicht hier ist, um Geld zu verdienen, sondern nur, um ihn sinnvoll zu beschäftigen, bis ich die richtige Schule für ihn gefunden habe?«

»Ja, natürlich!«, sagte der Friseur mit einer völlig undefinierbaren Stimme. Er verbeugte sich vor meiner Mutter, wobei er seine Augen von ihrem unverschleierten Gesicht abwandte und seine gewaltigen Schultern unter seinem schmutzigen, geflickten Hemd zuckten.

»Ich werde auf ihn aufpassen wie ein Vater«, fügte er hinzu. »Wie ein Vater!«, bekräftigte er noch einmal, wobei er mich blitzschnell von oben bis unten musterte, als fragte er sich, welche Sorte von Vater er mir wohl sein solle.

Nun, da wir in diesem Laden standen, blickte meine Mutter ziemlich skeptisch drein, aber sie vertraute mich dennoch der Obhut des Friseurs an und ging nach Hause – vielleicht war sie ja froh darüber, dass ich mich zumindest an jenem Tag nicht auf der Straße herumtrieb. Ich war auch ziemlich skeptisch. Als ich mich in dem Laden umschaute, konnte ich nichts von dem strahlenden Bild entdecken, das ich mir ausgemalt hatte. Der Laden war sehr klein, mit nur zwei Friseursesseln, und primitiv bis zum Gehtnichtmehr. In einer Ecke stand ein kupfernes Mangal, das den Raum beheizte und gleichzeitig zum Kaffeekochen benutzt wurde. Das Fenster war mit einer Art Musselintuch drapiert, das dringend gewaschen werden musste, und die Scheiben waren allesamt von Fliegen verschmutzt und mit einem bläulich schillernden Film von Dreck, Ruß und Staub überzogen. Das Friseurhandwerk hatte auf einen Schlag jegliche Romantik eingebüßt, doch den Gedanken an die Trinkgelder fand ich nach wie vor verlockend.

Als meine Mutter gegangen war, verflog die ölige Höflichkeit des Friseurs im Handumdrehen, und er sagte zu mir:

»Das hier ist ein prima Beruf, mein Junge. Wenn du nicht auf den Kopf gefallen bist und deine Augen offen hältst, kannst du hier viel lernen, und dann wirst du mich bis ans Ende deiner Tage in deine Gebete einschließen, ja?«

Seine kleinen Schweinsaugen blitzten mich an, und als er mir näher rückte und sein Gesicht über mich beugte, stieg mir ein Odeur von Moder und Schweiß in die Nase, während die hin und her baumelnde blaue Quaste seines speckigen Fez eine Art Eigenleben entwickelte.

»Das da drüben«, sagte er, wobei er mit der Hand wedelte, »ist die Schachtel, wo du all deine Trinkgelder reintust, ja? Wenn ich einen Kunden rasiere oder ihm die Haare schneide, dann wirst du neben mir stehen und genau beobachten, was ich mache. Gleichzeitig wirst du auf meine Augen achten, und wenn ich dir signalisiere, dass ich Seife oder ein Handtuch brauche, wirst du mir die Sachen auf der Stelle bringen, ja? Du wirst Kaffee kochen und ihn in die Nachbarläden bringen und auch das Geld dafür kassieren. Du wirst *nicht* ohne das Geld zurückkommen, verstehst du – ja?«

»Ja«, murmelte ich lustlos, denn ich befand mich bereits in einem ersten Stadium der Rebellion gegen diesen schmutzigen Friseursalon und gegen den noch schmutzigeren alten Friseur.

»Lächle, wenn du ›ja‹ sagst!«, fauchte er mich an, wobei er seine maroden Zähne bleckte, um so etwas Ähnliches wie ein Lächeln anzudeuten.

»In diesem Beruf musst du zu lächeln lernen«, fuhr er fort, »und solltest du eine Kaffeetasse zerdeppern, so werde ich dir das von deinem Trinkgeld abziehen, und wenn du kein Trinkgeld hast, dann schlage ich dir deinen gottverdammten Schädel ein, ja?«

»Nein«, sagte ich und duckte mich vor seiner erhobenen Hand.

Den ganzen Vormittag verbrachte ich an seiner Seite, während er rasierte und Haare schnitt und derbe Scherze mit seinen Kunden riss, ausnahmslos Straßenhändler oder armselige Krämer, die mich neugierig beäugten und sich über meinen vornehmen Akzent lustig machten. Meine Augen wurden müde, denn es war sehr anstrengend zu beobachten, was der Friseur machte, und gleichzeitig darauf zu achten, ob er mir etwas mit seinen Augen signalisierte, und war Letzteres der Fall, brachte ich ihm natürlich immer das Falsche. Mein Kopf drehte und wendete sich in einem fort, sodass ich schließlich befürchtete, er könne sich von meinem Hals abschrauben und zu Boden krachen.

Gegen Mittag wurde ich zu einer Garküche geschickt, wo ich anderthalb Portionen von mit Öl und Zwiebeln angemachten Gartenbohnen besorgen sollte; ich bekam auch noch Brot dazu, dicke Scheiben, die mit schmuddeligen Fingern von einem riesigen Laib abgesäbelt wurden. Die halbe Portion war für mich. Wir nahmen das Essen auf den Friseursesseln ein und spülten es mit Wasser aus schmierigen Gläsern hinunter.

Der Nachmittag verging einigermaßen ruhig, bis plötzlich aus einem gegenüberliegenden Laden fünf Tassen Kaffee bestellt wurden. Ich sollte sie zubereiten, doch die Glut im Mangal war erloschen, und so versuchte ich, sie mit Holzkohle neu zu entfachen. Das ist nicht annähernd so leicht, wie es sich anhört. Der Friseur beschimpfte mich wüst und drohte damit, mir sämtliche Knochen zu brechen, doch inzwischen hatte ich gelernt, ihn zu ignorieren. Ich legte Holzspäne in das Mangal, auf die ich anschließend die Holzkohle häufte. Als Nächstes goss ich ein ordentliches Quantum Petroleum über das Ganze, woraufhin der Friseur ziemlich konsterniert aus der Wäsche guckte und mich fragte, ob ich seinen Laden in Brand setzen wolle. Dann hielt ich ein Streichholz darüber, und »Buff!« machte der Inhalt des Mangals – eine gelbe Stichflamme hüllte mich fast vollständig ein, und überall im Raum flogen Staub und Asche umher. Der Friseur schäumte vor Wut, und mitten in diesem peinlichen Moment kam ein Kunde herein. Bevor der Mann Platz nehmen konnte, mussten erst noch die schmutzigen Reste des Bohnengerichts von den Stühlen entfernt werden. Der Friseur war gezwungen, sich das Wasser und die Handtücher selbst zu beschaffen, und er wechselte ständig zwischen der unbeschwerten, angeregten Konversation mit seinem Kunden und kurzen, markanten Verwünschungen, die meiner Wenigkeit galten. Ich lag derweil bäuchlings auf dem Steinfußboden und machte in regelmäßigen Abständen »Pfhhh-pfhhh« in Richtung des widerspenstigen Mangals, mit vor Anstrengung hochrotem Kopf und ohne die Rauchschwaden und Staubwolken wahrzunehmen, die ich dabei erzeugte. Irgendwann riss dem Friseur der Geduldsfaden. Er kehrte seinem halb rasierten Kunden den Rücken und legte sich neben mich auf den Fußboden, um wie ein Berserker loszupusten.

Sein Schmerbauch quoll wabbelig unter ihm hervor, wie ich voller Faszination beobachtete, und der Kunde gesellte sich zu uns, die eine Gesichtshälfte noch immer voller Rasierschaum. Er gab dem Friseur schlaue Ratschläge, doch dieser wies sie von sich.

Als die Holzkohle dann endlich brannte, war der Friseur von alldem Pusten und Blasen fix und fertig, und ihm liefen schwarze Streifen das Gesicht hinunter, ein Gemisch aus Holzkohlenstaub und Schweiß. Nun begann der Kunde die Geduld zu verlieren, und beinahe wäre es zu einer handfesten Schlägerei zwischen ihm und dem Friseur gekommen. Ich kochte schnell den Kaffee, wobei ich es tunlichst vermied, den beiden in die Quere zu kommen, bevor sie sich wieder beruhigt hatten. Als die fünf Tassen Kaffee fertig waren, stellte ich sie auf ein Messingtablett, das an einer Kette getragen wurde, und brachte sie hinüber in den Laden, wo man sie bestellt hatte. Ich reichte ihnen die Tassen mit dem Kaffee und bat um das Geld, woraufhin sie sich über mich lustig machten und unter prustendem Gelächter sagten: »Bitte richte Ali Bey schöne Grüße und unsere besten Empfehlungen aus!«

Ali Bey war der Name des Friseurs.

Als ich in den Friseursalon zurückkehrte und diese Botschaft überbrachte, raufte sich der Friseur seine spärlichen grauen Haare, zog mich am Ohr zu der Schachtel für die »Trinkgelder« und ließ den mageren Inhalt in seine Handfläche plumpsen.

»Das gehört alles mir«, sagte er grimmig, und ich war traurig, denn es war offenbar gar nicht so leicht, Geld zu verdienen – selbst »Trinkgelder« nicht. »So wirst du den Beruf am schnellsten erlernen«, sagte der sadistische alte Friseur gehässig. »Wenn du so dumm bist, dass du sie den Kaffee für umsonst trinken lässt, dann musst *du* ihn bezahlen, verstehst du?«

Ich begann mit ihm zu streiten und nannte ihn den Sohn eines Esels, und einmal in Fahrt gekommen, warf ich ihm noch weitere Schimpfwörter an den Kopf, die ich irgendwann auf der Straße aufgeschnappt hatte.

»Pezevenk!«, schrie ich empört, was in der Türkei selbst heute noch als eine tödliche Beleidigung gilt, und er tanzte um mich herum und drohte, mir den gottverdammten Schädel einzuschlagen, wenn er mich zu fassen bekäme. Auch ich tanzte mit ihm, allerdings in die entgegengesetzte Richtung, denn ich hatte den Eindruck, eine zu große Nähe wäre für mich nicht günstig gewesen, und während ich von ihm forttanzte, durchforschte ich meinen Wortschatz nach weiteren Kraftausdrücken.

Wäre in diesem Moment nicht ein Kunde hereingekommen, so hätte mich der Friseur wahrscheinlich halb tot geprügelt. Aber so bekam er sich wieder halbwegs in den Griff und kümmerte sich um den Kunden. Er bebte jedoch noch immer dermaßen vor Wut, dass er dem Mann beim Rasieren in die Wange schnitt, woraufhin es zu einem hitzigen Wortwechsel zwischen den beiden kam. Ich verzog mich beleidigt in eine Ecke und weigerte mich, dem Friseur Handtücher zu reichen oder ihm sonst wie zu assistieren. Eine weitere Kaffeebestellung kam herein, und ich kümmerte mich sogleich darum, denn ich hielt es für ratsam, mich für eine Weile aus dem Laden zu verziehen, bevor mir dort irgendein Leid geschah. Unglücklicherweise stieß ich bei meinem hastigen Abgang an der Ladentür mit zwei neuen Kunden zusammen. Das Tablett mit den vollen Kaffeetassen geriet in eine gefährliche Schieflage, und der Inhalt ergoss sich über die Beine der beiden potenziellen Kunden. Ich jaulte vor Schreck auf, ließ das nasse Tablett laut scheppernd zu Boden fallen und quetschte mich schnell zwischen ihren kaffeebefleckten Beinen hindurch nach draußen. Ihre Verwünschungen und Flüche gellten mir hinterher. Einer der Männer verfolgte mich sogar, doch ich war schneller als er. Ich hängte ihn ab und flitzte nach Hause, doch auch dort musste ich vor Lachen noch immer so heftig glucksen, dass ich fast erstickt wäre, denn der kurze Blick, den ich von dem Gesicht des Friseurs erhascht hatte, nachdem ich das Tablett umgekippt hatte, war unsäglich komisch gewesen.

Und so endete, mit Schimpf und Schande, mein erster und zugleich letzter Tag als Friseurlehrling.

XVII. Kuleli

Man schrieb das Jahr 1919. Der Krieg war vorbei, und in İstanbul wimmelte es von alliierten Kommissaren und Offizieren in ihren langweiligen Khakiuniformen. Das zischende Gezwitscher der englischen Sprache erfüllte die Luft, und die Engländer überwachten gemeinsam mit den Franzosen und Italienern die Polizei und die Häfen. Sie waren praktisch überall – um Rat zu geben, um Befehle zu erteilen, um Vorschläge zu unterbreiten.

Eines Tages kehrte meine Mutter mit zwei aufregenden Neuigkeiten aus Beyoğlu zurück. Die erste betraf sie selbst, denn ihre Handarbeitsentwürfe erregten Aufmerksamkeit, und sie hatte an jenem Vormittag so viele Aufträge entgegengenommen, dass sie meine Großmutter darum bat, ihr bei der Arbeit behilflich zu sein. Meine Großmutter erklärte sich sofort dazu bereit, denn obgleich ihr möglicherweise eine echte kreative Begabung fehlte, konnte sie dennoch ausgezeichnet nähen und besaß nicht selten ein besseres Auge für Details als meine Mutter. Meine Mutter war äußerst sensibel, und wenn sie ihre Stickmuster ausarbeitete, konnte es vorkommen, dass sie völlig darin aufging und alles um sich herum vergaß.

Ihre Entwürfe waren überaus lebendig und sehr ansprechend: Sie schwelgten in kühnen Farben und Formen und erweckten allesamt den Eindruck, als seien sie nicht gestickt, sondern auf das Material gemalt. Manche ihrer ausländischen Kundinnen baten sie darum, eine bestimmte Arbeit beziehungsweise ein bestimmtes Muster noch ein weiteres Mal für sie anzufertigen, doch meine Mutter weigerte sich, ihre eigenen Arbeiten zu kopieren, mochte die in Aussicht gestellte Bezahlung noch so verlockend sein. Stattdessen entwarf sie für diese Kundinnen etwas Neues, etwas Aufwendiges oder etwas Einfaches, je nachdem, in welcher Stimmung sie gerade war, und präsentierte es dann ganz lässig, so als kümmerte es sie nicht, ob die Kundinnen es ihr abnahmen oder nicht. Ich frage mich, was sie wohl von ihr gehalten haben, von dieser schlanken und hochmütigen Person mit ihren bebenden Nasenflügeln und ihren wie aufgepinselt wirkenden zarten Augenbrauen, mit ihrem unverschleierten Gesicht und ihrem holperigen Französisch. Heute laufen die Frauen in İstanbul und in allen anderen Städten und Kleinstädten der Türkei unverschleiert herum, doch damals, 1919, muss meine Mutter einen seltenen Anblick geboten haben. Etliche der Geschäftsinhaber in Beyoğlu rieten meiner Mutter dazu, ihr eigenes Atelier zu eröffnen, doch sie lachte sie aus und sagte, dafür fehle ihr der Geschäftssinn. Meine Großmutter, die den Wirbel um die Entwürfe meiner Mutter sichtlich genoss, lag ihr ebenfalls damit in den Ohren, dass ein eigenes Atelier unabdingbar sei. Sie bot sogar an, dafür ihr Schlafzimmer zu opfern und in einem anderen Raum zu schlafen, doch meine Mutter sperrte sich noch sehr lange gegen diesen Gedanken.

Das Jahr 1919 sah meine Familie wieder auf den Beinen, mit meiner Mutter als der Brotverdienerin.

Die zweite Neuigkeit jenes Frühlingstages betraf Mehmet und mich. Meine Mutter hatte in Beyoğlu zufällig die Frau des Obersts getroffen, in dessen Haus ich seinerzeit beschnitten worden war, doch dieser war inzwischen General und ein wichtiger Mann im Kriegsministerium. Seine Frau war dermaßen entzückt gewesen, meine Mutter nach so langer Zeit wiederzusehen, dass sie darauf bestanden hatte, sie mit zu sich nach Hause zu nehmen, um dort bei einer Tasse Kaffee ausgiebig über das zu tratschen, was sich in der Zwischenzeit alles ereignet hatte. Sie hatte meine unverschleierte Mutter in das Automobil ihres Mannes bugsiert, das von seinem Burschen gesteuert wurde, und meine Mutter, die vorher noch nie mit einem Kraftwagen gefahren war, hatte während der Fahrt nach Beyazit vor Angst kein einziges Wort herausbekommen. Sie erzählte uns, dass ihr das Tempo einen Mordsschrecken eingejagt habe, dass ihr das Herz permanent bis zum Halse geschlagen habe und dass sie jedes Mal, wenn ein anderes, aus der entgegengesetzten Richtung kommendes Automobil an ihnen vorbeigerast sei, die Augen geschlossen und ihr Schicksal in Gottes Hände gelegt habe. Mehmet und ich konnten diese weibliche Zimperlichkeit nicht fassen, denn wir hätten wer weiß was dafür gegeben, um einmal in einem Automobil mitfahren zu dürfen.

»Aber vor der Straßenbahn hast du doch auch keine Angst«, sagte Mehmet voller Verachtung, worauf sie erwiderte, dass Straßenbahnen auf Gleisen führen und folglich vollkommen sicher seien und dass sie außerdem nicht so schnell seien wie ein Automobil. Beim Kaffee hatte sich die Frau des Generals auch nach uns Kindern erkundigt, und als sie hörte, wie schwer es sei, eine geeignete Schule für uns zu finden, schlug sie vor, uns auf die Kriegsschule zu schicken.

»Auf die was?«, schrie meine Großmutter, da sie womöglich glaubte, sie habe sich verhört, so wie wir, und ein komisches kleines Gefühl, eine leichte Erregung machte sich in meinem Herzen bemerkbar.

»Auf die Kriegsschule«, wiederholte meine Mutter leicht gereizt. »Die Frau des Generals hat mir erzählt, ein sehr enger Freund ihres Mannes sei ein hohes Tier im Kriegsministerium und könne dafür sorgen, dass die Jungen dort aufgenommen werden. Offenbar plant der Staat die Einrichtung einer Grundschule, die der Kriegsakademie unterstellt werden soll. Und dort werden nur Kinder türkischer Abstammung zugelassen, sodass es in der Armee eines Tages nur noch türkische Offiziere geben wird.«

»Ich werde General«, prahlte ich, und Mehmet sagte leise: »Ich möchte Arzt werden, um die verwundeten Soldaten wieder gesund zu machen …«

Und von uns beiden, doch das nur nebenbei, war er derjenige, dessen Wunsch in Erfüllung gehen sollte.

»Aber was für eine Erziehung werden sie auf einer Kriegsschule bekommen?«, wollte meine Großmutter wissen, die von Schulen rein gar nichts wusste, aber wie immer ihren Senf dazugeben musste.

»Woher soll ich das wissen?«, erwiderte meine Mutter, darüber verärgert, dass ihre aufregenden Neuigkeiten nicht die erhoffte Resonanz erzielt hatten. »Und das dürfte auch unerheblich sein«, fügte sie hinzu, »denn wenn sie Offiziere werden sollen, brauchen sie nicht viel mehr zu wissen, als wie man sich gegenseitig umbringt.«

»Ich werde niemanden umbringen«, erhob Mehmet mit seiner sanften Stimme Einspruch, denn der Siebenjährige hatte ihre Antwort wörtlich genommen.

»Glaubst du wirklich, dass der General das hinbekommen wird?«, fragte ich, elektrisiert von der Vorstellung, eine Kriegsschule besuchen zu dürfen, wobei ich mir ein Bild ausmalte, das der Realität, wie sich später herausstellen sollte, kein bisschen entsprach.

»Das müssen wir abwarten«, erwiderte meine Mutter. »Aber wie dem auch sei, die Frau des Generals wird den Freund ihres Mannes heute Nachmittag aufsuchen, um die Angelegenheit mit ihm zu besprechen.«

»Schamloses Weibsbild!«, warf meine Großmutter schockiert ein, die nach wie vor fest in der Vergangenheit verwurzelt war, und wir amüsierten uns über die Verwirrung auf ihrem Gesicht, denn sie war offenbar davon überzeugt, dass die Frau des Generals eine heimliche Affäre mit dem besten Freund ihres Mannes hatte.

Am Abend jenes Tages erschien bei uns der Bursche des Generals mit einem Brief des großen Mannes persönlich, und darin stand, dass er die Angelegenheit mit dem für das Projekt zuständigen General besprochen habe, dass er dazu bereit sei, uns am folgenden Nachmittag im Kriegsministerium zu empfangen, dass er persönlich einige Auskünfte über unsere Familie und ihre augenblicklichen Schwierigkeiten erteilt habe, dass er hoffe, meine Mutter werde die einmalige Chance ergreifen, die sich ihren Söhnen bot, und so weiter und so fort.

Meine Mutter faltete den Brief nachdenklich zusammen, und die Witwe, die an jenem Abend bei uns zu Besuch war, meinte, das Glück sei wieder zu unserer Familie zurückgekehrt.

»Vielleicht haben Sie recht«, sagte meine Mutter. »Aber wie man mir heute Nachmittag erzählt hat, ist an dieser Schule so kurz nach dem Krieg alles noch sehr desorganisiert, und daher dürfte es eine Weile dauern, bis sich dort alles wieder normalisiert hat. Es ist jedoch zweifellos eine große Chance.«

Ich begann zu lachen, denn in diesem Moment erinnerte ich mich an den Friseurladen, und meine Mutter blickte zu mir herüber und sagte mit bemerkenswerter Intuition:

»Nun, da wirst du wenigstens keine Kaffeetassen zerschlagen können.«

Am folgenden Nachmittag ging meine Mutter mit Mehmet und mir zum Kriegsministerium. Vor Aufregung und Angst hatte ich weiche Knie, aber auch vor Hunger, denn beim Mittagessen hatten wir nicht einen einzigen Bissen herunterbekommen. Meine Mutter schien ebenfalls nervös zu sein, versuchte dies aber zu kaschieren, als wir im Kriegsministerium eintrafen. Ein Soldat geleitete uns in das Büro eines sehr gut aussehenden jungen Offiziers, bei dem es sich um den Adjutanten des Generals handelte. Er errötete, als er mit meiner Mutter sprach und sie nach ihrem Namen und ihrem Begehr fragte. Sie setzte ihn ins Bild, und er bat sie, einen Moment lang Platz zu nehmen, und dann stolzierte er graziös in einen angrenzenden Raum, wo, so vermuteten wir, sein General residierte. Mehmet und ich standen verlegen da, während meine Mutter kerzengerade auf einem harten Stuhl saß, einen strahlend roten Fleck auf jeder Wange. Der Adjutant kehrte zurück und sagte, der General sei jetzt bereit, uns zu empfangen. Er hielt uns die Tür auf, wobei er respektvoll den Blick senkte, als meine Mutter an ihm vorbeilief. Ich ging als Letzter von uns durch die Tür, und als ich mich noch einmal umdrehte, sah ich, wie der gut aussehende junge Adjutant meiner Mutter mit einem undeutbaren Ausdruck in den Augen hinterherblickte. Vielleicht fand er es seltsam, dass sich eine türkische Frau unverschleiert in der Öffentlichkeit präsentierte.

Der General war groß und schlank, mit silbrigem Haar und einem freundlichen, intelligenten Gesicht. Oder wirkte er nur freundlich, als er meine Mutter mit jenem besonderen Blick betrachtete, den auch alte Männer hübschen jungen Frauen zuwerfen?

Er schob ihr einen Sessel hin, Mehmet und mir Stühle, und dann sagte er mit übertriebener Jovialität:

»Was? Diese jungen Löwen hier sind Ihre?«

Meine Mutter bejahte seine Frage.

»So, so!«, sagte der General, als sei dies für ihn eine große Überraschung. »Unser gemeinsamer Freund, General X, hat mir alles über Sie erzählt. Ich habe Ihren Schwiegervater gekannt, in meiner Jugend, verstehen Sie? Ein sehr guter Mann. Es tut mir leid, dass Ihr Mann im Krieg gefallen ist. Das muss ein schwerer Schlag für Sie gewesen sein.«

»Meinen Schwager habe ich auch im Krieg verloren«, sagte meine Mutter.

»Das ist schlimm«, sagte der General, wobei er eine mitfühlende Miene aufsetzte. Er wühlte in den Papieren auf seinem

Schreibtisch herum, und die beiden plauderten noch eine Zeit lang über familiäre Dinge.

Doch dann wandte sich der General mir zu und sagte:

»Du bist also İrfan! Wie alt bist du denn, mein Junge?«

»Zehn, Herr General!«, erwiderte ich mit schwacher Stimme.

»Ach, dieser Krieg!«, seufzte er und wandte sich wieder an meine Mutter. »Dieser Junge hätte schon vor drei Jahren eingeschult werden müssen. Er sieht jedoch ziemlich aufgeweckt aus. Mal sehen, was wir aus ihm machen können. Du willst also Offizier werden?«, fragte er, wobei er sich mir ruckartig zuwandte.

»Ja, Herr General!«, sagte ich, und ich fügte kühn hinzu: »Ich möchte General werden, so wie Sie.«

Er lachte.

»Na, vielleicht wirst du das ja«, erwiderte er. »Es ist immer gut, wenn jemand weiß, was er mit seinem Leben anfangen möchte. Und was ist mit dem Kleinen hier?«, fragte er, wobei er Mehmet unters Kinn fasste und gedankenvoll zu meiner Mutter sagte: »Ja, er ist ganz der Großvater. Die Ähnlichkeit ist wirklich frappierend.«

Er musterte Mehmets kleines, verschlossenes Gesicht, und dann fragte er ihn:

»Wie heißt du?«

»Mehmet, Herr General«, stotterte mein Bruder, mit hochrotem Kopf angesichts dieser unangenehmen Prüfungssituation.

»Und was willst du einmal werden, Mehmet? General, wie dein Bruder?«

»Nein, Herr General«, sagte Mehmet. »Ich möchte Arzt werden.«

»Zwei junge Herren, die ganz genau wissen, was sie wollen!«, erklärte der General. »Als ich in eurem Alter war, wollte ich Straßenhändler werden, denn das schienen mir damals die einzigen Leute zu sein, die Pferde hatten. Aber für mich gab es nur einen Weg, um an ein Pferd zu gelangen, und das war eine Karriere als Kavallerieoffizier – möglicherweise erfüllt uns das Schicksal unsere Wünsche ja auf Umwegen. Also«, sagte er, wobei er seine Aufmerksamkeit wieder meiner Mutter widmete, »Sie müssen eine glückliche Mutter sein, denn hier haben Sie, im Keim, einen General in spe und einen Arzt in spe.«

Er tätschelte uns die Köpfe und klingelte dann nach seinem Adjutanten.

»Ich werde Sie nun meinem Adjutanten anvertrauen«, sagte er zu meiner Mutter, wobei er in einem verschwörerischen Flüsterton hinzufügte: »Der weiß viel besser über diesen Kram Bescheid als ich.«

Wir gingen zurück in das Büro des Adjutanten, und dieser sagte:

»Sie wissen, Hanım Efendi, dass Sie einen Vertrag für die Militärausbildung dieser beiden Jungen unterschreiben müssen?«

»Nein«, sagte meine Mutter.

Der Adjutant errötete und wagte es kaum, sie anzusehen.

»Aber hat Sie der General darüber nicht informiert?«, fragte er verdutzt.

»Nein«, erwiderte meine Mutter.

»Oje, oje!«, sagte der Adjutant aufgeregt. Dann räusperte er sich und tippte mit dem Finger auf ein vor ihm liegendes Stück Pergament. »Dieser Vertrag«, begann er, »besagt, dass Ihre beiden Söhne auf der Kriegsschule in Kuleli ausgebildet werden und anschließend, sollten sie ihre Prüfungen bestehen, auf der Kriegsakademie, wobei der Staat sämtliche Kosten trägt. Als Gegenleistung verpflichten sie sich dazu, nach Ende ihrer Ausbildung fünfzehn Jahre in der Türkischen Armee zu dienen oder, sollten sie die Abschlussprüfungen nicht bestehen, die gleiche Anzahl von Jahren als einfache Feldwebel zu dienen, ohne Aussicht auf Beförderung. Es gibt keine Beförderung aus dem Mannschaftsstand.«

»Das kommt mir sehr hart vor«, murmelte meine Mutter zweifelnd. »Wenn ich diesen Vertrag unterschreibe, dann lege ich das Leben meiner Söhne für fünfundzwanzig Jahre fest, und wie kann ich wissen, ob sie ihre Prüfungen bestehen werden oder nicht? Wie kann ich das wissen?«, wiederholte sie, wobei sie zu dem jungen Offizier aufblickte, und dieser lächelte ein wenig, denn er erinnerte sich vermutlich an seine eigenen Jahre in den militärischen Ausbildungsanstalten.

»Für gewöhnlich verhält es sich so, Hanım Efendi, dass ein Junge, der Offizier werden will, seine Prüfungen auch besteht.«

Meine Mutter lächelte nun ebenfalls.

»Vielleicht haben Sie recht«, sagte sie. »Trotzdem hätte ich gern ein bisschen Bedenkzeit, ehe ich meine Söhne mit einem Federstrich um ihre Freiheit bringe. Bis wann muss ich diese Verträge unterschrieben haben?«

»Davor müssen erst noch jede Menge Formalitäten erledigt werden«, erwiderte der Adjutant. »Das dürfte etwa fünfzehn Tage dauern.«

»Dann bleibt mir ja genug Zeit, um mir alles noch einmal in Ruhe durch den Kopf gehen zu lassen«, antwortete meine Mutter, und mir fuhr der Schreck in die Glieder, denn ich befürchtete, meine Mutter könnte meine Chance mit ihren weiblichen Vorbehalten zunichtemachen. Ich wagte es nicht, mich in ihr Gespräch mit dem Adjutanten einzumischen, doch mir war schlecht vor Sorge, dass sich mein schöner Traum von einer glänzenden Offizierskarriere in Luft auflösen und ich es nie zum General bringen würde.

Der Adjutant erklärte, er benötige bestimmte Dokumente von der örtlichen Polizei und vom *muhtar*, dem Gemeindevorsteher, sowie ein Gesundheitsattest von der dafür zuständigen Behörde und jeweils zwölf Passbilder von Mehmet und mir.

»Referenzen benötigen Sie keine«, sagte er mit einer gewissen Verlegenheit, »denn die haben wir ja bereits von General X erhalten.«

»Danke schön«, sagte meine Mutter mit einem leicht ironischen Unterton in ihrer kühlen Stimme. Der Adjutant verbeugte sich vor ihr und geleitete uns aus seinem Büro, wobei er wieder seinen Blick senkte, ein Muster an Zurückhaltung.

Während der nächsten Tage gab es bei uns zu Hause erregte Debatten, denn meine Mutter war sehr halsstarrig und wollte sich von niemandem beraten oder hineinreden lassen. Meine Großmutter meinte, sie verstehe nicht, warum man ein so großes Buhei um die Sache mache, denn beim Militär wären wir beide doch in guten Händen, und der Aufenthalt dort würde uns nicht schaden, sondern sicher sehr gut bekommen.

»Aber vielleicht machen ja bald wieder andere Schulen auf – normale, zivile Schulen, wo den Jungen eine genauso gute Ausbildung zuteilwird, aber ohne den Pferdefuß, dass sie sich für fünfundzwanzig Jahre verpflichten müssen!«

»Ich will aber auf keine andere Schule!«, schluchzte ich, ohnmächtig und unfähig, der Argumentation meiner Mutter etwas entgegenzusetzen. »Ich will Offizier werden! Bitte!«, bettelte ich in der verzweifelten Hoffnung, sie vielleicht mit etwas Höflichkeit erweichen zu können.

Die Schlacht wogte hin und her, mal zugunsten der Kriegsschule, mal dagegen. Die Nachbarn beteiligten sich angeregt an der Diskussion, wobei meine Mutter ihnen nicht zuhörte und jeder anderen Meinung misstraute. In der Zwischenzeit ging sie mit uns jedoch nicht nur zur Polizei von Beyazit, um dort die notwendigen Papiere zu besorgen, sondern auch zum Büro des Muhtars und zum Krankenhaus, wegen des Gesundheitsattests, und als wir alle wichtigen Dokumente beisammenhatten, ließen wir auch noch beim Fotografen Passbilder machen, obwohl meine Mutter noch immer keine endgültige Entscheidung getroffen hatte.

Ich gewöhnte mir an, in die Moschee zu gehen, um an jenem kühlen, ruhigen Ort voller Inbrunst zu beten. Ich sprach keines der vorgeschriebenen Gebete, denn ich war unfähig, mich auf etwas anderes zu konzentrieren als auf das Folgende:

»Lieber Gott, bitte lass mich auf die Kriegsschule gehen! Lieber Gott, bitte lass mich auf die Kriegsschule gehen!« Diesen einen Satz wiederholte ich immer wieder, in fiebriger Aufregung.

Und vielleicht erhörte ein gütiger Gott meine Stoßgebete, denn an dem Abend, als die fertigen Passfotos bei uns abgeliefert wurden, verkündete meine Mutter, sie habe sich die Sache sehr sorgfältig überlegt und sei zu dem Ergebnis gelangt, dass sie das Richtige tue, wenn sie uns nach Kuleli gehen lasse.

Wir begaben uns noch einmal ins Kriegsministerium, wo meine Mutter uns diesmal im Zimmer des Adjutanten zurückließ, um mit dem General unter vier Augen zu sprechen. Als sie sich von ihm verabschiedete, sagte er:

»Ich finde, Sie haben eine kluge Entscheidung getroffen, und ich wünsche Ihnen und Ihren Söhnen alles Gute.«

Die Verträge wurden endlich unterzeichnet, und erst dann war ich wieder in der Lage, ruhig zu atmen. Es war vollbracht, und es konnte nicht mehr rückgängig gemacht werden! Oh, welch stolzer, welch herrlicher Augenblick! Wir durften die Kriegsschule in Kuleli besuchen, jenes lange, weiße, weitläufige Gebäude, das mir noch so vertraut werden sollte.

Der Adjutant schüttelte uns feierlich die Hände.

»Ihr meldet euch am 15. Mai in Kuleli«, sagte er in einem schneidigen Tonfall, wie von Mann zu Mann, und ich wurde puterrot vor Glück.

Der 15. Mai 1919 ist ein historisches Datum für die Türkei,

denn an jenem Tag schiffte sich Kemal Atatürk nach Samsun ein. Es war der Tag, an dem der Admiral der britischen Mittelmeerflotte bekannt gab, dass die Griechen İzmir besetzen würden – und es war auch der Tag, an dem ich meine Ausbildung in Kuleli antrat. Jung, unbedeutend und ohne bis dahin etwas im Leben geleistet zu haben, konnte ich dennoch ein Quäntchen dieses geschichtsträchtigen Datums für mich beanspruchen.

Der Morgen jenes Tages brach klar und verheißungsvoll an, und meine Großmutter nahm Mehmet und mich zum Beten in die Moschee mit. Wir beteten für unterschiedliche Dinge, wir drei. Meine Großmutter betete für unsere Gesundheit und für unseren schulischen Erfolg. Ich weiß das, denn ich hörte sie, den unablässigen Singsang ihrer laut dröhnenden Stimme. Vielleicht betete Mehmet dafür, dass sich sein Wunsch, Arzt zu werden, erfüllen möge, doch wer kann das wissen? Mehmet schwieg mitunter wie ein Grab. Ich selbst sprach nur ein kurzes Gebet. Ich bedankte mich dafür, dass ich endlich nach Kuleli durfte. Ich sagte ein ums andere Mal: »Lieber Gott, ich danke dir! Lieber Gott, ich danke dir!« Und dabei spürte ich rings um mich herum Seine unsichtbare Gegenwart.

Wir sagten unserer Straße Lebewohl, denn wir wussten nicht, wann wir wieder dorthin zurückkehren würden. Die alten Frauen weinten um uns, während die alten Männer seufzten und sich wünschten, sie wären wieder jung. Doch schließlich rissen wir uns von ihnen los und begaben uns zur Galatabrücke und zu dem Schiff, das uns den Bosporus hinunterbringen würde, zum Beginn unserer jugendlichen Träume.

Waren wir, so frage ich mich, nervös an jenem Maimorgen? Widerstrebte es uns wenigstens ein bisschen, unser Zuhause und die uns vertrauten Gesichter so weit hinter uns zu lassen? Vermutlich nicht, obwohl man dies nach so vielen Jahren natürlich nicht mehr mit Bestimmtheit sagen kann. Wir liefen stocksteif in Richtung Schiff, in unseren Sonntagssachen und mit Gesichtern und Händen, die so blitzblank waren, dass jeder, der uns sah, erkannt haben muss, was für ein besonderer Tag dies für uns war. Und wann immer uns ein französischer oder britischer Offizier entgegenkam – und auf dem Weg zur Galatabrücke wimmelte es nur so von ihnen –, erfüllte mich die Zukunft, die meine Mutter für mich ausgesucht hatte, mit Stolz, und ich sagte mir, dass auch ich eines Tages so herumlaufen würde, in Uniform und mit Rangabzeichen am Kragen.

Meine Mutter erlaubte mir, die Schiffsfahrkarten zu kaufen, und ich kam mir ungeheuer wichtig vor, so als müsse es mir der schlichte Fahrkartenverkäufer schon von Weitem ansehen, dass ich nach Kuleli unterwegs war und dass mich eine aufregende Zukunft voller Abenteuer erwartete. Als ich drei Fahrkarten nach Çengelköy verlangte, würdigte er mich jedoch keines Blickes und behandelte mich wie einen x-beliebigen Passagier und nicht wie einen potenziellen General. Meinem übersteigerten Selbstbewusstsein tat dies indes keinen Abbruch, und gegenüber meiner Mutter und Mehmet schwadronierte ich lautstark von Kuleli und davon, was ich dort alles machen würde. Einmal sagte meine Mutter zu mir:

»Pssst!«, wobei ihr Ton jedoch nicht besonders scharf war. »Es gehört sich nicht, in der Öffentlichkeit zu prahlen, verstehst du?«

Doch in meiner Euphorie wollte ich keinen Gedanken daran verschwenden, was sich gehörte und was nicht.

Auf dem Schiff kauften wir Simit, und ich erinnerte mich verschwommen an Sarıyer. Mein Vater tauchte flüchtig vor mir auf, für den Bruchteil einer Sekunde, um mich mit seinem verschlossenen Gesicht zu quälen, und Tante Ayşe hieß mich lächelnd willkommen, aber Onkel Ahmet blieb schmerzlicherweise knapp außerhalb meines geistigen Blickfelds und weigerte sich, sein Gesicht zu zeigen.

Doch Sarıyer war weiter entfernt als nur eine Stunde den Bosporus hinunter; Sarıyer war vier Jahre her und für uns noch toter als seine toten Besitzer. Ich fragte Mehmet, ob er sich an Sarıyer und an Onkel Ahmet erinnere, und er schaute unschlüssig drein und sagte, er erinnere sich nicht. Und ich versuchte, es ihm zu beschreiben, dort auf dem Schiff, jenes alte Haus mit Ziegeldach, das wir vor dem Krieg so oft besucht hatten. Die Bilder strömten durch mein Gehirn wie die sich in einem Kaleidoskop zusammenfügenden Muster, und ich erzählte von den Magnolienbäumen, die auf dem Rasen gestanden hatten, von dem Schimmern, das auf dem Gras gelegen hatte, sobald die Sonne herausgekommen war, um den Regen wegzutrocknen, von den Hunden, Fidèle und Joly, von den am Haus rankenden Weinreben und von den Trauben, auf die meine Tante immer so stolz gewesen war. Und beim Erzählen befand ich mich mit einem Mal wieder in Sarıyer.

»Ich bin mit Onkel Ahmet zum Angeln auf den Bosporus hinausgefahren«, erzählte ich dem wie gebannt lauschenden Mehmet. »Wir haben nie viel gefangen, aber es hat Spaß gemacht, im Mondschein nach Hause zu rudern und dabei die Stimmen zu hören, die manchmal vom İstanbuler Ufer über das Wasser zu uns herübergeweht kamen.«

»Ich wusste nicht, dass du dich noch an so vieles erinnern kannst«, sagte meine Mutter. »Und du bist sprachlich sehr begabt, mein Sohn. Du hast auch mir Sarıyer wieder ins Bewusstsein gebracht. Ich hoffe, es war kein Fehler, dich auf die Kriegsschule zu schicken. Vielleicht wärst du ja anderswo besser aufgehoben gewesen.«

»Nein, Mutter, auf gar keinen Fall«, sagte ich entrüstet. »Ich wollte nach Kuleli, und ich hätte jede andere Schule gehasst. Ich will Offizier werden, und du wirst sehen, eines Tages wird man mich zum General befördern! Ich werde dich an meinem Arm ausführen, und die Leute werden sagen, du sähest jung genug aus, um meine Frau zu sein, und alle Frauen werden auf dich eifersüchtig sein.«

Meine Mutter lachte herzlich.

»Du hast eine zu lebhafte Fantasie«, sagte sie. »Und obendrein ist sie auch noch unangebracht!«

Wir erreichten die Anlegestelle von Çengelköy und gingen von Bord, wobei ich mir nun, wo wir unserem Ziel so nahe waren, nicht mehr ganz so wichtig vorkam.

»Nach Kuleli?«, fragte meine Mutter den Fahrkartenkontrolleur. »Zur Kriegsschule?«

»Biegen Sie links ab«, erwiderte der Fahrkartenkontrolleur knapp, wobei er Mehmet und mich kurz musterte. »Zu Fuß brauchen Sie von hier nur ein paar Minuten, und die Schule ist so groß, dass Sie sie nicht verfehlen können.«

Und so ging es hinaus auf die ruhigen, staubigen Straßen von Çengelköy und dann die von Bäumen gesäumte Uferstraße entlang, die in der Mittagssonne weiß schimmerte. Zu unserer Rechten ragte die Schule empor, wie ein Palast, dachte ich – so weiß war sie vor dem Hintergrund des wolkenlosen Sommerhimmels an jenem 15. Mai 1919, dem Tag, als Atatürks kleines Schiff die Gewässer des Schwarzen Meeres in Richtung Samsun durchpflügte.

Wir stiegen die steinernen Stufen zum Haupttor hinauf, und mir begann das Herz bis zum Hals zu schlagen. Der Pförtner, der dort Wache stand, fragte meine Mutter nach ihrem Anliegen, und sie sagte, sie sei gekommen, um uns, wie mit dem Kriegsministerium vereinbart, in der Schule abzuliefern.

»Das hier ist nicht die Vorbereitungsschule«, belehrte er sie von oben herab. »Die liegt dort hinten auf dem Hügel, diese Straße entlang und dann noch ein Stück hinauf. Es ist ein großes graues Gebäude – Sie werden es problemlos finden.«

Wir quälten uns schwitzend die Straße hinauf, zutiefst darüber enttäuscht, dass der weiß schimmernde Palast gar nicht für uns gedacht war. Als wir keuchend und japsend an der Schule eintrafen, hinderte uns ein großes schmiedeeisernes Tor daran, sie zu betreten. Wir vernahmen das Geräusch von Jungenstimmen, und alsbald kamen einige der Schüler ans Tor, um einen Blick auf uns zu werfen. Nahe dem Tor befand sich ein Schilderhäuschen, und der davor Wache stehende Soldat schrie: *»Hüseyin Ağa! Hüseyin Ağa!«*

Daraufhin kam ein sehr alter Mann zum Tor herunter, eine gebeugte Gestalt mit einem weißen Rauschebart. Er zog grummelnd die Torriegel zurück und fragte barsch, was wir wollten.

Meine Mutter antwortete ihm, aber diesmal ziemlich hoffärtig, denn allmählich verlor sie die Contenance. Sie warf ihren Kopf samt den sich darauf türmenden Locken zurück, und der alte Mann wurde höflicher und beäugte ihr nicht verschleiertes Gesicht mit unverhohlener Neugier. Er bat uns herein und führte uns in den Garten, wo er meiner Mutter bedeutete, sie solle im kühlen Schatten der Bäume Platz nehmen. Er sagte, er wolle versuchen, den »Hauptmann« ausfindig zu machen, und murmelte dann etwas in seinen Bart, so als sei er sich nicht sicher, wo er mit der Suche beginnen solle.

Meine Mutter nahm dankbar Platz, denn sie war von der Hitze erschöpft, und während sie sich erholte, begab ich mich auf einen kleinen Erkundungsgang. Ich schlenderte zum Tor und sah von dort aus zu, wie zwei Männer geschlachtete Lämmer von einem Pferdekarren abluden, während ein weiterer Mann einen Sack heranschleppte, der, wie man durch die nicht völlig verschnürte Öffnung erkennen konnte, etwas enthielt, das wie Spinat aussah. Ein alter Mann, der möglicherweise ein Koch oder eine Küchenhilfe war, feilschte um den Preis des Lammfleischs, und ein paar zwischen den Beinen des Pferdes knurrende räudige Köter wurden von den Männern mit Fußtritten davongejagt. Dann hörte ich plötzlich Mehmets Stimme nach mir rufen, und ich rannte zu der Stelle zurück, wo ich ihn bei meiner Mutter zurückgelassen hatte. Ich sah, dass dieser Hüseyin Ağa wieder zurückgekehrt war und darauf wartete, uns zum Hauptmann führen zu können.

Wir näherten uns dem Hauptgebäude der Schule, und zu unserer Linken befand sich eine lange eingeschossige Baracke, bei der es sich, dem Besteckgeklapper nach zu urteilen, um den Speisesaal handeln musste. Der Lärm, der dort herausdrang, war fürchterlich, und ich sah mehrere große Jungen hineingehen. Die meisten von ihnen hatten eine sehr dunkle Hautfarbe, und einer von ihnen war zu meinem Entsetzen sogar völlig schwarz. Ihre Kleidung war abgetragen, sie grinsten höhnisch zu Mehmet und mir herüber und unterhielten sich offenbar über uns. Einer von ihnen rief uns etwas zu, doch ich verstand seine Sprache nicht. Das kann kein Türke sein, sagte ich mir, und ich fragte mich, wie viele unterschiedliche Nationalitäten es an diesem Ort wohl geben mochte.

Der Hauptmann erwartete uns an der Tür seines Büros mit einem großen Stock in den Händen! Er machte den Eindruck eines hypernervösen Menschen. Er war sehr blass im Gesicht und umklammerte grimmig seinen Stock, als sei er daran gewöhnt, sich ständig Horden von jungen Wilden in seiner Schule zu erwehren! Er führte uns in sein Büro, wo wir auf wackeligen Stühlen Platz nahmen. Das Zimmer war unglaublich schmutzig und unordentlich, und der Hauptmann stotterte dermaßen heftig, dass ich jedes Mal, wenn er sprach, einen Lachkrampf zu bekommen drohte. Er blätterte einen Stapel Papiere auf seinem Schreibtisch durch, bis er schließlich die gefunden hatte, die offenbar uns betrafen.

»İrfan und Mehmet?«, fragte er, und meine Mutter bestätigte dies.

»Türkisch und muslimisch«, sagte er seufzend und lehnte sich in seinem Stuhl zurück.

»Gott sei Dank!«, stotterte er, und zwar so schlimm, dass man ihn kaum verstehen konnte. »Zwei Türken mehr in der Schule!«

Er schaute meine Mutter an.

»Unglücklicherweise steckt hier alles noch in den Kinderschuhen«, erklärte er. »Es gibt noch jede Menge zu tun. Uns sind viele Kurden und Armenier aus dem Osten Anatoliens aufgedrängt worden, sodass es hier bislang nur eine Handvoll Türken gibt. Die Verantwortlichen werden eines Tages zweifellos darüber entscheiden, wer bleiben darf und wer anderswo hingeschickt wird. Denn es ist unsere Absicht, Hanım Efendi, eine neue, rein türkische Generation von Offizieren heranzubilden.«

Es war seltsam, doch als er in ganzen Sätzen zu sprechen begann, vergaß er sein Stottern und überschüttete meine Mutter mit einem Haufen belangloser Details, als könne er nun, da er endlich seinem Kummer Luft zu machen begonnen hatte, nicht mehr damit aufhören.

Als er sich schließlich müde geredet hatte, stand er auf und sagte, wobei er wieder mit nervös zuckendem Mund zu stottern anfing:

»Also, Hanım Efendi, Sie können mir Ihre Jungen unbesorgt anvertrauen. Sie dürfen sie, wenn Sie wollen, einmal die Woche besuchen, aber die Jungen werden erst dann Ausgang bekommen, wenn sie ein paar Monate ihrer Ausbildung hinter sich gebracht haben.«

Meine Mutter bedankte sich bei ihm. Wir küssten ihr zum Abschied die Hände, und Hüseyin Ağa schlurfte in den Garten hinaus, um sie zum Haupttor zu eskortieren.

Mehmet und ich waren nun mit dem Hauptmann allein. Er schaute uns fragend an, und wir erwiderten seinen Blick ernst und feierlich, wobei ich mich an all die Dinge erinnerte, die er meiner Mutter erzählt hatte. Und mit einem Mal kamen mir fünfundzwanzig Jahre verdammt lang vor oder, genauer gesagt, wie ein ganzes Leben, und ich blickte durch das schmutzige Fenster auf die von Unkraut überwucherten, verkommenen Gartenanlagen, wo gerade Horden von Jungen aus dem Speisesaal strömten, und ich spürte, wie mein Herz nervös zu zucken begann.

Die Sache hatte einiges von ihrem Reiz verloren. Natürlich war dies noch immer die Kriegsschule, auf die ich so versessen gewesen war, doch wo war der Glanz, den ich erwartet hatte, die Pracht, der militärische Pomp?

XVIII. Mehr über Kuleli

Denke ich heute an jenen Tag in Kuleli zurück, an jenes graue, heruntergekommene Gebäude, so bin ich heilfroh, dass man es dichtgemacht hat, dass die heutige Generation von Offiziersanwärtern besser untergebracht ist und ihre Ausbildung unter besseren Bedingungen absolviert als wir damals.

Sehe ich sie heute manchmal in den Straßen von İstanbul, in ihren schicken dunkelblauen Uniformen, mit den eleganten roten Biesen an den Hosenbeinen, die anzeigen, dass man es mit einem Angehörigen der militärischen Kaste zu tun hat, so komme ich nicht umhin, mich an die frühen Kadettenjahre meiner Generation zu erinnern.

An jenem Vormittag im Mai 1919, als meine Mutter uns verlassen hatte und wir im verlotterten Büro des Hauptmanns standen und auf seine Anweisungen warteten, verlor das Soldatenleben für mich auf einen Schlag jegliche Romantik.

Mehmet und ich standen unsicher da, während der Hauptmann an seinem Schreibtisch mit irgendwelchen Papieren raschelte und uns keine Beachtung schenkte.

Ich vermute, dass ich mich an jenem Abend in den Schlaf geweint habe. Aus dem Garten ertönte ein Hornsignal, tief und düster und voller Traurigkeit in seiner bodenlosen Einsamkeit. Es war genau das, was ich gebraucht hatte, um mir zu vergegenwärtigen, wie weit ich von zu Hause weg war – ich vergrub mein Gesicht im Kopfkissen und begann zu weinen.

Ich wachte mitten in der Nacht auf, obwohl mich kein Geräusch geweckt hatte, denn in dem dunklen Schlafsaal war nichts außer den ruhigen Atemzügen der anderen Jungen zu vernehmen.

Etwas pikte meinen Körper wie tausend glühend heiße Nadeln, und ich kratzte mich vorsichtig. Als ich meinen Arm bewegte, krabbelte etwas daran hinunter, und ich zuckte vor Ekel zusammen, denn in meinem Bett wimmelte es von Wanzen.

Eine fiel mir mitten ins Gesicht, aus dem Bett über mir, und ich wollte laut schreien vor Entsetzen angesichts dieses widerlichen Ungeziefers, das des Nachts aus seinen Verstecken gekrochen kam. Doch am Ende ließ ich die Biester gewähren – denn meine Müdigkeit war größer als meine Angst.

Ich wurde geweckt von den Klängen eines Horns, das die Reveille spielte, und der Schüler vom Dienst riss mir die Bettdecke weg.

»Mach die Augen auf!«, blaffte er mich an, und ich schaute mich verwirrt um, denn ich hatte einen Moment lang vergessen, wo ich war.

Als ich aufstehen wollte, spürte ich, dass meine Gelenke von der harten Koje ganz steif geworden waren, und meine Rippen taten mir höllisch weh. Nicht ganz so schmerzhaft waren die geschwollenen Stellen an meinen Beinen und Armen, an denen sich die Wanzen die ganze Nacht hindurch gütlich getan hatten.

Der Schüler in der Koje neben mir meinte, ich solle mein Unterhemd ausziehen, und just in diesem Moment hörte ich die Stimme des Feldwebels »Läusekontrolle!« schreien.

Wir entledigten uns alle unserer Unterhemden, und ich sah, dass mein Körper mit schmerzhaft juckenden, roten Stellen übersät war. Ich durchsuchte mein Unterhemd sorgfältig nach Läusen, konnte aber keine entdecken. In den Nähten lauerten jedoch jede Menge Bettwanzen, und ich pulte sie angeekelt heraus und warf sie in die Schüsseln mit Wasser, die neben den unteren Betten aufgestellt waren. Ihre fetten, angeschwollenen

Körper zappelten verzweifelt, als sie aus dem Wasser zu entkommen versuchten.

Der Junge neben mir präsentierte mir voller Stolz zwei Läuse, die er erwischt hatte, und mir drehte sich fast der Magen um, als er sie zerdrückte und mir dabei erklärte, dass einen diese Biester bei lebendigem Leibe auffressen würden, wenn man sie nicht unverzüglich tötete.

Die zählebigen Wanzen zappelten noch immer in den Wasserschüsseln herum, und als die Läusekontrolle beendet war, durften wir uns waschen gehen. Wir veranstalteten einen ohrenbetäubenden Lärm, als wir die Waschhäuser betraten und verließen, denn wir trugen allesamt Takunya an unseren Füßen.

Nach dem Ankleiden – bei dem ich sehr sorgfältig vorging, denn ich befürchtete, irgendwelches Ungeziefer könnte sich in den Nähten meiner Jacke und meiner Hose eingenistet haben – versammelten wir uns zum morgendlichen Anwesenheitsappell im Korridor. Der Feldwebel las mit barscher Stimme nacheinander unsere Namen vor, und wir meldeten uns gehorsam, sobald unser Name fiel. Anschließend ging es im Gänsemarsch in den Speisesaal zum Frühstück, das aus dem Schwarzbrot vom Vorabend, einer Handvoll schwarzer Oliven und einem winzigen Klecks Frischkäse bestand, dazu gab es einen würzigen, starken Tee, allerdings ohne Milch und mit viel zu wenig Zucker.

Danach verkrümelten wir uns in die Gartenanlagen, denn es gab für uns sonst nichts zu tun, doch bald ertönte eine Glocke, und wir mussten uns am Haupttor einfinden, wo der Feldwebel bereits auf uns wartete. Er führte uns zu einem Hügel im rückwärtigen Teil des Schulgeländes, wo wir uns ins Gras setzen mussten, und dann ordnete er an, dass wir uns ausziehen sollten. Es war eine weitere Läusekontrolle, und ich fragte mich, wie oft am Tag sich das noch wiederholen würde. Und so saßen wir alle da, im morgendlichen Sonnenschein, und untersuchten gewissenhaft unsere Kleidung. Ich dachte an meine Mutter und wie entsetzt sie wohl wäre, ihren ältesten Sohn zu sehen, wie er nackt auf einem Hügel hockte und sich auf Läuse untersuchte.

Es fand kein Unterricht statt. Die Tage vergingen, und wir wurden weiterhin vom Kriegsministerium wie von der Außenwelt ignoriert. Es waren faule, sonnige Tage, und weil es praktisch nichts gab, womit wir unseren Geist und unseren Körper hätten beschäftigen können, bestand unsere Leibesertüchtigung vornehmlich in Raufereien.

Eines Tages wurde mir mitgeteilt, dass ich an jenem Abend der Schüler vom Dienst sei und somit auch die Nachtwache halten sollte – ein Gedanke, der mir überhaupt nicht behagte. Wir waren alle abergläubisch und hatten eine Heidenangst vor den Toten, denn wir glaubten, diese könnten wiederauferstehen und uns holen kommen. Als die Schüler zu Bett gegangen und eingeschlafen waren und ich allein im Dunkeln saß, wurde ich wieder von all den alten Ängsten heimgesucht, und es nützte mir nichts, dass ich mir sagte, es sei dumm, sich im Dunkeln zu fürchten. Es war unheimlich still, wie immer in einem Raum voll friedlich Schlafender, und ich begann ein wenig zu zittern. Die gleichmäßigen Atemzüge meiner schlafenden Mitschüler waren das einzige Geräusch, das sich vernehmen ließ, doch nach einer Weile hörte ich, wie eine Uhr weit entfernt, unten im Treppenhaus, die Stunde schlug. Die Flamme der kleinen Öllampe flackerte und schien ausgehen zu wollen, doch dann erholte sie sich wieder.

In jener Nacht passierte nicht das Geringste, doch mir fiel ein Stein vom Herzen, als sich im Osten die ersten schwachen Streifen des Morgenrots abzeichneten und über dem friedlichen, taufeuchten Garten endlich der neue Tag anbrach.

Doch der neue Tage verhieß uns nichts außer halb garem Essen, Läusekontrollen und Schlägereien. Unsere tödliche Langeweile führte zu Verdruss und Aggressionen. Es gab nicht die geringste Disziplin, der Hauptmann ließ sich praktisch nie blicken, und das Kriegsministerium schien uns vergessen zu haben.

Ich erfuhr, dass die Kurden und die Armenier allesamt Waisen aus dem Osten der Türkei waren und dass General Kazim Karabekir sie dort aufgesammelt und nach Kuleli geschickt hatte. Im Osten war er ein beliebter General, doch als seine wilden jungen Protegés aus dem tiefsten Anatolien in İstanbul eintrafen, wollte niemand für sie die Verantwortung übernehmen, und so verlotterten sie nun in Kuleli, bis sich eines Tages vielleicht wieder jemand an sie erinnerte. Das Gleiche galt für die Araber und die Albaner, die ursprünglich von Enver Paşa nach İstanbul gebracht worden waren, doch als er sich am Ende des Krieges ins Ausland abgesetzt hatte, wurden auch diese wilden Gesellen nach Kuleli geschickt und prompt vergessen.

Unterdessen hatte der Sultan entschieden, dass in Kuleli türkische Jungen aus gutem Hause oder Offizierssöhne ausgebildet werden sollten, woraufhin das Kriegsministerium einen wunderschönen, aber letztlich unausführbaren Plan ersonnen hatte, denn es wurde die Tatsache übersehen, dass Kuleli bereits von den Horden aus dem Osten überlaufen war.

Die Türkische Armee oder, genauer gesagt, das, was davon noch übrig war, wurde aufgelöst. Im Kriegsministerium rührte man keinen Finger für die Demobilisierten, und hoch dekorierte Offiziere sahen sich gezwungen, in den Straßen von İstanbul Zitronen zu verkaufen. Und so überraschte es kaum, dass niemand auch nur einen Gedanken an uns verschwendete.

Meine Mutter besuchte uns alle paar Wochen, und als sie uns das erste Mal in unseren ausgebeulten Uniformen sah, schien es so, als wüsste sie nicht, ob sie lachen oder weinen sollte. Sie stellte uns alle möglichen Fragen zu unserem Unterricht und zum Essen, das wir bekamen, und machte keinen Hehl daraus, dass sie alle Kurden und Armenier für Mörder hielt. Am liebsten hätte sie uns sofort wieder mit nach Hause genommen. Sie beschwerte sich bei dem Hauptmann darüber, dass die Schule ein Dreckloch sei, und sagte, sie könne es nicht ertragen, ihre Söhne an einem solchen Ort zu wissen. Der Hauptmann spreizte bedauernd, so schien es, die Hände und fing wieder mit der alten Leier an, dass alles noch immer in den Kinderschuhen stecke. Und dann erinnerte er sie höflich daran, dass sie Verträge für uns unterzeichnet habe und dass er sich bedauerlicherweise gezwungen sehe, uns die Militärpolizei auf den Hals zu hetzen, falls meine Mutter uns mitnehmen würde. Dies jagte ihr einen gehörigen Schrecken ein, denn sie wäre nie darauf gekommen, dass man die Verträge auf diese Weise gegen sie verwenden könnte. Meine Mutter wollte jedoch nicht so schnell klein beigeben: Wutschnaubend erklärte sie dem Hauptmann, wobei sie es mit der Wahrheit nicht so genau nahm, sondern ganz schön dick auftrug, sie werde ihre Beziehungen zum Kriegsministerium spielen lassen, um uns aus seiner Schule herauszubekommen. Der Hauptmann, der dies offenbar nicht zum ersten Mal hörte, zeigte sich unbeeindruckt.

Meine Mutter kam uns immer unverschleiert besuchen, woraufhin einige der älteren Jungen sagten, sie sei eine *tango,* ein Flittchen, und ich geriet deswegen in eine Schlägerei nach der anderen.

Ich flehte meine Mutter an, sie möge doch bitte ihr Gesicht verhüllen, und obwohl sie das anfangs empört ablehnte, lenkte sie dennoch bald ein. Eines Tages monierte sie den, wie sie meinte, strengen Körpergeruch von Mehmet und mir, und bei ihrem nächsten Besuch brachte sie uns parfümierte Seife mit. Wir wiesen diese voller Entsetzen zurück und erklärten ihr, dass unser Leben bereits kompliziert genug sei und dass wir es uns mit der Verwendung wohlriechender Seifen nicht noch komplizierter machen wollten.

Die eigentliche Kriegsschule von Kuleli, der große weiße Palast am Ufer des Bosporus, war für die älteren Jahrgänge vorgesehen – für Jungen, die nach bestandener Abschlussprüfung von dort an die elitäre Kriegsakademie in Harbiye überwechseln würden. Eines Tages machte bei uns die Nachricht die Runde, die amerikanische Besatzungsmacht wolle die Kriegsschule übernehmen und dort fortan nur noch Armenier ausbilden. Außerdem wurde gemunkelt, dass auch wir demnächst an die Reihe kämen, doch niemand wusste, was mit uns geschehen sollte, und wahrscheinlich kümmerte es auch keinen. Etwa zu dieser Zeit bekamen wir einen ersten Vorgeschmack von der Magie des Namens Kemal Atatürk: Dieser damals noch Mustafa Kemal Paşa genannte General stellte im entlegenen Anatolien eine Armee auf und hatte in Ankara bereits eine nationale Gegenregierung gegen den Sultan gebildet.

Die Nachrichten über die Amerikaner und die Armenier erwiesen sich als nur zu wahr, und eines Tages sahen wir von unserem Garten aus, wie die älteren Jungen von Kuleli Betten, Matratzen und Tische in die Gartenanlagen der Kriegsschule hinausschleppten. Der Auszug hatte offenbar begonnen.

Der Hass zwischen Türken und Armeniern ist sprichwörtlich, doch an jenem Tag war der Hass in unserer grauen Schule auf dem Hügel noch unbändiger als sonst. Die Armenier gerieten völlig außer Rand und Band, so sehr genossen sie die Anerkennung, die ihnen die Amerikaner zuteilwerden ließen. Sie stolzierten in der Gegend herum und gaben an wie eine Tüte Mücken, und es gab so viele Schlägereien wie noch nie zuvor. Als eines Morgens die amerikanische Flagge über Kuleli wehte, drehten die Armenier vor Freude durch, während die Kurden vor Wut schäumten. Das Resultat waren ein paar eingeschlagene Schädel, und der Stock des Hauptmanns musste Überstunden machen.

Wir kamen danach an die Reihe. Eines Morgens mussten wir alle in der großen Halle antreten, wo die Monitoren, die Aufsicht führenden älteren Schüler, Ruhe und Ordnung herzustellen versuchten und auf keine unserer Fragen eingingen. Wir müssen einen ganz schön wilden Haufen abgegeben haben, als wir so dastanden in unseren schlottrigen Uniformen und mit unseren kahl geschorenen Schädeln, die Gesichter käsebleich von der schlechten Verpflegung. Einige amerikanische Offiziere kamen durch das Haupttor herein, zusammen mit einem armenischen Priester und einer hochgewachsenen, flachbrüstigen Amerikanerin, die eine strenge Hornbrille trug.

Die Frau schüchterte mich viel mehr ein als die Offiziere. Sie war ein Drachen von einer Frau und sah so aus wie jemand, der stets wusste, was gut für einen war. Wir blickten ihnen gespannt entgegen.

Zuerst beschäftigten sie sich mit den älteren Jungen, und manche von ihnen wurden aus unseren Reihen herausgeholt. Wir fragten uns beklommen, was diese Aussonderung wohl bedeuten mochte.

Bald kamen sie auch zu uns, und ein Dolmetscher brüllte:

»Alle Armenier auf diese Seite!«

Viele Jungen traten vor, darunter auch unser Feldwebel. Der Priester – der mit seinem schwarzen Rauschebart ziemlich beängstigend aussah – begann uns Fragen zu stellen, und die Frau nahm die Sache in die eigenen Hände, denn sie meinte offenbar, es könne nicht schaden, wenn sie sich ein wenig an der Aussonderung beteiligte. Sie warf einen kühlen Blick auf uns, als seien wir selbst zu dumm, um zu wissen, welcher Nationalität wir angehörten. Dann musterte sie konzentriert unsere Gesichter und zog noch ein paar mehr Jungen zu den Armeniern hinüber.

Es waren Kurden, die sie selektiert hatte, und ich fragte mich neugierig, wie sie denen wohl die armenische Nationalität zu verpassen gedachte. Sie beäugte mich eingehend, ließ mich dann aber in meiner Reihe stehen. Es dauerte nicht lange, bis die Selektion abgeschlossen war, und die Armenier wurden in einen großen, an die Halle angrenzenden Raum gebracht. Wir wurden weggeschickt – offenbar hatte man für uns keine Verwendung mehr.

Wir stürmten neugierig in den Garten, um durch die Fenster in den Raum zu schauen, in dem sich die Armenier befanden. Sie winkten uns ausgelassen zu und bombardierten uns mit höhnischen Bemerkungen und unflätigen Schimpfwörtern. Wir wollten nicht zurückstehen und zahlten es ihnen mit gleicher Münze heim. Wir drohten ihnen an, ihnen »die Fresse zu polieren«, und die Monitoren ermahnten uns wiederholt, nicht so viel Krach zu machen.

Plötzlich hörte ich durch das allgemeine Geschrei hindurch, wie jemand meinen Namen rief, und ich erkannte die Stimme meines Bruders, doch obwohl ich in alle Richtungen nach ihm Ausschau hielt, konnte ich ihn nirgends entdecken. Seine weinerliche Stimme rief unaufhörlich meinen Namen, und mir wurde angst und bange. Ich bahnte mir einen Weg durch die Menge und rief schluchzend, er solle sich keine Sorgen machen, ich sei auf der Suche nach ihm.

Plötzlich entdeckte ich ihn hinter einem der Fenster des Raumes, in dem die Armenier steckten, und ich stürmte zu ihm hin. Ich stellte mich auf die Zehenspitzen und ergriff seine kleine Hand.

Er schrie mit hysterischer Stimme:

»Die wollen mich mit den Armeniern mitnehmen!«

Ich wusste nicht, was ich tun sollte, doch ich hielt seine

kalten Hände umklammert, bis sich ein dicker Armenier zwischen uns drängte und uns voneinander trennte. Ich rannte zu einem Monitor und erzählte ihm, was geschehen sei, doch seine Trägheit, seine Unschlüssigkeit machten mich wütend. Ich zerrte ihn zu den amerikanischen Offizieren hinüber, um denen die Situation zu erklären, doch der Dolmetscher schob uns rüde beiseite und fragte, wie wir uns erdreisten konnten, diese großartigen Amerikaner mit unserer Gegenwart zu inkommodieren.

Er wollte mir einfach nicht zuhören, und ich registrierte, dass die Armenier in einer langen Kolonne angetreten waren und bereits mit dem Abmarsch begonnen hatten. Ich ließ den Monitor und die verdutzten amerikanischen Offiziere stehen und rannte zu der jubelnden Marschkolonne, um Mehmet ausfindig zu machen. Ich suchte ihn fieberhaft, und fast stockte mir das Herz dabei, doch schließlich entdeckte ich ihn. Ich schnappte ihn mir und hielt ihn fest. Als jemand uns zu trennen versuchte, sagte ich:

»Finger weg! Das ist mein Bruder. Wir sind Türken, und sein Name ist Mehmet!«

Einer der Armenier lachte höhnisch.

»Na und? Was beweist das schon? Ich heiße auch Mehmet.«

Ich zog Mehmet aus der Kolonne heraus, doch der Dolmetscher, der herbeigeeilt war, um zu sehen, was dieser Aufruhr zu bedeuten hatte, schob ihn wieder in die Kolonne zurück. Ich trat ihm kräftig vors Schienbein.

»Du dreckiger Armenier, du!«, sagte ich. »Mein Bruder bleibt hier. Er ist Türke!«

Inzwischen hatten sich die amerikanischen Offiziere mit der Frau und dem Priester zu uns gesellt, und die Frau fragte, was los sei. Der Dolmetscher sagte offenbar, es sei alles in bester Ordnung, und er verbeugte sich devot vor ihr, um sich bei ihr einzuschmeicheln. Ich trat ihn noch einmal, und einer der amerikanischen Offiziere packte mich und hielt mich fest. Ich trommelte mit meinen Fäusten kraftlos auf seine Brust ein und erzählte ihm schluchzend alles auf Türkisch, einer Sprache, die er nicht verstand. In einem letzten verzweifelten Versuch, mich ihm verständlich zu machen, deutete ich mit dem Kopf auf meinen verängstigten kleinen Bruder und schrie:

»Türke! Türke!« Und als dies auch nichts fruchtete, versuchte ich mir wieder die französischen Brocken zu vergegenwärtigen, die ich vor Jahren einmal gelernt hatte. *»Il est mon frère«,* stotterte ich, und da begriff er, was ich ihm sagen wollte, und er erlaubte Mehmet, zu mir herüberzukommen.

Die Frau mischte sich ein und sagte etwas, das ich nicht verstehen konnte. Ich hätte sie am liebsten umgebracht, diese dumme, selbstgerechte Person mit ihrem harten, kalten Gesicht.

»Cochon américaine!«, sagte ich verzweifelt, woraufhin sie mir eine Ohrfeige verpasste, allerdings eher bekümmert als erzürnt, denn ihr Gesichtsausdruck besagte, nur ein Muslim, ein vom Christentum gänzlich unbeleckter Heide, könne sich einer solchen Sprache bedienen. Nur ein Türke, so besagte ihr Gesichtsausdruck, könne einen solchen Ausdruck in den Mund nehmen.

Nachdem die Armenier die Schule verlassen hatten, ging es bei uns wesentlich gesitteter zu – allein die Kurden waren weiterhin auf Schlägereien erpicht.

Wir waren noch immer nur eine Handvoll türkischer Schüler, doch die Kurden hatten es bald satt, uns vergeblich zu provozieren, und so verdrückten sie sich fortan in den hintersten Winkel des Gartens, um von unserem Hügel aus mit Steinen nach den in den Gartenanlagen von Kuleli herumspazierenden Armeniern zu werfen.

Wir sahen sie in ihren schmucken, gut sitzenden amerikanischen Uniformen einherstolzieren, und wir hörten die Glocke, die sie zum Unterricht rief, während wir weiterhin auf dem Schulgelände versauerten, unterrichtsfrei, undiszipliniert und aufsässiger denn je.

Eines Tages wurde der stotternde Hauptmann von seinem Posten abberufen und durch einen neuen Kommandanten ersetzt. Wenig später trafen weitere Offiziere in der Schule ein, und der Zustand der Gesetzlosigkeit gehörte schon bald der Vergangenheit an.

Die Kurden, die Albaner und die leicht erregbaren Araber rückten aus Kuleli ab, und viele von uns fragten sich, wo sie wohl hingehen mochten. Überschwemmten sie vielleicht in kampflustigen Wellen die Straßen von İstanbul, um mit knurrendem Magen unter Galatas gleichgültiger Brücke zu nächtigen? Wir wussten es nicht.

XIX. Eine harte Schule

Die Besatzungsmächte mischten sich noch ein weiteres Mal in unser Leben ein, denn eines Tages ordneten sie an, dass wir unsere Schule auf dem Hügel binnen achtundvierzig Stunden zu räumen hätten.

Der Kommandant teilte uns diese Neuigkeit mit einer grimmigen, desillusionierten Miene mit. Er wies uns an, den jungen Ausbildungsoffizieren dabei zu helfen, das gesamte Mobiliar in die Gartenanlagen hinauszuschaffen, und dann stapfte er davon, denn er wollte die Angelegenheit mit den zuständigen Stellen in İstanbul erörtern.

Wir schufteten an jenem heißen Sommertag von früh bis spät. Es herrschte eine Bullenhitze, als wir unter dem Gewicht von Tischen und Stühlen, von Bettgestellen und Matratzen nach draußen stolperten. Am frühen Abend durften wir eine Pause machen, um hastig eine Mahlzeit einzunehmen, und danach arbeiteten wir bis tief in die Nacht weiter, beim Schein von Öllampen, die man in regelmäßigen Abständen in die Bäume gehängt hatte. Einmal hielt mich ein Offizier an, als er mich unter dem Gewicht eines Bettgestells an sich vorbeiwanken sah. Er meinte, ich solle mir einen Platz zum Ausruhen suchen. Ich zog eine Matratze aus einem Stapel hervor und machte mich damit auf die Suche nach meinem Bruder. Ich fand ihn schließlich unter einem Baum, wo er auf dem harten Erdboden eingenickt war. Als ich ihn beim Namen rief, rollte er sich gehorsam auf die Matratze und war im Nu eingeschlafen. Am nächsten Morgen schmerzte mich mein Rücken, und ich bat Mehmet, einmal einen Blick darauf zu werfen.

Er entdeckte einen dicken roten Striemen, der quer über meinen Rücken verlief, und mein Unterhemd war an dem getrockneten Blut festgeklebt – vermutlich hatte ich mich verletzt, als ich die Bettgestelle durch den Garten geschleppt hatte.

Mehmet spülte mir die Wunde in einem der Waschhäuser mit Wasser aus, doch der Schmerz war noch immer so heftig, dass ich nur mit Mühe aufrecht gehen konnte.

An jenem Tag gab es für uns nichts mehr zu tun, denn die Schule war nun ratzekahl leer geräumt, und das Mobiliar stand überall im Garten herum. Mehmet und ich verzogen uns und setzten uns auf eine niedrige Steinmauer, von wo aus man den Bosporus überblickte. In dieser entlegenen Ecke des Gartens war es sehr ruhig. Mein Rücken tat mir dermaßen weh, dass ich meine Jacke und mein Unterhemd auszog und mich bäuchlings ins Gras legte, mit dem Gesicht in Richtung Meer und meinen Rücken den heilenden Strahlen der gleißenden Sonne zugekehrt. Ich lag da und betrachtete den blauen Bosporus und die kleinen Boote, die vorüberfuhren, und meine Gedanken reisten mit den Booten und liefen dann den großen Schiffen voraus, die zu irgendwelchen unbekannten Gestaden unterwegs waren. Ich vergaß meinen lädierten Rücken und dass ich hier in den Gartenanlagen der Schule lag und dachte stattdessen an die zahllosen Bilder, die ich von fernen Ländern gesehen hatte, von braunhäutigen Menschen, deren Sprache ich nicht verstand. Im Geiste sah ich große, dunkelhäutige Schauerleute, die in einem Hafen, den ich nie im Leben zu Gesicht bekommen würde, Schiffe entluden, und ich witterte die feinen Aromen von Gewürzen und den warmen Duft von Bananen, und mein Magen zog sich vor Hunger zusammen und mein Herz vor Sehnsucht nach ich wusste nicht was.

Mehmet blickte verschlafen aufs Meer hinaus und sagte mit zufriedener Stimme:

»Ich will Seemann werden.«

»Ich dachte, du wolltest Arzt werden«, erwiderte ich, und er hielt ein oder zwei Momente lang inne, vielleicht um beides unter einen Hut bringen zu können, und dann sagte er triumphierend:

»Na, ich kann doch Schiffsarzt werden!«

Und hatte sich mein kleiner Bruder einmal etwas in den Kopf gesetzt, so hielt er unbeirrbar daran fest.

Ich hingegen stolperte durchs Leben, ohne jemals zu wissen, was ich wirklich wollte – ich wusste lediglich, es lag gleich hinter der nächsten Ecke, jedoch immer ein Stück außerhalb meiner Reichweite.

Ich weiß nicht mehr genau, wie alt ich war, als ich feststellte, dass ich nie einen guten Offizier abgeben würde, doch es muss irgendwann in meiner Kindheit gewesen sein.

Den ganzen Vormittag über lagen Mehmet und ich im von der Sonne durchtränkten Gras, und als uns schließlich ein Hornsignal zur Mittagsmahlzeit rief, entdeckten wir, dass unser Speisesaal unter den schattigen Bäumen eingerichtet war. Beim Essen umschwirrten uns Bienen und Wespen, und manchmal fiel uns von oben ein Ohrwurm auf den Teller. Die Offiziere sahen erschöpft und niedergeschlagen aus. Unter ihren uralten Uniformen hingen ihre Schultern herab, und als wir aufgegessen hatten, gab es für uns alle nichts mehr zu tun, außer zu warten. Die Schule lag leer und verwaist unter dem nachmittäglichen Himmel.

Am Abend kehrte der Kommandant mit der guten Nachricht aus İstanbul zurück, dass wir in unserer Schule bleiben durften, und so musste das ganze Mobiliar wieder hineingeschleppt werden.

Die Tage jenes Sommers von 1920 waren erfüllt von dem inzwischen vertrauten Namen Mustafa Kemals. Er avancierte langsam zu unserem Nationalhelden, und sein Nimbus nahm für uns noch zu, als wir hörten, der Sultan habe einen Preis auf seinen Kopf ausgesetzt.

Es fiel mir schwer, dem Unterricht zu folgen. Ich vermochte mich nicht zu konzentrieren, wenn ich stattdessen das Hitzeflimmern über dem Gras beobachten konnte und die Schatten, wie sie allmählich unter den Bäumen hervorgekrochen kamen, während sich die Sonne am Himmel voranbewegte. Und dann hörte ich plötzlich, wie ein Lehrer meinen Namen rief und mich unvermittelt aus meiner tranceartigen Betrachtung des Gartens herausriss. Ich stand verwirrt auf und überlegte krampfhaft, was er mich wohl gefragt haben mochte.

Jeden Morgen wurde uns aus dem Koran vorgelesen, und da dies die erste Unterrichtsstunde des Tages war, hatten wir alle noch gute Laune. Alles, was wir tun mussten, war zuhören, doch später beschloss unser Lehrer, uns in religiöser Musik zu unterweisen, und das schmeckte uns überhaupt nicht, denn angesichts der Vorstellung, vor versammelter Mannschaft aufzustehen und solo ein Lied zum Besten zu geben, rutschte uns allen das Herz in die Hose.

Der Imam, der uns Religionsunterricht erteilte, war sehr dick und hatte einen großen, buschigen Bart. Er trug einen grünen Sarik sowie ein weites schwarzes Gewand, das fast bis zum Boden hinunterreichte. Wir nannten ihn *yeşil sarikli,* den Mann mit dem grünen Turban, und obwohl wir ihn nicht ausstehen konnten, waren wir zugleich sehr stolz auf ihn, denn durfte ein Imam einen grünen Turban tragen, so bedeutete dies, dass er in direkter Linie von Mohammed abstammte. Wir mochten ihn nicht, weil er uns ständig betatschen musste. So kam es häufig vor, dass er einen von uns an seinen Schreibtisch auf dem Podium zitierte, und dann kniff er den Ärmsten mit Daumen und Zeigefinger in die Wangen oder Lippen, um die Finger anschließend an seine lange Nase zu führen und ausgiebig nach dem Geruch zu schnuppern, den wir verströmten.

Häufig waren noch Spuren von Pilaw, Kartoffeln oder Obst in unseren Mundwinkeln, und dann pflegte er schalkhaft seinen Bart zu schütteln und zu sagen:

»Soso, da hat sich dieser Taugenichts nach dem Essen also *nicht* den Mund ausgespült!« Er hatte eine hohe Fistelstimme, die an die Stimme einer Frau erinnerte, und in seinem Unterricht machten wir, was wir wollten, denn er pochte nicht auf Disziplin, und er beschwerte sich auch nie beim Kommandanten über uns.

Mehmet und ich fuhren einmal in der Woche nach Hause. Wir genossen diese Exkursionen in die Außenwelt und kamen uns auf der Fähre in unseren adretten grünen Uniformen wer weiß wie wichtig vor. Wir stürmten in das kleine Haus in Beyazit und störten dort den Frieden mit unserer lauten Zotenreißerei und unseren stets von Erfolg gekrönten Bemühungen, Muazzez schon nach den ersten fünf Minuten zum Weinen zu bringen.

Meine Mutter hatte sich zu guter Letzt doch noch dazu überreden lassen, das Zimmer im Parterre in einen Handarbeitsraum umzuwandeln, und meine Großmutter bewohnte nun das ehemalige Zimmer von Mehmet und mir. Daher mussten wir an den Wochenenden im sogenannten Atelier auf Feldbetten schlafen, und wir liefen immer Gefahr, uns an den Nadeln zu stechen, die überall achtlos verstreut herumlagen. Es war nichts Besonderes, eine Nadel in seinem Bett zu entdecken oder barfuß auf eine zu treten, wenn man morgens aufstand oder abends zu Bett ging.

Am Freitag, dem damaligen muslimischen Sonntag, schliefen wir uns gründlich aus und genossen dann faul die bei uns zu Hause herrschende ungezwungene Atmosphäre, doch gegen Abend waren wir trotzdem froh, wieder zu der maskulineren Atmosphäre von Kuleli zurückkehren zu können. Auf der Fähre trafen wir unsere Freunde, und dann gingen wir gemeinsam die staubige Küstenstraße entlang zur Schule.

Ich lernte, ein Soldat zu sein. Und wie alle aus meiner Generation lernte ich es auf die harte Tour, gnadenlos gedrillt von kriegserfahrenen, ungeduldigen und häufig auch sadistischen Offizieren. Wir lernten, eine endlos lange Zeit still zu stehen, ohne eine Miene zu verziehen oder auch nur mit den Augenlidern zu zucken. Wir lernten, nicht laut aufzuschreien oder zusammenzufahren, wenn ein Offizier uns eine Backpfeife verpasste, bei der einem Hören und Sehen verging. Und wir lernten im Alter von zehn oder elf Jahren auch, unsere Tränen zu unterdrücken, weil unsere Angst vor weiterer Bestrafung für gewöhnlich größer war als unsere Schmerzen. Anfangs waren hemmungslos sprudelnde Tränen bei uns noch an der Tagesordnung, doch dies hörte schnell auf, weil man sonst zum Gespött der ganzen Schule wurde.

»Schämst du dich nicht, hier wie ein Weib rumzuflennen?«, pflegte ein Offizier dann höhnisch zu feixen.

Wir lernten, auf Kommando strammzustehen, unsere Hände an die Hosennaht zu legen – und sie auch dort zu lassen. Wir lernten, unsere Handflächen nach oben zu kehren und den stechenden Schmerz des herabsausenden Stocks zu ertragen, ohne einen Mucks von uns zu geben. Wir wurden gute Soldaten, und wenn viele von uns später als Offiziere den unter ihrem Befehl stehenden Soldaten in etwa die gleiche Art von Strafen zumaßen, wer hätte uns da ernsthaft der Fantasielosigkeit zeihen können? Uns wurde eingeschärft, dass eine guter Soldat keine Fantasie benötige und auch kein menschliches Mitgefühl.

In meinem vierzehnten Lebensjahr überkam mich eine tiefe Frömmigkeit. Ich verbrachte so viel Zeit mit Beten in den Moscheen, dass nicht nur meine schulischen Leistungen darunter litten, sondern auch mein altes Faible für den Fußball in den Hintergrund rückte. Erbarmungslos trieb ich mich zu den täglichen Gebeten an. Tatsächlich wurde ich so fromm und tugendhaft, dass meine Mutter sich Sorgen zu machen begann und nach anderen Dingen Ausschau hielt, die mich möglicherweise ablenken könnten. Sie, die nie in ihrem Leben religiös gewesen war, betrachtete eine solch exzessive Frömmigkeit als etwas Unnatürliches, doch meine Großmutter und der Imam unserer Schule unterstützten mich in meinem Glaubenseifer. Meine entzückte Großmutter prophezeite unseren Nachbarn in Beyazit sogar, dass ich einmal als Heiliger enden würde!

Doch über kurz oder lang begann das Übermaß an Religion meine Nerven und meine Gesundheit zu strapazieren, denn um meine Gebete vorschriftsmäßig zu verrichten, musste ich bereits vor Tagesanbruch aufstehen, und wegen des Nachtgebets kam ich immer erst sehr spät ins Bett. Ich wurde blass und spindeldürr, betete aber nach wie vor voller Inbrunst und verzichtete wegen der Gebete am Wochenende sogar auf das lange Ausschlafen. Ich ging damals immer in die Beyazit-Moschee, und sehe ich diese Moschee heute, inmitten ihrer idyllischen Gartenanlagen, so sehe ich jedes Mal das von religiösem Fanatismus entflammte Kind vor mir, das unschicklich schnell durch das Portal hastete, weil es darauf brannte, sich auf den Boden zu werfen, um Zwiesprache mit seinem Gott zu halten. Mitunter blendete mich die strahlende Erscheinung von Sultan Meçit, wenn dieser vor der Beyazit-Moschee vorfuhr, um dort seine Gebete zu verrichten. Ich beobachtete ihn wie gebannt, sein ansprechendes, feines altes Gesicht, seinen buschigen weißen Bart, seinen roten Fez, der das Leichenbestatterschwarz seiner Kleidung ein wenig aufhellte. Die Kapelle spielte, was das Zeug hielt, und die Soldaten der Leibwache marschierten, dass es eine Pracht war, und Sultan Meçit nickte huldvoll aus seiner Kutsche heraus, mal zu dieser, mal zu jener Seite, und die Hochrufe der Menge gellten heiser durch die Luft. Der alte Sultan strahlte anerkennend über beide Wangen, wobei er eine Hand graziös an seinen scharlachroten Fez legte.

XX. Vom Sultanat zur Republik

Unter den Muslimen von İstanbul herrschte die weit verbreitete Auffassung, Gott würde ihrem Flehen ein geneigteres Ohr schenken, wenn sie in derselben Moschee beteten wie der Sultan und zur selben Stunde wie er. Und so folgte dem als »Schatten Gottes« apostrophierten Sultan, wo er ging und stand, eine ihn verehrende, sich nach dem Paradies sehnende Menschentraube. Ich erinnere mich noch daran, wie ich eines Morgens in der Beyazit-Moschee in dieses Getümmel geriet und in eine unbequeme, halb aufrechte Position gezwungen wurde, bei der ich ständig Gefahr lief, versehentlich von einem fremden Arm oder Bein getroffen zu werden. Als die Gebete begannen, erging es mir noch schlimmer, denn der Mensch vor mir, ein Lastenträger, hatte bestialisch stinkende Füße, und als ich meine Verneigung machen wollte, vom Druck der Menge in meinem Rücken nach vorn und zugleich nach unten geschoben, erstickte ich fast an dem direkt vor meiner Nase aufsteigenden Schmutz- und Schweißgeruch. Es war ein Odeur, das, ich schwöre es, ausgereicht hätte, selbst den sich in den Toiletten der Moschee tummelnden Ratten den Garaus zu machen. Doch die Gottesfurcht ließ mich in dieser misslichen Lage verharren. Ich unterdrückte den Brechreiz, und schließlich gelang es mir, aus der Moschee zu entkommen. Ich wusch mir die Hände und das Gesicht an den Wasserbassins in den Gartenanlagen, wobei ich die saubere frische Luft so gierig in mich einsog wie ein Bergmann, der gerade aus einer gasverseuchten Mine gerettet worden war.

Zu jener Zeit fand während des Ramasan kein Schulunterricht statt, und wir bekamen frei und durften nach Hause fahren. Vor siebenundzwanzig Jahren waren die Straßen während des Ramasan so belebt, wie sie es bis dahin noch nie gewesen waren und wie sie es womöglich nie wieder sein werden. Nicht nur die das Fastengebot befolgenden Muslime tummelten sich auf den Straßen, sondern auch viele britische, französische und amerikanische Soldaten, die sich die Feierlichkeiten anschauen wollten. Und am letzten Abend des Ramasan in dem Jahr, über das ich hier schreibe, boten der Beyazit-Platz und die dortige Moschee einen Anblick, den diejenigen, die damals dabei gewesen sind, zeitlebens nicht vergessen werden.

Um die hohen, schlanken Minarette der Moschee rankten sich hell leuchtende Lichterketten, und zwischen den sich strahlend vom dunklen Nachthimmel abhebenden Minaretten spannte sich der Schriftzug *»Elveda, Ramazan!«* – »Lebe wohl, Ramasan!« aus elektrischen Lichtern. Die Wehmut dieser Wörter und die Wirkung von so viel nächtlicher Schönheit versetzten das Herz in eine eigenartige Traurigkeit, obwohl dies ja eigentlich ein fröhlicher Anlass sein sollte. Auf beiden Minaretten waren Muezzins, deren schön psalmodierende Stimmen die Gläubigen zum Gebet riefen, und der Platz und die Gartenanlagen der Moschee wimmelten von Menschen, die mucksmäuschenstill waren und andächtig lauschten – wie ein Heer von Toten. Und hoch über ihnen wiegten sich die Muezzins vor und zurück, ihre Stimmen das einzige Geräusch, das die unermessliche Stille durchdrang.

Ich schob mich in Richtung Moschee, aber mit äußerster Behutsamkeit, denn einen beschlich ein eigenartiges Schuldgefühl, wenn man dieses tote Meer der Stille durchschritt. Das Innere der Moschee erstrahlte im hellen Lichterglanz. Von den großen, im Kuppelgewölbe hängenden Kronleuchtern strömte das Licht herab, und das Kuppelgewölbe selbst glitzerte und funkelte von Lichtreflexen, die von den hin und her schwingenden Glasprismen der Lüster herrührten. Die an den Wänden angebrachten riesigen, sich vielfach gabelnden Kandelaber tauchten alles noch zusätzlich in ein blendendes Gleißen. Auch im Inneren der Moschee befanden sich viele Muezzins, die aus dem Koran vorlasen, und die Gläubigen beugten sich dazu alle gleichzeitig nach vorn und wieder zurück und schlugen sich an die Brust. Ich erinnere mich noch daran, dass ich an jenem Abend von diesem Glanz völlig überwältigt war, von der Pracht und der Herrlichkeit des Ganzen, dass es mir die Sprache verschlug und sich alles vor meinen Augen zu drehen begann.

Eines Tages verließen die Armenier Kuleli. Die amerikanische Flagge wurde niedergeholt, und man hisste das Rot der türkischen Flagge.

Die Jungen der älteren Jahrgänge, zu denen ich mittlerweile auch gehörte, verließen das graue, uralte Gebäude auf dem Hügel und zogen um in den weißen Palast am Ufer des Bosporus – endlich waren wir dort angelangt, und unsere Freude kannte keine Grenzen.

Die Räume von Kuleli waren groß und hell, und wir mussten uns nun nicht mehr mit altmodischen Öllampen begnügen, da wir unsere eigene Stromversorgung hatten. Die Klassenzimmer befanden sich im Erdgeschoss und blickten auf die staubige, stille Straße. Dort herrschte den ganzen Tag über eine idyllische Ruhe, denn es kam niemand nach Kuleli außer den Schülern und den dort stationierten Offizieren.

Im Keller war eine Moschee eingerichtet, und an unserem ersten Abend in der Schule mussten wir uns dort einfinden, um unsere Dankgebete zu sprechen. Ob wir es wollten oder nicht, die Religion wurde uns mit aller Macht aufgezwungen. Ich bedurfte dieses Zwangs nicht, obgleich mein jugendlicher Glaubenseifer sich inzwischen ein wenig gelegt hatte. Viele der älteren Jungen ärgerten sich jedoch über die Einmischung der Offiziere, insbesondere wenn diese dabei auf die Überzeugungskraft großer Stöcke zurückgriffen. In jenen Tagen, als der Islam in der Türkei noch eine nationale Institution war, eine fest verankerte, seit Jahrhunderten bestehende Tradition, waren die Gartenanlagen von Kuleli voll von verdrossenen, protestierenden Jungen, die sich ihre Hände und ihre Gesichter unter den Fontänen wuschen, die sich, um das Gleichgewicht zu halten, gegen einen Baum gelehnt die Strümpfe über ihre frisch gewaschenen Füße zogen, die im letzten Augenblick zu den Toiletten hasteten, um dort delikatere Waschungen zu vollziehen, und alle ständig in Angst, sich zu verspäten. Der Muezzin begann seinen Singsang, und daraufhin entfuhr uns ein Stöhnen, denn dies war ein untrügliches Zeichen dafür, dass wir uns bereits verspätet hatten. An der Tür zur Moschee waren wutschnaubende Offiziere mit Stöcken in den Händen postiert, die den Zuspätkommenden kräftig den Hintern versohlten.

Nachdem Kemal Atatürk unser Land am 29. Oktober 1923 offiziell zur Republik erklärt hatte, begann sich alles allmählich zu ändern. In Kuleli trafen Befehle ein, die besagten, dass es nicht mehr nötig sei, die Schüler weiterhin zum Besuch der Moschee zu zwingen. Die Ausübung der Religion sollte jedem freigestellt sein. Die Stöcke wurden vorübergehend weggeschlossen, und fortan ließ sich nur noch eine Handvoll Jungen in der Moschee blicken. Als die Stöcke dann wenig später wieder hervorgeholt wurden, geschah dies aus einem völlig anderen Grund, denn wer, so wie ich, noch immer die Moschee besuchte, erschien deswegen häufig zu spät zum Unterricht, und während früher den saumseligen Betbrüdern der Hintern versohlt wurde, begann nun eine verrückte Zeit, wo diese Bestrafung den saumseligen Scholaren zuteilwurde.

Atatürk und seine Regierung beschlossen die Trennung von Staat und Religion, und in der neuen Verfassung hieß es nun:

»Die Sprache der Türkischen Republik ist Türkisch, und ihre Hauptstadt ist Ankara.«

Vorher hatte es hingegen noch geheißen:

»Die Religion der Türkischen Republik ist der Islam, ihre Sprache ist Türkisch, und ihre Hauptstadt ist Ankara.«

Die Veränderungen waren wesentlich größer, als es einem europäischen Beobachter vielleicht vorkommen mochte. Die Religion wurde im Grunde abgeschafft, denn obgleich die Moscheen nach wie vor Stätten der Gottesanbetung waren, hatten die Gläubigen nicht mehr die Zeit, wie vorgeschrieben fünf Mal am Tag zu beten – mit Ausnahme der Alten und Gebrechlichen, die keine öffentlichen Pflichten zu erfüllen hatten. Die Mehrzahl der Türken hatte schlicht und einfach keine Zeit. Die Arbeit der staatlichen Behörden konnte nicht mehr so lange ausgesetzt werden, bis die Beamten ihre Gebete verrichtet hatten. In sämtlichen Schulen, in muslimischen wie in christlichen, wurde der Religionsunterricht abgeschafft, und den Mitgliedern religiöser Sekten wurde es untersagt, ihre Ordenstracht in der Öffentlichkeit zu tragen.

Rief der Muezzin nun zum Gebet, so hörten ihm nur noch wenige Leute zu, und noch weniger reagierten darauf. Das Wochenende wurde ebenfalls verlegt: Anstelle des alten muslimischen Donnerstags und Freitags befolgten wir nun den christlichen Samstag und Sonntag.

Die Moschee in Kuleli wurde dichtgemacht und diente fortan als Abstellkammer für reparaturbedürftige Tische und Stühle.

Unsere Uniformen änderten sich, sie waren nun von dem vertrauten Marineblau der heutigen Kadettenuniformen mit den schmucken roten Biesen an den Hosenbeinen, und anstelle des per Gesetz abgeschafften Fez wurde eine Mütze mit einem angedeuteten Schirm eingeführt.

An den Wochenenden pflegten Mehmet und ich voller Stolz

nach Hause zu fahren, und meine Großmutter war davon überzeugt, dass es in der gesamten Türkei keine besser aussehenden Jungen gab als uns zwei.

Muazzez war inzwischen neun und besuchte eine Mädchenschule in Beyazit. Ein naseweises, eingebildetes kleines Ding war sie mit ihren langen, keck hüpfenden Beinen in den sittsamen schwarzen Seidenstrümpfen und ihren kurzen, fröhlich wippenden Röcken. Sie war unglaublich hübsch, und ihr Haar war mit den Jahren noch heller geworden, sodass sie nun beinahe blond war. Meine Großmutter verwöhnte sie, wie sie Mehmet oder mich nie verwöhnt hatte; möglicherweise hatte das Alter sie ja milder gestimmt. Ansonsten war sie so autokratisch wie eh und je, und ziemlich oft lieferte sie sich mit meiner Mutter lange, erbitterte Auseinandersetzungen.

Nach einer Weile hatten die zu Hause verbrachten Wochenenden den Reiz des Neuen eingebüßt, und ich blieb während meiner Freizeit immer häufiger in Kuleli. Den gesamten Sommer hindurch schwammen wir im Bosporus, und danach lagen wir faul in den Gartenanlagen der Schule herum und genossen es, dass wir am Wochenende ganze zwei Tage lang keinen Unterricht zu befürchten hatten.

Kurz vor Atatürks Abschaffung des Fez wurde an das Militär eine kleine runde Mütze mit einem angedeuteten Schirm ausgegeben. Der Schirm, so wurde uns erzählt, sollte die Augen vor der Sonne schützen. Er war indes so klein, dass die Vorstellung, er könne vor irgendetwas schützen, insbesondere vor der Sonne, einfach lachhaft war. Wir hatten bis dahin immer einen Fez getragen, auf dem vorne das türkische Emblem mit Halbmond und Stern eingewebt war, und nun schämten wir uns in Grund und Boden, wenn wir uns mit unserer neuen Kopfbedeckung in der Öffentlichkeit zeigen mussten, denn sie ähnelte unserer Ansicht nach zu sehr der Mütze, wie sie die Christen zu tragen pflegten. Daher hielten wir diese anstößige Mütze so lange, wie wir uns trauten, in den Händen, und die wenigen Jungen, die den Mut aufbrachten, sich dieses Ding tatsächlich auf den Kopf zu setzen, nannten wir *»gâvur«,* was eine ziemlich despektierliche Bezeichnung für einen Christen ist.

Wenn ich durch Beyazit ging, schüttelten die alten Männer, die in den Kaffeehäusern oder draußen auf der Straße an Tischen saßen, beim Anblick der Mütze mit dem kümmerlichen Schirm missbilligend ihre grauen Häupter.

»Was ist das?«, murmelten sie angewidert. »Was soll nur aus diesem Land werden?«

Eines Tages nahm mich der Friseur unseres Viertels – ein anderer als der aus einer früheren Episode meiner Kindheit – auf der Straße beiseite und riet mir feierlich, dieses grässliche Ding niemals aufzusetzen.

»Das ist eine christliche Kopfbedeckung«, warnte er mich. »Setzt ein Muslim sich so ein heidnisches Ding auf den Kopf, so wird Gott ihn garantiert dafür bestrafen.«

Als ich ihn daraufhin auslachte, wurde er wütend, und hinterher beschwerte er sich bei meiner Großmutter über meine Pietätlosigkeit.

Es war 1925, als Atatürk anordnete, dass fortan alle Männer in der Türkei christliche Kopfbedeckungen zu tragen hätten. Landauf, landab war die Bestürzung riesengroß. Die Nerven der Nation lagen blank! Wollte Atatürk mit uns spielen? Saß er in seinem Château in Ankara und ließ sich dort neue Sachen einfallen, um jahrhundertealte Gewohnheiten umzustoßen und aus der Welt zu schaffen?

Die Männer weigerten sich empört, den Fez abzulegen, und es kam vielerorts zu handfesten Auseinandersetzungen zwischen den Befürwortern der neuen Ordnung und den Dickschädeln, die die alte verteidigten. Die Staatsdiener waren die Ersten, die nachgaben oder, genauer gesagt, nachgeben mussten, denn ihr Arbeitsverhältnis zwang sie dazu, und bald sah man überall in den Straßen Melonen, deren Träger ziemlich betreten dreinblickten. Die Kinder warfen mit Steinen nach ihnen, und die Polizei verhaftete alle Männer, die darauf beharrten, weiterhin mit einem Fez auf dem Kopf herumzulaufen. Die Straßenhändler setzten sich aus lauter Verzweiflung bunte Papierhüte auf den Kopf und verliehen den Märkten damit eine ungewohnt fröhliche Note. Und draußen auf dem Lande und in den Dörfern trugen die Männer sogar Frauenhüte, um der Festnahme zu entgehen. Die alten Männer banden sich Taschentücher um den Kopf, auf die sie dann den anstößigen Christenhut setzten, doch die Polizei fiel nicht auf diese List herein und machte die Männer auf der Stelle dingfest. Die Verhafteten wurden in solchen Massen auf die Polizeiwachen gekarrt, dass man sich dort gar nicht um sie kümmern konnte, und die weißen Taschentücher wurden kurzerhand von den Glatzen gerupft, um dann die schändliche neue Kopfbedeckung mit einem kräftigen Ruck auf die kahlen, störrischen Schädel zu schieben.

Das Jahr 1925 ist für mich noch aus einem anderen Grund ein denkwürdiges Jahr, denn damals lernte ich Suna kennen. Sie war sechzehn, und wir trafen uns immer an den Wochenenden, hielten diese Verabredungen vor unseren Familien aber streng geheim. Hatte ich genug Taschengeld, so gingen wir ins Kino, wo wir im Dunkeln Händchen hielten und den flimmernden, hüpfenden Schatten auf der Leinwand keine Beachtung schenkten. Manchmal kletterten wir auch auf den Hügel zum Casino hinauf, wo wir mit Strohhalmen eisgekühlte Limonade tranken. Hatte ich kein Geld, so gingen wir in den Gülhane-Park oder mischten uns unter die Menge an der Galatabrücke, um von dort aus die Schiffe zu beobachten. Ich genoss das immer sehr, doch Suna hatte kein Interesse an einer fernen, mit Weltreisen verbrachten Zukunft und meinte, dass sie von dem Lärm und Gestank auf Schiffen immer Kopfschmerzen bekomme. Trotzdem war ich unsterblich in sie verliebt.

Manchmal packten einige meiner Mitschüler und ich unsere Lehrbücher ein und fuhren damit am Wochenende aufs Land, und unterwegs fragten wir die Bauern, ob sie Gurken oder Tomaten zu verkaufen hätten. Für gewöhnlich durften wir uns so viel nehmen, wie wir wollten, und hinterher verzichteten sie großzügig auf eine Bezahlung. Schwer beladen erklommen wir dann den oberhalb von Kuleli gelegenen Hügel, ein idyllisches Fleckchen Erde, wo eine kleine Quelle eisig kalt vor sich hin sprudelte, und dort wuschen wir dann unser Gemüse oder Obst, bevor wir uns einen lauschigen Platz zum Lernen suchten. Die Zeit verging in Windeseile an jenem ruhigen Ort. Bekamen wir Hunger, so veranstalteten wir mit unseren Vorräten ein opulentes Festessen, vollkommen mit uns und der Welt im Reinen, dort oben in jener einsamen, stillen Hügellandschaft.

Wenn ich des Lernens überdrüssig war, lehnte ich mich manchmal mit dem Rücken an meine Lieblingskiefer und blickte hinunter auf den kühl schimmernden Bosporus. Von jenem Baum aus hatte man, wie ich mich erinnere, einen herrlichen Ausblick, den gesamten Bosporus hinunter bis zum Schwarzen Meer. Vor mir lag das kleine Bebek in all seiner strahlenden morgendlichen Pracht. Wandte ich den Kopf ein bisschen nach rechts, so konnte ich die berühmten Festungsmauern auf der asiatischen Seite erkennen, und wandte ich ihn wieder gen İstanbul, so konnte ich die andere Festung sehen, jene alte, bröckelnde, 1452 errichtete Festung. Die Teile der Anlage, die ich von meinem Baum aus erkennen konnte, sind die schmalsten – sie messen etwa sechshundert mal neunundvierzig Meter –, und es gibt dazu eine Geschichte, der zufolge sich Sultan Mehmet einmal an Kaiser Konstantin gewandt und diesen um ein Stück Land auf der europäischen Seite gebeten haben soll. Konstantin gewährte ihm diese Bitte, verfügte aber, das Stück Land dürfe nur so groß sein wie eine Rinderhaut. Daraufhin beschaffte sich Sultan Mehmet eine Rinderhaut und ließ sie in dünne Streifen schneiden. Diese legte er dann mit den Enden aneinander und baute seine Festung dergestalt, dass sie genau diesen Maßen entsprach. Und sosehr der Kaiser dagegen Einspruch erhob, der Sultan erwiderte ihm stets, das fragliche Stück Land habe lediglich die Ausmaße einer Rinderhaut.

Wie gern habe ich mir diese Geschichte in meiner Kindheit erzählen lassen!

Und den gesamten Bosporus entlang, bis hinunter zum Schwarzen Meer, erstreckten sich die hohen Bäume und die alten Holzhäuser, die so herrlich zum Panorama der Landschaft passten. Wenn ich meinen Kopf nach links wandte, dort oben auf jenem Hügel, so konnte ich den Dolmabahçe-Palast sehen, der inmitten der friedlichen Umgebung so weiß und so künstlich wirkte wie eine Hochzeitstorte. Miniaturmoscheen säumten die Uferlinie, und dort, am Ende der Reihe von strahlenden Palästen, lag İstanbul – mein İstanbul, das mir so sehr ans Herz gewachsen ist. Grau sah es von dort oben aus, und der Rauch aus den Schiffsschornsteinen breitete sich über ihm aus wie ein weicher Schleier. Die hohen, spitz zulaufenden Minarette verzauberten die Silhouette der Stadt, und von meinem Hügel aus konnte ich hinter den Moscheen das Marmarameer erkennen, so zart und dünn wie ein Seidenfaden.

Danach kehrte ich immer sehr unwillig zu meinen Lehrbüchern zurück und konnte mich nur mit Mühe auf das gedruckte Wort konzentrieren.

Gegen Abend, wenn die Sonne angenehmer wurde, packten wir die Bücher ein und schlenderten den Hügel hinunter nach Anadolu Hisarı, um dort Fußball zu spielen – denn was immer wir auch sonst vergaßen, den Fußball hatten wir stets dabei.

Später, wenn der heiße Tag hinter uns lag und nur noch eine Erinnerung war, kehrten wir in der lauen grünen Abenddämmerung nach Kuleli zurück, und da war niemand, der von unserem Kommen Notiz nahm, abgesehen vielleicht von den Fischern in ihren Ruderbooten, doch für die war unser Anblick nichts Neues.

XXI. Ein Bairammorgen und eine Reise in die Trostlosigkeit

Das Zuckerfest stand vor der Tür, der dreitägige Bairam am Ende des Ramasan, und Mehmet und ich begaben uns schnurstracks nach İstanbul, denn wir hatten aus diesem Anlass schulfrei – und Geld in der Tasche, um damit, wie bei diesem Fest üblich, Geschenke für die Familie zu kaufen. Als wir an der Galatabrücke von der Fähre gestiegen waren, begaben wir uns unwillkürlich zum Kapalı Çarşı, dem berühmten »Gedeckten Basar« von İstanbul. Die Mehrzahl der dortigen Händler waren Armenier oder Griechen, unter die sich auch ein paar Türken gemischt hatten, und ich weiß nicht, wer die ausgekochtesten Betrüger waren – die Griechen, die Armenier oder die Türken. Mehmet bestand darauf, sich von mir zu trennen, und erklärte mir hektisch, wir würden uns später zu der und der Uhrzeit an dem und dem Ort treffen. Dann zog er allein los, die Hände in den Taschen vergraben, wobei sein verschlossenes Gesicht mich irgendwie an das Gesicht meines Vaters erinnerte, dessen Bild mir noch immer im Kopf herumgeisterte.

Mehmet ging nur ungern mit mir einkaufen. Meine Vorgehensweise langweilte ihn zu Tode, denn ich kam nie zu Potte und überlegte endlos hin und her, ob ich eine bestimmte Sache kaufen sollte, bis ich mich schließlich von dem entnervten Händler dazu breitschlagen ließ. Mehmet kaufte immer alles wohlüberlegt – er tätigte nie einen Fehlkauf, wie es mir so häufig passierte.

Ich begab mich in das Areal der Antiquitätenhändler, wo ich sofort mein Herz an einen alten Samowar verlor, ein schimmerndes, piekfeines Ding – eine Erinnerung an bessere Zeiten.

Ich stand dermaßen lange bewundernd davor, dass der Ladenbesitzer, was meine Absichten betraf, schon die schlimmsten Befürchtungen zu hegen begann und aus lauter Sorge sogar vergaß, seine Waren mit dem üblichen zuckersüßen Tonfall anzupreisen.

Am Ende kaufte ich für meine Großmutter einen Kerzenständer aus Messing, denn Antiquitäten waren ihre große Leidenschaft, und sie kannte sich in diesen Dingen auf eine Weise aus, an die ich nicht im Traum heranreichen konnte. Als ich den verlangten Preis bezahlt hatte, war mir nur noch ein lächerlich geringer Geldbetrag geblieben. Hastig riss ich mich von all den schönen alten Schätzen los, um etwas zu suchen, was meiner Mutter gefallen und bei ihr gleichzeitig keinen Neid auf den Messingkerzenständer erwecken würde. Rastlos hielt ich nach etwas Ausschau, was diese Bedingungen womöglich erfüllte, und schließlich erstand ich aus schierer Verzweiflung eine Art Duftkissen, das im Verhältnis zu seinem Preis einen ziemlich mickerigen Eindruck machte. Bei einem Geschenk für meine Mutter scheute ich mich jedoch davor zu feilschen, und so kaufte ich es zähneknirschend. Für meine Schwester erstand ich ein rotes Haarband, bei dem ich zehn Kuruş einsparte, denn da es sich um ein Geschenk für meine Schwester handelte, hatte ich keine Hemmungen zu feilschen. Für Mehmet kaufte ich einen solide aussehenden Kamm, ein eher nutzloses Geschenk, da es auf seinem Kopf nichts zu kämmen gab, doch der Preis entsprach haargenau der Summe, die ich noch übrig hatte.

Höchst zufrieden mit mir selbst, schlenderte ich zum ausgemachten Treffpunkt, wo Mehmet bereits auf mich wartete. Er warf mir vor, ich hätte mich verspätet, und war darüber dermaßen verärgert, dass er auf dem Heimweg kein Wort mit mir sprach. Eingeschnappt stapfte er neben mir her, seine Päckchen unter den Arm geklemmt, und am Beyazit-Platz verabschiedete er sich von mir, um noch irgendeine mysteriöse, hoch geheime Besorgung zu machen. Der Platz wimmelte von Leuten, die, wie wir, ihre Einkäufe für das Fest auf den letzten Drücker erledigten, von Männern, die gut gelaunt winzige Päckchen und riesige, verheißungsvoll geformte Pakete trugen, und von Frauen, die gelassen auf ihren hohen Absätzen einherstolzierten, wobei sie rasch an den glotzäugigen Männern vorübereilten, als befürchteten sie, von diesen belästigt zu werden.

Ich stand an einer Ecke des Platzes und betrachtete die Menschenmassen und den großen alten Bogen der Universität, der von elektrischen Lichtern funkelte. Die Zwillingsminarette der Beyazit-Moschee erstrahlten ebenfalls im Glanz elektrischer Kerzen, und ein Häuflein älterer Leute ging nun in das Gotteshaus hinein, denn es war die Stunde des Abendgebets. Ich kam nicht umhin, mich an die alten Zeiten zu erinnern und an die Menschenmassen, die damals dem Gebetsaufruf der Muezzins gefolgt waren.

Aus allen Himmelsrichtungen erklang ihr verlorener, trauriger Ruf, der beinahe im Verkehrslärm unterging, im Gehupe der Automobile und im unablässigen Geratter der voll besetzten Trams. Und dann verkündeten die Böllerschüsse, dass das Fasten nun gebrochen werden durfte, woraufhin ich, so wie alle Übrigen auch, heimwärts stürmte, um ausgelassen zu feiern.

An der Straßenecke holte ich Mehmet wieder ein. Er lungerte dort herum und wartete auf mich, und Muazzez empfing uns an der Tür unseres kleinen freundlichen Hauses. Sie zog uns in die enge Diele, die nach Garten duftete – so viele Schnittblumen hatte meine Mutter dort aufgebaut, um den Bairam zu begrüßen. Wir gingen gemeinsam in die Küche, wo meine Mutter, die sich zum Schutz eine Schürze über ihr Seidenkleid gebunden hatte, gerade dabei war, eine Suppe aufzuwärmen.

Wir küssten ihr die Hände und reichten ihr dann unsere

Geschenke. Sie sah sehr jung und fröhlich aus mit ihrem vom Herdfeuer erhitzten Gesicht und den Ringellocken, die ihr in die Stirn fielen. Dann öffnete sie die Verpackung meines Geschenks und meinte, das Duftkissen sei wirklich sehr hübsch.

Muazzez war weniger taktvoll. Sie musterte missmutig ihr Haarband und mokierte sich dann über die minderwertige Qualität des Satins.

»Rot steht mir nicht«, sagte sie gereizt und warf das lustige Band auf den Fußboden. Und als Mehmet den Kamm erblickte, sagte er empört:

»Was soll ich denn mit einem Kamm anfangen?«

Offenbar hatte ich mit meinen Geschenken bei keinem von ihnen landen können. Ich hoffte, bei meiner Großmutter mehr Anklang zu finden. Wir waren uns sicher, dass sie ihre Gebete beendet hatte, da aus dem Salon nun keine laut dröhnende Stimme mehr drang, und so begaben wir uns nach oben, um ihr guten Abend zu sagen. Sie erhob sich gerade mit steifen Gliedern, und ihre ersten Worte waren:

»Nun hat mein Herz Trost gefunden, denn ich habe für all unsere Toten gebetet.«

Wir küssten ihr die Hände, und ich registrierte, dass zu diesem Bairam all ihre Ringe glitzerten und der große Smaragd funkelnd an ihrem Busen prangte. Wir überreichten ihr unsere Geschenke, und als sie den Kerzenständer ausgepackt hatte, sagte sie:

»Du besitzt die überaus seltene Gabe, ganz genau zu wissen, womit man jemandem eine Freude bereiten kann.«

Daraufhin brachen wir alle in schallendes Gelächter aus. Mehmet präsentierte seinen Kamm, und meine Schwester holte das Anstoß erregende Haarband hervor, woraufhin meine Großmutter mit den Augen zwinkerte und sagte, manche Menschen seien eben sehr schwer zufriedenzustellen, während sie sich bereits darüber freue, gesund und munter zu sein.

Sie bat Muazzez, den Tisch zu decken, und reichte ihr schneeweißen Damast sowie Silber, das einen noch helleren Glanz verbreitete als die angezündeten Lampen. Auf den Damast wurden Kristallgläser gestellt sowie eine Karaffe mit Wein, woraufhin ich meiner Großmutter vorhielt, eine gute Muslimin würde keinen Wein anrühren. Sie schüttelte traurig den Kopf und sagte, ihr sei durchaus bewusst, dass sie kein gutes Vorbild sei, doch Gott würde ihr sicher nicht das eine Glas Wein zum Abendessen verübeln.

Ich ließ meinen Blick durch den Raum schweifen, über den tiefen Glanz der alten Möbel, über die vielen, in dunklen Ecken vor sich hin welkenden Blumen, über die in der Mitte des Tisches platzierte Silberschale mit frühen Rosen, die ihre zarten Köpfe hängen ließen, und ich war froh, zu diesem Bairam zu Hause zu sein, stolz darauf, dass der Lebensmut unserer Familie ungebrochen war.

Am nächsten Morgen wurden Mehmet und ich zum Beten in die Moschee geschickt. Wir gingen zu der kleinen Moschee, die schon mein Vater und mein Großvater besucht hatten, als sie Kinder gewesen waren, der Moschee, die nahe dem verkohlten Skelett unseres alten Hauses stand. Wir gingen aus Tradition dorthin, denn jene Moschee war eng mit dem Schicksal meiner Familie verknüpft, und es wäre für uns undenkbar gewesen, an einem Bairammorgen woanders hinzugehen.

Nach Beendigung der Gebete standen wir auf den Stufen der Moschee. Der kleine, verwilderte Garten wimmelte von Menschen, und die hohen Bäume überschatteten das saftige grüne Gras. Der Imam verteilte die traditionellen Bonbons und Fruchtgeleestücke, und Mehmet und ich entboten den alten Männern respektvoll unseren Gruß.

Einer von ihnen kam zu uns herüber und fragte mich:

»Bist du der Sohn von Hüsnü?«

Ich bejahte seine Frage. Er musterte Mehmet und mich, und ich merkte, wie er sich langsam zu erinnern begann.

»Ich habe deinen Vater gekannt«, sagte er. »Aber du hast keine große Ähnlichkeit mit ihm. Der hier« – er tätschelte Mehmets Kopf – »ist ihm wie aus dem Gesicht geschnitten. Ja, wirklich!«

Er hielt einen Moment lang inne und versuchte, die Erinnerungen zu sortieren, die auf sein altes Gehirn einströmten.

»Dein Vater«, sagte er bedächtig, »pflegte zum Beten in diese Moschee zu kommen. Ich erinnere mich an ihn, als er noch ein ganz kleiner Junge war. Er kam immer in Begleitung deines Großvaters hierher. Ach ja«, seufzte er, »das ist lange her – das konntest du nicht wissen.« Er klopfte mir mit einer zarten, schwachen Hand auf die Schulter. »Du bist ein guter Junge«, sagte er. »Gott segne dich.«

Gebückt zuckelte er von dannen, leise vor sich hin brabbelnd, und mit einem Mal sah ich ihn vor mir, wie er wieder jung war und groß und kräftig, mit einem Kind an jeder Hand vielleicht, und wie er den kleinen Jungen, der einmal mein Vater sein würde, herannahen sah, zusammen mit dem jungen Mann, der einmal mein Großvater sein würde. Ich konnte klar und deutlich ihre Stimmen vernehmen, und ich spürte die ungeduldig zerrende Hand des kleinen Jungen. Das Alter, fand ich, war etwas sehr, sehr Trauriges, und ich fragte mich, ob jener alte Mann und alle anderen alten Menschen diese Traurigkeit ebenfalls empfanden.

Was dachten sie, wenn sie ihre schrumpeligen Wangen sahen, die einmal glatt gewesen waren, ihre trüben Augen, die einmal gestrahlt hatten? Wünschten sie sich vielleicht manchmal, der Tod möge sie unverzüglich aus ihren siechen alten Körpern befreien, ehe ihnen noch Schlimmeres widerfuhr?

Wir gingen nach Hause, um zu feiern, doch vor Beginn des Festes war erst noch ein bestimmtes Ritual zu befolgen. Meine Großmutter setzte sich hin, und meine Mutter musste sich zu ihr begeben und ihr, als Zeichen des Respekts vor ihrem höheren Alter, die Hände küssen. Anschließend küsste meine Großmutter meine Mutter auf die Wangen und bedeutete ihr dann, neben ihr Platz zu nehmen. Und dann war ich an der Reihe und musste den Frauen der Familie meinen Respekt zollen, und nach mir war Mehmet dran und ganz zum Schluss, weil sie die Jüngste war, Muazzez.

Erst nach Abschluss dieser kleinen Zeremonie konnte das eigentliche Fest beginnen. Muazzez verteilte Süßigkeiten von einem Tablett, das noch nie eine andere Aufgabe erfüllt hatte, während meine Mutter uns Likör einschenkte, mit dem wir auf unser Wohl anstießen, und alle saßen wir ein wenig steif in unseren neuen Kleidern da.

Am späten Vormittag kam Bekçi Baba in unsere Straße, begleitet von dem Mann, der die große Trommel schlug, und dazu noch von einem Klarinettenspieler. Der Mann mit der Trommel hatte eine Vielzahl bunter Taschentücher an sein Instrument geknotet, als weithin sichtbaren Beweis für die Trinkgelder, die Bekçi Baba von den verschiedenen Haushalten des Viertels bekommen hatte. Meine Mutter reichte mir ein kleines blaues Taschentuch, in das sie ein paar Geldstücke eingeknotet hatte, und ich wiederum reichte es Bekçi Baba als kleine Anerkennung dafür, wie gut er das ganze Jahr hindurch auf uns aufgepasst hatte. Es wurde zu den anderen Taschentüchern an die Trommel geknotet, und dann begab sich das Trio zum Nachbarhaus, eine Horde tobender Kinder im Schlepptau, die allerlei Unfug trieben. Danach waren die berühmten Feuerwehrmänner des Viertels an der Reihe, denen wenig später die Müllmänner folgten, und alle bekamen sie Geld von den Anwohnern. Ein paar Nachbarskinder spielten vor unserem Haus, und wir warfen ihnen fantasievoll verpackte Süßigkeiten zu, auf die sie sich gierig stürzten.

Nach dem Mittagessen schauten die Nachbarn bei uns vorbei, und Mehmet und ich beschlossen, mit Muazzez nach Yeşilköy ans Meer zu fahren. Yeşilköy, das »grüne Dorf«, ist ein hübscher Vorort von İstanbul und in den Sommermonaten ein beliebtes Ausflugsziel. Die kleinen Nahverkehrszüge waren zum Bersten voll. Muazzez beklagte sich über den mangelnden Komfort, doch Mehmet und mir machte es nicht das Geringste aus, während der Fahrt auf dem Gang zu stehen, eingepfercht zwischen sabbernden, greinenden Babys und verschwitzten, klebrigen Kindern.

In Yeşilköy mieteten wir uns ein Ruderboot, doch das Marmarameer war ziemlich unruhig, und als Muazzez mit einem Mal ganz blass um die Nase wurde, begaben wir uns lieber zurück an Land, wo sie sich bald wieder erholte. Wir stiegen die steile Dorfstraße hinauf, die ruhig und schattig dalag, und hinter hohen Gartenmauern war Vogelgezwitscher zu vernehmen. Die alten grauen, von der Straße zurückgesetzten Häuser standen kühl inmitten ihrer Blumenbeete, und die gestreiften Markisen trotzten der frühen Hitze der Frühlingssonne. Wir gingen eine breite, von Bäumen gesäumte, stille Kiesstraße hinunter und dann auf den Hügel hinauf zum Casino, das knapp dreißig Meter über dem Meeresspiegel lag.

Wir setzten uns an einen Tisch mit Ausblick auf die weite Fläche des Marmarameers, einen teilweise von Akazien überschatteten Tisch mit einer nackten, heißen Tischplatte. Das Orchester spielte, wie am Bairam üblich, türkische Musik, und eine Sängerin sang klagend von ihrem Liebsten, der von ihr gegangen war. Als der Kellner kam, bestellten wir Plundergebäck und zuckersüßen Schokoladenkuchen sowie Eiskaffee, gekrönt von einer Crème santé, die einem das Wasser im Munde zusammenlaufen ließ. Ich bestellte völlig unbekümmert, denn meine Mutter hatte mir Geld zugesteckt, bevor wir das Haus verließen.

Muazzez in ihrem weißen Samtkleid und mit den kecken blauen Bändern im Haar fühlte sich vor Vergnügen wie im siebten Himmel und tat so, als sei sie älter als ihre armseligen elf Jahre. Noch immer habe ich jenen Tag vor Augen und den Moment, als mir bewusst wurde, wie schön meine Schwester war. Denn an jenem Tag hatten ihre Augen das unglaublich intensive, überwältigende Blau des Marmarameers – sie nahmen die rings um sie herrschende Fröhlichkeit auf und spiegelten diese Stimmung gleichzeitig wider, und dazu ertönte silberhell ihr junges Lachen.

Wir kehrten spät vom Casino nach Hause zurück und waren froh, unsere müden Glieder auf bequemen Sesseln ausstrecken zu können. Meine Schwester hatte dabei etwas Schmachtendes an sich, eine Blässe, die halb kindlich und halb sinnlich war, und ich erkannte verwundert, ja sogar ein wenig erschrocken, dass sie erwachsen wurde.

Als der Bairam vorüber war, fuhren wir zurück nach Kuleli, wo die Freude über das Wiedersehen mit alten Freunden riesengroß war, doch am 4. Mai jenes Jahres wurden manche von uns, darunter auch ich, für anderthalb Jahre zur Kriegsschule von Tokat abkommandiert, einem Ort im Norden Anatoliens, und wir bedauerten es sehr, Kuleli für so lange Zeit verlassen zu müssen.

Mehmet erhielt die Erlaubnis, mich zur Anlegestelle zu begleiten. Er winkte wie verrückt und wurde kleiner und kleiner, als sich das Schiff vom Ufer entfernte. Wir glitten an Kuleli vorüber, und ich schaute sehnsüchtig dorthin zurück. Es dauerte nicht lange, und wir hatten Galata erreicht, und wenig später war es İstanbul, auf das ich sehnsüchtig zurückschaute, wie es so geheimnisvoll dalag unter dem abendlichen

Dunstschleier, und ich dachte, wie schwer es mir fallen würde, İstanbul Lebewohl zu sagen, meiner Heimatstadt. Es wirkte so unglaublich schön vor dem Hintergrund des Abendhimmels, wie ein funkelndes Juwel am Gestade des Bosporus.

Wir fuhren den immer dunkler werdenden Bosporus hinunter, doch ich schaute nach wie vor auf das inzwischen nur noch verschwommen wahrnehmbare Antlitz von İstanbul zurück. Irgendwann zog mich ein Freund am Arm.

»Hör auf zu träumen!«, lachte er. »Los, komm mit und iss was! Ich habe extra was für dich eingepackt, weil ich wusste, du würdest nicht daran denken.«

Ich lachte nun ebenfalls, denn es stimmte, dass ich nicht daran gedacht hatte, und dankbar machte ich mich über das Brot, die schwarzen Oliven und die hartgekochten Eier her, die er mir anbot.

Bald glitten wir hinaus in die Weite des Schwarzen Meeres, und der Bosporus mit all seinen Erinnerungen lag hinter uns, und wir sagten ihm Adieu – ein so herzzerreißendes, so wehmütiges Adieu, als würden wir sein blaues Gewässer nie wieder zu Gesicht bekommen.

In jener Nacht schliefen wir auf Deck, denn nur unsere Vorgesetzten genossen das Privileg, halbwegs zivilisiert, wenn auch nicht komfortabel unter Deck nächtigen zu dürfen. Wir an Deck kuschelten uns unter unseren Mänteln eng aneinander und versuchten zum Schaukeln und Schlingern des unruhigen Schiffs zu schlafen, dem schneidenden Wind ausgesetzt, der von Russland herübergepfiffen kam, obwohl es bereits Mai war und wir bei schönstem Sommerwetter von Kuleli aufgebrochen waren.

Am nächsten Tag erreichten wir Zonguldak, eine schmutzige, vom Kohlebergbau lebende Stadt mit einer tristen, irgendwie bedrückenden Silhouette und überall von einer feinen, dünnen Schicht Kohlestaub bedeckt. Die Gebäude neben dem

Kai sahen unglaublich trostlos aus, allesamt regelrecht verrußt, und nur ein paar gelbe Häuser auf dem Hügel sorgten für eine angenehme Abwechslung. Diese Häuser wirkten merkwürdig unangemessen und fehl am Platz inmitten all der Tristesse, und sie erweckten den Anschein von Provisorien, wie sie sich da so anmaßend an den Hügel schmiegten. Die grauen Dächer der Stadt hatten etwas unsäglich Trübseliges, und uns packte das blanke Entsetzen angesichts der Vorstellung, dass wir zwölf Stunden an diesem Ort verbringen mussten, bis der Kapitän des Schiffs seine Vorräte an Kohle, Wasser und Proviant ergänzt hatte.

Unser nächster Bestimmungsort war İnebolu. Wir gingen etwa anderthalb Kilometer von der Küste entfernt vor Anker, denn İnebolu hat keinen Hafen. Es stand da wie ein Gemälde in seinem grünen Rahmen aus Bäumen und mit den hohen Bergwäldern in seinem Rücken. Eine kleine Flotte von Ruderbooten steuerte uns von dort aus entgegen. Der milde Tag war ruhig und still, eine strahlende Sonne schien auf die rosaroten und weißen Häuser der kleinen Stadt hinab und verlieh ihr eine womöglich nicht vorhandene Schönheit, die einem nichtsdestoweniger in der Erinnerung haften blieb. Die Ruderboote erreichten unser Schiff, und wir lehnten uns neugierig über die Reling.

Als Erstes kam ein protziges kleines Zollboot, das die türkische Flagge gehisst hatte und aus dem ein Mann heraussprang, der mit affenartiger Behändigkeit unsere Schiffsleiter erklomm. Andere Ruderboote waren gekommen, um uns weitere Passagiere zu bringen oder um Passagiere abzuholen, die ihr Reiseziel erreicht hatten. Etliche der kleinen Boote verkauften Brot, Oliven, hartgekochte Eier und Frischkäse. Das Geschrei der Verkäufer mischte sich mit dem Stimmengewirr und dem Gelächter der Passagiere und erfüllte das ruhige, still wie ein Spiegel daliegende sommerliche Meer bald mit einer lärmenden

Fröhlichkeit, und vom weit entfernten Ufer konnten wir die morgendlichen Geräusche von İnebolu vernehmen.

Einige Passagiere ließen an Bindfäden große Taschentücher hinab, um Lebensmittel von den Booten zu kaufen: Der Verkäufer füllte das Taschentuch mit seiner Ware und verknotete es geschickt zu einem Päckchen, das der Passagier zu sich heraufzog, um dann dem verschmitzt grinsenden Bootsführer das Geld zuzuwerfen. Manchmal kam es zu heftigen Wortwechseln, bei denen der Bootsführer mit heiserer Stimme Stein und Bein schwor, dass der von ihm veranschlagte Preis für das Brot – oder was immer der Zankapfel war – noch unter dem Preis lag, den er selbst bezahlt hatte.

Wir verließen İnebolu zum Geschrei der Verkäufer und zu den zotigen Liedern der Bootsführer, doch dann wurden die Stimmen allmählich leiser, und das schmucke İnebolu rückte immer weiter in die Ferne, bis es nicht mehr als ein kilometerweit hinter uns liegender grüner Fleck war. Da wir nicht an Land gewesen waren, begannen wir den Ort zu mystifizieren und fragten uns, welche romantischen Geheimnisse sich hinter den rosaroten und weißen Fassaden der Häuser und hinter dem symmetrischen grünen Muster der Bäume verborgen haben mochten.

Was nun folgte, war eine Landschaft von atemberaubender Schönheit. Nach İnebolu hielten wir uns längere Zeit dicht an der Küste, wobei uns die hohen Berge Anatoliens, je nach Stand der Sonne, anlächelten oder bedrohlich musterten. Diese von dichtem Laubwerk bedeckten Berge sind schon immer Anatoliens natürliche Festung gegen die anderen Anrainer des Schwarzen Meeres gewesen.

Hin und wieder sahen wir ein winziges Küstendorf, eine Ansammlung kleiner Lehmhäuser, und wir fragten uns, wie man so fernab jeglicher Zivilisation leben konnte. Manchmal klammerte sich ein Dorf an die felsigen Berghänge, und wir versuchten uns das harte, entbehrungsreiche Leben seiner Bewohner vorzustellen. Bald entfernten wir uns von der Küste; die kreischenden Seemöwen, die uns bis dahin gefolgt waren, kehrten uns den Rücken, und wenig später befanden wir uns wieder draußen auf der offenen See.

In jener Nacht war es nicht nur kalt, sondern es herrschte auch starker Seegang, und vielen von uns wurde speiübel. Unsere Reise durch die Dunkelheit wurde zu einem Albtraum, mit der wild tosenden Gischt in unserem Kielwasser und sintflutartigen Regenfällen, die uns, die wir an Deck ausharren mussten, verzweifelt nach Schutz suchen ließen.

Als wir in Samsun eintrafen, hatte der Regen aufgehört, doch es war nach wie vor kalt, und die graue, grimmige See erwies sich unter einem bleiernen Himmel noch immer als sehr kabbelig.

Samsun ist eine Großstadt, die bedeutendste türkische Stadt an der Schwarzmeerküste, und es erinnerte mich irgendwie an das am asiatischen Ufer von İstanbul gelegene Kadıköy. Erneut warf unser Schiff etwa anderthalb Kilometer vor der Küste den Anker, und Motorboote kämpften sich tuckernd über die hohen Wellen in unsere Richtung, kamen jedoch nicht richtig an uns heran, und unser Kapitän brüllte ihnen durch ein Megafon zu, sie sollten es noch einmal versuchen, sobald sich die See etwas beruhigt hätte.

Wir warteten geschlagene fünf Stunden, durchgefroren und seekrank, und sehnten das Ende dieser albtraumhaften Reise herbei. Schließlich gelang es den Motorbooten, nah genug an uns heranzukommen. Die Wucht der Brecher ließ sie schaukeln wie kleine Spielzeugschiffe, und hin und wieder drohten sie völlig überspült zu werden. Ich war einer der Ersten, die die hin und her schwingende, glitschige Leiter hinunterkletterten, und ließ mich benommen in das Motorboot fallen, um dort auf die anderen zu warten. Die Wellen schleuderten uns dermaßen heftig auf und ab, dass der Horizont kippte und schwankte und mitunter gänzlich aus dem Blickfeld verschwand – ich musste mich in einem fort übergeben.

In jener Nacht schlief ich wie ein Murmeltier in dem schmalen Bett im Militärkrankenhaus von Samsun, und am nächsten Morgen brachen wir von dort nach Tokat auf, dem Endziel unserer Reise.

Vor dem Krankenhaus fuhren Autobusse vor, in die wir uns irgendwie hineinquetschten, und dann starteten wir unter enormem Motorengetöse und mit einer gewaltigen Staubwolke. Wir rasten in einem beängstigenden Tempo aus der Stadt hinaus, wobei die Busse heftig schlingerten und die Fahrer sich über ihre Lenkräder beugten wie verwegene Rennwagenpiloten.

Am frühen Nachmittag kamen wir in ein kleines Dorf, wo wir uns um die Wasserpumpe drängten, um uns den Staub von den Gesichtern zu waschen und gierig das bitter schmeckende Wasser hinunterzustürzen. Wir setzten uns hin, um das Brot und den Käse zu essen, die wir am Morgen von der Krankenhausleitung bekommen hatten. Die Dorfköter beschnupperten uns neugierig, und die schüchternen, verwahrlosten Kinder kamen herbei, um uns anzuglotzen, den Finger im Mund und darauf eingestellt, schon bei der kleinsten Bewegung von uns Fersengeld zu geben.

Dann brachen wir wieder auf, gestärkt und bereit, uns ein weiteres Mal den Gefahren dieser aberwitzigen Busreise zu stellen. Wir fuhren stundenlang am Ufer eines kühlen braunen Flusses entlang, und zu beiden Seiten stiegen steil die Kiefernwälder empor. Hin und wieder begegneten uns Kuhhirten, verdrießlich dreinblickende, dunkelhäutige Gesellen, die ihre Herde in ihr Dorf trieben und uns immer neugierig beäugten, während die Kühe angesichts des furchterregenden schnaubenden Busses panisch zu muhen begannen.

Der Abend brach an, mild und grün, und bald ging der Mond hinter den Hügeln auf, kletterte stetig am Himmelszelt empor, hoch und silbern und sehr weit entfernt. Schatten schoben sich auf die silbrig schimmernde Straße, und die Kiefernwälder waren in einen strahlenden Glanz getaucht. Wir erreichten Amasya, jene alte, historische Stadt, die für ihre herrlichen, rot glänzenden Äpfel berühmt ist, Äpfel, die so aromatisch duften wie kein anderer Apfel auf der Welt und die ein Genuss sondergleichen sind. Die Apfelplantagen begannen bereits eine Stunde, bevor wir die Stadt selbst erreichten. Der Mond schien zart auf die jungen, gekräuselten Blütenblätter, und wir hätten uns gut und gern auf einer verzauberten Straße befinden können, so märchenhaft, so unwirklich war diese nicht enden wollende, rosarot glühende Pracht. Wir erreichten die große Felsenfestung, und dann kamen, schlank und elegant, Minarette in Sicht. Wir machten halt an der Holzbrücke über den Yeşilırmak, einen Fluss, der mitten durch die Stadt fließt. Wir fuhren wiederum zum örtlichen Militärkrankenhaus, wo man uns beköstigte und Betten für die Nacht zuwies. Dass wir so viele waren, stellte die Kapazitäten jedoch auf eine harte Probe – und die Gastfreundschaft auf eine noch härtere.

Am nächsten Morgen verließen wir Amasya, und auch diesmal führte unser Weg noch eine ganze Weile durch ausgedehnte Apfelplantagen. Als diese unvermittelt aufhörten, fanden wir uns in einer Einöde wieder, auf einer staubigen Straße, die auf beiden Seiten von flachen, tristen Wiesen umgeben war.

»Gleich sind wir in Tokat!«, schrie uns der Fahrer aufmunternd zu, und ich, der der sogenannten Tür des Busses am nächsten war, lehnte mich hinaus und sah hinter ein paar Baumwipfeln das graue Gemäuer einer Festung auftauchen.

Wir fuhren über eine Brücke, die einen seichten Fluss überspannte, und wenig später tauchten die ersten menschlichen Behausungen auf, kleine Häuser inmitten wilder Gärten. Die

Straße hatte sich verengt, und über ihr lag eine Staubwolke, die in den Bus eindrang und uns mit einer weißen pulverigen Schicht überzog. Wir bogen in die Hauptstraße ein, deren Anfang von ein paar verstreut liegenden Häusern markiert wurde, und dann kamen kleine Geschäfte in Sicht. Auf der Straße lungerten Kinder und Hunde herum, unser Horn machte einen Höllenlärm, als wir ohne Rücksicht auf Leib und Leben – egal ob Mensch oder Tier – vorüberbrausten, und die Hunde jaulten vor Angst. Dann ging es weiter auf einer nagelneuen Straße mit Kopfsteinpflaster, und bald sahen wir vor uns auf einem Hügel einen großen grauen Gebäudekomplex auftauchen. Es handelte sich um die Kriegsschule – wir waren endlich am Ziel unserer Reise angelangt. Wir seufzten angesichts der unsäglichen Trostlosigkeit dieses Ortes und dachten voller Wehmut an Kuleli zurück, an dessen herrliche Lage am Bosporus.

XXII. Rückkehr nach İstanbul

Die fünfzehn Monate, die ich in Tokat verbringen musste, waren für mich eine Tortur. Ich hatte dort ständig unter einem Gefühl der Beengung gelitten und den Meeresblick, den die breiten Fenster von Kuleli gewährten, genauso vermisst wie das Meeresrauschen, das durch sie hereingeweht kam. Die steinigen, tristen Berge von Tokat waren mir aufs Gemüt geschlagen, und ich hatte mich unzählige Male nach dem lebhaften Treiben, der Pracht und der schäbigen Romantik von Alt-İstanbul gesehnt, nach dem schattigen Plätzchen, das man unverhofft in einer einsamen Ecke der Stadt unter einem Baum entdeckte. Ich hatte den Staub und die Kargheit von Tokat sattgehabt, hatte das Grün der Bäume vermisst und den Anblick von kühlem, saftigem Gras. Es hatte mich nach alldem gedürstet, doch so richtig bewusst war mir dies erst an dem Morgen geworden, als man uns mitteilte, dass wir nach Kuleli zurückgeschickt wurden, drei Monate früher als erwartet.

Es kamen wieder die altersschwachen Busse von der Hinfahrt, um uns nach Samsun zu transportieren, wo wir an Bord des Schiffes gehen sollten, das uns nach Hause bringen würde, doch etwa dreißig Kilometer vor unserem Bestimmungsort blieben sie, einer nach dem anderen, mit einem Motorschaden liegen, sodass uns nichts anderes übrig blieb, als unseren Weg zu Fuß fortzusetzen.

Anfangs legten wir in der klaren Nacht noch ein halbwegs zügiges Tempo vor, doch je weiter die Zeit voranschritt, umso langsamer wurden wir. Schon nach wenigen Kilometern waren wir wund an den Füßen und erschöpft, und uns klebte vor

Durst die Zunge am Gaumen. Wir verloren vor Müdigkeit fast den Verstand und begannen vor uns die verschwommenen Umrisse von Wohnhäusern oder Moscheen zu erkennen – wie eine Fata Morgana, die ein Reisender in der Wüste zu Gesicht bekommen kann. Diese vagen, schemenhaften Formen waren uns immer ein Stück voraus, und wir schafften es nie, sie einzuholen. Manchmal verschwanden sie vollends, und wir marschierten weiter, wobei wir im Gehen schliefen. Unsere unruhigen Träume wurden koloriert von dem Bild brauner, stetig dahinströmender Flüsse, und wir konnten deutlich das sanfte Plätschern ihres Wassers vernehmen. Während wir so vor uns hin taumelten, brannten unsere ausgedörrten Kehlen unablässig wie Feuer. Apathisch aneinandergelehnt, versuchten wir verzweifelt, etwas Schlaf zu finden – und niemand wusste, ob wir überhaupt in die richtige Richtung liefen.

Hin und wieder schrie einer von uns: »Samsun! Samsun!«

Und dann rissen wir unsere müden Augen auf, und weil wir uns so verzweifelt danach sehnten, konnten wir tatsächlich für einen kurzen Augenblick die morgendliche Silhouette von Samsun vor uns aufschimmern sehen – obgleich es noch immer Nacht war. Die Illusion verflog jedoch, und was wir für die Lichter von Samsun gehalten hatten, entpuppte sich als das am Firmament funkelnde Sternenlicht.

Irgendwann erreichten wir den vordersten der liegen gebliebenen Busse, der am Straßenrand abgestellt war. Wir schrien auf den schlafenden Fahrer ein, bis er aufgewacht war, und fragten ihn, wo die übrigen Schüler abgeblieben seien. Daraufhin erzählte er uns verschlafen, sie hätten sich, so wie wir, zu Fuß auf den Weg nach Samsun gemacht. Oh, wie beneideten wir sie um den Vorsprung, den sie hatten!

»Wie weit ist es denn noch?«, fragten wir.

Und der Fahrer antwortete:

»Fünfzehn Kilometer.«

Diese Auskunft ließ uns und unsere Körper laut aufstöhnen. Wir dachten an die beträchtliche Wegstrecke, die noch vor uns lag, und an das Schiff, das uns nach İstanbul bringen sollte. Wir fragten uns, ob wir wohl noch die Kraft hätten, unser Schiff rechtzeitig zu erreichen.

»Wie sieht's mit Wasser aus?«, fragten wir den Fahrer. »Wissen Sie, ob es hier irgendwo welches gibt?«

Der schon wieder wegdämmernde Fahrer meinte, dass vor uns, ein wenig abseits der Straße, ein kleiner Bach von den Bergen herabgeflossen käme. Das klang so verheißungsvoll, so kühl und so erfrischend, dass wir wie von Sinnen davonstürmten, um dieses Wasser zu finden. Wir suchten überall nach dem kleinen Bach, der von den Bergen herabgeflossen kam, und wir quälten uns mit der Vorstellung, wie herrlich sein sprudelndes Wasser in unseren Ohren klingen, wie kühl es sich auf unseren Lippen anfühlen würde. Doch sosehr wir uns auch bemühten, wir konnten diesen kleinen Bach nicht finden: Entweder hatte uns der Fahrer angelogen oder unsere dummen, übermüdeten Körper hatten ihn verfehlt. Wir heulten uns an den Schultern unserer Leidensgenossen aus, weinten dem kleinen Bach nach, den wir nicht hatten finden können, und sagten, nur ein einziger kleiner Schluck Wasser würde genügen, um unsere Lebensgeister wiederzuerwecken. Wir schworen, wir würden zu Fuß bis nach İstanbul gehen – wenn wir nur einen Tropfen Wasser bekämen.

Im Morgengrauen hatten wir die Randbezirke von Samsun erreicht. Wir gingen in den Garten einer kühlen, düsteren Moschee, und dort sprudelte doch tatsächlich ein Springbrunnen! Wir keuchten vor Durst, und unsere geschwollenen Zungen lagen uns schwer wie ein Stein im Mund. Ich stürzte mich an den Springbrunnen und ließ mir das eiskalte Wasser in den Mund rieseln und über das Gesicht und die Haare. Vor Erleichterung wäre ich fast ohnmächtig geworden. Wir tranken, bis wir nichts mehr trinken konnten, bis uns das Wasser das Kinn hinablief und wir es satthatten.

Dann stolperten wir weiter, nach Samsun hinein, wobei wir diesmal darüber jammerten, dass uns die Füße wehtaten, denn vorher hatte uns der quälende Durst davon abgehalten, die schmerzenden Blasen und wunden Stellen an unseren Füßen überhaupt wahrzunehmen.

Kuleli lag gelassen unter dem strahlend blauen Himmel, und auf seinen Stufen standen jede Menge Schüler herum, doch wir waren zu weit entfernt, um sie deutlich erkennen zu können, denn unser Schiff steuerte einen Kurs genau in der Mitte des Bosporus: Fernverkehrsschiffe hielten nicht an einer so unbedeutenden Anlegestelle wie Çengelköy, und deshalb mussten wir bis zu den Galatadocks fahren, um dort auf die Fähre umzusteigen, die uns nach Kuleli zurückbringen würde.

Es war schön, die alten Freunde wiederzusehen, Mehmet zu entdecken, wie er mich erwartete, um mich willkommen zu heißen – ein großer, braun gebrannter Mehmet, der sich zu einem gut aussehenden jungen Mann entwickelt hatte.

Wir gingen gemeinsam nach Hause. Mein Herz pochte vor Aufregung, als wir in Richtung Beyazit liefen. Die Wahrzeichen der Stadt stachen mir noch deutlicher ins Auge, weil ich über ein Jahr weg gewesen war.

Nach der öden Kargheit von Tokat sahen die Bäume von İstanbul so grün aus wie noch niemals zuvor, und die farbenprächtigen Blumen in den idyllischen alten Gartenanlagen setzten hier und da Tupfer von erfrischender Schönheit ins Stadtbild.

Das kleine Haus, hinter dessen zerbröckelnden Mauern meine Familie ihr Domizil aufgeschlagen hatte, sah kleiner aus als jemals zuvor und schäbiger, als ich es in Erinnerung gehabt hatte, doch die Fenster standen weit offen, um die Sommerluft hereinzulassen, und aus ihnen drang uns leiser Gesang entgegen. Wir schauten einander an, Mehmet und ich, und lächelten in jenem köstlichen Moment plötzlichen Wiedererkennens, denn es war die Stimme meiner Mutter, die uns an jenem Morgen etwas vorsang. Wir lugten durch das Parterrefenster hinein und sahen sie, wie üblich, an einem ihrer Stickentwürfe sitzen, ihren Oberkörper tief über das schräge Zeichenbrett gebeugt, ihre Gesichtszüge konzentriert und gelassen, als beschäftigte sie sich mit einer komplizierten Arbeit, die ganz nach ihrem Geschmack war. Sie nahm uns nicht wahr, denn wir spähten verstohlen hinein, da wir sie überraschen wollten. Dann betätigte Mehmet den altmodischen Klingelzug, und wenig später hörten wir die schweren Schritte meiner Großmutter knarrend die Treppe herunterkommen.

Sie öffnete die Tür einen Spaltbreit, eine Milchkanne in den Händen, und erkannte nicht sofort, dass es ihre beiden großen Enkelsöhne waren, die da Einlass begehrten.

»Ich dachte, es sei der Sütçü«, sagte sie grummelnd zu Mehmet, und dann erst nahm sie mich wahr, wie ich da neben ihm stand, und plötzlich blitzte das Wiedererkennen in ihren alten Augen auf. Die Milchkanne fiel scheppernd zu Boden, und meine Großmutter streckte mir ihre Arme entgegen.

Beglückt rief sie meinen Namen dermaßen laut aus, dass die Straße und die Fundamente des alten Hauses zu beben begannen und meine Mutter aus ihrem Arbeitszimmer gestürmt kam, mit einem Gesicht, in dem Freude und Ungläubigkeit um die Vorherrschaft rangen.

Sie zogen mich fest an sich, die beiden, und mir stieg der von Kindesbeinen an vertraute Duft von Eau de Cologne in die Nase – und erst in diesem Moment fühlte ich mich wieder richtig zu Hause.

Während sie die bei familiären Wiedersehensfeiern üblichen Nettigkeiten von sich gaben und überschwänglich betonten, wie gut ich aussähe und wie groß ich geworden sei, nahm ich Kleinigkeiten wahr, die ich ein Jahr zuvor nicht wahrgenommen hätte. Ich registrierte, dass das schwarze Haar meiner Mutter nicht mehr lockig war, sondern glatt herabhing und schwer von grauen Strähnen durchsetzt war. Ich registrierte den teilnahmslosen Ausdruck in ihren Augen und dass ihr Blick auf eine beunruhigende Weise von demjenigen abzuschweifen pflegte, mit dem sie sich gerade unterhielt. Es schien, als nähme nur ein Teil von ihr das Geschehen um sie herum wahr. Womöglich war dies das erste Mal in meinem Leben, dass ich mich fragte, wie es ihr in all den Jahren gegangen sein mochte, in denen Mehmet und ich von ihr getrennt gewesen waren. Ich fragte mich, ob sie den stillen jungen Mann, der mein Vater gewesen war, vergessen hatte und die fröhliche, hübsche junge Frau, die sie in meiner Kindheit gewesen war. Ich dachte an die junge Ehefrau, die in modischen Seidenkleidern im Salon meiner Großmutter gesessen und mit den Nachbarn vornehm Kaffee getrunken hatte, die nie die Stimme erhoben, sondern allenfalls gewispert hatte, die nie eine persönliche Meinung geäußert hatte, aus Angst, man könnte über sie die Stirn runzeln. Ich musterte ihr verändertes Gesicht und wunderte mich über sie. Die penible junge Frau, die sie gewesen war, hätte nie zugelassen, dass ihr Haar seinen Glanz einbüßte oder die elastischen Locken oder dass ihre Figur aus dem Leim ging – wenngleich dies mit bloßem Auge kaum zu erkennen war.

Ich nehme an, die Jahre bitterer Armut waren nicht spurlos an ihr vorübergegangen, und obwohl Geld seit einiger Zeit kein Problem mehr zu sein schien, sah sie dennoch so aus, als gönnte sie sich keine Ruhe, als wagte sie es nicht, einmal auszuspannen und kürzerzutreten, aus Furcht, die Armut könnte wieder durchs Fenster hereingesprungen kommen.

Sie sah erschöpft und abgespannt aus an jenem Sommermorgen, trotz der scheinbaren Heiterkeit auf ihrem Gesicht, trotz des Lächelns, das ihre Augen vorübergehend hatte erstrahlen lassen, als sie unserer gewahr wurde. Ihr Lächeln dauerte immer so kurz, dass ich nicht umhinkam, mich zu fragen, ob sie ihre Kinder während der Hälfte der Zeit überhaupt registrierte. Ich blickte durch die Jahre hindurch zurück auf den Tag, an dem sie vom Tod meines Vaters erfahren hatte. Ich erinnerte mich an die Nacht, in der unser Haus niedergebrannt war, und an das Fieber, das sie wochenlang ans Bett gefesselt hatte, und ich war mir sicher, sie hätte den Verstand verloren, wäre meine Großmutter in jenen trostlosen Tagen nicht bei ihr gewesen. Meine Großmutter war so praktisch veranlagt, so bodenständig und vernünftig, dass schon ihre bloße Anwesenheit als eine Art Bollwerk fungierte, hinter dem meine Mutter Schutz finden konnte.

Nur wenige von uns kennen die Wünsche oder die Sehnsüchte der Menschen, die ihnen nahestehen, und an jenem längst vergangenen Morgen, als Mehmet und ich zusammen in dem kleinen Haus weilten, das inzwischen vom Erdboden verschwunden ist und unsere Geheimnisse mit sich genommen hat, da ahnte ich noch nichts von den schweren Schicksalsschlägen, die die Zukunft für uns bereithielt.

Muazzez hatte ebenfalls Ferien, und das langbeinige dreizehnjährige Persönchen war so köstlich, so erquickend wie ein Glas eisgekühltes Wasser an einem heißen Tag. Sie verlieh dem Haus eine jugendlich-unschuldige Note und schien sich sehr gut mit meiner Großmutter zu verstehen.

Als sich eines Tages das Sonnenlicht in den Salon ergoss und die darin angehäuften Schnittblumen kurz in einen strahlenden Glanz tauchte, gestand uns meine Mutter, die mit einem Mal wieder wie ein junges Mädchen aussah, ihren lang gehegten Wunsch, so wie früher einen Garten zu besitzen. Damals wünschte ich mir, ich hätte ihr diesen Wunsch erfüllen können, ich hätte meine Ausbildung beendet und wäre nicht mehr in der beschämenden Situation, von ihr Taschengeld annehmen zu müssen.

Eines Nachmittags beschloss ich, Suna zu besuchen, die noch gar nicht wusste, dass ich wieder in İstanbul war, und der es vermutlich auch einerlei gewesen wäre, hätte sie es gewusst. Ich ging in die Straße, in der sie wohnte, und an der Ecke hielt ich ein oder zwei Momente lang inne. Ich blickte die leere, sonnenüberflutete Straße hinunter und spielte mit dem nicht gerade originellen Gedanken, an ihrem Haus vorbeizuschlendern, auf die vage Hoffnung hin, dass sie gerade am Fenster des Salons stand. Es waren große Häuser in jener Straße, groß und grau und hässlich, und seit dem Krieg hatten sie viele Familien beherbergt.

Ich überlegte es mir anders und machte kehrt, um zur Galatabrücke zu gehen. Ich mischte mich unter die wimmelnden Massen, die ambulanten Händler und die lärmenden Trams, und ich nahm mir vor, ihnen allen den Rücken zu kehren, sobald ich die Brücke erreicht hätte, um von dort aus den regen Bootsverkehr auf dem Bosporus zu betrachten, den ich so lange vermisst hatte. Doch am Ende kam ich gar nicht so weit, denn auf halbem Weg zur Brücke sah ich an einer stillen Straßenecke einen jungen Offizier und ein Mädchen in einem flotten roten Kleid stehen. Und etwas an der Körperhaltung des Mädchens ließ mich wie angewurzelt stehen bleiben, denn es war Suna, die da an dieser Ecke stand und verliebt in das blasse Gesicht eines frischgebackenen Leutnants schaute.

Die beiden bemerkten mich nicht, aber mir war irgendwie die Lust vergangen, nach Galata zu gehen und mir die Boote anzusehen.

Stattdessen lenkte ich meine Schritte schnurstracks nach Hause.

XXIII. Der frischgebackene Offizier

Schließlich brach mein letztes Jahr in Kuleli an, und mit ihm kamen die gefürchteten Abschlussprüfungen, die darüber entscheiden würden, ob wir die Offizierslaufbahn einschlagen durften oder nicht.

Wir büffelten, wie wir noch nie in unserem Leben gebüffelt hatten. Die meisten von uns verzichteten sogar darauf, an den Wochenenden nach Hause zu fahren, und einige legten sich einen Kerzenvorrat an, um nachts, wenn der Strom abgestellt war, im Schlafsaal noch lernen zu können. Wir hockten die ganze Nacht hindurch über unseren arg lädierten Lehrbüchern und fragten einander im Flüsterton ab, um den unruhigen Schlaf der anderen nicht zu stören. Wir wurden dünn und blass, und selbst in unseren wirren Träumen sahen wir uns mit schriftlichen Prüfungsaufgaben konfrontiert, die in einer fremden Sprache abgefasst waren. Und wir sahen auch uns selbst als Versager, die durch die Prüfung rasselten und den Rest ihres Lebens als Feldwebel fristen mussten, auf Gedeih und Verderb ihren Freunden und Feinden ausgeliefert, die nach bestandener Prüfung Stabsoffiziere geworden waren, und dann wachten wir auf, in Angstschweiß gebadet, und merkten voller Erleichterung, dass dies alles nur ein böser Traum gewesen war.

Gnadenlos rückte die Zeit voran, und eines Morgens nahmen wir unsere gewohnten Plätze im Klassenraum ein, der so aussah wie immer, und dennoch war alles anders, denn an jenem Tag sollten die Prüfungen beginnen. Das erste schriftliche Prüfungsfach war, wie ich mich noch gut erinnere, Geschichte, und am Ende jenes Vormittags konnten wir uns vor Erschöpfung kaum noch auf den Beinen halten. Vor Angst hatte ich ein Gerstenkorn bekommen, das zu Beginn der Prüfung noch sehr klein gewesen war, doch gegen Ende der Geschichtsklausur war die Schwellung so groß wie eine Haselnuss und der Schmerz kaum auszuhalten. Mein Gehirn war so weich wie Watte. Das letzte schriftliche Prüfungsfach an jenem Tag war Französisch, und ich hatte gehofft, die Aufgabe relativ flott bewältigen zu können, doch nach zwei Stunden verlor ich fast den Verstand vor Müdigkeit und Schmerzen. Ich ertappte mich dabei, wie ich am laufenden Band den Satz *»Je viens, mon vieux, mais où est mon chapeau?«* wiederholte und nicht den leisesten Schimmer hatte, was diese mir vor den Augen herumtanzenden, irgendwie vertrauten, aber dennoch völlig rätselhaften, verrückten Wörter bedeuteten. War das Französisch oder Griechisch oder Chinesisch oder einfach nur dummes Zeug, und wer hatte das zu wem gesagt und aus welchem absurden Grund?

Auch am nächsten Tag ließ mir mein geschwollenes Augenlid keine Ruhe, trotz der gehörigen Dosis Aspirin, die der Arzt mir gegeben hatte. Ich stolperte in den Klassenraum, um mit der Mathematikklausur zu beginnen. Ich saß da und starrte so lange auf die Aufgabe, dass der Aufsicht führende Lehrer den Eindruck hatte, ich würde schummeln. Er kam hektisch an meinen Tisch gestürmt und untersuchte meine Taschen sowie meinen Tisch und den Fußboden darunter nach versteckten Spickzetteln. Damit noch nicht zufrieden, zog er mich praktisch bis auf die Unterwäsche aus, fand aber nichts und musste wieder an seinen Platz zurückkehren. Den ganzen Tag über beäugte er mich dann argwöhnisch und wollte sich absolut nicht von der Vorstellung verabschieden, dass ich schummelte.

Die Prüfungen schleppten sich über zermürbende vierzehn Tage hin, und wir, die wir anfangs noch einigermaßen wohlgenährt und gesund ausgesehen hatten, erweckten am Ende den Eindruck, als befänden wir uns in den letzten Stadien der Schwindsucht.

Die Prüfungsergebnisse erfuhren wir etwa zehn Tage später. Die Abschlussklasse, alles in allem dreihundertundsieben Schüler, die während ihrer Schulzeit jedoch auf Klassen von circa vierzig Schülern verteilt gewesen waren, versammelte sich dazu in der Aula.

Einer unserer Hauptleute las die Ergebnisse vor und blickte grimmig drein, als er die lange Liste der Namen herunterrasselte, wobei er der Mehrzahl der Namen ein »durchgefallen« folgen ließ. Ich fühlte mich nicht mehr ganz so allein. Als er zu meinem Namen kam, spürte ich, wie meine Gesichtszüge erstarrten. Er hielt kurz inne, und dann sagte er: »bestanden« – und es folgte ein wilder, verrückter Augenblick, in dem mir die herrlichste Musik der Welt in den Ohren klang und mir das Herz bis zum Hals schlug. Ich bekam nicht mit, wie die Noten verlesen wurden, die ich in jedem Prüfungsfach erhalten hatte, sodass ich niemals erfahren werde, ob sie gut oder nicht so gut gewesen waren. Das magische, unglaubliche Wort »bestanden« tanzte vor mir in der Luft, in Lettern aus Feuer, und meine Augen schmerzten von der Anstrengung, den albernen, triumphierenden Tränen Einhalt zu gebieten. Ich konnte nur an die zehn Jahre denken, die hinter mir lagen, zehn Jahre, in denen sich Gutes und Schlechtes in etwa die Waage gehalten hatten. Nun lag die Kriegsakademie in Harbiye vor mir, und schon bald würde ich Offizier sein.

Ich registrierte nebenbei, dass meine Freunde mir zuwinkten und gratulierten, und ich lächelte verlegen zurück, denn allmählich kam ich wieder zur Besinnung.

Der Hauptmann schaute vom Podium auf uns alle herunter, sein Blick stahlhart, weil seine Klasse so dürftige Ergebnisse erzielt hatte. Meine Handflächen waren schweißfeucht und klebrig, und mir zuckten grellbunte Blitze durchs Gehirn, die sich am Ende zu dem einen, intensiv leuchtenden Wort zusammenfügten: »Bestanden.«

Am 29. Mai 1929 nahm ich Abschied von Kuleli und von den Momenten meines Lebens, die für immer dort bleiben würden. Wir Glücklichen wurden an der Anlegestelle groß verabschiedet, doch ich glaube, es fiel uns allen schwer, Kuleli Lebewohl zu sagen, und wir bedauerten es, nie wieder unter seinem hohen Dach schlafen zu können.

Das Boot, das uns abholte, war fröhlich mit Flaggen geschmückt, und als wir den Bosporus hinunterfuhren, lehnte ich mich über die Reling, um einen letzten, langen Blick auf Kuleli zu werfen, das mir noch immer so prächtig vorkam wie damals an jenem längst vergangenen Morgen des Jahres 1919, als ich zum ersten Mal dort hingegangen war und ein mürrischer alter Pförtner meine Mutter zu der schäbigen grauen Schule auf dem Hügel geschickt hatte.

An der Galatabrücke hatten die Musikkapelle der Kriegsakademie und eine Abteilung von Akademiestudenten Aufstellung genommen, um uns zu begrüßen, und voller Stolz marschierten wir mit ihnen durch die Straßen von İstanbul.

Die von dem Spektakel angezogenen Menschenmassen jubelten uns zu, bis ihre Kehlen heiser waren, und die mitreißende Militärmusik der Kapelle brachte Triumph und Siegeswillen zum Ausdruck, aber auch das Herzeleid aller marschierenden Soldaten.

Und wir marschierten weiter und weiter zur Musik der Kapelle, die Schultern auf militärische Weise gestrafft, unsere in dunkelblauen Hosen steckenden Beine eine einzige ununterbrochene Linie. Wir passierten Beyoğlu, und alle Ladenbesitzer standen in ihren Türen und schauten zu, wie wir an ihnen vorbeimarschierten. Und weiter ging es, hinauf bis zum Taksim-Platz, und dann kam das große gelbe Gebäude der Kriegsakademie in Sicht, seinen Rücken dem Bosporus zugewandt und mit seinen dicht beieinanderstehenden hohen Bäumen, die die Gartenanlagen und deren zu symmetrischen Mustern angeordneten steifen, blassen Blumen überschatteten. Und drüben, auf der anderen Seite des Bosporus, lag Kuleli, doch von Harbiye aus konnte man es nicht sehen, sosehr man sich auch anstrengen mochte, denn es lag zu weit den Bosporus hinunter und wurde obendrein noch von einer Landzunge verdeckt. Doch wir, die wir Kuleli erst vor so kurzer Zeit verlassen hatten, wussten, dass es da war, dass es immer da sein würde, um tapfer gen Himmel zu strahlen, um sein weißes Spiegelbild auf das blaue Gewässer zu werfen.

Wir marschierten die breiten Stufen der Kriegsakademie hinauf, wobei wir uns in dieser ungewohnten Umgebung klein und fremd vorkamen, und die am Fuße der Treppe verharrende Menschenmenge schickte uns ihre Hochrufe und ihre Segenswünsche hinterher. Soldaten bewachten die Türen, doch wir passierten sie und gingen hinein, denn wir gehörten nun hierher. Wir gelangten in eine Marmorhalle mit nach rechts und links abzweigenden marmornen Korridoren, und in die Wände waren Gedenktafeln eingelassen mit den Namen der im Krieg von 1914 bis 1918 gefallenen Absolventen von Harbiye.

Vor uns befand sich eine Tür, die auf ausgedehnte Rasenflächen führte, und weit weg im Hintergrund schimmerte der unsterbliche Bosporus.

Kunstvoll ineinander verschlungene Arrangements von elektrischen Kugellampen säumten die hohen Decken, und ich erstarrte in Ehrfurcht angesichts der Pracht und der Herrlichkeit von Harbiye. Es erfüllte mich mit Stolz, dass ich an diesem erlauchten Ort Aufnahme gefunden hatte, denn hier wandelte ich Hand in Hand mit der Geschichte, hier waren vor mir schon viele gewandelt, die bedeutender waren als ich, hier war vor langer Zeit einmal kein Geringerer gewandelt als Kemal Atatürk höchstpersönlich!

Die Kapelle hatte aufgehört zu spielen, und in der kühlen weißen Halle herrschte nun eine tiefe Stille. Wir Neuankömmlinge standen verlegen da, fühlten uns unbehaglich und sehnten uns danach, dass die Zeit unsere individuellen Identitäten in der einen, großen Identität aufgehen ließe, die Harbiye war.

Wir bekamen drei Tage Urlaub, die wir, wie unser neuer Kommandant meinte, dazu nutzen sollten, uns zu überlegen, was für eine Ausbildung wir machen wollten. Ich hatte noch nie ernsthaft über diese Frage nachgedacht, denn mein Hauptziel hatte darin bestanden, einfach nur meine Schulzeit herunterzureißen. Ich war erstaunt zu hören, dass die Mehrzahl meiner Freunde bereits konkrete Vorstellungen hatte: Manche wollten Arzt werden, manche Dentist, manche Kavallerieoffizier. Ich hingegen konnte mich für überhaupt nichts entscheiden. Im Geist ging ich alle Berufe durch, doch keiner davon interessierte mich. Stattdessen machte ich eine Entdeckung der schrecklichsten Art. Ich war ein Soldat, ich besuchte die Kriegsakademie, und das Leben außerhalb des Militärs war mir unbekannt, doch für den Soldatenberuf konnte ich mich trotzdem nicht erwärmen. Am Anfang meiner beruflichen Laufbahn konnte es keine deprimierendere Erkenntnis geben, denn nun war es zu spät, um den Fehler noch korrigieren zu können. Ich trug die Uniform eines Offiziersanwärters, ich hatte diese Uniform zehn Jahre lang getragen, mal mit mehr, mal mit weniger Stolz, und ich würde noch viele Jahre lang eine Offiziersuniform tragen müssen – ob es nun meinen Wünschen entsprach oder nicht.

Aber was genau waren meine Wünsche? Sosehr ich mir auch das Gehirn zermarterte, ich konnte keine finden.

Am Ende der drei Tage war ich niedergeschlagen und unsicher – und von einer Entscheidung weiter entfernt als jemals zuvor.

Als mich ein Major mit einem ziemlich roten Kopf fragte, wo er meinen Namen eintragen solle, und ich ihm darauf antwortete, ich wisse es nicht, schien er zu glauben, ich wolle ihm dumm kommen.

Am Ende trug er mich für ein Infanterieregiment ein, womit sich die Sache für mich erledigt hatte, und ich entfernte mich schleunigst aus seiner Gegenwart.

Im Garten begrüßte mich ein Freund, der mir voller Stolz verkündete, er habe sich für die Ausbildung zum Militärarzt entschieden, und insgeheim beneidete ich ihn um seine eindeutige Entscheidung.

Ich war neidisch auf ihn, und gleichzeitig kam ich nicht umhin, mich zu fragen, ob wir beide tatsächlich jemals etwas gemeinsam gehabt hatten.

Er sagte zu mir:

»Du gehst also zur Infanterie?«

Ich nickte, denn ich wollte kein Wort über dieses Thema verlieren, doch dann fühlte ich mich bemüßigt zu sagen:

»Es ist mir egal. Tatsächlich gibt es nichts, was ich um jeden Preis sein möchte.«

»Dann hat es wohl auch keinen Zweck, dir dabei viel Glück zu wünschen?«

Ich schüttelte den Kopf und schaute ihm dabei in sein skeptisches Gesicht.

»Nein, nicht den geringsten«, sagte ich.

Als ich ein Kind gewesen war, hatte ich noch General werden wollen, aber nun, da ich ein junger Mann war, wollte ich nichts werden.

Sechzehn Kadetten, darunter auch meine Wenigkeit, wurden für eine sechsmonatige Ausbildung zu einem Infanterieregiment abkommandiert.

Wir gingen nach Mudanya, von İstanbul aus eine vierstündige Fahrt am Marmarameer entlang. Als wir dort eingetroffen waren, teilte uns der Kommandeur – ein, nebenbei bemerkt, völlig anderer Typ als alle, die wir bis dahin beim Militär kennengelernt hatten – verschiedenen Einheiten zu.

Die Offiziere behandelten uns wie den letzten Dreck, und die gemeinen Soldaten behandelten uns auch wie den letzten Dreck, denn dies war das einzige Mal in ihrem Soldatenleben, dass sie dazu die Gelegenheit hatten.

Wir schliefen in einem großen Zelt, dessen Plane Hunderte von Löchern aufwies. Wenn wir in klaren Nächten unter dieser Plane lagen, konnten wir die Sterne durch die Löcher hereinlugen sehen, und manchmal fielen auch Maulbeeren von den Bäumen hindurch, mitten in unsere schlafenden Gesichter, sodass wir jählings aus dem Schlaf gerissen wurden und verdutzt feststellten, dass uns gerade eine überreife, saftige Maulbeere von der Nase herabkullerte.

Unsere Uniformen sahen schon bald nicht mehr so neu und adrett aus wie anfangs, und ich kann mich nicht daran erinnern, jemals mit einer trockenen Jacke von den Übungen in die Garnison zurückgekehrt zu sein. Ein Gemisch aus Schlamm, Regen und Schweiß verlieh unseren Uniformen eine grünliche, undefinierbare Färbung, sodass wir sechzehn Kadetten binnen kürzester Zeit wie alte kampferprobte Soldaten auszusehen begannen.

Da war ein junger Leutnant, der für unsere körperliche Ertüchtigung zuständig war. Er lief den Kasernenhof in einem fort auf und ab, wobei er mit einer Trillerpfeife in seiner Hand spielte und seine grimmige Miene uns einen kleinen Vorgeschmack von den Torturen gab, die er sich für uns einfallen lassen würde, und sobald er gellend in seine Pfeife blies, standen wir alle stramm.

»Hinlegen!«, pflegte er dann zu schreien, und gehorsam wie Hunde warfen wir uns bäuchlings auf den Boden.

»Sprung auf!«, lautete das nächste herausgebellte Kommando, und wir rappelten uns wieder auf, eher eilfertig denn würdevoll. Für Würde hatten wir keine Zeit.

»Noch einmal!«, kommandierte er dann. »Aber diesmal zack, zack, ihr faulen Schweine!«

Geschlagene dreißig Minuten lang – auf und nieder, auf und nieder. Sich auf den steinigen Boden schmeißen und sich dann schnell wieder aufraffen und strammstehen. Nach Luft japsen und spüren, wie die Jacke vom Schweiß ganz klamm wird. Sich die spitzen Steine aus den blutenden, lilienweißen Händen pulen. Auf die Trillerpfeife achten, die einem eine Atempause gewährt, mag diese noch so kurz sein. Innehalten, um Atem zu schöpfen, schmerzhaft und keuchend. Auf ein neues Kommando achten. Sprung auf! Hinlegen! Sprung auf, marsch, marsch! Hinlegen! Sprung auf! Weiter, immer weiter, du erbärmlicher Körper! Schüttel den verräterischen Babyspeck ab und werde so drahtig wie der des boshaften jungen Leutnants, der sich an eurem Elend weidet, der euch nur umso härter rannimmt, weil er noch jung genug ist, um sich an seine eigenen Qualen zu erinnern.

Tagtäglich mehrere Stunden Drill, monatelang, bis unsere abgeschürften, durch unsere zerrissenen Hosenbeine lugenden Knie gegen Schmerzen immun waren, bis unsere damenhaften Hände verhornt und braun und unempfindlich waren, bis wir um die Hüften herum so gertenschlank waren wie der junge Leutnant, der zu unserem Vorbild geworden war.

Dann zogen wir in die Gegend von Bursa, zu dem bis dahin größten Manöver der jungen Republik; die Reserveoffiziere waren bereits herbeigeströmt, und wir erlebten realistische Gefechtssituationen. Marschieren, marschieren, marschieren. Immer weiter voran, unter der blendenden Sonne, über heiße Straßen, die einem die Fußsohlen versengen, und ohne sich darüber aufzuregen, dass man sich in den schlecht sitzenden Stiefeln Blasen lief. So ist nun mal der Kommiss. So ist das Leben.

Wir marschierten in jenen Tagen buchstäblich bis zum Umfallen, und die vierzigjährigen Reservisten litten noch mehr unter den Strapazen als wir. Manchmal schliefen wir draußen im Gelände, ohne den heftigen Regen wahrzunehmen, der uns bis auf die Haut durchnässte, der in unsere Zelte hereinlief und den schweren Boden in eine Schlammwüste verwandelte. Morgens wachten wir mit steifen, schmerzenden Gliedern auf, und unsere Jacken waren klitschnass, aber bald ging die Sonne wieder auf, um unser Zeug zu trocknen, um uns die Haut zu verbrennen, um uns mit Durst zu quälen, doch wir marschierten unentwegt weiter. Manchmal marschierten wir auch durch die langen, kalten Nächte, wobei wir uns eng aneinanderlehnten und schliefen, oder wir lehnten uns an die Hälse unserer Maultiere, die ebenfalls völlig erschöpft vor sich hin trotteten. Oftmals begannen wir schon vor Tagesanbruch zu marschieren, in Klamotten, die noch feucht vom Tau waren, und mit steifen, schweren Gliedern, die nicht mehr uns gehörten. Wir marschierten in den neuen Tag hinein, weiter und weiter, bis in die sengende Nachmittagssonne, und dann begannen die Ersten von uns aus den Latschen zu kippen. Die Kolonne der erschöpften Männer entlang ertönte der nach hinten weitergereichte, unablässige Schrei: »Soldat kollabiert! Soldat kollabiert!«

Und erreichten wir die Stelle mit dem kollabierten Soldaten – gelegentlich war es auch mehr als einer –, so lag dieser auf der Seite, dermaßen erschöpft, dass er am liebsten tot gewesen wäre. Manche von ihnen hatten sich vielleicht ihre Stiefel abgestreift, und ihre aufgeplatzten, blutigen, bereits von gierigen Fliegen umschwirrten Füße boten im gleißenden, von keinem Schatten gemilderten Sonnenlicht einen entsetzlichen Anblick. Und dann erinnerte ich mich immer an die Geschichten, die ich über meinen Vater gehört hatte, und ich stellte ihn mir in der Uniform jenes Soldaten vor, wie er geduldig auf den Verwundetenkarren gewartet hatte, der womöglich nie bei ihm eingetroffen war, denn das war Krieg gewesen, und dies hier war nur ein Manöver.

Ich marschierte mechanisch vor mich hin, hörte nur das stetige Stapfen der Maultierhufe und den erschöpfteren, schwereren Tritt unserer Marschkolonne. Am Ende jenes Manövers heftete man mir einen roten Streifen an den Ärmel und teilte mir mit, ich sei nun Korporal. Ich fand, ich hatte mich wacker geschlagen, obwohl mein Körper und meine Füße noch nie solche Strapazen zu erdulden gehabt hatten.

Der 1. Mai 1931 dämmerte anders herauf als jeder andere Tag, denn an jenem Tag wurde ich Offizier, und damit lag meine Schulzeit ein für alle Mal hinter mir.

An jenem stolzen Morgen bekam ich eine schicke neue Uniform, einen klirrenden Degen sowie ein Paar weiße Handschuhe, und meine Schuhe waren auf Hochglanz poliert. Ich setzte mir die Mütze leicht angekippt auf den Kopf, und ich fand, einen wie mich gäbe es auf der Welt kein zweites Mal.

Nach einer Zeremonie auf dem Taksim-Platz gingen wir zurück nach Harbiye, wo uns unsere Offiziersdiplome überreicht wurden. Der Kommandant sprach uns die üblichen Glückwünsche aus und teilte uns mit, wir hätten so lange Urlaub, bis man entschieden habe, wohin wir versetzt werden sollten.

Der Rest jenes Tages schien erfüllt zu sein vom Anblick der frischgebackenen schneidigen Offiziere, wie sie ein wenig befangen durch die Korridore stolzierten und hinaus in die weitläufigen Gartenanlagen der Akademie. Wir warteten alle auf das Eintreffen unserer Angehörigen, die uns nach Hause abholen würden, denn wir hatten, wie üblich, kein Geld. Andauernd kamen Taxis vorgefahren und entfernten sich wieder mit einem sehr wichtig aussehenden jungen Leutnant, der inmitten seiner vor Stolz strahlenden Familie saß wie ein wertvolles Juwel in seiner Fassung. Als der Nachmittag immer weiter voranschritt, beschlich mich die Angst, dass mich niemand abholen würde. Mich überkamen grässliche Visionen von plötzlichen Todesfällen oder fatalen Taxikollisionen.

Ich erinnere mich noch daran, wie ich den einen Kuruş betastete, den ich in der Tasche hatte, und ich begann mich selbst auszulachen, denn hier war ich nun, ein frischgebackener Offizier, und hatte nur einen kümmerlichen Kuruş in der Tasche.

Ich zog ihn hervor und betrachtete ihn, und dann steckte ich ihn in meinen Degen, wo er sich auch heute noch befindet – als Andenken an jenen Tag.

Voller Ungeduld spazierte ich auf und ab, wobei ich mich zweifellos hin und wieder in den Spiegeln betrachtete und mir dachte, was für ein schmucker Bursche ich doch sei. Ich schob die Brust heraus und straffte meine Schultern unter ihrer neuen Khakijacke, und dann schlenderte ich langsam und wichtigtuerisch in den Garten hinaus, meinen Kopf in den Wolken, bereits zum General befördert, aber mein Degen schlug scheppernd gegen die steinernen Stufen, und ich hörte den Kuruş klimpern und wachte auf aus meinem Tagtraum.

Schließlich traf doch noch ein Taxi für mich ein, mit einer kichernden, aufgeregten Muazzez auf der Rückbank, und nachdem der Fahrer seinem Horn eine gewaltige Fanfare entlockt hatte, brachen wir nach Hause auf.

Dort ging es zu wie in einem Taubenschlag, denn die halbe Straße hatte sich in unseren bescheidenen Räumlichkeiten eingefunden, um mir zu gratulieren. Es waren alte Freunde gekommen, seltsame alte Frauen, die mich in einem fort küssten, und senile Männer, die ich noch nie in meinem Leben gesehen hatte und die Tränen der Rührung vergossen, wenn sie mir erzählten, sie hätten meinen Vater gekannt. Es wurden alkoholische Getränke gereicht, und inmitten dieses fröhlichen Trubels bemerkte ich das stolze, verschlossene Gesicht meiner

Mutter, das seine Geheimnisse für sich behielt, doch ich, der ich sie kannte, wusste, dass sie glücklich war, denn sie hatte sich eine rote Rose ins Haar gesteckt, und ihre Augen lächelten jedes Mal, wenn sie zu mir herüberblickte.

Die hübsche Muazzez war da, in einem kurzen blauen Kleid, und schien ohne Unterlass von einem silbernen Teller Bonbons zu verteilen. Meine Großmutter trug Schwarz, und ihre Diamanten, die sie eigens zu diesem Anlass aus der Schatulle geholt hatte, glänzten und funkelten, dass es eine wahre Pracht war. Ihre hohe alte Stimme klang arrogant, und sie konnte gar nicht damit aufhören, ein Loblied auf ihren Enkel zu singen … Ich entdeckte die Witwe, die nun viel dicker war als an dem Tag, an dem ich sie als Kind zum ersten Mal gesehen hatte, und ich ergriff ihre abgearbeitete Hand und hielt sie fest, denn die Witwe traute sich nicht, den strahlenden Helden des Tages anzusprechen. Von den vielen Likören, die ich mir genehmigt hatte, wurde mein Kopf zusehends leichter, und ich fühlte mich dermaßen beschwingt, dass ich grundlos in Gelächter ausbrach und mit den hübschesten Mädchen herumschäkerte.

Mehmet kam von Kuleli herüber, mit der Neuigkeit, dass er die Aufnahmeprüfung für Harbiye bestanden hatte. Die Stimmung näherte sich dem Siedepunkt, es wurden immer wahlloser Küsse verteilt, und die ganze Zeit über kreiste ununterbrochen das Tablett mit den vollen Likörgläsern. Mir wurde ganz schwindelig, aber warum auch nicht? Hau auf die Pauke, alter Holzkopf, und denk nicht an morgen! Schließlich kommt es nicht jeden Tag vor, dass man als Offizier die berühmte Kriegsakademie von Harbiye verlässt!

Mir wurde immer schwummeriger in meinem dummen Kopf, und ich knöpfte mir die Jacke und den Hemdkragen auf. Ich brauchte frische Luft und kehrte der fröhlich schnatternden Gästeschar den Rücken. Ich blickte hinaus auf die Sterne und den Himmel, und ich erinnerte mich daran, dass Kuleli unter denselben Sternen lag, und ich hörte das leise Seufzen des Bosporus, wie dieser plätschernd gegen das Ufer schlug, wo bei Nacht keine Menschenseele entlangging. Doch man riss mich aus meinen Träumen heraus und holte mich wieder zurück in das fröhliche Gewimmel, denn die Nachbarn wollten sich verabschieden und mir noch einmal gratulieren.

»Ich wünsche euch ein langes Leben, meine Freunde«, sagte ich und kippte noch einen feurig-süßlichen Likör hinunter.

Im Dezember 1931 wurde ich von einem Infanterieregiment zur Luftwaffe versetzt, wo man zu jener Zeit Freiwillige suchte. Und am 20. Januar 1932 nahm ich Abschied von İstanbul, um eine zweijährige Ausbildung an der Fliegerschule in Eskişehir anzutreten. Wir verließen den Bahnhof Haydarpaşa an einem kalten, frostigen Abend, und als wir in den frühen Morgenstunden des folgenden Tages in Eskişehir eintrafen, lag dort alles unter einer dichten Schneedecke, über die sich ein schwerer weißer Himmel wölbte. Es herrschte eine dermaßen bittere Kälte, dass unser Atem in der Luft gefror.

Wir Neuankömmlinge bekamen die üblichen drei Tage dienst- beziehungsweise unterrichtsfrei, und am ersten Tag stellte man uns nach dem Mittagessen einen Bus zur Verfügung, damit wir die Stadt erkunden konnten. Zum ersten Mal in unserem Leben wurden wir irgendwo hingefahren und nicht, wie bis dahin immer, dazu gezwungen zu marschieren. Das Leben bei der Luftwaffe, so sagten wir uns erfreut, schien wesentlich angenehmer zu sein als das bei einem Infanterieregiment.

Die Zufahrtsstraße zum Aerodrom war extrem schlecht, eine zerfurchte und unebene Piste, die dazu noch unter trügerischem Schnee lag – hin und wieder knallten unsere Köpfe mit einem beängstigenden Knacken gegen das Dach des Busses, und irgendwie fühlten wir uns an die Reise erinnert, die wir einmal nach Tokat unternommen hatten. Irgendwann erreichten wir die Außenbezirke der Stadt, des alten Eskişehir von 1932, das schon vor Langem dem Fortschritt gewichen ist.

Kleine Lehmhäuser markierten den Anfang der Stadt – sie waren dermaßen klein, dass man sich unwillkürlich fragte, wie jemand überhaupt darin wohnen konnte. In engen Seitenstraßen erblickten wir noch mehr von diesen primitiven Behausungen, und hier, wo der Schnee zu Matsch geschmolzen war, würden sich bald riesige, unüberquerbare Schlammpfützen bilden. Es gab keine Bürgersteige, und hin und wieder flog ein Stein unter den Rädern des Busses hervor und traf eines der Lehmhäuser mit einem Geräusch, das an einen Gewehrschuss erinnerte, und die Passanten sprangen hektisch vor uns zurück, um dem Schneematsch auszuweichen, der ihnen von unseren Rädern entgegengeschleudert wurde. Diese seltsamen kleinen Häuser gehörten Tatarenfamilien, und jedes von ihnen beherbergte doch tatsächlich eine komplette Familie.

Wir erreichten das Stadtzentrum und zogen unsere Hosen hoch, bevor wir aus dem Bus stiegen und ungelenk auf eine Stelle zu hüpfen versuchten, die einigermaßen trocken aussah. Die Hauptstraße bestand aus großen, tückischen Steinen, die manchmal nachgaben und den unvorsichtigen Spaziergänger bis zu den Knöcheln in der matschigen Pampe versinken ließen. Wir zogen weiter und kamen an noch mehr Tatarenhäusern vorbei, und allmählich begann uns diese flache, trostlose Stadt mit ihren unsäglich tristen braunen Häusern zu deprimieren. Wir liefen über die Brücke, die den Fluss Porsuk überspannte, und an einem der Flussufer stand das Porsuk Palas Hotel, ein großes Hotel mit einem Freiluftcafé, das auf den Fluss blickte.

Als wir weitergingen, stießen wir auf ein paar kleine, armselige Läden und Häuser sowie auf eine Moschee, wo das in Eisenrohre geleitete kochend heiße Wasser der Thermalquellen dampfend an die frische Luft sprudelte. Unser Stadtrundgang hatte uns bis dahin nicht gerade vom Hocker gerissen, und wir beschlossen, die Bahnhofsstraße zu erkunden, um herauszufinden, welche Geheimnisse sich dort verbergen mochten. Doch die Bahnhofsstraße war so neu in Eskişehir wie wir selbst. Sie hatte Flachdachhäuser aus Zement und Backstein vorzuweisen, mit kargen, dem widerspenstigen Boden abgetrotzten Gärten. Ein paar Filmtheater ragten prunkvoll in den bleiernen Himmel, doch das Ganze langweilte uns angesichts seiner Ähnlichkeit mit jeder x-beliebigen neuen, trostlosen, noch an ihren Kinderkrankheiten laborierenden Stadt.

Wir lenkten unsere Schritte wieder zurück zum Porsuk Palas Hotel und begaben uns in das feudale Innere, wo wir uns mit einem heißen Kaffee aufwärmten. Dann fragten wir nach einem Tricktrackspiel und spielten den ganzen Nachmittag Tricktrack, denn es gab sonst nichts, was wir in Eskişehir hätten tun können.

XXIV. Mein Bursche wendet eine Krise ab, und Muazzez findet einen Verehrer

Ich beschloss, meine Familie zu mir nach Eskişehir zu holen. Der kleine, behelfsmäßige Offiziersklub am Ufer des Porsuk hatte für mich seinen Reiz verloren, und für einen Jungoffizier wie mich war er ohnehin zu teuer, um dort Stammgast zu sein.

Als ich meiner Mutter diesen Umzug in einem Brief vorschlug, willigte sie dermaßen schnell ein, dass ich mehr als nur den Verdacht hegte, sie sei besorgt, ich könnte, so ganz allein auf mich gestellt, in Eskişehir unter die Räder geraten.

Ich beauftragte meinen Burschen damit, nach einem Haus Ausschau zu halten, und nachdem er über eine Woche gesucht hatte, erzählte er mir, er habe ein leer stehendes Haus entdeckt, und zwar an der kürzlich fertiggestellten Bahnhofsstraße. Er sagte, es sei ein »gutes« Haus, womit er »neu« meinte, denn das war für ihn ein und dasselbe.

»Gibt es Wasser in diesem Haus?«, fragte ich ihn, und er antwortete begeistert, ja, es gebe dort tatsächlich Wasser, herrliches, kochend heißes Wasser, das aus einer Thermalquelle im Garten hinter dem Haus sprudelte.

»Und wie steht's mit kaltem Wasser, mit Trinkwasser?«, wollte ich wissen.

Er sah mich bestürzt an, denn er war davon ausgegangen, ich wüsste, dass es in den Häusern von Eskişehir kein Trinkwasser gab, und er sagte spitz, wir müssten es genauso machen wie alle anderen – also Gefäße mit kochendem Wasser füllen und warten, bis es sich abgekühlt habe. Ich war mir nicht ganz sicher, ob meiner Mutter dieses Arrangement behagen würde, aber da ich keine Alternative hatte, machte ich mich in Begleitung meines Burschen auf den Weg, um mir dieses erstaunliche Haus anzuschauen, in dem es kein kaltes Wasser gab, dafür aber so viel heißes, wie man wollte. Es erwies sich als eine ziemlich neue Villa, die in dem riesigen Garten, der sie umgab, geradezu winzig wirkte. Als ich die Türglocke betätigte, öffnete mir eine schmächtige kleine Frau, die sich bei dem prächtigen Anblick einer Luftwaffenuniform rasch die Hände an ihrer Schürze abwischte.

Sie sah mich überrascht an.

Ich erklärte ihr, ich hätte erfahren, dass das Haus zu vermieten sei, und sie bejahte dies und bot mir an, mich herumzuführen. Ich hatte keinen Schimmer, worauf meine Mutter und meine Großmutter bei einem Haus geachtet hätten, zwängte mich aber mannhaft durch die kleinen Räume und sah bereits die Probleme voraus, die uns unsere klobigen Möbel bereiten würden. Es schien in diesem Haus jede Menge unnötiger Schränke zu geben, aber da ich wusste, dass man in Familien häufig unterschiedlicher Ansicht war, konnte ich mir nicht sicher sein, ob es meinen Damen nicht gefallen würde. Ein Badezimmer gab es nicht – die Frau schien darüber erstaunt, dass ich so etwas benötigte –, und die Toilette war so klein, dass die übliche Ausstattung, inklusive eines Bidets, kaum Platz ließ, um die Tür hinter sich zu schließen.

Im Garten sprudelte die berühmte Thermalquelle, und ich stand gerade im Begriff zu fragen, was man anstellen müsse, wenn man dringend kaltes Wasser benötigte, als mein Blick auf etwas fiel, das allem Anschein nach eine Pumpe war. Ich drehte mich vorwurfsvoll zu meinem Burschen um. Dieser grinste schuldbewusst und sagte, bei seinem ersten Besuch sei ihm diese Vorrichtung nicht aufgefallen. Die schmächtige kleine Frau erklärte voller Stolz, dass diese Pumpe das ganze Jahr hindurch eiskaltes Wasser liefere, bei dem es sich aber nicht um Trinkwasser handele, woraufhin sich die Miene meines Burschen triumphierend zu einem »Hab ich's nicht gesagt« aufhellte, doch sie verdüsterte sich wieder ein wenig, als die Frau fortfuhr, einmal in der Woche komme ein Mann vorbei, der frisches Trinkwasser ins Haus liefere. Dieses wurde, wie sie mir erklärte, in einem tönernen *küp* aufbewahrt, einer Art Fass, das mit einem Deckel und einem Hahn versehen war.

Ich war entzückt zu hören, dass die Zivilisation diese Stadt nicht gänzlich übergangen hatte, und hinterher schalt ich meinen Burschen einen Dummkopf. Ich leitete alles in die Wege, um das Haus zu mieten, und beauftragte meinen Burschen, Leute zu suchen, die es für mich renovieren würden. Ein paar Tage später fand ich ihn vor, wie er zwei vollbärtige, verwegen aussehende Maler herumkommandierte, die Farbe an die Wände klatschten, ohne darauf zu achten, wo sie sonst noch überall hinkleckerte. Mein Bursche erteilte ihnen Anweisungen und belehrte sie, als sei er ein Fachmann auf diesem Gebiet. Er plusterte sich vor den beiden gewaltig auf, doch als er meiner gewahr wurde, schrumpfte er zusammen wie ein angepikter Luftballon. Fortan bemühte ich mich darum, ihm nicht in die Quere zu kommen, und überließ ihm die alleinige Aufsicht über die Handwerker – in seinem Militärleben hatte er weiß Gott nicht oft Gelegenheit, sich wichtig zu fühlen.

Schließlich kam der große Tag des Einzugs. Die Möbel waren bereits aus İstanbul eingetroffen, und ein Lastauto vom Aerodrom transportierte sie zu meinem Haus.

Als Nächstes trafen meine Mutter, meine Großmutter und Muazzez ein, schwer beladen mit Körben und Paketen und für ihr neues Domizil natürlich viel zu vornehm angezogen. Mein Bursche und ich führten sie stolz im Haus herum. Ihre Mienen waren samt und sonders zurückhaltend, als hätten sie sich bereits fest vorgenommen, kein gutes Haar an dem Haus zu lassen. Um ihren Enthusiasmus zu entfachen, erläuterte ich ihnen eloquent die offenkundigen Vorzüge unseres einmaligen Warm- und Kaltwassersystems. Sie zeigten sich davon unbeeindruckt. Als sie dann entdeckten, wie planlos wir ihre wertvollen Möbel aufgestellt hatten, rannten sie gackernd herum wie drei aufgescheuchte Hühner und untersuchten jedes Stück von oben bis unten auf Kratzer oder andere Beschädigungen.

Nachdem sie sich ausgiebig über das »unmögliche« Haus echauffiert hatten, erklärten sie unisono, sie würden gleich mit dem nächsten Zug nach İstanbul zurückkehren.

»Das könnt ihr nicht tun!«, beschwor ich sie verzweifelt, wobei ich meinem mit offenem Mund gaffenden Burschen – der wohl nicht erwartet hatte, sich mit drei starrsinnigen Frauen befassen zu müssen – wütende Blicke zuwarf.

Unternimm etwas, du nichtsnutziger Tölpel! Ich flehte ihn stumm an, und er interpretierte meine SOS-Signale richtig und legte sich mächtig ins Zeug, um die drei enttäuschten Damen zu beruhigen. Er erklärte meiner Großmutter, er würde ihre Möbel so umstellen, wie sie es wünschte, denn er vermutete, dies sei bei ihr die beste Strategie, und meiner Mutter erzählte er, wie herrlich sauber das Haus sei und dass er es gewesen sei, der für diesen Zustand gesorgt habe.

Als sich auf ihren Gesichtern die ersten Anzeichen von Besänftigung bemerkbar machten, geriet er dermaßen aus dem Häuschen, dass er ihnen großspurig versprach, alles für sie zu tun, was sie wollten.

Ich erkannte, dass er meine Mutter schnell auf seine Seite gezogen hatte – was unter den gegebenen Umständen nicht das Schlechteste war, denn er würde in Zukunft eher unter ihrem Kommando stehen als unter meinem.

Meine Großmutter nahm auf einer Packkiste Platz und sagte, sie hätte sich niemals träumen lassen, dass sie eines Tages in einem Hühnerstall wohnen müsse. Dies veranlasste meinen Burschen zu der Bemerkung, dass wir im hinteren Teil des Gartens unsere eigenen Hühner halten könnten, und er verblüffte meine an großstädtische Verhältnisse gewöhnte Mutter mit der Anzahl der Eier, die dabei für uns herausspringen würden. Begeistert bot er ihr an, einen entsprechenden Auslauf zu bauen – ohne auch nur ein einziges Mal in meine Richtung zu schauen und meine Erlaubnis einzuholen. Es war nicht zu übersehen, dass er bereits wusste, auf wessen Seite er sich zu schlagen hatte. Dann erzählte er meiner Großmutter, dass er ihr die beste Waschfrau von ganz Eskişehir besorgen würde und dass er sie hüten würde wie seinen Augapfel.

Die Laune meiner Großmutter besserte sich daraufhin spürbar, und ihre Miene verriet, dass sie und der Bursche in Zukunft blendend miteinander auskommen würden. Ich ließ sie allein und eilte zurück zur Fliegerschule, wobei mir ein Seufzer der Erleichterung entfuhr, denn nun sah es so aus, als sollten sie doch noch in Eskişehir sesshaft werden.

Mit meiner Familie war das Leben in Eskişehir wesentlich angenehmer. Mein Tagesablauf war geregelter, und manchmal lud ich Freunde ein, um mit mir zu Abend zu essen oder Poker zu spielen. Bei diesen Gelegenheiten räumten die Frauen stets den Salon und überließen ihn mir und meinen Freunden, denn meine Großmutter war nach wie vor der Ansicht, dass es sich für die Damen des Hauses nicht gehörte, sich im selben Raum aufzuhalten wie die Herren – eine Anstandsregel, die in besonderem Maße für Muazzez galt, und meine Großmutter bugsierte sie immer schleunigst in ein anderes Zimmer, aus Angst, sie könnte die Blicke der Männer auf sich ziehen. Die arme Muazzez traute sich nie, dagegen zu protestieren, doch Jahre später sagte sie zu mir, sie wäre wohl als alte Jungfer gestorben, hätte sie es uns überlassen, einen Ehemann für sie zu finden – es sei ihr immer so vorgekommen, als hätten wir uns dazu verschworen, sie von jeglicher männlicher Gesellschaft fernzuhalten.

Aber noch im selben Jahr legte sie sich einen Verehrer zu.

Es gab da einen jungen Offizier, der praktisch gleich nebenan wohnte, und er hatte einen älteren Bruder in Ankara, der dort einen Posten im Außenministerium bekleidete. Dieser Bruder war das, was man gemeinhin als einen Mann von Welt bezeichnet, ein Mensch, der sich nur im tadellosen Cutaway mit gestreiften Hosen blicken ließ. Er hatte es sich angewöhnt, seinen Bruder in Eskişehir mit so großer Regelmäßigkeit zu besuchen, dass selbst mir, einem eher unaufmerksamen Zeitgenossen, diese aufgeblasene Gestalt auffiel, die da so verdächtig oft durch unsere Straßen promenierte. Die Mutter dieses eleganten jungen Mannes hatte sich binnen kürzester Zeit mit meiner Mutter angefreundet, und das Resultat dieser Bekanntschaft war, dass der Herr aus Ankara meiner hocherfreuten Schwester einen Heiratsantrag machte. Er gestand ihr, so erfuhr ich, seine unsterbliche Liebe und ließ sie gleichzeitig wissen, dass er keinen Anspruch auf eine große Mitgift erhob. Tatsächlich ging er sogar noch weiter: Er erklärte ihr voller Leidenschaft und Gefühl, dass er überhaupt keine Mitgift brauche, dass meine Schwester ihm schon Mitgift genug sei. Diese Einstellung gefiel mir, doch meine Mutter zeigte sich von meiner Unreife schockiert und meinte, sie würde es nie und nimmer zulassen, dass ihre Tochter völlig mittellos zu einem so anständigen, einem so rechtschaffenen jungen Mann ginge. In dieser Sache ließ sie sich auf keine Diskussion ein, und ich musste mich wohl oder übel damit abfinden, einen Haufen Geld auszugeben. Ich hatte nicht viel übrig für den zukünftigen Bräutigam, doch Muazzez und meine Mutter beharrten darauf, dass er sehr gut aussehe und ein Muster an Anstand sei. Meine Schwester war wild entschlossen, ihn zu heiraten, und überschwemmte das Haus mit ihren Tränen, sobald man ihn auch nur ein bisschen kritisierte.

Es wurde eine Aussteuer gekauft, und wir kleideten Muazzez

in hochzeitliches Weiß samt einer blütenübersäten Schleppe. Meine Großmutter trennte sich von ihrem über alles geschätzten Schmuck, und meine Schwester wurde unter großem Pomp mit dem eleganten jungen Stutzer aus Ankara vermählt.

Muazzez bot einen prächtigen Anblick an jenem Tag, und es wurde ein großer Empfang gegeben, für den ich aufzukommen hatte – eine Vorstellung, die nicht gerade dazu geeignet war, mich diese Verbindung in einem rosigeren Licht sehen zu lassen. Die verliebten Blicke, die sich das jung verheiratete Paar in einem fort zuwarf, begannen mich anzuöden, und als ein paar übermütige Damen neckisch andeuteten, als Nächster käme ich an die Reihe, suchte ich entsetzt das Weite. Ich beruhigte mich erst wieder, als die Festivität vorbei und das Brautpaar nach Ankara abgereist war, wo die beiden heute noch immer leben, auf großem Fuß und in dem Luxus, der ihrem Stand zukommt. Und entweder haben mich die Jahre gnädiger gestimmt oder Ali hat etwas von seiner unnatürlichen Distinguiertheit verloren, denn heute, bei den wenigen Gelegenheiten, wo wir uns treffen, fällt uns auf, dass wir beide vieles gemeinsam haben. Muazzez hat sich ihre äußerliche Schönheit bewahrt, auch wenn sie gewaltig an Gewicht zugelegt hat, und der frühere Charme ihrer Mädchenjahre ist von einer gewissen Blasiertheit überlagert worden.

Als der Hochzeitstrubel verklungen war, wirkte das Haus merkwürdig still, und nach einiger Zeit begann meine Mutter sich darüber zu beklagen, dass ihr das Haus und die Lage an der Bahnhofsstraße nicht gefielen.

Ich fand ein anderes Haus im Südteil der Stadt, auf einer Hügelkuppe, und zog mit meiner Familie dorthin um. Meine Mutter hatte sich im alten Haus schon seit geraumer Zeit unbehaglich gefühlt, denn die Leichenzüge für die abgestürzten Luftwaffenpiloten waren direkt vorbeigekommen – mitunter nicht weniger als zwei pro Woche –, und sie hatte dort in der ständigen Furcht gelebt, auch mein Sarg könnte eines Tages an ihrem Fenster vorbeigetragen werden.

Außerdem war man im Sommer am Staub fast erstickt. Selbst wenn man alle Fenster fest verschlossen hielt, war der Staub eingedrungen und hatte überall – sogar auf Nahrungsmitteln oder zwischen Laken und Bettdecken – seine feinen weißen Spuren hinterlassen. Doch oben auf dem Hügel gab es keinen Staub, und die Klänge des Trauermarsches waren hier auch nicht zu hören, sodass ich die Hoffnung hegte, meine Mutter würde mit der Zeit ihre krankhafte Angst vor einem Flugzeugabsturz ihres Sohnes verlieren.

Auf dem Hügel war es auch wesentlich kühler, und an den Abenden konnte man hier auf dem alten, von Weinreben umrankten Holzbalkon gemütlich sitzen und auf Eskişehir hinunterschauen, wie es da unten lag, nach wie vor heimgesucht von den Staubwolken, der Hitze und den Fliegen.

XXV. Unglaubliche Momente

Oben auf dem Hügel, direkt neben unserem Haus, wohnte der Regimentszahlmeister, der sich schon bald mit meiner Mutter anfreundete. Die beiden teilten eine große Leidenschaft für alles, was mit gutem Essen zusammenhing, und sie verbrachten viel Zeit damit, Kochrezepte auszutauschen oder sich gegenseitig Kostproben von besonders gelungenen Gerichten zu schicken – Aktivitäten, die meine Großmutter voller Argwohn beäugte.

Er war ein sonderbarer Mensch, der in seinem großen Haus auf dem Hügel ein einsames, exzentrisches Leben führte und außer seinem Burschen niemanden hatte, der sich um ihn kümmerte. Er kochte alle Mahlzeiten selbst und konnte Stunden am Herd zubringen. Schaute ich manchmal an einem Winterabend bei ihm vorbei, so konnte es vorkommen, dass ich dort auf ein Häuflein Gäste stieß, die sich im Salon herumlümmelten – Offiziere vielleicht, die auf der Durchreise waren und ein Bett für die Nacht benötigten und die sich, da allgemein bekannt war, dass er ein offenes Haus führte, natürlich automatisch bei ihm einfanden. Er selber steckte dann nicht selten in der Küche, wo er, von einer großen Schürze geschützt, mit seinen kurzsichtigen Augen konzentriert in die Töpfe oder Pfannen mit den leckeren Gerichten starrte, die er gerade als Überraschung für seine Gäste zusammenzauberte. Manchmal durfte ich bei ihm in der Küche bleiben, doch mitunter schickte er mich gleich wieder hinaus, weil das Gericht des fraglichen Abends, wie er sagte, geheim war und ich nicht sehen durfte, was er machte, da ich es sonst vielleicht meiner Mutter erzählte.

Doch er wollte nicht, dass diese ihm seine Rezepte stibitzte, bevor er dazu bereit war, sie weiterzugeben.

Dann ging ich die Treppe hinauf in den Salon, um mich dort ungestört auf einen Diwan zu fläzen, bis im Erdgeschoss ein Ruf ertönte, der mir und den anderen verkündete, das Essen sei fertig.

Es gab ein überladenes Rokoko-Esszimmer, das vom Salon abging, und manchmal, wenn er angeben wollte, ließ er uns dort Platz nehmen, doch in diesem protzigen Esszimmer zu Abend zu essen war keine Freude, da er dort ständig auf unsere Tischmanieren achtete und uns scharf maßregelte, wenn wir auch nur einen Tropfen Wein auf sein kostbares Tischtuch verschütteten – dann war er mit einem Mal nicht mehr der vertraute joviale Kamerad, sondern der Regimentszahlmeister, ein ranghöherer Offizier und Vorgesetzter.

Wir zogen es vor, das Essen in der rustikalen Atmosphäre seiner Küche einzunehmen. Dann hockte sich vielleicht ein halbes Dutzend von uns zwanglos an die riesige offene Feuerstelle, während er in aller Ruhe ein ganzes Lamm briet, von dem er uns, sobald es halbwegs gar war, große Stücke absäbelte. Sein Bursche stellte Gläser und eine Flasche Raki auf den blanken Holztisch, und Öllampen tauchten alles in ein mildes Licht, denn in der Küche gab es keinen Strom. Wenn das Lamm vertilgt war, tischte er uns gefüllte Tomaten oder etwas ähnlich Köstliches auf. Hin und wieder verwöhnte er uns auch mit frisch gegrilltem Fisch – und dann hielt er uns dazu an, diesen sofort zu verzehren und nicht höflich auf die anderen zu warten, denn Gegrilltes, ob Fisch oder Fleisch, sollte, wie er meinte, unverzüglich gegessen werden.

Wir stopften uns voll, bis wir nicht mehr papp sagen konnten, und genossen es, einmal nicht in Gesellschaft von Frauen zu sein und nach Lust und Laune tratschen und nur für Männerohren bestimmte Witze reißen zu können. Wenn wir nichts mehr essen konnten, stolperten wir nach oben in den Salon, wo wir die Gürtel weiter schnallten und uns wenig elegant auf die Diwane fallen ließen. Unser Gastgeber schaltete die vom Deckengewölbe herabhängenden Lampen an und zog die Vorhänge zu. Dann legte er zusätzliche Holzscheite in das bereits kräftig lodernde Feuer des Porzellanofens, und bald erschien sein Bursche mit einer Auswahl an Zigaretten für die Raucher sowie türkischem Kaffee, mit dem wir uns den Fettgeschmack aus dem Mund spülten. Einer von uns stimmte ein altes türkisches Lied an, und bald sangen alle mit, wunschlos glücklich in jener rauen Atmosphäre schamlosen Rülpsens und gelockerter Hosenbünde. Doch so ordinär und unfein wir uns an diesen Abenden auch aufführen mochten, die Mädchen von Eskişehir würden davon nichts ahnen, wenn sie uns am folgenden Tag durch die Straßen der Stadt stolzieren sahen.

Sinop, Samsun, Çarşamba – drei Städte an der Schwarzmeerküste, und jede von ihnen hatte ein Flugzeug gekauft, um es der Luftwaffe zu übergeben.

Meine Einheit erhielt das Flugzeug, das die braven Bürger von Sinop gestiftet hatten, und ich erhielt den Auftrag, es dort hinzufliegen.

Samsun und Çarşamba hatten kein eigenes Aerodrom, und deshalb begleiteten mich die beiden anderen Flugzeuge von ihren jeweiligen Regimentsstandorten aus nach Sinop, wo die Repräsentanten von Samsun und Çarşamba sie auf dem Aerodrom begrüßen und auf die Namen ihrer jeweiligen Patenstädte taufen sollten.

Wir sollten alle drei Städte überfliegen und eine kleine Demonstration unseres Könnens abliefern und dann nach Sinop zurückkehren, um dort zu übernachten.

Alles verlief genau nach Plan. Wir drei flogen relativ niedrig über Samsun und Çarşamba hinweg und gaben unsere Loopings, Rollen, Schrauben und Sturzflüge zum Besten, und als wir nach Sinop zurückkehrten, wimmelte das Aerodrom von Gratulanten – Bauern, die die Flugzeuge aus nächster Nähe betrachten wollten, Schulkindern, die uns schüchtern Geschenke überreichten, und wichtigtuerischen Kommunalbeamten. Der Gouverneur traf ein, im Cutaway samt gestreifter Hose, einen schimmernden schwarzen Zylinderhut auf dem Kopf, und er beschämte uns durch so viel Eleganz.

Der Bürgermeister verspätete sich zu der Begrüßungszeremonie, und der Gouverneur ließ Anzeichen von Verärgerung erkennen. Wir standen alle herum und warteten, wir drei Piloten in Sinop und irgendwie auch nicht in Sinop, denn solange der Bürgermeister uns dort nicht offiziell willkommen geheißen hatte, waren wir genau genommen noch gar nicht da.

Bald rief ein aufmerksamer Mann aus der Menge, er habe den säumigen Bürgermeister gesichtet, und als wir alle in die Richtung schauten, in die er zeigte, sahen wir einen sehr alten Esel, der mit einem sehr kleinen Mann auf dem Rücken den Hügel herunterkam. Der Gouverneur räusperte sich vernehmlich.

»Das ist der Bürgermeister!«, sagte er verbittert, denn er war in Europa erzogen worden und kannte sich aus.

Erfreut stürmten viele der Leute dem Esel und seiner wertvollen Fracht entgegen. Das Tier verfiel plötzlich in einen munteren Trab und erreichte das Aerodrom mit einem beachtlichen Tempo. Der Bürgermeister saß ein wenig hüftsteif ab und begrüßte uns dann so liebenswürdig und mit einem solchen Enthusiasmus, dass sich niemand mehr fragen konnte, ob wir nun in Sinop waren oder nicht.

Als ich nach Eskişehir zurückkehrte, stellte ich fest, dass Muazzez vorübergehend wieder bei uns eingezogen war, denn ihr Mann hatte dienstlich nach Rom reisen müssen. Das Haus war zu einer Art Privatsanatorium geworden: Meine Mutter musste wegen einer ihrer zahllosen Migränen das Bett hüten, und meine Schwester jammerte über Schmerzen in den unmöglichsten Körperregionen.

Meine Großmutter und mein Bursche führten den Haushalt – die eine so despotisch wie der andere –, und gemeinsam trieben die beiden das kürzlich eingestellte Dienstmädchen von einem hysterischen Anfall in den nächsten. Einst, vor langer, langer Zeit, hatte die gute Hacer eine ähnliche Behandlung erdulden müssen.

Eines Morgens ließ man einen Arzt kommen, und ich erhielt einen Telefonanruf auf dem Aerodrom. Es war der Arzt, der mir kurz angebunden mitteilte, beide Patientinnen gehörten auf der Stelle ins Krankenhaus. Muazzez, so sagte er, müsse dringend operiert werden. Und meine Mutter, so sagte er weiter, sei eine überaus dickköpfige, unbelehrbare Person, die sich mit Händen und Füßen gegen eine Einweisung ins Krankenhaus sträube. Zum Schluss sagte er, dass ihr außerdem noch sämtliche Zähne entfernt werden müssten.

Als ich zu Hause eintraf, ging es dort zu wie in einem Tollhaus: Meine Schwester litt unter den grässlichsten Todesahnungen und flehte meine Großmutter an, sich an ihrer Stelle um ihr Baby zu kümmern. Meine Mutter saß aufrecht im Bett und weinte. Sie erklärte, sie würde unter keinen Umständen ins Krankenhaus gehen, und die Zähne würde sie sich nie und nimmer entfernen lassen – dass ihre kräftigen, weißen, ebenmäßig geformten Zähne entfernt werden sollten, war für sie der schwerste Schlag. Es gelang uns jedoch, sie zu beruhigen, und wir erklärten ihr, dass in dieser Sache noch nicht das letzte Wort gesprochen sei und dass sie ihre Zähne aller Voraussicht nach behalten dürfe. Muazzez war das dringlichere Problem. Wir hatten sie unverzüglich ins Krankenhaus bringen lassen, wo sie erfolgreich operiert wurde und sich erstaunlich schnell erholte. Zur Rekonvaleszenz kehrte sie in mein Haus zurück, wo sie unablässig nach ihrem Mann und nach ihrem Kind weinte und täglich zahllose Briefe an ihre Freundinnen schrieb, in denen sie diesen ihre Operation in allen grässlichen Details schilderte. Zwischen uns beiden entwickelte sich eine gewisse Abneigung.

Am Ende war sie diejenige, die meine Mutter dazu überreden konnte, sich die Zähne entfernen zu lassen. Als meine Mutter dann später ihr künstliches Gebiss bekam, untersuchte meine Großmutter es voller Misstrauen, gab es ihr wieder zurück und sagte scheinheilig, dass sie so etwas, Gott sei Dank, nicht tragen müsse. Daraufhin brach meine Mutter in Tränen aus, und sie erklärte, sie würde lieber sterben, als sich dieses monströse Ding in den Mund zu stecken. Boshafterweise bestärkte meine Großmutter sie in ihrer Einstellung. Eines Abends platzte mir deshalb dermaßen der Kragen, dass meine Mutter mir völlig verdattert versprach, mit dem vermaledeiten Gebiss zu machen, was immer sie damit machen müsse, wenn ich mich nur wieder beruhigte, damit die Nachbarn nicht bei uns vorbeischauten, um Ermittlungen in einem möglichen Mordfall anzustellen.

Als ich, nicht lange nach diesem Vorfall, eines sonnigen Nachmittags vom Aerodrom nach Hause spazierte, sah ich, wie zwei Jagdflugzeuge vom Rollfeld abhoben. Sie flogen sehr dicht beieinander, und ich blieb stehen und beobachtete sie eine Zeit lang, wobei ich die Piloten innerlich kritisierte. Sie begannen einander zu attackieren, in einem simulierten Luftkampf, bei dem sie über den anderen hinweg- oder unter ihm hindurchflogen, und immer so, dass sie sich fast berührten. Ich setzte meinen Weg in die Stadt fort und musste dabei an all die verrückten Dinge denken, die wir als junge Piloten angestellt hatten. Als ich das Stadtzentrum erreichte, bemerkte ich, dass das Geräusch der Flugzeugmotoren erstorben war, und als ich daraufhin in den Himmel hinaufschaute, prasselten von dort Hunderte von Flugzeugwrackteilen herunter. Ich dachte daran, wie gefährlich dicht beieinander diese Jäger geflogen waren, und es verwunderte mich kein bisschen, dass die Sache so ausgegangen war.

Ich beeilte mich, nach Hause zu kommen, denn mir wurde plötzlich bewusst, dass meine Mutter den Unfall gesehen oder zumindest davon gehört haben könnte, und ich wollte unbedingt verhindern, dass sie sich wegen mir unnötig Sorgen machte.

Auf den Straßen waren inzwischen die Menschen zusammengeströmt, die Frauen, Kinder und Mütter der Flieger. Ihre Gesichter waren schreckensbleich, und sie alle fragten sich beklommen, ob sie nun an der Reihe waren, Witwen oder Waisen zu werden oder Mütter, die ihren toten Sohn betrauerten.

Ein Krankenwagen raste vorbei, kreischend und klappernd vor fieberhafter Eile, und mir schoss der Gedanke durch den Kopf, dass der eine Pilot, der noch mit dem Fallschirm hatte abspringen können, falls er nicht schon tot war, mit an Sicherheit grenzender Wahrscheinlichkeit tot sein würde, wenn der wild über die unebenen Straßen holpernde Krankenwagen ihn im Hospital ablieferte.

Die blassen, zitternden Ehefrauen und Mütter bestürmten mich wie von Sinnen und beschworen mich verzweifelt, ihnen die Namen der abgestürzten Piloten zu nennen, doch ich sagte ihnen, ich wisse sie nicht. Sie klammerten sich von allen Seiten an mich und schrien mir ins Gesicht, dass ich sie *sehr wohl* wisse, dass ich wissen *müsse,* wer zurzeit gerade Dienst habe. Ich sagte ihnen erneut, dass ich die Namen nicht kannte, und sie heulten und jammerten, ich wolle sie ihnen nicht nennen. Sie hämmerten mit ihren weichen, kraftlosen Fäusten auf meine Arme ein und stellten mir flehentlich immer wieder dieselbe Frage:

»Bitte!«, sagten sie. »Bitte, Herr Leutnant! Nennen Sie uns die Namen! Bitte, bitte, bitte …«

Ich befreite mich aus ihrem Griff, und ihr klägliches Geschrei gellte mir noch die ganze dicht bevölkerte Straße hinunter in den Ohren. Plötzlich erblickte ich meine Mutter, wie sie barfuß die Straße entlanglief, und für einen unglaublichen, surrealen Augenblick war ich wieder ein Kind, unser Haus brannte, und ich sah meine Mutter mit nackten Füßen den trostlosen Garten hinunterlaufen.

Sie trug kaum mehr als ihre Unterwäsche, denn sie war mitten im Ankleiden aus dem Haus gestürmt. Mein Bursche rannte ihr hinterher, einen Mantel in der Hand. Ich erstarrte vor Schreck und spürte, wie es mir heiß und kalt über den Rücken lief. Als sie meiner gewahr wurde, blieb sie auf der Stelle stehen, und mein Bursche holte sie ein und warf den schützenden Mantel über ihre entblößten weißen Schultern. Ich werde nie ihre Augen vergessen, diese ziellos umherwandernden Augen, die ihre eigene Geschichte erzählten – nur waren wir damals alle noch zu blind, um die Zeichen richtig zu deuten, obgleich sich irgendwo ganz hinten im Kopf ein vages Angstgefühl regte, eine leise Vorahnung …

Niemand von uns ahnte damals etwas von dem nackten Wahnsinn, der uns eines Tages entgegenspringen sollte, als all die verdrängten Gedanken und Erinnerungen eines Vierteljahrhunderts das übermüdete Gehirn meiner Mutter verdüsterten und ihre strahlenden, traurigen Augen trübten.

»Zieh diese Uniform aus!«, sagte sie zu mir, mit einer so tiefen und so heiseren Stimme, dass ich unwillkürlich vor ihr zurückzuckte. »Oder willst du mich umbringen?«, sagte sie. »Willst du, dass ich den Verstand verliere?«

Die Stimme meiner Mutter wurde schwächer und erstarb in einem schweren unterdrückten Seufzer, und dann fiel sie halb ohnmächtig in die Arme meines Burschen. Er hob sie auf, als sei sie ein kleines Kind, und trug sie durch die teilnahmslosen Straßen nach Hause, und ich trottete neben ihm her. Mein Kopf war öd und leer, bar jeglicher Gedanken, und das Einzige, was ich vor mir sah, unauslöschlich eingeprägt in die Sommerluft, war der zarte Wahnsinn, der mir aus den Augen meiner Mutter entgegengeleuchtet hatte.

XXVI. Die Wunderheilerin von Eskişehir

Ich vermute, dass jener Tag nie ganz aus meinem Kopf verschwand. Manchmal wachte ich mitten in der Nacht auf, in Schweiß gebadet, und quälte mich mit der Erinnerung an die Augen meiner Mutter an jenem tragischen Nachmittag. Sie verfiel zusehends – zumindest körperlich. Sie nahm so stark ab, dass ein Arzt ihr Spritzen zu geben begann, um sie wieder aufzupäppeln. Er meinte, sie sei anämisch, und empfahl Rotwein, und so trichterten wir ihr täglich eine Flasche davon ein. Außerdem empfahl er eine Kost mit viel rotem Fleisch, und auch die verabreichten wir ihr, doch ihr Zustand schien sich nicht zu verbessern. Ich gewöhnte es mir an, bei ihr auf Anzeichen von Geisteskrankheit zu achten, und erlitt deswegen selber fast einen Nervenzusammenbruch. War es nur meine überhitzte Fantasie, oder konnte es sein, dass sie sich tatsächlich ein wenig vernachlässigte, dass sie nicht mehr auf ihre äußere Erscheinung achtete, die ihr früher immer so sehr am Herzen gelegen hatte? Bildete ich es mir nur ein, dass eines ihrer Augenlider manchmal ein wenig herabsank und das Auge halb geschlossen erschien, während das andere Auge offenbar völlig normal um sich blickte? Oh, ich achtete auf tausend Anzeichen, und die ganze Zeit über wollte sich meine Angst nicht beschwichtigen lassen.

Es kam vor, dass meine Mutter mehrere Tage hintereinander wieder ganz die Alte war, doch dann verfiel sie ohne jede Vorwarnung in eine an Jähzorn grenzende Gereiztheit; Missmut und Unzufriedenheit stauten sich auf, und sie beklagte sich jammernd, wie ein kleines Kind, über Kopfschmerzen.

Ich brachte sie zu einem renommierten Neurologen, der sie

ausgiebig befragte, wobei er ihr kleine Fallen stellte, und der außerdem noch ihren körperlichen Gesundheitszustand untersuchte. Am Ende gelangte er zu dem Ergebnis, dass ihr nicht das Geringste fehle. Als wir seine Praxis verließen, war ich erleichtert, aber nicht beruhigt. Ich hegte noch immer eine gewisse Skepsis hinsichtlich der medizinischen Diagnose. Ich wollte den Ärzten nicht trauen, doch meiner eigenen Intuition wollte ich genauso wenig trauen. Und so konsultierten wir einen weiteren Facharzt, mit einem ähnlichen Resultat, außer dass dieser meiner Mutter eine Reihe von Injektionen verordnete – womöglich nur, damit ich mich angesichts seiner gesalzenen Rechnung nicht übervorteilt fühlte. Ich wusste weder aus noch ein: Es *schien* ihr besser zu gehen, aber sie war auf eine so übertriebene Weise darauf erpicht, es mir recht zu machen, wie ein Beifall heischendes Kind, dass es mir vor Mitleid das Herz zerriss.

Ich erinnere mich noch daran, wie ich im Winter 1937, an einem Samstag, als ich auf dem Aerodrom als Offizier vom Dienst eingeteilt war, einen Anruf meines Burschen erhielt, der sehr aufgeregt wirkte und mir mitteilte, ich müsse mich unverzüglich nach Hause begeben. Er sagte, meine Mutter sei wieder krank und ich solle mich beeilen, wobei er dermaßen besorgt klang, dass ich auf der Stelle die Erlaubnis einholte, das Aerodrom verlassen zu dürfen, und sogar den Dienstwagen meines Vorgesetzten zur Verfügung gestellt bekam, dessen Fahrer mich dann mit Höchstgeschwindigkeit nach Hause beförderte.

Als ich dort eintraf, saß meine Mutter aufrecht im Bett und hatte eine etwa apfelsinengroße Schwellung am Hals. Es war ein grässliches, furchterregendes Ding, eine gewaltige Wucherung, die ihren Hals und ihr Gesicht wie ein Gewicht nach unten zog. Sie bebte vor Angst, und ich fragte meine Großmutter, ob die beiden irgendetwas dagegen unternommen hätten.

»Nein, bislang nicht«, sagte sie, wobei sie mich verdutzt anschaute. »Das kam ganz plötzlich, vor ein, zwei Stunden oder so, und dann wurde es größer und größer, bis wir dachten, es würde aufplatzen, und da haben wir dich benachrichtigt.«

»Habt ihr den Verstand verloren?«, schrie ich wütend. »Hättet ihr nicht zuerst einen Arzt holen können, bevor ihr mich anruft?«

Ich ließ nach dem Arzt schicken und setzte mich hin, um auf ihn zu warten – unfähig, meine Mutter zu verletzen, indem ich das Zimmer verließ, aber auch nicht in der Lage, die riesige, hässliche Schwellung anzuschauen. Binnen kürzester Zeit traf der Arzt ein, ein eleganter, bärtiger Bursche, der einen abgeklärten, kompetenten Eindruck machte. Er untersuchte den Hals meiner Mutter, verschrieb ihr eine Medizin und ordnete an, dass sie am folgenden Montag ins Krankenhaus gebracht werden solle.

Nachdem er gegangen war, fragte ich meine Mutter, ob sie Schmerzen habe, doch sie verneinte dies und sagte, sie habe nicht die geringsten Schmerzen, aber der Klumpen an ihrem Hals fühle sich eben sehr schwer an und sie traue sich nicht, in den Spiegel zu schauen. Da es für mich im Grunde nichts mehr zu tun gab, kehrte ich wieder zum Aerodrom zurück, ermahnte meine gedankenlose Großmutter vorher jedoch noch, in Zukunft, bei einer ähnlichen Situation, zuerst einen Arzt zu holen, bevor sie mich anrief. Meine Großmutter sagte mir dies eilfertig zu, doch ich hegte den Verdacht, dass diese Eilfertigkeit nur vorgetäuscht war.

Den Rest jenes Abends wurde ich von Sorge verzehrt und verzweifelte fast angesichts der Unbestimmtheit dieser andauernden Krankheit, von der das Haus heimgesucht wurde. Sobald ich am nächsten Morgen meinen Dienst beendet hatte, eilte ich nach Hause, auf Füßen, die dazu angetrieben werden mussten, sich zu sputen, denn die Botschaft, die das Gehirn ihnen zusandte, lautete, langsam zu gehen – aus Furcht, dass mich zu Hause womöglich noch Schlimmeres erwartete als am Vortag.

Als ich die elektrische Türklingel betätigte, deren schriller Klang ein sternförmiges Muster in die Luft prägte, öffnete mir mein Bursche mit einem breiten Grinsen auf seinem Mondgesicht. Ich schaute ihn fragend an, und er lenkte meinen Blick zu der Tür, die sich geradeaus am hinteren Ende der Diele zum Garten hin öffnete, und dort bot sich mir ein wirklich erstaunlicher Anblick: Die Mutter, die noch am Vorabend, als ich sie verließ, krank im Bett gelegen hatte, sprengte nun draußen in aller Seelenruhe die Blumen, ihr Gesicht dem Haus zugewandt, und die Schwellung am Hals war allem Anschein nach völlig verschwunden.

Ich eilte zu ihr in den Garten hinaus, und sie lächelte mich an. Ich nahm sie erleichtert bei den Händen. Der Wasserschlauch fiel spritzend zu Boden, und der Geruch von feuchter Erde stieg mir erfrischend in die Nase.

»Träume ich?«, fragte ich sie. »Habt ihr mich gestern nicht angerufen? Bin ich gestern nicht nach Hause gekommen, um dich mit einem Hals vorzufinden, der dreimal so dick war wie sonst? Habe ich gestern keinen Arzt zu dir kommen lassen?«

»Nein, du träumst nicht«, sagte sie vergnügt, mit kindlichen, weit aufgesperrten Augen, die ihre Geheimnisse nichtsdestoweniger für sich behielten.

»Na schön«, sagte ich. »Aber wie kommt das? Ich kann kaum glauben, dass diese Medizin dich so schnell kuriert hat.«

»Ach, die Medizin«, sagte sie nonchalant, als habe sie diese vollkommen vergessen. »Nein, die hat mich nicht kuriert. Ich muss dir gestehen, wir haben die Medizin weggeworfen, denn sie war gar nicht mehr nötig.«

»Aber …«, protestierte ich, völlig perplex, und vielleicht dachte ich sogar ein wenig ungehalten: Diese Frauen und ihre weiblichen Geheimnisse!

»Komm«, sagte sie, »ich werde dir alles erzählen, mein Sohn. Du wirst sehen – manchmal geht es auch ohne Arzt.«

Ich drehte mich zu meinem Burschen um, der hinter mir stand und noch immer grinste, und fragte ihn, was zum Teufel dies alles zu bedeuten habe, und dann bekam ich eine mehr als sonderbare, ja geradezu unglaubliche Geschichte zu hören – die ich jedoch, da sie sich tatsächlich zugetragen hatte, wohl oder übel glauben musste. Hätte es außer meiner Mutter jedoch nicht noch drei weitere Zeugen gegeben, so hätte ich gedacht, man wolle mir einen Bären aufbinden.

Zu jener Zeit gab es in Eskişehir eine sogenannte Wunderheilerin – eine alte Albanerin, die mindestens hundert Jahre auf dem Buckel hatte und runzelig wie ein Holzapfel war. Meine in Albanien und als Kind albanischer Eltern geborene Mutter hatte eine Schwäche für diese alte Frau und ließ ihr, da sie in bitterer Armut lebte, von meinem Burschen hin und wieder etwas zu essen und andere lebensnotwendige Dinge bringen. Nebenbei bemerkt nahmen die beiden törichterweise an, dies geschähe hinter meinem Rücken, doch tatsächlich passierte im Haus fast nichts ohne mein Wissen – gleichwohl ich von diesem Wissen nicht immer Gebrauch machte.

Als ich mich am Vorabend wieder zum Aerodrom begeben hatte und mein Bursche mit der vom Arzt verschriebenen Medizin zurückgekehrt war, hatte es am Krankenbett meiner Mutter offenbar eine kleine Konferenz gegeben. Meine Großmutter hegte ein tiefes Misstrauen gegen alle Ärzte – insbesondere seitdem meine Mutter bei der ärztlich angeordneten Entfernung ihrer Zähne fast verblutet wäre. Sie hatte die Medizin argwöhnisch beäugt und beschnuppert. Unser Dienstmädchen hatte sich zustimmend geräuspert, um ebenfalls ihre Skepsis gegenüber der Medizin zum Ausdruck zu bringen, und dann hatte sie pessimistisch gesagt, mit Medizin ließe sich *diese* Schwellung nie im Leben kurieren. Diese düstere Prophezeiung hatte meine bereits beunruhigte Mutter noch mehr beunruhigt, die mit einem Mal am liebsten ins nächste Krankenhaus geeilt wäre, um sich die hässliche, aber nicht schmerzhafte Wucherung chirurgisch entfernen zu lassen.

Daraufhin schnaubte das Dienstmädchen verächtlich und sagte, dies wäre ebenfalls nutzlos, woraufhin die Konferenz vorübergehend an einen toten Punkt gelangte. Doch bald übernahm das Dienstmädchen als die unbestrittene Autorität in dieser Angelegenheit wieder das Kommando und eröffnete die Verhandlungen geschickt aufs Neue, indem sie anmerkte, dass einem in Fällen wie diesem nichts anderes übrig bleibe, als die Wunderheilerin zu holen. Als dieser Vorschlag auf keine nennenswerte Resonanz stieß, verfolgte sie die Sache unbeirrt weiter, indem sie erklärte, die Wunderheilerin habe in unserem Bezirk bereits eine erstaunliche Anzahl von erfolgreichen Heilungen durchgeführt, und sie nannte meiner Mutter ein paar Beispiele, denen diese nichts entgegenzusetzen wusste, da ihr viele dieser Fälle bestens bekannt waren.

Und so kam es, dass mein Bursche zum Lehmhaus der Wunderheilerin geschickt wurde, um sie um Hilfe zu bitten.

Sie kam sogleich mit ihm in mein Haus, schlotternd vor Angst, weil sie befürchtete, ich könnte unverhofft vom Aerodrom zurückkehren und alles verderben. Ich könnte sie sogar verhaften lassen, gestand sie meiner Großmutter.

Meine Großmutter schickte ein Stoßgebet zum Himmel, dass ich nicht plötzlich auf die Idee käme, nach Hause zurückzukehren, und wies meinen Burschen an, sämtliche Türen zweimal abzuschließen, sodass ich im Fall meiner vorzeitigen Heimkehr klingeln müsste und sie auf diese Weise warnen würde. Um für alle Eventualitäten gerüstet zu sein, dachte sie sich sogar ein Versteck für die Wunderheilerin aus. Als die Türen verriegelt waren und sie sich vor jeder äußeren Einmischung sicher fühlten, begannen sie sich ernsthaft mit der Frage zu befassen, was mit dem hässlichen Auswuchs am Hals meiner Mutter geschehen solle.

Die Wunderheilerin begutachtete die Schwellung ausgiebig, wobei sie ein Auge halb zukniff, und dann verkündete sie gewichtig, jemand habe meine Mutter zweifellos mit dem bösen Blick verhext. Alle pflichteten ihr sofort bei und meinten, dies sei die einzig mögliche Erklärung, und das Dienstmädchen sagte triumphierend: »So viel zum Thema Ärzte!«, oder etwas in der Art.

»Legen Sie sich in Ihre Kissen zurück!«, befahl die Wunderheilerin, die nun, wo sie das Vertrauen ihrer »Patientin« gewonnen hatte, die Situation vollkommen im Griff hatte. Sie fügte hinzu, dass es meiner Mutter am nächsten Morgen wesentlich besser gehen werde.

Dann wandte sie sich an meinen Burschen, diese arme, schwer geprüfte, ständig von drei resoluten Weibsbildern getriezte Seele, und sagte zu ihm, er solle zum Friedhof gehen und ihr dort einen Menschenknochen besorgen.

Dieses schreckliche, völlig unerwartete Ersuchen hätte beinahe seine tiefe Loyalität meiner Mutter gegenüber ins Wanken gebracht, denn die Vorstellung, in stockfinsterer Nacht auf einem Friedhof herumzuwühlen, beobachtet von all den blendend weißen Grabsteinen, ließ ihn vor Angst schlottern – seine Angst vor dem, was ich dazu sagen würde, falls ich davon erfuhr, war dagegen ein Klacks.

Trotz seiner Panik war er noch Manns genug, sich der Wunderheilerin zu widersetzen. Er sagte zu ihr, es sei unmöglich, auf dem Friedhof irgendwelche Menschenknochen zu finden, denn die Toten lägen alle sicher verwahrt in ihren Särgen, und er würde nicht im Traum daran denken, ein Grab zu schänden.

Die Wunderheilerin zeigte sich davon völlig unbeeindruckt und meinte, sie brauche einen Menschenknochen, daran sei nicht zu rütteln und zu deuteln. Sie machte dies offenbar nicht zum ersten Mal, denn sie sagte zu ihm, er brauche nur zu dem alten Teil des Friedhofs zu gehen, wo niemand mehr begraben werde, und dort, nur wenige Zentimeter tief im weichen Erdreich, würde er jede Menge Knochen für sie finden können. Aus Angst, sie könnte ihn, falls er sich weigerte, in eine Kröte oder einen Frosch oder etwas noch Schlimmeres verwandeln, brach er auf, um seinen grausigen Auftrag auszuführen.

Seine Augen verdrehten sich noch immer vor Entsetzen, als er mir von der Finsternis erzählte, die in jener Nacht geherrscht hatte, von den hohen Zypressen, die die einsamen Toten bewachten, vom unheilvollen Geräusch des Windes in den Pappeln, vom Schreien der Eulen, die beängstigend dicht über seinem Kopf dahingehuscht waren, und die ganze Zeit hatte er hektisch im Erdreich gewühlt und schließlich einen ausgeblichenen, trockenen Menschenknochen gefunden. Dieser hatte grässlich ausgesehen, hatte sich entsetzlich angefühlt, und seine fiebrige Fantasie hatte ihn nach Geistern Ausschau halten lassen, die ihn mit ihren klammen Fingern beim Wickel packen wollten. Er hatte geschwitzt, bis seine Kleider völlig durchnässt waren, und dann hatte er den Friedhof fluchtartig verlassen.

Wieder nach Eskişehir zurückgekehrt, hatte er versucht, sein Zittern unter Kontrolle zu bringen, und dabei war er sich des merkwürdig geformten, gruseligen Objekts in seinen Händen bewusst geworden. Er hatte den Knochen flugs in eine Hosentasche gesteckt, wo er ihn unangenehm in den Oberschenkel stach, und er hatte sich an einem Polizisten vorbeigeschlichen, ängstlich darauf bedacht, schleunigst nach Hause zu gelangen, bevor ihm noch etwas Unangenehmeres zustieß.

Zu Hause angelangt und noch immer in einem erbärmlichen Zustand, hatte er kein Dankeschön für die Erfüllung dieser ungewöhnlichen Mission erhalten, sondern war stattdessen von meiner Großmutter beschimpft worden, weil er so lange weg gewesen war. Ihre ganze Haltung besagte, dass *sie,* wäre sie zum Friedhof geschickt worden, in dieser Zeitspanne ein komplettes Skelett mit nach Hause gebracht hätte.

Die Wunderheilerin nahm den Knochen an sich und ging in die Küche, um ihn zu säubern. Danach verlangte sie ein Ei, das sie in eine Schüssel schlug, und eine weitere Schüssel, die sie mit kaltem Wasser füllte, und dann gab sie meinem Burschen einen Klumpen Blei, den er für sie erhitzen sollte. Als sie ihre Vorbereitungen abgeschlossen hatte, ging sie wieder in das Zimmer meiner Mutter, wobei der Bursche ihr folgte, denn da er in dieser Angelegenheit bereits so viel unternommen hatte, wollte er sich den Rest des Rituals um keinen Preis entgehen lassen. Geraume Zeit tat sich gar nichts. Die Wunderheilerin saß da und las aus dem Koran, und die Übrigen verharrten unbehaglich und stumm angesichts einer solchen Frömmigkeit. Dann erhob sich die Wunderheilerin und massierte die Schwellung mit dem gesäuberten Menschenknochen. Anschließend bat sie um das geschmolzene Blei. Sie legte ein großes Handtuch über den Kopf meiner Mutter und stellte die Schüssel mit dem kalten Wasser darauf, wobei sie diese mit einer Hand vorsichtig im Gleichgewicht hielt, doch inzwischen waren alle dermaßen baff, dass es ihnen mehr oder weniger egal war, ob das Wasser über den Schüsselrand schwappte oder nicht. Das geschmolzene Blei wurde in das Wasser geworfen, wo es ein zischendes Geräusch verursachte, und anschließend wurde das flüssige Ei hineingekippt – und es war eine fürchterliche Enttäuschung, als die Wunderheilerin dann sagte:

»So, das war's. Ich werde die Nacht über hierbleiben. Also wäre es nicht schlecht, jetzt einen Happen zu essen.«

Mein Bursche nahm verstimmt am Esstisch Platz, denn er war berechtigterweise der Ansicht, dass nach all den Gefahren, die er auf sich genommen hatte, etwas wirklich Spektakuläres hätte passieren müssen. Nachdem sie gegessen hatten, sagte die Wunderheilerin zu meiner Mutter, sie solle sich schlafen legen und alles vergessen, und erstaunlicherweise war sie dazu auch in der Lage.

Als sie am nächsten Morgen erwachte, wollte sie als Erstes den hässlichen Klumpen an ihrem Hals befühlen, doch der war zu ihrem maßlosen Erstaunen völlig verschwunden.

Sie war sofort zu einem Spiegel gestürmt, und ihr Hals sah wieder völlig normal aus; da hatte sie vor Freude zu weinen begonnen und unverzüglich den gesamten Haushalt zusammengetrommelt, um jedem ihre wunderbare Genesung vor Augen zu führen.

Während sie mir diese Geschichte erzählten, wurden mein Entsetzen und meine Verärgerung immer größer. Ich konnte es einfach nicht fassen, dass meine Mutter sich dazu hatte überreden lassen, auf den abergläubischen Hokuspokus einer alten, närrischen Frau zu vertrauen.

Ich machte meinem Ärger lautstark Luft, doch als mir die Puste ausgegangen war, sagte meine Großmutter sehr gelassen:

»Du hast überhaupt keinen Grund, dich hier aufzuregen. Die Schwellung ist doch verschwunden, und deiner Mutter geht es besser.«

Das konnte ich nicht bestreiten.

Mein Bursche brachte mir die Schüssel, damit ich selber einen Blick auf die Spuren der Wunderheilung werfen konnte, und als ich in die Schüssel blickte, sah ich den bizarr verformten Bleiklumpen und das an der Oberfläche schwimmende flüssige Ei, das wie ein riesiges Auge aussah.

»Und was ist mit dem Knochen?«, fragte ich, denn ich traute ihnen durchaus zu, dass sie diesen ebenfalls behalten hatten.

Mein Bursche blickte verlegen drein und ließ den Kopf hängen.

»Der ist wieder auf dem Friedhof«, sagte er. »Es hieß, er müsse noch vor Morgengrauen wieder da sein, wo ich ihn hergeholt hatte, denn andernfalls würde mir etwas Schlimmes zustoßen.«

XXVII. Kütahya und İzmir

Gegen Ende des Jahres 1937 wurde ich nach Kütahya versetzt, und an einem bitterkalten Morgen reiste ich dorthin, um für mich und meine Familie ein Haus zu suchen, denn die hatte mir ziemlich deutlich zu verstehen gegeben, dass sie nicht daran dachte, allein in Eskişehir zurückzubleiben. Am Bahnhof von Kütahya nahm ich mir eine Droschke, einen von einem Tataren gelenkten Phaeton, und ließ mich in die Stadt kutschieren. Die Trostlosigkeit und die Einsamkeit des Ortes waren niederschmetternd, und ich dachte voller Wehmut an das viel geschmähte Eskişehir zurück.

Die Gegend war flach und uninteressant. Die wenigen Häuser, an denen wir vorüberkamen, waren alt und sahen unglaublich trist aus mit ihren ewigen Kafessen an den Fenstern. Als wir an eine Stelle gelangten, die einen halbwegs zivilisierten Eindruck machte, ließ ich den Kutscher anhalten. Ich hatte keine Lust mehr, noch weiterzufahren.

Ich öffnete die Tür zu einem Café, um mich darin aufzuwärmen, doch die aus einem Lautsprecher plärrende Musik, die dichten blauen Schwaden von Tabakqualm und das enervierende Geklapper zahlloser Tricktrackspiele veranlassten mich dazu, auf der Stelle kehrtzumachen, denn angesichts dieses Pandämoniums wollte ich lieber draußen in der Kälte erfrieren.

Ich sah eine Apotheke und ging hinein, eigentlich nur, um mir Aspirin zu kaufen, doch binnen Kurzem befand ich mich in einem Gespräch mit dem Ladeninhaber, der von dem eintönigen Leben um ihn herum gelangweilt war und darauf brannte, mit einem Neuankömmling Höflichkeiten auszutauschen.

Ich erzählte ihm, ich sei auf der Suche nach einem Haus, und daraufhin meinte er, ich solle mir da keine allzu großen Hoffnungen machen. Er stellte mich einem kleinen dicken Mann vor, der behauptete, er wisse alles, was man über Kütahya wissen müsse, und der mir sofort anbot, mir bei meiner Suche nach einem Dach über dem Kopf zu helfen.

Ich fragte ihn, ob sich vielleicht ein Haus aus Backstein oder Zement auftreiben ließe, woraufhin er sein Löwenhaupt zurückwarf und in schallendes Gelächter ausbrach.

»Es gibt in ganz Kütahya nur zwei Backsteinhäuser«, sagte er, »und beide sind bewohnt. In dem einen wohnt ein Major von der Artillerie und in dem anderen ein russischer Hauptmann.«

»Was zum Teufel hat ein russischer Hauptmann in dieser Gegend verloren?«, fragte ich ihn, aber er wusste es nicht. Ich fand das sehr sonderbar, obwohl ich nicht wusste, warum – vielleicht weil er Russe war.

An jenem Tag entdeckten wir fünf leer stehende Häuser, doch keines davon war geeignet, insbesondere zwei nicht, die sich im älteren, tieferen Teil der Stadt befanden, wo die Straßen dermaßen eng waren, dass man den Nachbarn von gegenüber durch die geöffneten Fenster die Hand schütteln konnte.

Die uralten Häuser waren so hoch, dass man sich unwillkürlich fragte, ob die Sonne jemals in diese trostlosen Straßen herabschien oder ob sie bloß eine entlegene, nicht direkt sichtbare Lichtquelle irgendwo oben am Himmel war. Sämtliche Fenster waren dicht mit Kafessen vergittert, sodass es letzten Endes keine Rolle spielte, ob die Sonne diese Straßen jemals erreichte oder nicht, denn die Räume in diesen Häusern hätten die warme Berührung durch die Sonne oder den kühleren Hauch des Windes ohnehin nicht genießen können.

Wir besichtigten eines der Häuser von innen. Die Zimmerdecken sahen so aus, als hausten dort, in den dunklen, morschen Holzbalken, ganze Kolonien von Wanzen, und durch die engmaschigen Kafesse drang kein Lichtstrahl herein. Ich war mit einem Mal ganz deprimiert und sah zu, dass ich schleunigst nach draußen kam, an die kalte, frische Luft, ans Tageslicht. Ich konnte mir nicht vorstellen, dass meine Mutter in so einem Haus wohnen mochte.

Die einzige halbwegs geeignete Unterkunft, die ich auftreiben konnte und für die ich mich schließlich entschied, war das Haus, das früher die Kapelle der Mewlewije-Derwische gewesen war, bevor Atatürk diesen Orden verboten hatte. Das Gebäude hatte schon längere Zeit leer gestanden, denn die Leute scheuten sich offenbar, dort einzuziehen.

Es war ein großes, geräumiges Haus mit vielen Fenstern, sehr übersichtlich in zwei Stockwerke unterteilt. Unglücklicherweise befand sich im Garten das Grabmal eines Mewlewije-Oberhaupts, und es bereitete mir ein gewisses Unbehagen, dessen sterbliche Überreste so nahe an unserem Domizil zu wissen. Da sich die Vorderseite und die Rückseite des Hauses glichen wie ein Ei dem anderen, konnten wir nie mit Sicherheit sagen, was nun was war, und deshalb gewöhnten wir es uns an, die Tür zu benutzen, die sich bei unserer Ankunft als die bequemste erwies.

Eine Seite des Hauses blickte auf andere Häuser, während die entgegengesetzte Seite auf einen alten Mewlewije-Friedhof blickte, der am Fuße eines hohen, kahlen Berges lag, auf dessen Gipfel sich ein weiteres Grabmal befand – schaute man hinaus auf diese unendliche Öde, auf diese unsägliche Tristesse, so hätte man meinen können, man schaute auf das Ende der Welt.

Überraschenderweise gefiel meiner Mutter dieses sonderbare Haus. Sie mochte die großen Räume und die hohen Fenster, doch meine Großmutter behauptete steif und fest, auf dem Haus liege ein Fluch, und während der kurzen Zeit, die sie dort wohnte, konnte sie sich nicht mit diesem Domizil anfreunden.

Wir hatten uns einen Hund zugelegt, als wir noch in Eskişehir lebten, ein kleines, weißes, flauschiges Etwas, das wir Fidèle getauft hatten – offenbar eine Reminiszenz an die Hunde, die vor langer, langer Zeit durch die Gartenanlagen von Sarıyer gestreift waren. Dieser Hund war inzwischen ausgewachsen und eher der Hund meiner Mutter als unser Hund. Als er an jenem Tag das Haus in Kütahya gemeinsam mit uns betrat, rannte er los, um alles gründlich zu beschnuppern, und dann kam er zurück und legte sich leise winselnd zu meinen Füßen auf den Boden.

Er ließ sich nicht dazu bewegen, freiwillig die Treppe hinaufzulaufen, und ich musste ihn nach oben tragen, wobei er unentwegt zitterte, als könnte jeden Moment etwas ganz Grässliches aus den Schatten hervorspringen und sich auf ihn stürzen.

Meine Großmutter machte wegen der neuen Behausung von Anfang an Schwierigkeiten. Sie entschied sich für ein Schlafzimmer mit Blick auf die anderen Häuser, und sie weigerte sich hartnäckig, allein zu bleiben, selbst tagsüber – fast hätte sie es geschafft, uns alle mit ihrer Angst anzustecken. Sie blickte sich ständig über die Schultern, in den sonderbarsten Momenten, und manchmal hielt sie mitten in einer Unterhaltung inne, um uns zu fragen, ob wir nicht auch dieses merkwürdige Geräusch hörten und wo es wohl herkommen mochte. Ich bin mir ziemlich sicher, dass sie nichts sah oder hörte, was sie nicht auch in einem anderen Haus gesehen oder gehört hätte, aber sie wusste, dass hier einmal die Mewlewije-Derwische gelebt hatten, und mit deren Namen verband sie das Schlimmste – wir konnten nicht ergründen, warum.

Leider verschlechterte sich der Gesundheitszustand meiner Mutter in Kütahya. Sie wurde immer trübsinniger und geistesabwesender, und sie jammerte in einem fort über Kopfschmerzen. Ich schaffte es schließlich, mich nach İzmir versetzen zu lassen, aufgrund eines ärztlichen Attests, in dem mir bescheinigt wurde, dass meine Mutter dringend einen Ortswechsel brauchte.

Mehmet, der zu jener Zeit ebenfalls in İzmir stationiert war, besorgte uns dort ein Haus, und ich schickte meine Familie voraus, da ich noch einige Tage in Kütahya bleiben musste, um aufzuräumen und zusammenzupacken.

Mehmet und ich hatten uns seit über zwei Jahren nicht mehr gesehen, und als wir uns nun in İzmir trafen, umarmten wir uns herzlich und gratulierten uns gegenseitig zu unserer gesunden Gesichtsfarbe. Er erzählte mir, meine Mutter und meine Großmutter hätten sich bereits sehr gut eingelebt in dem Haus, das er in Karşıyaka für uns gefunden hatte, einem schönen Haus, wie er sagte, auf der anderen Seite des Hafens.

Wir beide begaben uns in ein Casino mit Blick auf den Hafen und unterhielten uns über meine Mutter.

»Ja, sie ist natürlich sehr neurotisch«, sagte er in einem neutralen Tonfall, als sei sie bloß eine Patientin und nicht seine Mutter.

Ich beneidete ihn um seine innere Distanz, und dann erinnerte ich mich daran, dass er schon seit Langem nicht mehr zu Hause wohnte. Mir ging auch durch den Kopf, wie wenig wir beide voneinander wussten, wie wir uns, obgleich aus derselben Wurzel entsprungen, dermaßen auseinandergelebt hatten, dass wir praktisch nichts von den Träumen des anderen wussten. Mehmets entschlossene Augen sahen nicht so aus, als seien sie an Träumen interessiert. Er war nur an den körperlichen Gebrechen der Menschen interessiert und an den besten Methoden, um sie zu kurieren, um den physischen Schmerz zu lindern – die Untersuchung der sich in der Seele herausbildenden psychischen Muster interessierte ihn allenfalls am Rande.

Er fragte mich, worüber ich mir so sehr den Kopf zerbrach,

und ich antwortete ihm, es sei nicht der Rede wert, denn ich sträubte mich, ihm mein Herz auszuschütten. Ich schlug vor, dass wir uns auf den Heimweg machen sollten.

Das neue Haus stand gedrungen und kompakt inmitten eines Gartens voller Palmen und Rosen, und eine große, ansteigende Rasenfläche an seiner Rückseite führte zu einem Stück Land, wo stämmige Zitronen- und Mandarinenbäume wuchsen – und irgendwie erinnerte mich dieses Haus an ein anderes Haus, das genauso gedrungen und kompakt inmitten seines Gartens gestanden hatte, ein Haus, das vor langer, langer Zeit niedergebrannt war.

Es gab dort hinten auch noch eine Terrasse mit Blick auf den Hafen, und ich hoffte, dass meine Mutter an diesem idyllischen Fleckchen Erde ihre Gesundheit wiedererlangen würde.

An der Vorderseite des Hauses gab es einen Balkon, und meine Großmutter wurde es nie müde, dort zu sitzen und die Passanten zu beobachten, doch meine Mutter saß lieber an der Rückseite und beobachtete die Schiffe, die zu entlegenen Orten fuhren. Und dann begann sie immer von İstanbul zu reden und vom Bosporus, und ich wusste, ihr Herz würde für alle Zeit an ihrer geliebten Heimatstadt hängen. Sie pflegten dort bis tief in die Nacht zusammenzusitzen, in stummer Zwiesprache mit dem Mond, der hoch oben am sternenklaren Firmament seine Bahn zog, sein Spiegelbild aufs Wasser warf, einen golden schimmernden Pfad auf die Meeresoberfläche malte und die tagsüber so klar umrissenen Konturen der Häuser aufweichte. Meine Mutter wirkte zufrieden. Sie hatte wieder ihre Söhne bei sich, sie beklagte sich zunehmend weniger über Kopfschmerzen, aber sie sprach mit einer solchen Wehmut von İstanbul, als würde sie nie wieder dorthin zurückkehren.

Ich wünschte, ich fände die Worte, um den eigenartigen Zauber von İzmir beschreiben zu können – die kleinen verwinkelten Gassen mit ihrer Atmosphäre von Verschwiegenheit und Verkommenheit; das wilde Durcheinander von Läden in den Seitenstraßen; die offenen Kutschen und die lärmenden Trams und das alles übertönende Geheul der Schiffssirenen; die am Hafen gelegenen Casinos mit der Musik, die ihnen unaufhörlich entströmte; das gleißende Sonnenlicht und den blauen Himmel und die goldenen Strände; die von Bäumen gesäumten Straßen und die überall blühenden, an duftende Purpurvorhänge erinnernden Bougainvilleen und Glyzinien.

Viele Male fuhren Mehmet und ich in den offenen Kutschen herum, in der Abendwärme vor uns hin dösend, während das regelmäßige Klippklapp der Pferdehufe seinen rhythmischen Zapfenstreich trommelte. Die hohen grünen Berge erhoben sich steil im Rücken der Stadt, und die subtropische Vegetation wucherte üppig zwischen den alten, von der Sonne erwärmten Steinen.

In heißen Nächten schwammen wir manchmal im Meerwasserbassin, und danach gingen wir gemeinsam im Mondschein nach Hause, und die Häuser, an denen wir vorüberkamen, standen schlafend in ihren friedlichen Gärten. Der Duft der Mandarinen- und Orangenbäume hing schwer in der Luft, und die Lindenbäume verströmten ihr eigenes betäubendes Parfüm. Bei der Mehrzahl der Häuser wuchsen Weinreben und Feigenbäume und exotische Palmen, und nahe dem Hafen gab es von Bäumen gesäumte neue Boulevards und, zu jeder Uhrzeit, sanft klimpernde Gitarren oder die Klänge eines türkischen Tangos, die aus den Casinos wehten und die Stille auf das Angenehmste unterbrachen.

Gleich hinter Karşıyaka gab es ein Fischerdorf, und dort aß ich gelegentlich allein zu Abend, in einem kleinen Café, wo der Fisch auf Bestellung frisch zubereitet wurde. Der Betreiber des Cafés führte mich zu dem Meerwasserbecken, in dem die Fische herumschwammen, und lud mich dazu ein, mir auszusuchen, wonach mir der Sinn stand, und ich verbrachte dort manch angenehme Stunde – ich suchte aus und schlemmte und trank Raki, bis ich den Gürtel verschämt weiter schnallen musste.

Noch etwas weiter weg liegt Güzelyali, wo die Häuser die dem Meer zugewandten grünen Hügel hinaufmarschieren. Dort gibt es ein kühles, am Hang gelegenes Café mit Terrassen, dessen Besuch sich wegen der tropischen Vegetation im Garten und des hervorragenden Essens unbedingt lohnt. Und überall in İzmir gibt es Blumenbeete in Hülle und Fülle, ein wogendes Meer von bunten Farbtupfern, das einem die Augen übergehen lässt und die Sinne betört. İzmir wirkt nach wie vor fremd – eine kosmopolitische Stadt, wo einen nur die Moscheen und Minarette daran erinnern, dass man sich noch immer in der Türkei befindet.

XXVIII. Der Anfang vom Ende

In İzmir war das Leben wesentlich leichter als überall, wo ich bis dahin jemals gewesen war.

Der Dienst auf dem Aerodrom war nicht besonders anstrengend, und der Sommer verstrich auf angenehme Weise, denn meine Mutter schien mit jedem Tag kräftiger und gesünder zu werden. Sie verbrachte ihre Zeit überwiegend im Garten, wo sie in der Gestaltung von etwas Wachsendem, Lebendem ein Betätigungsfeld gefunden hatte und unentwegt neue Rabatten plante oder neue Anordnungen von Blumenbeeten. Manchmal trafen wir sie auch beim Sticken an – etwas, was sie schon seit vielen Jahren nicht mehr getan hatte. Sie saß dann draußen auf der Terrasse, mit einem Kopftuch als Schutz gegen die sengende Sonne, und neben sich, auf einem kleinen Tisch, einen Stapel von glänzenden Seidendeckchen. Wenn wir sie so sahen, fielen von uns allen die Jahre ab, und wir waren plötzlich wieder in dem vornehmen Haus, in dem auch mein Vater gelebt und wo Onkel Ahmets schallendes Gelächter von den Deckenbalken widergehallt hatte.

Meine Schwester kam aus Ankara auf einen Besuch zu uns, mit einem Baby und einem arabischen Kindermädchen, und als ich dessen dunklen Teint erblickte, war für mich die Kindheitsillusion perfekt: Es hätte İnci oder auch Feride sein können.

Muazzez wirkte pikiert, als sie hören musste, dass sie und ihre unnötige Entourage das kleine Haus überfüllten. Sie floh vor meinem Sarkasmus zu meiner sie verwöhnenden Großmutter und beklagte sich darüber, dass ich mich zu einem alten Griesgram entwickele.

Sie blieb einen Monat bei uns, und in der letzten Woche ihres Besuchs gesellte sich auch noch ihr Mann dazu. Meiner Mutter schien es von Tag zu Tag besser zu gehen, und zum ersten Mal seit vielen Monaten hörten wir wieder ihr fröhliches Lachen.

Als Mehmet und ich dies registrierten, waren wir beide uns darüber einig, dass sie sich zweifellos auf dem Wege der Besserung befand und nie wieder in die Depression zurückfallen würde.

Am 10. November 1938 starb Kemal Atatürk, und groß war das Gefühl des Verlusts, als wir davon erfuhren. Die Türkei weinte und jammerte um ihren dahingeschiedenen Führer. Die gesamte Nation stürzte in eine tiefe Trauer. Ich erhielt die Erlaubnis, nach İstanbul zu fahren, und reiste in Zivil, was, wie ich hinterher bemerkte, ein Fehler war, denn ich geriet in das dichte Gewimmel der aufgeregten Zivilisten, während Offiziere in Uniform frei und ungehindert entlangstolzieren konnten, wo sie wollten. Ich schloss mich den Menschenmassen an, die in den Dolmabahçe-Palast strömten, wo Atatürk aufgebahrt war und wo die Polizei vergeblich versuchte, eine gewisse Ordnung aufrechtzuerhalten. Alte Frauen und junge Frauen weinten um ihren Helden, der nun für immer von ihnen gegangen war. Barhäuptige Männer schlurften stumm in die riesige Halle der Sultane, wo der Vater der Türkei im ewigen Schlaf lag.

Man hatte ihn mit der türkischen Flagge drapiert, und vier Offiziere standen mit gezückten Degen links und rechts von ihm Wache. Die weinenden, verzweifelten Menschen, die er befreit hatte, zogen an ihm vorüber, um ihm ihre Hochachtung zu bezeigen, und auch ich hatte so manche Erinnerung an ihn. Ich erinnerte mich an das erste Mal, als ich ihn aus nächster Nähe gesehen hatte, etwa fünf Jahre zuvor, anlässlich des zehnten

Jahrestages seiner Republik. Ich erinnerte mich daran, wie auf dem Gesicht des hageren Eiferers ein dermaßen strahlendes Lächeln aufschimmern konnte, dass selbst seine Feinde ihm vieles vergaben, und wie, was noch häufiger vorkam, er mit zusammengepressten Lippen lächelte, während seine Augen dunkel und finster, herausfordernd blieben.

Am Tag, als sie ihn nach Ankara überführten, schaffte ich es unter unglaublichen Schwierigkeiten und durch unritterliches Drängeln und Rempeln, einen Platz auf einem der Boote zu ergattern, die von der Galatabrücke ablegten. Wir folgten dem Schlachtschiff, das ihn zu seiner Hauptstadt bringen sollte, der Stadt, die er dem anatolischen Boden abgetrotzt, die er dort errichtet hatte, aber wir folgten ihm nur bis zu den Inseln im Marmarameer. Dort winkten wir ihm Lebewohl, denn weiter konnten wir nicht fahren. Wir standen an der Reling und sahen, wie das düstere Schlachtschiff die unruhige See durchpflügte und wie Atatürk – an den sich eines Tages vielleicht niemand mehr erinnern wird – seine Reise allein fortsetzte. Wir, die wir das Privileg genossen hatten, ihn auch ein wenig zu kennen, sollten noch lange Zeit und vergeblich auf die Gestalt warten, die nicht wiederkommen würde, auf den großen strengen Führer mit den harten Augen, die so plötzlich weich werden konnten, auf den Willkommensschlag auf der Schulter und die amüsierte, barsche Stimme, die einen fragte:

»Na, Herr Leutnant, kommandieren Sie immer noch die Luftwaffe?«

Die Jovialität, die er bei offiziellen Anlässen an den Tag legte, stand möglicherweise nicht in Einklang mit seinem unduldsamen, autokratischen Temperament, doch manchmal war seine Unkompliziertheit auch nur vorgetäuscht gewesen. Wir hatten nie gewusst, wann er in den Offiziersklub hereinschauen oder was er als Nächstes vorschlagen würde. Als ich dem Schlachtschiff hinterherschaute, erinnerte ich mich an den Menschen, der er gewesen war, und ich spürte, wie mir Tränen in die Augen stiegen, als hätte ich einen Freund verloren.

Es war Dezember 1938, und der Winter berührte İzmir ganz sanft, mit den zartesten Fingern. Leider mussten wieder Fachärzte zu meiner Mutter gerufen werden. Spritzen verschafften ihr vorübergehend Linderung und Ruhe, aber die geraden Schultern meiner Großmutter waren gebeugt unter der schweren Last der Krankheit meiner Mutter.

Zu Beginn des Frühjahrs 1939, als ich wegen der ständigen Anspannung in unserem Haus mit den Nerven völlig herunter war, erschien Mehmet bei uns in Begleitung eines kleinen, hübschen Mädchens mit kindlichen blauen Augen, das er uns als seine Verlobte vorstellte. Ihr Name war Bedia. Sie wirkte so zerbrechlich wie eine Puppe, und man kam nicht umhin, sich zu fragen, was für eine Arztfrau sie wohl abgeben mochte. Doch die beiden waren dermaßen verliebt – sie war siebzehn, er siebenundzwanzig –, dass es einem nicht gleichgültig sein konnte. Meine Mutter nahm die Neuigkeit sehr ruhig auf, doch meine Großmutter – die alte Zuchtmeisterin! – begehrte lautstark zu wissen, wo das Mädchen herkomme und wer seine Eltern seien. Ich glaube, Mehmet hatte Bedia bereits vorgewarnt, denn sie zeigte keinerlei Überraschung und nicht die Spur von Verärgerung angesichts dieser Fragen, sondern lächelte nur ihr engelhaftes Lächeln und rückte näher an Mehmet heran, der meiner Großmutter die erwünschten Informationen lieferte.

Eine Zeit lang kehrte meine Mutter aus ihrer Traumwelt in die Wirklichkeit zurück: Es wurden Abendgesellschaften gegeben, und sie legte sich sogar neue Kleider zu, um an anderen Festivitäten teilzunehmen. Muazzez, die immer mehr meiner Großmutter in jüngeren Jahren zu ähneln begann, schrieb aus Ankara und verlangte in gebieterischem Ton, dass das glückliche Paar sie dort besuchte, damit sie ebenfalls einen Vorwand hätte, rauschende Feste zu veranstalten.

Und jene unglaubliche, unvergängliche Schönheit kehrte zurück, um meine Mutter zu zieren, sodass man jedes Mal aufs Angenehmste überrascht war. Wie durch Zauberhand fielen die Jahre von ihr ab, und sie wurde wieder zu einem jungen Mädchen, das sich ohne Weiteres mit Bedias unschuldiger Jugend messen konnte.

Eines Abends fragte sie mich, wann ich zu heiraten gedachte, aber noch bevor ich darauf antworten konnte, sagte meine Großmutter mit einem rauen Lachen, die Hälfte der Mütter von İzmir würde diese Frage gern beantwortet wissen. Ich musste über ihre schamlose Übertreibung lachen, und meine Mutter wiederholte ihre Frage.

Ich küsste ihr die Hand und sagte:

»Wenn ich mich verliebt habe.«

Darauf antwortete sie:

»Das wirst du niemals tun. Du hast kein Herz. Ich sollte das wissen.«

Dann begann sie zu weinen und am ganzen Körper zu zittern, und der Unwille stieg so ungestüm in mir empor, dass ich das tränenreiche Haus auf der Stelle verließ und den Abend in einer Bar verbrachte, ohne einen Gedanken an die Tischgesellschaft zu verschwenden, deren Gastgeber ich eigentlich sein sollte. Als ich zurückkehrte, lag meine Mutter wieder im Bett, und Mehmet verpasste ihr Spritzen.

Im Mai wurde Mehmet nach İstanbul versetzt, und der Lieblingsarzt meiner Mutter kehrte İzmir ebenfalls den Rücken, um sich in Ankara niederzulassen. Sie brütete unentwegt vor sich hin und machte sich mehr Sorgen als jemals zuvor, nicht nur um ihre Gesundheit, sondern auch um Mehmet, um Muazzez im fernen Ankara und um Bedia, denn sie war nun der Überzeugung, diese sei nicht die richtige Frau für meinen Bruder. Sie begann die Mahlzeiten allein zu sich zu nehmen, wobei sie manchmal überhaupt nichts aß. Dann achtete sie wieder auf sich, aß aber nur, wenn ich zu Hause war. Also verzichtete ich auf die Besuche bei meinen Freunden oder auf die Casinobesuche, aß stattdessen jeden Abend zu Hause und gab mir Mühe, mich nicht zu sehr über diese neue Einschränkung zu ärgern. Sie fesselte mich mit Ketten der Liebe an sich, gewöhnte es sich sogar an, nachts auf mich zu warten, und hielt von der Terrasse aus Ausschau, ob ich die Straße heraufkam. Selbst wenn ich erst um drei Uhr morgens nach Hause zurückkehrte, wartete sie noch immer in einer Ecke der Terrasse auf mich. Sie sagte dann kein einziges Wort, machte nie auf sich aufmerksam, aber ich konnte dennoch spüren, wie mich ihre traurigen Augen aus der Dunkelheit anschauten. Ich gewöhnte es mir an, früher nach Hause zu gehen, damit sie etwas Schlaf bekam. Sie sah immer ausgemergelter aus, und meine Großmutter beklagte sich darüber, dass sie sie nachts wach hielt. Die beiden teilten sich jetzt ein Zimmer, da meine Mutter das neue Dienstmädchen aus İzmir nicht mochte und es auf gar keinen Fall in ihrem Schlafzimmer haben wollte.

Eines Abends, als wir alle bei Tisch saßen, sah sie sehr krank aus. Ihr Haar war zerzaust und ungekämmt, und eines ihrer Augen schien kleiner und kleiner zu werden, als ich sie beobachtete. Ich fragte sie, warum sie so zum Abendessen erschienen sei, und daraufhin blickte sie einen Moment lang verdutzt drein, so als hätte ich sie rüde aus irgendeinem tiefen, ganz persönlichen Gedanken gerissen, und dann stammelte sie, dass es ihr nicht gut gehe, dass sie rasende Kopfschmerzen habe. Plötzlich legte sie ihren Kopf zwischen die Teller, so erschöpft und teilnahmslos, dass es mir das Herz vor Mitleid zuschnürte. Meine Großmutter klingelte nach dem Dienstmädchen, und meine Mutter wurde ins Bett gebracht, wobei sie ausgezogen werden musste wie ein kleines Kind.

Als meine Großmutter und ich später bei einem türkischen Kaffee im Salon saßen, sagte ich, dass ich es nunmehr für angebracht hielte, meiner Mutter eine ständige, professionelle Pflege zukommen zu lassen, und ich äußerte die Ansicht, dass sie in einem Privatsanatorium, von dem ich gehört hatte, besser aufgehoben wäre als zu Hause.

Ich erinnere mich noch daran, dass meine Großmutter mich sehr eigenartig anschaute, und dann sagte sie:

»Deiner Mutter geht es noch nicht so schlecht, dass man sie von ihrer Familie und von allem, was ihr vertraut ist, trennen müsste. Das wäre sehr grausam, mein Sohn. Sie ist bloß neurotisch, und die Ärzte sagen durch die Bank, dass es sich bei ihren Kopfschmerzen lediglich um Migräneanfälle handelt ...«

»Vielleicht haben sie ja recht«, sagte ich unsicher, da ich mich nicht als eine Kapazität in Sachen Nervenleiden aufspielen wollte.

»Wenn sie eines Tages fortgeschickt werden muss«, fuhr meine Großmutter fort, wobei sie ihrem eigenen Gedankengang folgte, »dann bete ich zu Gott, dass ich nicht mehr da bin, um das miterleben zu müssen.«

Sie wandte ihren Blick von mir ab, doch ich konnte sehen, wie alte, bittere Erinnerungen ihr das Gesicht zerfurchten. Ich wusste, dass sie und meine Mutter, obwohl sie sich nie grün gewesen waren und sich immer nur über die andere geärgert hatten, dennoch nicht lange ohne einander auskommen konnten. Die beiden waren bereits zu viele Jahre zusammen, hatten alle wichtigen Ereignisse in ihrem Leben geteilt.

Wir saßen lange Zeit still da, und dann klingelte ich nach mehr Kaffee, und meine Großmutter tauchte aus ihren Träumen auf.

»Ach, könnte ich doch nur irgendetwas tun«, sagte ich, und meine Großmutter streckte ihre Hand aus und strich mir sanft über das Knie.

»Du hast alles getan, was dein Naturell dir zu tun erlaubt hat ...«

Diese eigenartigen Worte bestürzten mich, und mir fielen wieder die Situationen ein, in denen ich meinem Ärger Luft gemacht hatte, und die harschen Worte, die ich meiner Mutter hin und wieder an den Kopf geworfen hatte. Meine Großmutter beobachtete, wie ich mit mir kämpfte, und sagte dann traurig:

»Hör auf, dich zu quälen. Dafür ist es jetzt zu spät. Du hast dich schon vor langer Zeit von uns entfernt und uns aus deinem Leben ausgeschlossen, was womöglich unsere eigene Schuld gewesen ist. Ich habe verfolgt, wie du mit deiner Mutter auszukommen versucht hast, wie du dich dazu gezwungen hast, es ihr recht zu machen, aber es war alles falsch, mein Sohn. Sie weiß das auch, doch du konntest nicht mehr geben, als du zu geben hattest, und so musst du dich jetzt auch nicht grämen. Du hast für sie mehr getan, als es jeder liebende Sohn hätte tun können.«

»Du beschämst mich«, sagte ich zu ihr, wobei ich meine Unnatürlichkeit hasste und mich auch an die Einschränkungen erinnerte, die Mehmet nie verspürt hatte. »Mehr Nähe ist mir einfach nicht *möglich!*«, schrie ich verzweifelt. »Ich kann ihr nicht all meine Gedanken offenbaren!«

Das weise alte Gesicht meiner Großmutter schaute mich verständnisvoll an. Sie nickte.

»Hüsnü hätte nicht ums Leben kommen dürfen«, sagte sie, wobei sie meine Hand fest drückte. »Deine Mutter hätte in so jungen Jahren nie allein gelassen werden dürfen.«

Sie schüttelte traurig den Kopf, in ihren Augen Tränen, die jedoch noch nicht liefen, und ich ergriff ihre alte, verhärmte Hand und küsste sie.

Ich spürte, wie sie von oben auf meinen gesenkten Kopf schaute, und dann sagte sie überflüssigerweise:

»Ach, wie sehr du doch meinem Ahmet ähnelst!«

XXIX. Familiäre Auflösungserscheinungen

Im August 1939 kehrte Mehmet anlässlich seiner Hochzeit nach İzmir zurück, und Muazzez und Ali trafen aus Ankara ein und verliehen dem kleinen Haus mit ihrer Anwesenheit eine gewisse Noblesse.

Ich selber war bei Mehmets Hochzeit nicht zugegen, denn am Vortag wurde ich zu einem Manöver abkommandiert und musste den Trubel und die Aufregung hinter mir lassen. Das Manöver dauerte zehn Tage, und bei meiner Rückkehr erlitt ich einen gehörigen Schock, denn meine Großmutter hatte uns verlassen und war mit Mehmet und Bedia nach İstanbul zurückgekehrt. Mein Bursche war im Krankenhaus.

Es war vorher in der Familie vereinbart worden, dass meine Mutter zu Muazzez nach Ankara ziehen würde, sollte meine Großmutter zukünftig bei meinem Bruder und seiner Frau ihr Unterkommen finden. Meine Großmutter hätte uns nie verlassen, wäre Mehmet zu jener Zeit nicht häufiger auf See gewesen als zu Hause. Man hielt es für unklug, die junge Bedia ohne eine »Anstandsdame« allein zu lassen. In anderen Ländern wäre eine solche Beaufsichtigung vielleicht unnötig gewesen, doch es war undenkbar, die siebzehnjährige Bedia allein in İstanbul zurückzulassen, wo ein Skandal, ob wahr oder erfunden, nur einen klitzekleinen Funken benötigte, um sich in eine lodernde Flamme zu verwandeln. Für unvorsichtige junge Ehefrauen gab es jede Menge Fallstricke in İstanbul.

Als dieses Arrangement erstmals vorgeschlagen wurde, äußerte meine Mutter sich zustimmend, und sie sagte mir im Vertrauen, dass sie vielleicht schon zu lange mit meiner Großmutter zusammengelebt habe und dass ihr das Leben in Ankara sicherlich guttun werde.

Deshalb war ich sehr überrascht, sie bei meiner Rückkehr noch in İzmir vorzufinden, und dass sie ganz allein im Haus war, machte das Ganze noch wesentlich schlimmer.

»Wo ist das Dienstmädchen?«, fragte ich.

»Das habe ich entlassen. Es war stinkfaul«, erwiderte meine Mutter, die dieses Dienstmädchen bis dahin immer in den höchsten Tönen gelobt hatte.

Meine Mutter war in einem entsetzlichen Zustand. Ich erschauerte angesichts der herzlosen, unverantwortlichen Handlungsweise, sie ganz allein in diesem leeren, dumpf widerhallenden Haus zurückzulassen. Sie war ungewaschen, ungekämmt und verschlampt, und was noch schlimmer war, sie merkte es nicht einmal.

Ich verfluchte Mehmet, weil er dies zugelassen hatte, doch der flatterhaften Muazzez konnte ich kaum einen Vorwurf machen, denn sie war immer zu sehr mit ihren eigenen Angelegenheiten beschäftigt, um beunruhigt zu sein, als meine Mutter sich geweigert hatte, sie nach Ankara zu begleiten.

Ich fragte nach meinem Burschen, und es hieß, der sei im Krankenhaus. Meine Mutter begann sich mit einer hohen, wimmernden Stimme über das Dienstmädchen zu beklagen, das sie entlassen hatte. Und die ganze Zeit rang sie die Hände und riss dabei, ohne es zu merken, ein Spitzentaschentuch entzwei. Sie sah aus, als hätte sie seit Tagen nichts mehr gegessen, und im Haus herrschte ein heilloses Durcheinander. Die Möbel meiner Großmutter waren fast alle nach İstanbul geschafft worden, und die wenigen noch im Haus verbliebenen Stücke waren von den Wänden weggerückt worden. Die Betten waren nicht gemacht, und die Küche war übersät mit Essensresten, die offenbar schon mehrere Tage alt waren.

Ich führte meine Mutter in den stickigen, ungelüfteten Salon und stieß die Fenster weit auf. Auch hier sah es aus wie auf einem Schlachtfeld. Es zerriss mir das Herz, meine Mutter so zu sehen, in diesem schmutzigen, völlig verwahrlosten Haus.

»Warum bist du nicht mit Muazzez gegangen?«, fragte ich sie sanft, und sie starrte mich ein oder zwei Momente lang an und antwortete dann:

»Und wer hätte sich um dich gekümmert, wenn ich fortgegangen wäre?«

Ich biss mir auf die Lippen und unterdrückte die scharfe Entgegnung, die mir auf der Zunge lag. Sie sagte in einem jammernden Tonfall:

»Als deine Großmutter das Haus verließ, habe ich sie darum gebeten, sich nicht noch einmal umzublicken, denn das würde uns nur Unglück bringen. Sie hörte aber nicht auf mich und blieb an der Straßenecke stehen. Sie drehte sich um und blickte dermaßen lange auf das Haus, dass ich ihr schließlich laut hinterherrufen musste, sie solle verschwinden.«

Ihre hysterische Stimme überschlug sich, und ich rutschte beklommen in meinem Sessel hin und her, wobei ich die Szene noch einmal mit ihren Augen sah: die alte Frau, wie sie auf ihren Stock gestützt an der Ecke stand und sich noch einmal nach einem Ort umblickte, wo sie glücklich gewesen war, und meine Mutter, wie sie meine Großmutter von der Terrasse aus anschrie und womöglich Aufmerksamkeit erregte, und meinen Burschen, wie er versuchte, sie in das stille Haus zurückzuzerren.

Sie starrte mich unverwandt an, um herauszufinden, wie ich auf das reagierte, was sie mir erzählte. Ich sagte nichts. Sie hatte sich so lange allein im Haus aufgehalten und mit niemandem sprechen können, dass sie jetzt einfach reden musste.

»Deine Großmutter wollte nicht gehen. Sie sagte, ich wolle sie loswerden. Deshalb hat sie sich noch einmal umgeblickt, obwohl ich sie gebeten hatte, das nicht zu tun: um dieses Haus zu verfluchen und jeden, der darin wohnt! Ich weiß«, sagte sie und nickte mir dabei zu, »sie würde mich am liebsten unter der Erde sehen!«

»Ach, Mutter!«, sagte ich, wobei ich mich fragte, ob die Fehde zwischen den beiden wohl jemals ein Ende nehmen würde.

Ich sah noch immer die abreisende Gestalt meiner Großmutter vor mir, und ich fragte mich, ob wir tatsächlich die richtige Entscheidung getroffen hatten, wir Jüngeren, die wir nur daran gedacht hatten, die beiden zu trennen, sie daran zu hindern, sich weiter in die Haare zu kriegen, wie sie es so viele Jahre lang gemacht hatten. Ich dachte an meine Mutter, die um meinetwillen hiergeblieben war, und ich konnte sie mir nicht vorstellen in der ihr fremden Atmosphäre im Haus meiner Schwester in Ankara. Ich wusste nicht, was ich jetzt mit ihr anstellen sollte – jetzt, wo nur noch ich da war, um mich um sie zu kümmern. Ich hatte versucht, ihr ein guter Sohn zu sein, war damit aber irgendwie gescheitert, womöglich schon vor vielen Jahren. Ich fühlte mich hilflos, wie ich so dasaß und sie beobachtete. Die anderen hatten sich ihrer Verantwortung entzogen und waren fortgegangen: Sie hatten mich mit meiner Mutter allein zurückgelassen, und das war das, wovor ich mich immer am meisten gefürchtet hatte.

Als mein Bursche ein paar Tage später zurückkehrte, war im Haus bald alles wieder in bester Ordnung. Ich war froh, meine Mutter in seiner Obhut zu wissen, wenn ich morgens zum Aerodrom aufbrach, denn ich wusste, es konnte ihr nichts geschehen.

Ende August wurde ich nach Kayseri geschickt, um dort ein neues Flugzeug für meine Einheit abzuholen, doch am 3. September erhielt ich ein Telegramm von meinem Kommandeur, in dem er mir befahl, unverzüglich zurückzukehren.

In Europa herrschte wieder Krieg: Die Deutschen waren in Polen einmarschiert, und auf der Welt gingen erneut überall die Lichter aus, eines nach dem anderen. Als ich zum Auftanken in Eskişehir landete, sah ich, dass alle Flugzeuge aus ihren Hangars geholt worden waren und auf dem Rollfeld standen. Es waren Zelte aufgestellt worden, und es fuhren jede Menge Lastwagen herum. Ich fragte mich, ob die Türkei in den Krieg eintreten würde und, noch wichtiger, wenn ja, auf wessen Seite.

In Eskişehir erfuhr ich, dass für alle der Urlaub gestrichen war und dass die Offiziere fortan rund um die Uhr in den Aerodromen bleiben mussten. Als ich nach İzmir startete, musste ich an meine Mutter denken. Wer würde sich jetzt um sie kümmern?

In İzmir wurde ich von aufgeregten Kameraden bestürmt, doch ich hatte keine Zeit. Ich begab mich zum Kommandeur und bat ihn, die neue Vorschrift für mich ein wenig zu lockern, nur für eine Nacht, da ich mir Sorgen um meine Mutter machte. Er wusste von ihrer Krankheit und erlaubte mir, sofort nach Hause zu gehen. Falls man mich brauche, sagte er, werde er mich mit einem Wagen abholen lassen.

Als ich zu Hause eintraf, machte meine Mutter einen ruhigen und gelassenen Eindruck. Sie begrüßte mich herzlich und erzählte mir, sie habe im Radio vom Kriegsausbruch gehört. Und von den Nachbarn hatte sie bereits erfahren, dass ich nun abends nicht mehr nach Hause kommen durfte. Ich war erleichtert, sie dermaßen normal vorzufinden.

Im September lief alles noch bestens, denn mein Bursche wusste ganz genau, wie man meine Mutter zu behandeln hatte, und außerdem telefonierte ich jeden Tag mit ihr. Ein neues Dienstmädchen wurde eingestellt, von dem meine Mutter anfangs eine hohe Meinung hatte, doch bald schlich sich wieder die alte Unzufriedenheit in ihre Stimme ein, und es schien ihr nicht mehr so gut zu gefallen.

Im Oktober wurde mein Bursche demobilisiert, weil er

seinen Militärdienst abgeleistet hatte. An seiner Stelle kam ein neuer, den meine Mutter nicht ausstehen konnte. Sie erzählte mir, er sei zu dumm, um irgendetwas richtig zu machen oder um auch nur halbwegs zu verstehen, was sie meine. Ich schickte ihr noch etliche andere, aber keiner von ihnen wollte bleiben, und meine Mutter fasste ohnehin auf Anhieb eine Abneigung gegen jeden von ihnen. Dann feuerte sie das Dienstmädchen, und fortan war sie mit dem Hund allein im Haus.

Ich war fast außer mir vor Sorge und kreiste jeden Tag mit meinem Flugzeug über dem Garten, um zu sehen, ob es ihr gut ging. Ich schrieb Mehmet, um ihm die Situation darzulegen und ihm vorzuschlagen, meine Mutter bei ihm in İstanbul unterzubringen, wo sie wenigstens nicht die ganze Zeit allein wäre.

Eines Tages konnte ich mir dienstfrei nehmen, und ich ging nach Hause, um die Angelegenheit mit meiner Mutter zu besprechen.

»Deine Großmutter ist dort«, sagte sie. »Vielleicht haben wir beide einander mehr vermisst, als uns bewusst ist, und ich wäre auf alle Fälle wieder zurück in İstanbul.«

Mehmet antwortete prompt und schrieb, Bedia würde unsere Mutter mit Freude bei sich aufnehmen, und ich solle sie unverzüglich zu ihnen schicken.

Ich erhielt ein weiteres Mal dienstfrei, half meiner Mutter beim Packen und brachte sie nach İstanbul.

Bedia hieß sie freundlich willkommen und zeigte uns das große, helle Zimmer, das sie für sie vorbereitet hatte. Meine Großmutter schaute nachdenklich drein, als überlegte sie, ob diese Ménage à trois wohl funktionieren werde.

Ich kehrte allein nach İzmir zurück und ging zu dem leeren Haus, wo ich mich fragte, was mit den noch darin verbliebenen Möbeln geschehen solle. Der Hund, Fidèle, verweigerte sein Fressen und wimmerte die ganze Zeit leise vor sich hin, wobei er mich so bekümmert anschaute, als bettelte er darum, dass ich ihm erzählte, was passiert sei.

Hin und wieder trottete er auf leisen Pfoten zur Tür, wobei er die Teppiche beschnupperte, und dann kehrte er niedergeschlagen zu mir zurück und ließ sich neben meinem Sessel auf den Boden fallen.

Mein Bursche servierte das Abendessen, und der stille Raum schien sich mit Geistern zu füllen. Fidèle war mir zum Tisch gefolgt, wollte sich aber nicht füttern lassen. Er legte sich hin, seine Schnauze ruhte auf den Vorderpfoten, und ab und an spitzte er die Ohren, ob er vielleicht ein Geräusch gehört hatte. Er wartete die ganze Zeit darauf, dass meine Mutter den Raum betrat, doch sie würde dort nie wieder auftauchen.

Das Haus wurde der Stille überantwortet und der Erinnerung an all die turbulenten Dinge, die sich unter seinem schmalen Dach zugetragen hatten.

XXX. Leb wohl, Şevkiye!

In İstanbul entwickelte sich meine Mutter zu einem ausgesprochenen Problemfall.

Es dauerte nicht lange, und sie zog bei Bedia aus und nahm sich ein Zimmer in einem hohen alten Haus in Şişli – sie meinte, sie wolle lieber allein sein. Hin und wieder besuchte sie meine Großmutter, und diese und Bedia registrierten schon bald ihren rapiden Verfall, die Vernachlässigung ihrer Garderobe. Sie erzählte den Leuten, ihre Kinder hätten sie verstoßen. Sie aß nur noch unregelmäßig, und dann auch nur sehr wenig, und den überwiegenden Teil ihres Geldes schenkte sie irgendwelchen armen Schluckern, die ihr auf der Straße über den Weg liefen. Sie sprach mit sämtlichen Bettlern von İstanbul und lud sie zu sich in ihr Zimmer in Şişli ein, wo sie sie großzügig mit Lebensmitteln versorgte. Sie konnte es nicht ertragen, Menschen in abgerissenen Kleidungsstücken herumlaufen zu sehen, und so überließ sie ihnen ihre eigenen. Es gab Tage, an denen sie kilometerweit durch die Stadt lief und erschöpft und hungrig nach Hause zurückkehrte, aber kein Geld mehr hatte, um sich selbst etwas zu essen zu kaufen. Sie suchte Orte auf, an denen sie früher einmal gelebt hatte, wobei sie sich häufig ein Taxi nahm und den Fahrern hochnäsig befahl, auf sie zu warten, und wenn sie dann nicht bezahlen konnte, dirigierte sie die Fahrer zu Bedias Haus. Sie kaufte in großen Mengen Süßigkeiten, um sie an die Kinder in den Elendsvierteln zu verteilen, und einmal entdeckte man sie, wie sie in den schmutzigen, von Unkraut überwucherten Ruinen unseres zerstörten Hauses saß, des Hauses, das mein Vater für sie gekauft hatte, bevor er in den Krieg gezogen war. Ich bekam keinen Urlaub, um sie in İstanbul zu besuchen, sondern konnte ihr nur verzweifelte Briefe schreiben, in denen ich sie inständig beschwor, wieder zu meiner Großmutter und Bedia zurückzukehren, die sich gut um sie kümmern würden.

Diese Briefe ignorierte sie völlig.

Seitdem sie von İzmir weggezogen war, hatte sie sich nicht mehr mit mir in Verbindung gesetzt, noch nicht einmal indirekt über die unzusammenhängenden Briefe meiner Großmutter. Ich wurde immer verzweifelter und fragte mich, welches Ende diese Geschichte wohl nehmen würde.

Am 2. Februar 1940 erhielt ich ein Telegramm von Bedia, in dem sie mich bat, unverzüglich nach İstanbul zu kommen, da meine Mutter ernsthaft erkrankt sei. Ich ging zu meinem Kommandeur und zeigte ihm das Telegramm. Nach einem kurzen Blick auf mein Gesicht erteilte er mir die Erlaubnis zum Verlassen des Aerodroms. Ich hinterließ ihm Bedias Adresse und buchte dann in aller Eile einen Platz im Zug nach Bandırma. In Bandırma nahm ich das Schiff nach Galata, voller Ungeduld angesichts des Schneckentempos, in dem ich vorankam, und die ganze Zeit schlug mir das Herz bis zum Hals.

Als ich dann endlich in Mehmets Haus eintraf, war Bedias tränennasses, verquollenes Gesicht nicht dazu angetan, mir das Gefühl zu geben, dass ich mir unnötig Sorgen gemacht hatte.

»Ist meine Mutter tot?«, fragte ich sie, wobei ich sie am Arm packte, und dann kam meine Großmutter durch die schmale Diele und zog mich in den Salon. Sie setzte sich und bat mich, ebenfalls Platz zu nehmen, doch dazu war ich absolut nicht in der Lage.

»Spann mich nicht länger auf die Folter«, sagte ich in ihr ruhiges Gesicht. »Ist sie tot?«

»Nein«, erwiderte sie. »Aber besser, sie wäre es.«

Ich lief unruhig im Zimmer auf und ab, wobei mein Blick

auf das vertraute Mobiliar fiel, das noch immer Erinnerungen an meine Kindheit weckte und an den Hunger, auch wenn ich in dieser Hinsicht nun nichts mehr zu befürchten hatte. Sämtliche Häuser, in denen wir gewohnt hatten, selbst als der Wohlstand wieder bei uns Einkehr gehalten hatte, waren stets mit jenen frühen unsicheren Tagen verknüpft gewesen, denn diese klobigen alten Möbel hatten einen immer an jene Zeit erinnert. Seinen Erinnerungen konnte man nicht entkommen.

»Komm, setz dich«, sagte meine Großmutter sanft. »Es bringt nichts, hier im Zimmer auf und ab zu tigern oder hysterisch zu werden.«

Ich setzte mich auf einen mit Brokat bezogenen Sessel, der einmal wunderschön gewesen, aber durch den langen Gebrauch an den Rändern nun ziemlich zerschlissen war.

»Wo ist meine Mutter?«, fragte ich sie. »Was ist mit ihr geschehen?«

Und ich glaube, ich wusste die Antwort, noch bevor irgendjemand den Mund aufmachte. Es war Bedia, die es mir erzählte, Bedia, die wieder zu weinen begann und mich mit ihren ständigen Tränen allmählich verärgerte, aber die den Mut aufbrachte, mir das zu erzählen, was meiner Großmutter so schwer von der Zunge gehen wollte.

»Sie hat den Verstand verloren«, sagte Bedia mit ernster Stimme, und ich war froh, dass sie da war, neu in unserer Familie, bereit, über schmerzliche, unangenehme Dinge zu reden, mit einer Offenheit, die uns anderen nicht möglich gewesen wäre. Sie war so neu in unserer Familie, dass unser Entsetzen sie nicht allzu sehr berühren konnte.

Meine Großmutter erhob sich, stand kerzengerade da, ohne jegliche Farbe im Gesicht, ihre strengen Augen von Mitgefühl erfüllt. Sie legte eine Hand auf Bedias junge Schulter und sagte:

»Na komm, mein Kind! Hör auf zu weinen!«

Und sie fuhr damit fort, die schmale Schulter geistesabwesend zu tätscheln, wobei ihre Augen auf etwas schauten, das wir nicht sehen konnten. Ich lehnte am Fenster, mit einem flauen Gefühl im Magen, und wartete darauf, dass sie mir alles erzählten.

Es war Bedia, die schließlich das Wort ergriff.

»Mutter kam uns vorgestern Abend besuchen«, sagte sie, »und sie sah sehr krank aus. Sie sagte, sie sei hungrig, und ich gab ihr etwas zu essen. Dann fragte sie mich, ob sie bei uns übernachten könne. Sie klagte über Kopfschmerzen, und natürlich sagte ich zu ihr, ich würde mich freuen, wenn sie bei uns bliebe, nicht nur für eine Nacht, sondern für immer. Eine Zeit lang verhielt sie sich völlig normal, doch dann wurde sie zunehmend gereizter. Sie verlangte, dass ich das Radio ausschaltete, weil es angeblich ihre Kopfschmerzen verschlimmerte. Also schaltete ich es aus. Daraufhin merkte sie an, wie folgsam ich doch sei, und dann fragte sie mich, ob ich das Zusammenleben mit Großmutter nicht schwierig finde. Ich sagte, nein, dies sei nicht der Fall, und dann suchte sie Streit. Sie sagte, Großmutter sei eine extrem schwierige Frau, und sie meinte, dass alle Schwiegermütter ihren Schwiegertöchtern das Leben verdarben und dass dies auch der Grund sei, warum sie nicht bei mir leben wolle. Sie sagte, sie wolle nicht, dass sich ältere Leute in mein Leben einmischten, und dann wandte sie sich an Großmutter und sagte, sie solle bei mir ausziehen und sich irgendwo ein Zimmer nehmen. ›Es ist egoistisch von dir, dass du hier bleibst‹, sagte sie. ›Bedia will dich hier nicht haben. Wenn man alt ist, ist man nutzlos‹, fuhr sie fort, ›dann wollen einen die Kinder nicht mehr.‹«

Bedia hielt unsicher inne, und ich registrierte, im Schatten ihres Ohrensessels, das stille, unbewegte Gesicht meiner Großmutter, ihre sittsam im Schoß gefalteten reglosen Hände. Bedia fuhr fort:

»Mutter wurde wütend, weil Großmutter ihr nicht antworten wollte. Was immer sie sagte, richtete sich einzig und allein an Großmutter – mich benutzte sie dabei nur als Vorwand. Das war nicht zu übersehen. Dann erzählte sie mir, dass sie Großmutter hasse, dass sie sie schon seit vielen Jahren hasse, dass Großmutter dafür verantwortlich gewesen sei, dass irgendein Haus abgebrannt sei – vor langer, langer Zeit, glaube ich«, fügte Bedia entschuldigend hinzu, da sie mit der Geschichte unserer Familie noch nicht vertraut war und nichts von dem kompakten weißen Haus wusste, das mit hoch in den nächtlichen Himmel auflodernden Flammen niedergebrannt war. »Mehmet ist zurzeit in Bandırma. Er ist dort vor ein paar Tagen an Bord eines Torpedoboots hingefahren, sodass er an diesem Abend gar nicht zu Hause war. Mutter fragte andauernd nach ihm, und sie vergaß andauernd, dass ich ihr bereits erzählt hatte, wo er war. Und dann schrie sie plötzlich, sie könne nicht verstehen, was ich im Haus ihres Sohnes zu suchen hätte. ›Ich weiß, du bist seine Frau‹, sagte sie, mit einer unglaublichen Verachtung in der Stimme, ›aber ich mag deine angemalten Lippen nicht. In unserer Familie hat sich noch nie jemand die Lippen angemalt.‹ Und dann sagte sie zu Großmutter, sie könne sie von ihrer Schwerhörigkeit kurieren, und bat mich um etwas Olivenöl, das sie, wie sie sagte, erhitzen und dann in Großmutters schlechte Ohren träufeln wolle. Ich wollte das nicht, aber sie bestand darauf, und so ging ich die Küche und holte, was sie verlangt hatte. Als ich von dort zurückkam, starrte sie auf ein Messer, das noch immer auf dem Tisch lag und das sie beim Essen nicht benutzt hatte.« Hier zitterte Bedia, als sie sich erinnerte, und ihre Augen verdüsterten sich. »Sie meinte, mit einer irgendwie komischen Stimme, das Messer habe eine hübsche Schneide und es sei so sauber und schimmere so schön. Und die ganze Zeit schaute sie dabei auf Großmutter, doch Großmutter sah sie einfach nur an, denn sie hatte nichts von dem mitbekommen, was Mutter gesagt hatte. Ich nahm das Messer schnell vom Tisch und verwahrte es im Schrank, und als ich mich wieder zu ihr umdrehte, sagte sie zu mir: ›Was stört dich daran, wenn ich lobe, wie du dein Besteck pflegst, Bedia? Hast du etwa gedacht, ich wollte Großmutter etwas antun?‹ Ich sagte, nein, das hätte ich nicht gedacht, und dann kam sie zu mir herüber, und ich schrie vor Schreck laut auf, und sie sah mich überrascht an und fragte mich, warum ich geschrien hätte, aber ich wusste nicht, was ich darauf antworten sollte. Und die ganze Zeit saß Großmutter da und sagte kein einziges Wort. Sie mischte sich nicht ein, was Mutter noch wütender machte, und ich hatte Angst, es könnte etwas Schlimmes passieren.« Und völlig arglos fügte sie hinzu: »Großmutter ist sehr halsstarrig, versteht ihr.«

Ich nickte, denn ich erinnerte mich von früheren Zeiten an diese Halsstarrigkeit.

»Ja, ich weiß«, sagte ich zu Bedia. »Bitte erzähl weiter.«

»Es gibt nicht mehr viel zu erzählen«, sagte sie. »Nach einer Weile sagte Mutter, sie wolle zu Bett gehen, sie könne die Kopfschmerzen nicht mehr ertragen, und sie fragte mich, ob ich Aspirin hätte. Ich sagte nein, und sie meinte, das sei nicht so schlimm. Als sie in ihrem Zimmer verschwunden war, meinte Großmutter, wir sollten lieber einen Arzt holen. Ich wollte wissen, warum, und Großmutter sagte, dass sie ihre Schwiegertochter sehr gut kenne, dass sie labil sei und seit Jahren für Unannehmlichkeiten sorge und dass sie uns in der Stimmung, in der sie an jenem Abend war, noch jede Menge Probleme bereiten könne. Also zog ich los, um einen Arzt zu holen, und der kam auch gleich mit hierher – und fragte sich wahrscheinlich, warum wir ihn so dringend brauchten, denn viel hatte ich ihm nicht erklären können. Als er in ihr Zimmer trat, war sie noch wach und fragte mich, wer der Mann sei. Ich sagte ihr, er sei Arzt und wolle ihr etwas gegen ihre Kopfschmerzen geben. Sie wirkte sehr misstrauisch, ließ sich aber von ihm untersuchen. Er ließ ihr ein paar Tabletten da und begleitete mich dann in den Salon, wo er Großmutter alle möglichen Fragen über Mutter stellte. Am Ende sagte er, es wäre das Beste, Mutter für ein paar Monate in eine Anstalt einzuweisen, wo man sie gut pflegen und vor allem auch gut ernähren werde. ›Es sieht so aus, als habe sie es bewusst darauf angelegt, zu verhungern‹, sagte er. Dann verließ er uns, aber wir hatten nicht bemerkt, dass Mutter alles mit angehört hatte. Der Arzt hatte nämlich laut schreien müssen, um sich Großmutter verständlich zu machen, und diese hatte genauso laut zurückgeschrien, ohne zu merken, dass sie schrie. Es war fürchterlich. Mutter kam zurück in den Salon, im Nachthemd, und sagte: ›Haltet ihr mich für verrückt? Für so verrückt, dass ihr mich an einen Ort bringen wollt, wo ich meine Kinder nie mehr wiedersehen werde?‹ Großmutter versuchte sie zu beruhigen, obwohl Mutter sehr ruhig war, aber gleichzeitig auch aufgeregt. Sie setzte sich auf den Diwan und schaute mich kläglich an. ›Bedia‹, sagte sie, ›hältst du mich für verrückt? Findest du es verrückt, wenn ich den Armen helfen möchte, wenn ich meine Kinder zu sehr liebe, wenn ich um das Leben meines ältesten Sohns bange? Findest du es verrückt, wenn ich alleine lebe, weil ich nicht das Eheglück von dir und Mehmet stören will oder das von Muazzez und ihrem Mann?‹ Ich sagte, nein, das fände ich nicht. Sie klang so normal, so vernünftig, dass ich schon zu glauben begann, es sei ein Fehler gewesen, einen Arzt zu holen und ihm so viel zu erzählen. Mutter saß da, und dann brach sie plötzlich in Tränen aus und stürmte in ihr Zimmer, wo sie sich einschloss. Ich rannte hinter ihr her, doch sie wollte mich nicht hereinlassen. Ich hörte sie drinnen die ganze Zeit rumoren und weinen. Dann kam Großmutter und hämmerte gegen die Tür und schrie, sie solle uns aufmachen. Doch ihre Stimme schien Mutter endgültig in den Wahnsinn zu treiben.

Sie riss plötzlich die Tür auf – vollständig angekleidet – und schob uns aus dem Weg, wobei sie zu Großmutter sagte: ›Du bist schuld an allem, was mir im Leben zugestoßen ist!‹ Dann stürmte sie die Treppe hinunter und aus dem Haus. Ich rannte ihr sofort hinterher, konnte sie aber nicht einholen. Sie schien Bärenkräfte zu haben. Hinterher erfuhren wir, dass sie fast bis nach Şişli gelaufen war und sich ein Taxi nehmen wollte, aber, kaum dass sie darin Platz genommen hatte, in Ohnmacht gefallen war. Sie war natürlich völlig entkräftet, denn sie hatte seit Tagen nichts mehr gegessen – abgesehen von dem bisschen, das ich ihr an dem Abend gegeben hatte. Der Taxifahrer lieferte sie schnurstracks bei der Polizei ab. Heute Morgen kam die Polizei zu uns, um uns davon zu unterrichten. Sie erzählten uns, Mutter habe auf der Wache randaliert und wegzulaufen versucht, und daraufhin hätten sie einen Arzt gerufen, der ihr eine Beruhigungsspritze gegeben habe und sie dann mit einem Krankenwagen zur Gerichtsmedizin bringen ließ.«

Bedia war mit ihrem Bericht fertig, und ich betrachtete sie, die, noch keine achtzehn, Zeugin der Entfesselung solch gewaltiger Emotionen gewesen war, des plötzlichen Aufbrechens von Wunden, die seit sechsundzwanzig Jahren still vor sich hin geschwärt hatten. Nach diesem Erlebnis, so schien es mir, war der rührende jugendliche Ausdruck für immer aus ihrem Gesicht verschwunden – ihr zartes, mädchenhaftes Gebaren hatte sich mit einem Mal in Luft aufgelöst.

»Wo ist sie jetzt?«, fragte ich.

»Ich weiß es nicht«, erwiderte Bedia erschöpft. »Die Polizei wird es dir sagen. Ich wäre selbst hingegangen, um mich zu erkundigen, aber ich hielt es für besser, hier auf deine Ankunft zu warten.«

Meine Großmutter legte mir die Hand auf die Schulter, und ich dachte an das angestrengt lauschende Gesicht, mit dem sie meine Mutter beobachtet haben musste, an die tauben Ohren, die nichts gehört hatten, obwohl sie sich der drohenden Gefahr bewusst gewesen sein musste. Ich dachte an den bewundernswerten Mut, der sie trotz der schimmernden, zuverlässigen Messerklinge in ihrem Stuhl hatte ausharren lassen, als jede unbedachte Bewegung meine überreizte Mutter zum Zustechen hätte veranlassen können. Mir stockte das Herz, und ich spürte, wie ich eine Gänsehaut bekam. An den Schmerz und den Kummer und den Argwohn, an all die Dinge, die sich jahrzehntelang in ihr angestaut hatten, an den übervollen Kopf meiner Mutter wollte ich nicht denken. Jetzt noch nicht, sagte ich mir. Noch nicht. Dazu ist später noch genügend Zeit. Denkst du jetzt daran, so wirst du Bedia und deine Großmutter verfluchen, weil sie diese Dinge nicht berücksichtigt haben. Denk lieber an etwas anderes!

Ich ging zur Gerichtsmedizin, und der Psychiater, der meine Mutter untersucht hatte, empfing mich zu einem Gespräch.

Er war ein alter, weißhaariger Mann mit gütigen Augen, und als ich ihn fragte, ob ich meine Mutter sehen dürfe, sagte er sanft:

»Sie ist nicht mehr hier. Sie sind ein junger Mann und ein Flieger, und Sie haben bestimmt viele tragische Dinge gesehen, aber ich finde, diese Qual sollten Sie sich ersparen.«

Ich flehte ihn an, doch er ließ sich nicht erweichen.

»Sie ist nicht hier«, wiederholte er. »Wir haben sie nach Bakırköy gebracht. Dort wird man sich gut um sie kümmern.«

Ich erinnerte mich an den roten, fensterlosen Krankenwagen, der bei meiner Ankunft von der Gerichtsmedizin weggefahren war, und plötzlich wusste ich: Darin hatte sich meine Mutter befunden! Sie hatten sie in diese stickige Kiste gesperrt, um ihrem bereits angeknacksten Verstand den Rest zu geben! Ich merkte, wie mir der kalte Schweiß auf die Stirn trat. Gab es denn keine Menschlichkeit mehr? War es wirklich notwendig, sie wie eine Besessene, wie eine Schwachsinnige zu behandeln, wie eine Kreatur, die keine Gefühle hatte, die nichts mitbekam? Ich war mir sicher – so sicher, als hätte sie es mir persönlich gesagt –, dass sie sich dessen, was mit ihr geschah, vollkommen bewusst gewesen war, dass sie gewusst hatte, warum sie in diesen fensterlosen Krankenwagen gesteckt worden war. Ihr hatte es vor Mitleid immer das Herz zerrissen, wenn sie einen dieser Krankenwagen auf den Straßen von İstanbul erblickt hatte.

»Ach, die Ärmsten«, hatte sie dann immer gesagt. »Ihre Familien wollen sie nicht mehr haben. Sie werden nach Bakırköy gebracht, wo sie niemandem mehr zur Last fallen können.«

Ich konnte nicht zur Ruhe kommen, ehe ich nicht noch ein weiteres Mal versucht hatte, sie zu sehen, um sie zu trösten – falls sie überhaupt noch zu trösten war.

Ich verließ die Gerichtsmedizin und fuhr mit dem Zug nach Bakırköy, wobei ich mich maßlos über die langen Aufenthalte an den Stationen entlang der Strecke ärgerte und mich fragte, warum um Himmels willen ich mir kein Taxi genommen hatte.

Am Bahnhof konnte ich einen Phaeton ergattern und ließ mich zur Nervenheilanstalt fahren, einem trostlosen Gebäudekomplex inmitten schöner Gartenanlagen und ringsum von hohen, unüberwindbaren Mauern umgeben.

Ich ging durch das Eingangstor hinein, nachdem mich ein Pförtner mit schneidender Stimme nach meinem Begehr gefragt hatte. Er beäugte mich misstrauisch, und wäre ich nicht in Uniform gewesen, so hätte er mich vermutlich gar nicht eingelassen.

Ein Mann kam auf mich zu, ein vollkommen normal aussehender Mann, und ich fragte ihn, wo ich den diensthabenden Arzt finden könne. Er grinste mich an und gestikulierte vage mit den Händen. Als ich seine fiebrig glänzenden Augen bemerkte, ging ich weiter – ich spürte, wie mich ein leises Unbehagen beschlich.

Ich stieg ein paar Stufen hinauf und landete in einem Flur, wo ich eine Tür entdeckte, auf der »Privat/Sekretär« stand. Ich ging hinein und brachte mein Anliegen vor.

»Wann ist sie denn eingeliefert worden?«, fragte der Sekretär wichtigtuerisch und blätterte eine Art Hauptbuch durch.

»Heute«, sagte ich auf gut Glück, und er schaute in einen Ordner auf seinem Schreibtisch und sagte, ja, sie sei am Vormittag eingewiesen worden. Er schickte mich zum gegenüberliegenden Gebäude, wo man mir Näheres sagen könne. Er hob seine großen weißen Hände, um anzudeuten, dass er bloß der Sekretär sei und nicht alles wissen könne.

Ich ging wieder hinaus in den Flur, wo nun lauter Patienten waren, die mit hochgekrempelten Ärmeln auf ihre Injektionen warteten. Ich schritt durch ihre geordneten Reihen, und wenn ich einen von ihnen berühren musste, durchfuhr mich jedes Mal ein leiser Schauder – vielleicht, weil ich ein wenig Angst vor ihnen hatte. Sie blickten mich teilnahmslos an, und ich eilte hastig durch ihre Reihen, mit gesenktem Kopf, denn die Befremdung, die sie in mir auslösten, war in erster Linie Verlegenheit.

In dem anderen Gebäude geriet ich an einen Arzt, der mir mitteilte, dass ich meine Mutter auf gar keinen Fall sehen dürfe.

»Schauen Sie in sechs Wochen wieder vorbei«, sagte er herzlos. »Dann können Sie sie vielleicht sehen.«

Zähneknirschend gab ich mich geschlagen, fragte ihn aber, ob man sie nicht wenigstens in ein Einzelzimmer verlegen könne, woraufhin er die Schultern zuckte, um mir zu verstehen zu geben, dass die Behandlung, die man ihr dort angedeihen lassen würde, auch nicht besser wäre.

»Aber sie wird dort eine gewisse Privatsphäre haben«, sagte

ich. »Dort wird sie sich nicht ständig der Gegenwart der anderen Patienten bewusst sein.«

Seine Augen musterten mich kühl.

»Herr Leutnant«, sagte er mit entsetzlicher Härte, entsetzlicher Verständnislosigkeit, »in ihrem derzeitigen Zustand wird Ihrer Mutter überhaupt nichts bewusst.«

Ich hasste seine kalte, sachliche Stimme, bestand aber dennoch darauf, dass meine Mutter ein Einzelzimmer bekam. Er arrangierte dies in meiner Gegenwart und nahm den Scheck, den ich ihm reichte, mit einem argwöhnischen Gesichtsausdruck entgegen, als befürchtete er, dieser sei womöglich nicht gedeckt. Während er mir eine Quittung ausstellte, sagte er:

»Wir sehen es hier lieber, wenn in bar bezahlt wird, Herr Leutnant. Könnten Sie wohl so freundlich sein und dies bei Ihrem nächsten Besuch beherzigen?«

Darauf erwiderte ich nichts, und er erhob sich, um mir zu verstehen zu geben, dass er ein vielbeschäftigter Mann sei und dass er unser Gespräch als beendet betrachtete. Als ich mich von ihm verabschiedete, lag seine weiße Hand schlapp in meiner, und seine Augen durchbohrten mich auf eine Weise, die mich erkennen ließ, dass er ein Mann mit einer Mission war, der mich, böte ich ihm auch nur den geringsten Anlass, ebenfalls unter Beobachtung stellen würde.

Ich verließ Bakırköy, ohne irgendetwas erreicht zu haben. Während der gesamten Rückfahrt stellte ich im Zug die wildesten Spekulationen darüber an, was sie mit meiner Mutter machen würden. Ich fragte mich, ob es in ihrem Zimmer ein Fenster gab, das das Sonnenlicht hereinließ und die frische Luft, die sie so sehr liebte. Würde sie dort einen Ausblick auf die Gartenanlagen haben? Oder würde sie ans Bett angeschnallt sein, wehrlos den Maßnahmen ihrer Ärzte ausgeliefert? Ich stand immer kurz davor, in Tränen auszubrechen, und kehrte nicht zu Mehmets Haus zurück. Es gab nichts mehr zu sagen, und ich hatte keine Lust auf die Fragen in den Augen meiner Großmutter, auf das Mitleid in Bedias Augen.

Ich kehrte nach İzmir zurück, wo ich mich in die Arbeit stürzte und auf Neuigkeiten wartete. Mehmet schrieb mir einige Male, doch ich verspürte nicht das Bedürfnis, ihm zu antworten. Was hätte ich ihm auch sagen sollen? Mir missfiel, dass sie immer wieder auf meine Mutter zu sprechen kamen, dass sie ständig auf diesem Thema herumritten. Konnten sie sie nicht in Frieden lassen?

Ich war froh, auf dem Aerodrom zu leben, wo mir die Kameradschaft nun so wertvoll vorkam wie noch niemals zuvor.

Im März 1940 erhielt ich die Erlaubnis, nach İstanbul zu fahren. Von der Galatabrücke, wo ich von Bord des Schiffes ging, begab ich mich direkt nach Bakırköy, ohne vorher bei Mehmet und seiner Familie vorbeizuschauen. Ich wollte mir selbst ein Bild vom Zustand meiner Mutter machen, unbeeinflusst von Informationen aus zweiter Hand.

Ich hatte unglaubliches Glück, denn als ich in der Nervenheilanstalt eintraf, war dort tatsächlich Besuchstag, und in den herrlichen Gartenanlagen wimmelte es von Patienten und Besuchern, die für mich manchmal nur schwer auseinanderzuhalten waren.

Ich wandte mich an eine resolut aussehende, streng dreinblickende Schwester und teilte ihr mit, wen ich zu besuchen gedachte – und als sie sich von mir entfernte, hoffte ich, dass sie nicht mit der Pflege meiner ungeduldigen, impulsiven Mutter betraut war, denn in diesem Fall waren die Chancen auf ihre Genesung gleich null.

Ich wartete in den Gartenanlagen, denn ich sah mich außerstande, brav und gesittet in dem kahlen Wartesaal zu sitzen. Mein Herz schlug mir bis zum Hals, und in einem fort drehte sich mir der Magen um, ohne dass ich etwas dagegen tun konnte. Ich hielt es kaum mehr aus und wünschte mir, ich hätte gewartet, bis Mehmet Ausgang erhielt und mich hierher begleiten konnte. Ich kam mir töricht vor und fühlte mich unbehaglich, wie ich da auf dem federnden, trockenen Rasen herumschlich. Als ich die Patienten und Besucher um mich herum musterte, dachte ich, man müsse Nerven wie Drahtseile und das Empfindungsvermögen einer Backsteinmauer haben, wenn man diesen Ort besuchte.

Da war ein hochgewachsener alter Mann, der einer blassen älteren Dame, möglicherweise seiner Frau, eine flammende Rede hielt. Er brabbelte ohne Unterlass auf sie ein, nahm sich kaum die Zeit, um Luft zu holen, und fuchtelte mit seinen knochigen Fingern vor ihrem teilnahmslosen Gesicht herum. Hin und wieder schlug er sich mit einer wuchtigen, vernichtenden Geste gegen die Brust und ließ einen lauten Schrei ertönen, wie ein wütender Löwe. Ein Arzt machte neben mir halt – was ihn von dem Gewimmel nicht eindeutig identifizierbarer Menschen abhob, waren ein weißer Kittel und ein aus seiner Tasche baumelndes Stethoskop. »Um den alten Mann steht es nicht so schlimm, wie es aussieht«, sagte er amüsiert in mein ungläubiges Gesicht. »Wir hoffen, ihn in zwölf Monaten als vollständig geheilt entlassen zu können.«

Ein junges Mädchen hatte Besuch von seinen Eltern, die es mit liebevollen, bangen Gesichtern betrachteten.

»Und deshalb konnte ich ihn natürlich nicht heiraten«, sagte sie mit einer hellen, zornigen Stimme. »Ich musste ihn einfach abweisen …«

Sie sah sich nach allen Seiten um, so hübsch und so jung und so umnachtet, mit ihren kastanienbraunen Haaren und großen Augen. Ihr Blick fiel auf mich, und sie lächelte entzückend. Sie deutete auf mich und sagte zu ihren Eltern:

»Schaut, das da ist mein Mann. Findet ihr nicht auch, dass er sehr gut aussieht?«

Ich zog den Doktor am Arm, und wir eilten fort über den Rasen. Ich erkundigte mich nach meiner Mutter.

»Wie stehen die Chancen, dass sie wieder gesund wird?«, fragte ich ihn, und er hielt einen Moment lang inne. Ich hielt ebenfalls inne und wandte ihm mein Gesicht zu. »Kommen Sie«, sagte ich, »ich will es wissen.«

Er antwortete, ohne mich dabei anzusehen:

»Die Chancen stehen schlecht. Ihr Zustand hat sich verschlimmert, verstehen Sie, und wir müssen sie mit Spritzen ruhigstellen …«

Ich sah sie vor meinem inneren Auge: Sie wusste, wo sie war, sie wollte weg von hier, hinaus in die Freiheit, sie wurde gewalttätig, weil man sie nicht wegließ, man stellte sie mit Medikamenten ruhig, die unbarmherzig, gnadenlos in sie hineingepumpt wurden. Hier muss Ruhe herrschen, konnte ich die Ärzte sagen hören. Diese Patientin ist noch nicht wahnsinnig genug. Wir müssen sie disziplinieren.

Der Arzt beobachtete mich nun und las vielleicht manches von meinem Gesicht ab. Er sagte sanft:

»Sie wird bald sterben. Aber die Vorstellung, dass sie hier vielleicht noch jahrelang vor sich hin vegetiert, dürfte Ihnen noch weniger gefallen, oder?«

Ich musste an meine Großmutter denken, an das, was sie an jenem Vormittag in İstanbul gesagt hatte, als Bedia mir die grässliche Wahrheit erzählt hatte.

»Ist sie tot?«, hatte ich gefragt, und sie hatte mit strenger Stimme geantwortet:

»Besser, sie wäre es.«

Ich wollte mich jedoch nicht so einfach mit dem Gedanken an ihren Tod abfinden. Sie verkörperte für mich nach wie vor all die Dinge, die ich im Leben gesucht hatte, auch wenn ich sie bei ihr nie gefunden hatte. Ich begann dem Arzt von all den Dingen zu erzählen, die ich längst vergessen geglaubt hatte, von Ereignissen aus meiner Kindheit, die mit einem Mal, für die Dauer dieser kurzen, illuminierenden Sekunde, plastisch hervortraten. Ich erzählte ihm vom Fortgang meines Vaters, von dem Feuer, von der Armut, von meinen Jahren in einem Waisenhaus in Kadıköy, von der Arbeit meiner Mutter in dem Nähdepot am Gülhane-Park, von dem alten, mit der Zeit immer stärker gewordenen Hass zwischen meiner Mutter und meiner Großmutter. Ich sprach von der Liebe, mit der man mich zu fesseln versucht hatte, von den mir auferlegten Einschränkungen, und der Arzt hörte mir die ganze Zeit zu, wobei er hin und wieder nickte, als verstünde er meine Mutter nun besser. Bald verließ er mich, und ich stand allein da, auf dem sonnenbeschienenen Rasen, zitternd, froh, mir all diese Dinge einmal von der Seele geredet zu haben.

Ich wartete auf meine Mutter.

Wenig später sah ich sie kommen, mit zwei Schwestern, eine an jeder Seite, die sie stützten. Ihre hohe, nörgelige Stimme scholl schon von Weitem zu mir herüber, und sie versuchte vergeblich, sich aus dem Griff der robusten Schwestern zu befreien. Mir blutete das Herz, als ich sie so sah, und ich dachte, es wäre besser gewesen, nicht hierherzukommen, sie nicht dermaßen wehrlos erleben zu müssen.

Sie blieb vor mir stehen, und ich sagte: »Mutter!« Ich sah, wie ein misstrauischer, gehetzter Ausdruck in ihre Augen trat.

Sie schaute mich so an, als erkenne sie mich nicht. Ich sagte:

»Erkennst du mich nicht?«

Dann sagte sie:

»Ach, du bist es? Mein Adler, mein Fliegersohn …«

Es war jedoch keine Spur von Gefühl in ihrer Stimme, nichts außer Hochmut – die Stimme, derer sie sich gegenüber einem Fremden bedient hätte. Sie deutete auf einen Mann und sagte:

»Das da ist unser Koch. Kein besonders guter, fürchte ich, aber einen besseren haben wir nicht kriegen können.«

Ich schaute mir den Mann an, auf den sie gedeutet hatte, einen Besucher, und sie registrierte meinen Blick und fügte hinzu:

»Ich weiß, er ist im Grunde viel zu vornehm, um Koch zu sein, aber so ist es nun mal …«

Ihre Stimme erstarb, und sie wandte sich von mir ab und ignorierte mich. Dann begann sie dermaßen heftig zu zittern, dass die Schwestern sie zu einer Sitzbank führen mussten.

Ich folgte ihnen, und als sie sich hingesetzt hatte, griff ich nach einer ihrer kalten Hände und küsste sie, doch sie schenkte dieser Geste keinerlei Beachtung. Sie behandelte mich weiterhin wie einen Fremden. Nach jenem ersten, kurz in ihren Augen aufschimmernden Wiedererkennen hatte sie sich von mir zurückgezogen. Sie spürte, dass ich sie beobachtete, und wandte mir daraufhin den Kopf zu und sagte:

»Ich hatte auch einmal einen Sohn, der, so wie Sie, Flieger war. Er hat mir das Herz gebrochen.«

Die Ruhe, die Teilnahmslosigkeit in ihrer Stimme war entsetzlich.

»Oh, Mutter!«, sagte ich, und fast wäre ich um ihretwillen, aber auch um meinetwillen in Tränen ausgebrochen. »Erkennst du mich denn nicht wieder?«, fragte ich sie.

Es war grausam, die Erinnerung auf eine solche Weise herbeizwingen zu wollen, aber ich konnte nicht anders. Sie antwortete jedoch nicht darauf, sondern begann stattdessen, eine kleine, namenlose Melodie zu summen, ein sonderbares, dünnes Gewimmer, und das Zittern ließ ihren zerbrechlichen Körper weiterhin krampfartig erbeben. Ich gab ihr etwas Fruchtgeleekonfekt. Sie aß es und fragte mit ausgesuchter Höflichkeit, ob sie noch etwas mehr davon bekommen könne, da ihre Freundinnen zu arm seien, um sich welches zu kaufen. Ich reichte ihr die ganze Schachtel, doch diese entglitt ihren zitterigen Händen und fiel auf den Rasen. Der Inhalt der Schachtel kullerte heraus, und die Schwestern bückten sich, um die Stücke für sie aufzusammeln.

Gereizt wandte sie sich von mir ab und wollte nicht mehr mit mir reden – und die ganze Zeit über zitterte sie. Ihr Körper war völlig abgezehrt. Sie bestand nur noch aus Haut und Knochen. Sie strafte mich weiterhin mit Missachtung, und bald sagte eine der Schwestern, sie müssten sie jetzt wieder auf ihr Zimmer bringen. Sie müsse zu Bett gebracht werden.

Fügsam ließ sie sich wegführen, ohne mich eines Blickes zu würdigen. Sie drehte sich auch nicht nach mir um, als sie die Tür erreicht hatte, sondern ging einfach hinein. Es kümmerte sie nicht, dass ich dort stand und ihr nachschaute, denn sie wusste nicht, wer ich war.

Ich stand noch eine ganze Weile dort und beobachtete die sich dahinschleppende, gebeugte, zitternde Gestalt meiner Mutter, und in dem Moment wusste ich, ich würde nie wieder an diesen Ort zurückkehren. Stumm sagte ich ihr Lebewohl, und dann entschwand sie aus meinem Blickfeld. Ich spürte, wie mir die Tränen ungehindert die Wangen hinunterflossen.

Ich weinte um mich selbst und um die junge liebende Ehefrau, die sich in mein Gedächtnis eingebrannt hatte, an dem Tag, als sie meinem Vater Lebewohl sagte in dem vornehmen Salon eines vor langer Zeit vom Erdboden verschwundenen Hauses. Ich weinte um die Schönheit, die mit Juwelen und Gastfreundschaft geglänzt hatte, die Poesie in ein Haus in einer Seitengasse von Beyazit gebracht hatte. Ich weinte um das blasse junge Mädchen, das sich unzählige Stunden in einem Armeedepot abgeplagt hatte, um dort grobe Leinenwäsche für Soldaten zu nähen. Ich weinte um die Frau mittleren Alters mit ihrer flüchtigen, unvergänglichen Schönheit, die bei meiner Rückkehr vom Aerodrom eine Blume im Haar getragen hatte, eine Frau, die einmal gefunkelt und geschimmert hatte wie die Mittagssonne und die nun verdorrt war im Körper dieser gebeugten, zitternden alten Frau, die niemanden erkannte. Doch am meisten weinte ich um meine Mutter.

Jemand berührte mich leicht am Arm, und als ich mich umdrehte, erblickte ich eine Schwester mit einem Gesicht voller Sanftmut und Mitgefühl. Sie sagte:

»Wir haben Ihre Mutter nun zu Bett gebracht. Möchten Sie vielleicht einen Blick in ihr Zimmer werfen?«

»Nein«, sagte ich, »nein danke. Das muss nicht sein. Ich bin mir sicher, dass sie gut untergebracht ist.«

Als sie nichts darauf erwiderte, fragte ich:

»Gibt es dort ein Fenster?«

In ihren Augen blitzte jenes tiefe Verständnis auf, das es auf der Welt so selten gibt.

»Ja«, sagte sie. »Sie hat es gern, wenn wir es für sie offen lassen. Und wir gehen auch oft mit ihr in den Garten. Sie mag Gärten, wissen Sie.«

»Ja«, sagte ich. Ich sah die Gärten vor mir, die sie in İstanbul, in Eskişehir, in Kütahya und in İzmir angelegt hatte, und ich fragte mich, ob diese noch immer liebevoll gepflegt wurden.

»Sie hatte den grünen Daumen«, sagte ich überflüssigerweise, und die freundliche Schwester lächelte.

»Also dann, auf Wiedersehen, Herr Leutnant«, sagte sie. »Sie werden doch wiederkommen, oder?«

»Nein«, sagte ich. »Ich werde nicht wiederkommen. Lieber nicht.«

Und mit einem Mal verhärteten sich die Gesichtszüge der freundlichen Schwester, und aus Verständnis wurde Unverständnis. Sie sagte mit scharfer Stimme:

»Aber es würde ihr so sehr helfen, verstehen Sie.«

Ich erinnerte mich an das, was der Arzt gesagt hatte – dass sie nicht mehr lange zu leben hätte, dass sich ihr Zustand nicht verbessern würde –, und ich wunderte mich über die entsetzliche, erbarmungslose Logik der »geistig Gesunden«, über die Dummheit, mit der man mich darum bat, wiederzukommen und meine Mutter zu besuchen, um sie mit aller Gewalt auf mich aufmerksam zu machen, wo sie doch gar nicht an mich erinnert werden wollte, wo ihr Sohn doch für sie gestorben war, weil er ihr einmal das Herz gebrochen hatte. Eine so unbarmherzige Grausamkeit hätte ich der freundlichen Schwester nie und nimmer zugetraut. Aber es gab keine Möglichkeit, jenem verschlossenen Gesicht zu erklären, dass es zwischen mir und meiner Mutter nichts mehr zu sagen gab, dass wir beide für immer voneinander Abschied genommen hatten.

Meine Mutter war weiter gereist als wir, die wir hier im Sonnenlicht standen. Sie war in jene Welt der zarten Illusionen entschwunden, in der sie immer ein junges Mädchen war, die Welt, in die sie zu entkommen versucht hatte, als ihr Haus niedergebrannt war, als sie erfahren hatte, dass ihr Mann auf einer weit entfernten Straße unter einer sengenden Sonne gestorben war. Sie hatte schon seit Langem dort hingehen wollen, doch wir hatten sie immer wieder zurückgehalten, ihr zugerufen, sie solle bei uns bleiben, aber nun kümmerte sie es nicht mehr, und man hätte sie nie dazu überreden können, noch länger zu bleiben.

Ich kehrte den Gartenanlagen den Rücken. Der alte Mann hielt dort noch immer seine flammende Rede, und das junge Mädchen erklärte seinen Eltern noch immer hochmütig, dass es niemals heiraten werde. Alle lebten sie in ihrer Scheinwelt, wo der Schmerz sie nicht zu berühren vermochte. Ihre Stimmen verfolgten mich bis zu dem hohen, eisernen Tor, und der Pförtner öffnete es für mich und ließ mich passieren. Ich trat hinaus auf die ruhige Landstraße.

Am 18. Mai jenes für Europa so ereignisreichen Jahres 1940 starb meine Mutter, doch für mich war sie schon längst tot gewesen.

Ich erhielt das Telegramm am Morgen ihrer Beisetzung, als es für mich zu spät war, um noch rechtzeitig nach İstanbul zu gelangen, und auch zu spät, um in dieser Angelegenheit noch irgendetwas unternehmen zu können.

Als Einziger aus unserer Familie war Mehmet dabei, als sie in ihr Grab vor den Festungsmauern von İstanbul gelegt wurde. Ein Imam las für sie aus dem Koran, und bald war Mehmet für eine Weile mit ihr allein. Dann musste auch er gehen und überließ sie der Sonne und dem milden Regen und den ewigen Nächten, die ihrer harrten.

Später ließen wir für sie einen Grabstein aufstellen und rings um das Grab eine niedrige Steinmauer ziehen. Zu ihrem Kopf und zu ihren Füßen pflanzten wir Rosensträucher, und ihr Name wurde in den glänzenden Marmor des Grabsteins gemeißelt: »Şevkiye Orga«, stand da geschrieben, »1893–1940 – Ruhuna Fatiha – Betet für sie«, und der Name wirkte einsam und verlassen unter all den namenlosen Toten um sie herum.

Dann ließen wir sie in Frieden, ein wenig außerhalb der Stadt, die sie so sehr geliebt hatte.

İrfan Orga im Alter von 17 Jahren

Die ehemaligen Kavallerie-Baracken in Kuleli (Stahlstich von Thomas Allom, 1838)

Der Autor im Alter von 22 Jahren in Harbiye,
25. Dezember 1930

Der Autor mit seiner Mutter Anfang der 1930er Jahre

Bedia und Mehmet mit der Großmutter
des Autors, 19. Oktober 1939

Margarete Orga, die Frau des Autors,
London, Dezember 1944

İrfan Orga, London, 1957

Nachwort

»Das Leben anderer Leute ist immer interessant.
Der Klatsch des Dorfes oder der Klatsch Europas –
das macht kaum einen Unterschied.«
John Betjeman in seiner Rezension von *Das Haus am Bosporus*, *Daily Herald* (London), 16. August 1950

»İrfan« steht im Türkischen für Wissen, Aufklärung, Kultur. Mein Vater trug seinen Namen erhobenen Hauptes. Er war ein liebenswürdiger, freundlicher Mensch, ein Mann von Weisheit und Empfindsamkeit, von psychologischem Feingefühl und scharfer Beobachtungsgabe, ein Mann von Ehre. Seine Lebensmaxime deckte sich mit der Überzeugung seiner Mutter, dass »es sich nicht gehört, in der Öffentlichkeit zu prahlen«, aber auch mit dem Ratschlag seiner Großmutter: »Sollte es dir schlecht gehen, lass es dir nicht anmerken. Wirf dich in deine beste Kleidung, setz ein stolzes Gesicht auf, und du bekommst in dieser Welt alles, was du willst. [...] Denn andernfalls verlieren sie jeden Respekt vor dir.« »Ein guter Soldat«, sagt er in *Das Haus am Bosporus,* »benötigt keine Fantasie und auch kein menschliches Mitgefühl.« Womöglich erklärt dies, zusammen mit seinem schon sehr früh zutage getretenen Mangel an Ehrgeiz, warum er dem Soldatenberuf letztlich so wenig abgewinnen konnte – warum er, nach dieser Definition, immer ein schlechter Soldat gewesen wäre. Er war zu sehr ein Träumer, ein Fragender, jemand, der das Leben in all seinen Facetten liebte. Vor diesem Hintergrund muss man dankbar sein, dass er nie auf eine ähnlich harte Probe gestellt wurde wie sein Vater auf der Halbinsel Gallipoli oder wie sein Onkel in den Wüsten von Mesopotamien und Syrien.

Mein Vater hatte einen ausgeprägten Sinn für Gerechtigkeit und Fair Play. Zu erleben, wie sehr er uns liebte, war eine wundervolle Erfahrung – sein Familiensinn war unermesslich. Er war das

Bollwerk unserer Existenz. Er orientierte sein Leben (und das unsrige) an einfachen Schwarz-Weiß-Überzeugungen. Würde, Wahrheit, Loyalität, Treue und Selbstdisziplin bedeuteten ihm mehr als alles andere. Er war ein strenger Zuchtmeister, ein Mann mit aufbrausendem Temperament und durchbohrendem Blick, der, bei gegebenem Anlass, auch bestrafen konnte. Hin und wieder bekam ich seine Hand schmerzhaft zu spüren. Ich wusste aber auch, dass er von einer unendlichen, innigen Zärtlichkeit erfüllt war. Er war ein guter Mensch.

Das Haus am Bosporus ist eine Autobiografie voller Tränen und Abschiede. Meiner Mutter gewidmet und im Englischen zunächst *On the Shore of the Bosphorus*, später *Portrait of a Turkish Family* betitelt (im Folgenden: *Portrait*), war das Buch ursprünglich sehr viel länger und befasste sich ausführlich mit Vaters Jahren als Kadett und junger Offizier. Er plante außerdem noch eine Fortsetzung, die seine Jahre in England zum Gegenstand haben sollte. Es war sein Agent Curtis Brown, der ihm in einem auf den 30. August 1949 datierten Brief die jetzige Form vorschlug: eine Erzählung, die sich auf die Kindheit und das Leben der Familie in der Türkei während der Übergangszeit von den letzten Sultanen zu Atatürk beschränkte. Vater willigte ein; nachdem man ihm einen Vorschuss von £ 75 zugesagt hatte, unterschrieb er am 25. Januar 1950 einen Vertrag bei Victor Gollancz, der das Buch am 14. August herausbrachte, zu einem Ladenpreis von sechzehn Schilling. Es kam bei der Kritik so gut an, dass binnen vierzehn Tagen in aller Eile eine zweite Auflage nachgeschoben werden musste. In London gab es keine Buchhandlung, die es nicht vorrätig hatte; es wurde in fast allen Schaufenstern ausgelegt. An meinem sechsten Geburtstag, dem 6. November 1950, veröffentlichte es der New Yorker Verlag Macmillan in den USA. »Eines der unvergesslichen Bücher dieses Jahres«, lobte die *New York Herald Tribune*.

Die Geschichte, die dieses Buch erzählt, ist plastisch-einprägsam, aber unvollständig. Aus irgendeinem Grund verschweigt es die Liaison, die Vater um 1936 herum in Eskişehir mit Atatürks Adoptivtochter Sabiha Gökçen (1913–2001) hatte, einer Jagdfliegerin, die damals die dortige Luftwaffenakademie besuchte; die fünf Jahre jüngere Sabiha war eine energische, willensstarke Frauenrechtlerin, und offenbar haben die beiden seinerzeit ernsthaft eine Heirat in

Betracht gezogen.[1] Das Buch erhellt auch nicht, warum in manchen offiziellen Dokumenten der 1. März 1908 als Vaters Geburtstag angegeben wird.[2] Entgegen dem ersten Satz von *Portrait* hatte er oft Zweifel, was sein genaues Geburtsdatum betraf. Er machte sich darüber keine Gedanken – Fehler und Versehen waren etwas, mit dem man, wie er zu sagen pflegte, in der alten osmanischen Türkei zu leben lernte: Hatte man keine Papiere, so war es bei den zuständigen Beamten gängige Praxis, für ein Kind willkürlich ein Geburtsdatum zu bestimmen, indem sie sich von der Mutter irgendwelche Geschehnisse zur Zeit der Geburt des Kindes schildern ließen und diese dann mit öffentlichen Ereignissen in Einklang brachten. Aber es beschäftigte ihn trotzdem; einmal äußerte er mir gegenüber, dass auch das Jahr 1909 infrage käme. Und das Buch verrät nichts darüber, wie unser Nachname zustande kam, als Atatürk 1934 Familiennamen nach europäischem Vorbild in der Türkei obligatorisch machte.[3] Davor hatte man Vater immer nur als »İrfan, Sohn von Hüsnü [Bey] und Şevkiye [Hanım] aus Beyazit« gekannt. Wie er uns am abendlichen Kaminfeuer zu erzählen pflegte, sei er auf »Orga« gekommen, als er eines Tages eine Landkarte entfaltet und blindlings eine Stecknadel hineingestochen habe. Die Nadel landete an der Urga, einem ostwärts, in Richtung des Uralgebirges verlaufenden Fluss zwischen Nischni Nowgorod und Kasan.[4] Da ihm ein härter klingender, mehr ans Türkische erinnernder Name vorschwebte, ersetzte er das »u« kurzerhand durch ein »o«: »Orga«. Die Vorstellung, wie sich ein junger *Bey* in Eskişehir eine persönliche Identität schuf, beflügelte meine Fantasie, doch der (in den Folgejahren immer wieder auftauchende) Gedanke, die alten Wassergötter könnten ihn heimsuchen, um sich an ihm zu rächen, weil er (Hauptmann »Urga«) Schindluder mit ihrem Vokal getrieben hatte, jagt mir nach wie vor einen Schauer über den Rücken.

Am 6. Juli 1942 setzte mein Vater in Liverpool seinen Fuß auf englischen Boden, nach einer zweieinhalbmonatigen Seereise entlang der levantinischen Küste von Syrien und Palästina, durch den Suezkanal (mit einem kurzen Abstecher zum Tal der Könige) und über Südafrika und Lissabon. Nach einem kurzen Aufenthalt in Torquay an der Südküste Englands (August–September) übernahm er das Kommando über eine Gruppe junger türkischer Offiziere, die ihre Ausbildung bei der Royal Air Force abschlossen. Er flog Spitfires als Gast der RAF und hatte ein Büro in der Türkischen Botschaft in London. Er wohnte in einem Zimmer in der Inverness Terrace Nr. 29 (im »Mr. John's«, wie das Gebäude in unserer Familie immer genannt wurde).

Meine Mutter, Margaret(e) Veronyca[5], lernte er irgendwann in jenem Jahr kennen oder vielleicht auch erst im nächsten. Eine überspannte, von ihrem Glauben abgefallene Katholikin, die sich schließlich zu Tode rauchen, trinken und hassen sollte (sie starb am 13. Oktober 1974), war sie damals, wie alte Fotografien zeigen, eine schmächtige junge Frau von einer hochmütigen, spröden Schönheit. Verehrerin von Sultan Saladin. Verteidigerin von Charles Stewart Parnell. Bewunderin von Alexander Puschkin, Rainer Maria Rilke, Elizabeth Bowen, Graham Greene. Tochter von Henry James D'Arcy Wright, einem begüterten, »finanziell unabhängigen« Gentleman und Besitzer sowie Züchter von Rennpferden, der damals bereits das Zeitliche gesegnet hatte. In den späten 1920er und in den 1930er Jahren hatte sie die Klosterschule von Notre Dame de Sion[6] in Bayswater besucht, bevor sie auf ein Mädchenpensionat in Paris geschickt wurde. Von normannisch-irischer Abstammung und sich ihrer Zugehörigkeit zur südirischen Aristokratie[7] mehr als bewusst (ihre Mutter war eine Wicklow D'Arcy), arbeitete sie für die ENSA[8] und war zu der Zeit, als sie Vater kennenlernte, bereits verheiratet; ihre Trauung mit einem gewissen Leonard Sidney Gainsboro, der als Fahrer bei einer Einheit des Königlich Britischen Pionierkorps diente, war am 8. Juli 1942, ihrem 23. Geburtstag, auf dem Standesamt von Westminster vollzogen worden. Als Adresse hatte sie Dolphin Square[9], Pimlico, angegeben, doch später mietete sie ebenfalls ein Zimmer im »Mr. John's«. Irgendwann zogen sie und Vater in die Coombe Lane Nr. 178 a in Merton, und er pendelte von Raynes Park nach Waterloo, dem Londoner Endbahnhof der Southern Railway. Lauschige Vorstadtidylle im Grünen …

Eine Zeit lang wurde Vaters heikle Affäre geheim gehalten. Und das empfahl sich auch, denn abgesehen von der unleugbaren Tatsache, dass sie einen Ehemann hatte, muss er sich darüber im Klaren gewesen sein, dass er gegen das türkische Gesetz verstieß, wenn er als aktiver Offizier mit einer Ausländerin zusammenlebte, von einer

Eheschließung ganz zu schweigen. Aber wie dem auch sei, er befand sich auch noch zum Zeitpunkt meiner Geburt, im Jahre 1944, im aktiven Dienst, und er blieb es im folgenden Jahr, nachdem er in die Türkei zurückgekehrt war und nach Diyarbakır abkommandiert wurde (wo er am 8. August 1945 über das nahe der syrischen Grenze, im Südwesten der Türkei gelegene Gaziantep eintraf). Er erzählte mir immer, er habe diese Versetzung als ein erstes Anzeichen dafür betrachtet, dass die Behörden von seiner Affäre Wind bekommen hatten: Diyarbakır am Tigris lag im tiefsten Osten der Türkei, eine heiße, ungastliche, dürre Einöde voller Sand und Skorpione – nicht gerade der Ort, wo man einen erfolgreichen Berufsoffizier hinschickte, der soeben von einer politisch brisanten Mission im vom Krieg heimgesuchten London zurückgekehrt war.

Ob Vater freiwillig seinen Abschied nahm oder ob er aus der Luftwaffe entlassen wurde, ist strittig. Er behauptete immer Ersteres; die türkischen Behörden konnten sich offenbar nicht entscheiden, denn sie verwendeten beide Formulierungen. Er selbst pflegte zu sagen, man hätte ihn seinerzeit vor die Wahl gestellt: Entweder er trennte sich von Frau und Kind und behielt dann sein Offizierspatent oder er reichte seinen Abschied ein. Nach allem, was ich weiß, quittierte er seinen Dienst etwa Anfang 1947. Mit Rücksicht auf meine Mutter flog er damals nicht mehr. Und die 15-jährige Dienstzeit, zu der *seine* Mutter ihn vertraglich verpflichtet hatte, war inzwischen absolviert. Wir folgten ihm in die Türkei, per Eisenbahn über Athen, Saloniki und Adrianopel (das heutige Edirne). Wir wohnten in der Savaş Sokak 40 im İstanbuler Bezirk Şişli. Mehmet und unsere griechischen Nachbarn mochten meine Mutter offenbar, doch Bedia misstraute ihr: Sie betrachtete meine Mutter als ein leichtes Mädchen, das für ihren Schwager gänzlich ungeeignet war – eine Diffamierung, die ich nie nachvollziehen konnte.

Ende 1947 geriet mein Vater, der nun in Ankara als Flugleiter für die British European Airways arbeitete, in eine brenzlige Situation. Freunde warnten ihn vor seiner unmittelbar bevorstehenden Verhaftung. Er erwog zunächst eine Flucht durch den Irak und Syrien, bei der ihm Kurden und Armenier behilflich sein sollten, mit denen er sich während seiner Zeit in Diyarbakır angefreundet hatte. Diese Idee erwies sich jedoch als undurchführbar. Er schaffte es irgendwie, sich einen Pass auf den Namen »Mehmet İrfan Orga« und mit der Berufsangabe »Angestellter« ausstellen zu lassen. Am 19. Dezember erteilte ihm die Britische Botschaft ein auf einen Monat befristetes »Short visit«-Visum. Er verließ die Türkei am 22. Dezember.

»Ich dachte an meine Mutter, wie sie dort außerhalb der Festungsmauern lag, an meinen Vater und an meinen Großvater. Ja, ich erinnere mich an euch drei. In Fleisch und Blut gekleidete tote Bilder, die durch die Seiten dieser Erzählung gewandelt sind, euren kurzen Moment lang; euer grässliches Schweigen verspottet die armselige, lärmende Weisheit der Lebenden. Ihr behaltet eure Meinung für euch. […] Denke ich an euch, die ihr gegangen seid, so steigen in mir wieder längst verblichene Träume auf, um mich an diesem letzten Abend bei der Gurgel zu packen. […] Das herrliche Leben, das ihr geführt habt, kehrt nun in vollem Umfang zurück, um dieses neidische Auge zu quälen, um dieses törichte Herz zu foltern mit all den Dingen, die es noch immer geben könnte, hätte die Zeit stillgestanden. Die lange Linie des Bosporus sehe ich ebenfalls vor meinem geistigen Auge, das heute Abend alles so klar zu erkennen vermag, und auch Kuleli, wie es unter dem friedlichen Firmament daliegt, und in weiter Ferne steht ein gedrungenes weißes Haus, das für mich ewig brennen wird vor einem teilnahmslosen Himmel. […] ›Auf Wiedersehen‹, rufen wir. ›Auf Wiedersehen …‹«[10]

Einen Tag später landete er auf dem RAF-Flugplatz Northolt. Am 25. Dezember, dem ersten Weihnachtsfeiertag, schickte meine Mutter nachmittags um zehn nach vier ein Telegramm aus Beyoğlu: »Kommen am Samstag – Treffpunkt Fluglinienbüros Victoria – In Liebe Margaret.« Und am 27. Dezember, bei einem hell aufgehenden Mond, waren wir wieder alle vereint.

Die Ringe meiner Eltern (sie befinden sich noch immer in meinem Besitz) sind in türkischer Manier graviert, »22/7/943« – der Tag, an dem die Amerikaner Palermo einnahmen. Dieses Datum bezeichneten sie hin und wieder als den Tag ihrer »Hochzeit«, insbesondere 1968, dem Jahr ihrer silbernen Hochzeit, wie sie sagten (Mutter mit säuerlicher Miene). Ich hatte nie darüber nachgedacht. Doch dann, eines Sommerabends kurz vor Vaters Tod, nach einem weinseligen Abendessen im Royal Wells Inn, gestand Mutter mir auf der Bahnstation Tunbridge Wells einen früheren Ehemann ein. Jahrelang schaffte ich es nicht, die Bedeutung dieser Beichte zu erfassen – oder ich sträubte mich dagegen. Dass sie und Vater 1943 überhaupt nicht verheiratet gewesen waren, und auch noch nicht zum Zeitpunkt meiner (somit unehelichen) Geburt, gleichwohl Mutter ihren Nachnamen zu jener Zeit bereits in »Orga« geändert hatte. Und dass diese »wilde Ehe« danach noch einige Jahre fortbestanden hatte. (War dies womöglich das »Leichtes Mädchen«-Szenario, an dem Bedia Anstoß genommen hatte?) *Alea iacta est!* Was für ein *gloria d'amour* jener Kriegsdonnerstag gewesen sein muss. War es ihre erste Begegnung gewesen? Mutter, wie sie (Vater sollte es uns immer wieder erzählen) in Bayswater um die Ecke gebogen kam, vom Inverness Place in die Inverness Terrace, zögerlich, kühl dreinblickend, blass, ein Anblick, bei dem ihm das Herz stehen blieb. Elf Jahre jünger als er. »Komm, sagte sie zu mir / Bleib, sagte sie zu mir / Lächle, sagte sie zu mir / Stirb, sagte sie zu mir / Ich kam / Ich blieb / Ich lächelte / Ich starb.«[11] Haben sie einander ihre Gefühle offenbart? Haben sie beschlossen, eine Beziehung einzugehen und die Konsequenzen zu tragen? Allerdings ohne Trauschein. Ihre Eheschließung, das geht aus den Unterlagen hervor, fand erst sehr viel später statt: 1948, im Standesamt von Paddington, am Freitag, dem 9. Januar – zwei Tage nach Mutters rechtskräftigem Scheidungsurteil (in dem Vater als Mitbeklagter angeführt wurde). Sie – »mehr geliebt als alles andere auf der Welt«. Er – »geliebter Schatz […], ohne den dieses Leben bedeutungslos und leer wäre«.

Im eisigen Schneesturmwinter von 1947/48 sah sich Vater mit der Möglichkeit einer Abschiebung, einer Trennung von Frau und Kind, eines Gerichtsverfahrens und einer Gefängnisstrafe konfrontiert. Einflussreiche Freunde, die er während des Krieges in London gefunden hatte, kamen ihm zu Hilfe. Im Februar teilte ihm das Ausländerdezernat des Innenministeriums in der High Holborn in einem Schreiben mit, man würde ihm nicht nur eine unbefristete Aufenthaltsgenehmigung für Großbritannien erteilen, sondern auch eine Arbeitserlaubnis.

Eine Arbeit wollte sich nicht finden lassen, doch eine Zeit lang nahm Vater an allen möglichen Botschaftsempfängen teil, und im Mai 1949 begleitete er eine türkische Handelsdelegation nach Newport und Cardiff. Jedes Jahr ging ich mit ihm im April in das imposante Gebäude des Türkischen Konsulats in den Rutland Gardens, wo er sich voller Unbehagen anstellte, um sich seinen Staatsangehörigkeitsausweis abstempeln zu lassen.

Dreieinhalb Jahre lang hausten wir für eine wöchentliche Miete von £ 3 und 10 s in einem kleinen, im vierten Stock gelegenen Vorderzimmer mit nur einem Fenster in der Inverness Terrace Nr. 35, einer Pension, die von einem drahtigen griechischen Schiffseigner namens Ferentinos und seiner üppigen Frau geführt wurde. Eine nackte 40-Watt-Birne, der Geruch von billigen Zigaretten, schalem Parfüm und mediterranen Bohneneintöpfen, die im Souterrain vor sich hin köchelten. Zu Tangos von Liebe und Wollust, die die Dunkelheit rhythmisch belebten, schlief ich in einer Zimmerecke mit meinen Stoffpuppen ein. Hin und wieder wurde ich einer Tagesmutter anvertraut, deren Mann Wally als Heizer auf den alten, einheitlich angestrichenen »Great Western Railway«-Zügen arbeitete, die von der Paddington Station abfuhren. Sie wohnten ziemlich weit weg von uns – in Willesden, glaube ich. Die Gegend von Bayswater Road und Queensway war damals wie heute ein kosmopolitischer Tummelplatz von Emigranten und Flüchtlingen, von Prostituierten und Herumtreibern. Ein Ort, erfüllt von den Gerüchen des Orients ... beherrscht von Bertorelli's und Péchon's Patisserie Française ... wimmelnd von kleinen Läden und Straßencafés ... dominiert von der spätedwardianischen Extravaganz des Kaufhauses Whiteleys. Zu Costas winzigem Friseurladen an dem Straßenende mit den Türkischen Bädern – wo heiße Handtücher, warme Haare, muffige Feuchtigkeit und vermoderte Mäusekadaver einen eigenartigen Duftcocktail in der Nase hinterließen – ging Vater regelmäßig, um sich die Haare im Nacken und an den Seiten stutzen zu lassen. Es war der Ort, wo man über Gott und die Welt debattierte, über die Lage auf Zypern und tagespolitische Ereignisse, wo man sich Eau de Cologne und Kondome besorgte, wo Mädchen mit glänzenden Augen und zartem Brustansatz kaffeetrinkende Patriarchen manikürten, die jede Menge Zeit hatten.

In der Nr. 35 schrieb Vater *Portrait,* dort machte er mich mit den

Kensington Gardens bekannt … und dort begann er auch zu begreifen, dass, obgleich er noch immer als das Familienoberhaupt galt (an das sich sein Bruder und seine Schwester wandten, wenn eine wichtige Entscheidung getroffen werden musste), meine Mutter in Zukunft unsere Brotverdienerin sein würde – eine Vorstellung, mit der er sich nie so richtig abfinden konnte, denn sie stellte seine Männlichkeit infrage und war weitgehend verantwortlich für die Depressionen, unter denen er später leiden sollte.

Wie klug es von Vater gewesen war, 1947 aus der Türkei zu fliehen, stellte sich zwanzig Monate später heraus. Am Montag, dem 12. September 1949, wurde er vor dem in Ankara residierenden Dritten Gericht erster Instanz *in absentia* vom türkischen Finanzministerium angeklagt, im Namen des Verteidigungsministeriums, wobei man ihn als İrfan Urga [sic!] aus Ankara identifizierte. Der Kläger hatte seinen Standpunkt in einem am 13. Oktober 1947 eingereichten Klageantrag dargelegt: »Laut sorgfältiger Prüfung der auf den 21. Dezember 1946 datierten Ministerratsverfügung Nr. 2776 […] ist es eine erwiesene Tatsache, dass Hauptmann İrfan Urga, der nach England entsandt wurde, um Aviation zu studieren, dort während seines Studienaufenthalts mit einer Ausländerin zusammengelebt hat, und somit ist gemäß Artikel XII des militärischen und zivilen Ruhestandsgesetzes Nr. 1682 davon auszugehen, dass der Beklagte seinen Abschied eingereicht hat, weshalb er gemäß Artikel XXIII des Gesetzes Nr. 1076 aus dem Militärdienst entlassen worden ist.«[12] Der Richter entschied zugunsten des Klägers, und Vater wurde zu einer Geldstrafe von 45 904 Liras und 42 Kuruş verurteilt, zuzüglich Zinsen und Gerichtskosten. Mehr als zehn Jahre lang sollte er dieses Urteil anfechten – am Ende erfolglos, trotz unzähliger langer Bittbriefe, trotz eindringlicher Gnadengesuche, die meine Mutter an den türkischen Präsidenten Celâl Bayar und an Premierminister Adnan Menderes richtete (21. August 1956[13]), und obwohl Vater nach dem *coup d'état* von 1960 wieder Kontakt mit alten engen Freunden aus seiner Harbiye-Zeit aufnahm, zum Beispiel mit İrfan Tansel, dem neuen Oberbefehlshaber der türkischen Luftwaffe. Noch einmal den *muezzin* hören, mit den Wellen schaukeln, die ihn als Kind getragen hatten, noch einmal İstanbuls »verschwommenes, nebelverhangenes Gesicht« sehen und die zweitürmige Silhouette von Kuleli, wie es »sein weißes Spiegelbild auf das blaue Gewässer« wirft, noch einmal den würzig-rauchigen Geruch von gegrilltem Fisch in einem vom Schwarzen Meer herüberwehenden Wind vernehmen – alles nichts als eine Illusion. Vater sollte nie mehr dorthin zurückkehren.

Ich wuchs praktisch in einem türkischen Umfeld auf. Wir überlebten als ein eng miteinander verbundenes, in sich geschlossenes, autarkes Trio. Jeder von uns arbeitete für und unterstützte den anderen. Fremde waren uns nicht willkommen. Ich wurde dazu angehalten, türkische Besucher abzuwimmeln und von Vater fernzuhalten, aus Angst vor deren möglichen Motiven (nur ein einziges Mal, 1957, wurde diese Praxis gelockert, als ihn zwei seiner ehemaligen Schüler, die inzwischen zu hochrangigen Offizieren avanciert waren, dank meiner Vermittlung von ihren guten Absichten überzeugen konnten). Wir bewahrten uns unsere eigene Identität, unsere Andersartigkeit, unseren Stolz. Niemand wusste etwas über uns oder unsere Situation. Wenn man etwas erfinden musste, um das Gebäude unserer Existenz abzusichern, so erfand man es eben (mir wurde jahrelang erzählt und ich glaubte auch lange Zeit, ich sei in İstanbul zur Welt gekommen, ein exotischer Zinnober ohne ein Körnchen Wahrheit[14]).

Zu Hause sprachen wir ein Gemisch aus Türkisch und Englisch, ich mit einem dermaßen schlimmen Stottern, dass ich mich gelegentlich nur mittels einer Art Singsang verständlich machen konnte. Ich sollte nie eine Schule besuchen, da Vater befürchtete, ich könnte dort verdorben und anglisiert werden und ich müsste dort eine christliche Kopfbedeckung tragen. Mutter hätte mich am liebsten auf eine Privatschule geschickt (bezeichnenderweise auf ein College wie Ampleforth), wofür wir eindeutig kein Geld hatten (sie verdiente damals bestenfalls fünf oder sechs Pfund die Woche, während Vater noch nicht einmal eine Beschäftigung als Krankenpfleger finden konnte).

Als ich sechs Jahre alt war, beschloss man, dass Vater sich fortan um mich kümmern sollte. Während der nächsten zehn Jahre ließ er mir eine solide Erziehung angedeihen. Er ermunterte mich dazu, selbstständig zu lernen, und wir machten erstaunliche Fortschritte in unserer Abgeschiedenheit. Der Unterricht war streng und fand täglich statt, von neun Uhr morgens bis drei Uhr nachmittags, und anschließend gab es noch etwa eine Stunde Sport und Spiel in dem Park weiter oben an der Straße (wobei Vater auf mich aufpasste, sich aber nie einmischte). Jeden Abend mussten die Hausaufgaben gemacht werden, und am Ende jedes Halbjahrs gab es Prüfungen mit Aufgaben, die Vater und Mutter gemeinsam ersannen. Ich bekam lange »Privatschul«-Sommerferien. Jährliche Pilgerreisen zur berühmten Buchhandlung Foyles stellten sicher, dass ich immer die neuesten Schulbücher hatte. Mit Vater deckte ich nicht nur Lesen, Schreiben (später auch Maschineschreiben) und Rechnen ab, sondern auch Algebra, geometrisches Zeichnen (sowie ein wenig Euklid), Erdkunde, Türkisch, türkische Geschichte und, gegen Ende, Musiktheorie und Klavierspielen (Letzteres brachte er sich selbst bei, um mir helfen zu können). Bei Mutter lernte ich Englisch und Französisch. BBC-Schulfunksendungen und Museumsbesuche (wo Heizung und Lernen kostenlos waren) förderten andere Einsichten. All dies ließ mich schon von einem sehr frühen Entwicklungsstadium an enorm unabhängig werden. Ich sog alles in mich auf, man ließ mir Zeit, mich zu entwickeln, und ich durfte lesen, was immer ich wollte: Mit dreizehn kannte ich keine Zeile von Shakespeare oder Dickens, aber meine Vertrautheit mit Homer und Herodot, mit antiker Mythologie und den Kinderbüchern von Arthur Ransome, mit den Napoleonischen Kriegen und dem Comte de Ségur war schlichtweg erstaunlich. Etwas über das Leben zu lernen stand ebenfalls auf dem Stundenplan: Wie man sich selbst verstand, wie man die Frauen und deren Andersartigkeit respektierte, wie und woran man Freudenmädchen erkannte. (Vater hatte ein Herz für Prostituierte. Seine Begegnungen mit ihnen, in seiner Jugend, abseits der von Gaslaternen beleuchteten Gassen im İstanbuler Stadtteil Tünel, auf der ehemaligen Grand Rue de Pera – »öffentliche Promenade der stilvollen und vornehmen Gesellschaft, anonymer Schlupfwinkel der Stillosen« –, hatten womöglich Freundschaft, ja sogar Liebe beinhaltet.) Mein Kontakt zu Gleichaltrigen beschränkte sich auf die Kinder, die ich unter der Woche im Park traf (wir gingen dort nie an Samstagen oder Sonntagen hin, weil Mutter das für »gewöhnlich« hielt) – ein kleiner Preis, den ich für die Abenteuer des Geistes und der Fantasie entrichten musste, die mir jene erstaunlichen Tage ansonsten in Hülle und Fülle bescherten.

Der türkische Charakter meiner Erziehung wurde noch auf andere Weise verstärkt. Wir nahmen hauptsächlich türkische Kost zu uns, zu der sich hin und wieder eine Wurst gesellte, aber fast nie das bei Christen übliche Schweinefleisch. Im Radio hörten wir abwechselnd den BBC Home Service und das Kurzwellengeknister aus Ankara oder Voice of America. Türkische Nachrichten und türkische Musik (nicht nur traditionelle, sondern auch die Art, wie sie in den Casinos zum Besten gegeben wurde) waren ein fester Bestandteil der Stunden, die wir Abend für Abend am Radio verbrachten. Mehmet sandte uns wöchentlich türkische Zeitungen wie *Cumhuriyet, Vatan* und *Hürriyet* mit der Post zu, und er und sein Schwager Ali schickten Vater, um ihn auch privat auf dem Laufenden zu halten, jahrelang Briefe, die in der alten osmanischen (arabischen) Schrift abgefasst waren.

Und dann war da noch die Hochzeit, das heißt die arrangierte Hochzeit. Überraschenderweise erwärmte sich mein sonst so liberaler und aufgeklärter Vater für diese Vorstellung: Während meiner gesamten Kindheit ging man stillschweigend davon aus, dass ich einmal meine hübsche ältere Cousine Oya (die Tochter von Mehmet und Bedia) heiraten würde. Später verabschiedete er sich von dieser Idee. Gleichwohl versuchte er mich davon abzubringen, Kontakte zu englischen Mädchen zu knüpfen, während er nichts gegen meine aufkeimende Liebe für eine slowakische Schönheit aus Bratislava einzuwenden hatte und auch nichts gegen meine anschließende Vernarrtheit in eine hinreißende, vor Lebensfreude sprühende polnische Madonna.[15] Vater konnte sich nie von der irrationalen Angst befreien, dass er, sollte ich eines Tages eine Engländerin heiraten, aus meinem Haus verstoßen und dem Hungertod preisgegeben würde. Mutter, die, auf ihre hochmütige, abschätzige, boshafte Art, die Engländer irgendwie für minderwertigere Exemplare der menschlichen Rasse hielt, fachte Vaters Befürchtungen noch zusätzlich an. Ich heiratete ein englisches Mädchen, Josephine, die damals noch keine einundzwanzig war und die Vater auf ihre liebenswürdige, verständnisvolle Art sicher bewiesen hätte, wie unbegründet seine Angst war. Hätte er nicht das Zeitliche gesegnet, so wären unsere Kinder, Chloë und Alexander, eine wunderbare Bereicherung seines Lebensabends gewesen, genauso wie Francesca (aus meiner zweiten

Ehe mit Ruth in Cambridge) und wie Guillaume (aus meinen anglo-französischen Jahren mit Isabelle).

Mein Vater glaubte, auf ihm laste ein Fluch, er sei vom Pech verfolgt. Wann immer sich unsere Situation zu verbessern begann, vor allem in finanzieller Hinsicht, schlug das Schicksal erbarmungslos zu. Mutter schien, ohne dass sie etwas dafür konnte, stets die Auslöserin dieser Katastrophen zu sein: Sie geschahen *wegen* ihr. Nur zwei Monate nach ihrer Hochzeit diagnostizierten die Ärzte bei ihr eine Lungentuberkulose, damals eine gravierende, ja mitunter sogar tödliche Krankheit. Sie wurde ins Krankenhaus eingewiesen, wo Vater sie zu besuchen pflegte und wo ich gehorsam draußen auf dem Korridor wartete. Der Kontakt zwischen ihr und mir wurde auf ein absolutes Minimum begrenzt, und ich durfte nur aus einer Tasse trinken, die eigens für mich reserviert war – eine Angewohnheit, die mir dermaßen in Fleisch und Blut überging, dass ich sie während des folgenden Vierteljahrhunderts beibehielt. Im Juni 1951 ging es Mutter wieder besser, doch ihr behandelnder Arzt in der Paddington and Kensington Chest Clinic hielt »regelmäßige Nachuntersuchungen während der nächsten drei bis fünf Jahre« für unerlässlich.

Später, Ende 1958, erlitt sie einen so schweren Nervenzusammenbruch, dass sie ein Jahr arbeitsunfähig war. Sie konnte nicht laufen und lag flach auf dem Rücken im Bett, unter beträchtlichen Qualen, da ihre Wirbelsäule in dieser unbequemen Lage verharren musste, und mit heftigen Schmerzen in den Beinen, schwer sediert, übellaunig und boshaft in ihren wacheren Momenten, aufgedunsen und zugleich abgezehrt. Ihre Genesung führte sie schließlich auf zwei Dinge zurück: eine Selbstbehandlung (sie bemalte Flaschen und Glas mit abstrakten Mustern) und Besuche bei einer Wunderheilerin in der Baker Street – durch deren Handauflegen gelangte sie in die Obhut eines gewissen Hemput, eines Arztes aus dem alten Ägypten, der ihren Körper in Wellen aus blauem Licht und glühender Hitze badete. In physischer Hinsicht überlebte Vater diese Schocks, doch emotional forderten sie ihren Tribut. Er begann sichtlich zu altern, sein Haar wurde schütter und weiß. Er suchte seine Zuflucht bei Beruhigungsmitteln.

Am Morgen des 4. Juli 1951, einem Mittwoch, verließen wir London per Zug von der Euston Station mit dem Ziel Holyhead und Irland. Obwohl Vaters Aufenthalt in Irland offiziell auf sechs Monate befristet war, hatte er vor, seine Zelte dort für immer aufzuschlagen. Bei meiner Mutter, einer Frau, die ebenso sehr vom südirischen Geist erfüllt war wie von Familienstolz und Familiengeschichte, stieß diese Idee auf besonderen Anklang (es ist seltsam, dass keine Erinnerungsstücke aus ihrer Kindheit oder von ihren Eltern und auch keine Fotografien erhalten geblieben sind: Sie erzählte immer, dass sie nach dem Tod ihres Vaters alles verbrannt habe – oder verhielt es sich eher so, dass sie all ihre Besitztümer in der Wohnung ihres ersten Mannes zurückgelassen hatte?).

In große, gerippte Schrankkoffer verpackt, kamen all unsere Habseligkeiten mit uns, sämtliche Uniformen meines Vaters, die Bücher, die seidenen Spartateppiche … Buchstäblich nichts wurde in England zurückgelassen. Ich hatte die Existenz dieser edlen Teppiche nie hinterfragt, sie waren immer um mich herum gewesen. Schaue ich heute zurück, so frage ich mich angesichts Vaters überstürzter Abreise aus der Türkei, wie sie wohl nach England gekommen sein mochten. Waren sie dort während des Krieges vielleicht irgendwo eingelagert gewesen? Waren sie irgendwann aus der Türkei herausgeschmuggelt worden? Und wo befinden sie sich heute?

In Irland ließen wir uns in Blackrock nieder, einem Ort an der Küste zwischen Dún Laoghaire und Dublin – in der George's Avenue Nr. 82, einem in Strandnähe gelegenen, ziemlich prächtigen (wenn auch bescheidenen) allein stehenden Haus mit Doppelgiebel, das aus einer Zeit noch vor Queen Victoria stammte. Es wurde von einer Witwe namens Mooney bewohnt, deren Mann in der Welt der Pferderennen reüssiert hatte und einmal mit dem *Irish Independent* verbunden gewesen war. Sie lebte dort seit vierzig Jahren und überließ uns ein paar Zimmer für eine monatliche Miete von £ 12.

Die Tage in Blackrock waren anfangs voller Hoffnung und Zuversicht gewesen. Abends spazierten wir häufig zum Meer, Vater schrieb, und wir nahmen ausgiebige Sonnenbäder in Howth und Killiney. Zum Mittagessen oder zur Teestunde begaben wir uns des Öfteren in die Häuser wohlhabender Leute, die ich nicht kannte (aber Mutter kannte sie). Als die kalte Jahreszeit anbrach, begann sich all dies zu ändern. Wir warteten auf Angebote, erhielten aber immer nur Absagen. In jenem keltischen Sommer hatten wir gedacht, die Welt gehöre uns. Im Herbst wussten wir, dass wir uns geirrt hatten. Es war alles bloß ein Hirngespinst gewesen.

Wie man aus *Portrait* weiß, war Feuer die *idée fixe* im Leben meines Vaters. Als ich zur Welt gekommen war, gab er mir den Namen »Ateş« – Türkisch für »Feuer«. Und in der George's Avenue schnappten die Flammen eines Abends erneut nach ihm. Ich hatte das Haus in Brand gesteckt. Es gelang ihm, das Feuer zu löschen, aber erst nachdem er sich das Bein mit einem Kessel voll kochendem Wasser verbrüht hatte, den ihm eine der Mooney-Töchter, ein geistesabwesendes Mädchen, gereicht hatte. Er hatte große Schmerzen und wurde ins Krankenhaus von Dún Laoghaire gebracht, wo er eine Zeit lang blieb, voller Argwohn gegenüber den katholischen Nonnen, und wo er täglich von meiner Mutter und mir besucht wurde. Nachts heulten die Schiffssirenen wie einst die Nebelhörner auf einer anderen, fast vergessenen Wasserstraße. In dem beschlagenen, neonhellen Café an der Ecke dudelte die Musikbox in einem fort das Lied »My Truly, Truly Fair«. Die Frostperiode setzte ein. Vater verdrückte sich klammheimlich: Es gab kein Geld, um die Rechnung zu bezahlen.

Wir waren erster Klasse nach Irland gereist. Vier Monate später sollten wir dritter Klasse nach England zurückkehren, mittel- und besitzlos, abgesehen von einem Türkischwörterbuch und einem Ehrendegen. Wir ließen all unsere Habseligkeiten zurück. Meine Eltern versprachen, eines Tages zurückzukehren, um die Sachen abzuholen, doch das taten sie nie. Es war dunkel, als uns der Schiffszug wieder nach England beförderte, am Tag der heiligen Cäcilia. Und in einer Art stockfinsterem Vakuum brachte uns die U-Bahn dann zur Inverness Terrace zurück.

Das Kapitel Irland war damit ein für alle Mal abgeschlossen. Von Euphorie konnte nun nicht mehr die Rede sein, *Portrait* war verglüht wie eine Supernova, und das Leben, das wir fortan im London der frühen 1950er Jahre fristeten, war düster, grau und verräuchert. Es war eine Zeit der Lebensmittelrationierung und des Schleichhandels (mit einem Schokoriegel konnte man viel »kaufen«), eine Zeit von erstickendem gelbem Smog, von Trümmergrundstücken, zerklüfteten Narben der deutschen Luftangriffe, von Gaslaternen beleuchtet, eine Zeit von ständigem Kohlenqualm in der Luft und offenen Feuern im Park. Im Winter froren wir so erbärmlich, dass Vater die Fensterritzen mit Papier und einer Mehlpampe abdichtete; wir waren so hungrig, dass er regelmäßig zum Markt in der Portobello Road ging, um bei den Straßenhändlern irgendetwas Essbares zu »organisieren«. Warme Kleidung war kaum aufzutreiben: Wir umwickelten uns mit Zeitungspapier, insbesondere die Füße, was ein bisschen half, aber eben nur ein bisschen. Esspakete von Mehmet und Ali versorgten uns mit dem Allernötigsten: Reis und Bohnen, *sucuk* (türkische Wurst) und Olivenöl, aber kaum einmal mit etwas anderem. Manchmal enthielten sie vielleicht etwas so Luxuriöses wie ein Paar Seidenstrümpfe für meine Mutter, auf raffinierte Weise vor dem Zoll versteckt, aber niemals Spielsachen, kein einziges Mal. Die nette Mrs Ferentinos steckte uns gelegentlich ein oder zwei Pfund zu. Als wir auch damit nicht mehr über die Runden kamen, verkauften wir hin und wieder für ein paar Pence ein Buch. Und dann war da noch Davis, das Pfandhaus an der Bayswater Station: Hier trennte sich Vater eines Tages, in einer letzten Verzweiflungstat, von seiner goldenen Longines.

Er traute sich nicht mehr, zu seiner Bank zu gehen – aus Angst, dort abgewiesen zu werden. *»Dik yürü!«*, pflegte er immer zu mir zu sagen. »Geh aufrecht!« Er tat es nicht. Wir gehörten nun zu Londons gesichtslosem Heer armer Mietskasernenbewohner. Unser Leben wurde bestimmt von Streit und Zank, von abgestandenen Essensresten und nagenden Mäusen, von Weißkohlsuppe und einem Luftballon zu Weihnachten, vom Lärm der Leute von nebenan, der uns, so wie auch das unterirdische Donnern der U-Bahn, nachts nicht einschlafen ließ. So schlecht sollte es uns nie wieder gehen.

Nach ein paar Jahren in einem winzigen Zimmer an der Rückseite des Hauses Inverness Terrace Nr. 21 (wo wir 1952 untergekommen waren) zogen wir zum Pembridge Square Nr. 7, wo wir mit der Zeit einige möblierte Zimmer mieteten. Historisch gesehen war Inverness Terrace immer ein Rotlichtbezirk gewesen, während Pembridge Square (wo verdiente Veteranen ihren Lebensabend verbrachten) eine gediegenere Gegend war. Pembridge Square war exklusiv, seine imposanten frühviktorianischen Häuser stammten noch aus der Zeit der Weltausstellung von 1851. Ramsey McDonald, der Mitbegründer der Labour Party und spätere Premierminister (der 1896 in eine am Platz ansässige Familie einheiratete), sprach irgendwo von »der stillen Würde der Säulenvorbauten, Erkerfenster, breiten Stufen und massiven Vordertüren« dieser Häuser, von »jener Aura einer gesonderten Unabhängigkeit, die das englische Mittelschichthaus von substanziellem Besitz umgibt«. Als sie gebaut wurden, waren diese Häuser repräsentative Domizile ihrer wohlhabenden Eigentümer gewesen. Nr. 7, wo zu unserer Zeit nur alte Jungfern, geschiedene Ehefrauen und Witwen hausten, war nobel und komfortabel. An der Rückseite gab es die dicht belaubte Verlockung eines vielfach verzweigten Baums voll gesprenkelter Laubenvögel und wachsamer Eulen (ich war zu Tode betrübt, als er gefällt wurde, nicht in der Lage, dem psychotischen Kreischen der Kettensägen Einhalt zu gebieten, die ihm eines Vormittags den Garaus machten). An der Vorderseite blühende Kirschbäume, deren Pracht und Herrlichkeit so kurz währte wie ein Hochzeitstag und die den Boden jedes Frühjahr mit einem flauschigen Teppich von wohlriechenden, rosig-weißen und braunen Blütenblättern bedeckten.

Uns gefiel es am Pembridge Square. Unter der Woche begleitete ich Vater bei ausgedehnten Spaziergängen durch den Holland Park und durch Notting Hill, einen damals noch völlig verschlafenen Stadtteil. Wir wanderten durch die Kensington Gardens, wo wir mutig dem Geschnatter steifer Kindermädchen trotzten, die mit ihren Kinderwagen durch die Parkanlagen paradierten wie eine Flottille von Segelfregatten. Wir gingen die Kensington Palace Gardens entlang und wunderten uns über die mit Hammer und Sichel geschmückte Festung der Sowjetischen Botschaft. Wir stromerten die Kensington Church Street hinunter, vorbei an der Nr. 128, ursprünglich High Row Nr. 1, Kensington Gravel Pits – einstmals das Domizil des Komponisten Clementi. Hier pflegte der junge Mendelssohn aus Berlin die Horsley-Mädchen zu besuchen, wobei er sich auch die Zeit nahm, das Haus zu zeichnen. Hier ging ich nach Vaters Tod mit Tom Stacey zu Soireen, bei denen man Mozart-Duette und Nocturnes von Field zum Besten gab, um die dort hausenden Geister erzittern zu lassen. An den Sonntagnachmittagen gingen Vater und ich zur Paddington Station, um die Rauch- und Dampfwolken der Züge von Fishguard und Cheltenham zu genießen und um den Cornish Riviera Express zu beobachten, wie er, braun, cremefarben und titangrün, donnernd am Bahnsteig 8 einfuhr. Im Juni gingen wir zum »Trooping the Colour«, der traditionellen Fahnenparade anlässlich des Geburtstags des Monarchen, sogar bis zur Mall, um die Queen zu sehen, wie sie im Damensitz an der Spitze ihrer Truppen zum Buckingham Palace ritt.

Vater besaß einen stark ausgeprägten Sinn für Geschichte und geschichtliche Momente: für den V-E Day, den Tag des alliierten »Victory in Europe«, den er und Mutter 1945 gemeinsam mit den jubelnden Menschenmassen auf dem Trafalgar Square erlebt hatten. Für die Gefallenen und Toten, für die politischen Aufstände in Europa, für die Rituale des Zeremoniells. Er bewunderte den englischen Jagdflieger und Kriegshelden Douglas Bader, verfolgte aufmerksam die Suez-Krise, war schockiert von den Ereignissen in Ungarn und, zwölf Jahre später, in der Tschechoslowakei, analysierte die Kuba-Krise und trauerte um Kennedy. Besorgt verfolgte er die Entwicklungen in Russland, dem alten Erzfeind. Im Februar 1952, als ein eisiger Wind über die Themse gepfiffen kam, zogen wir los, um einen Blick auf den aufgebahrten Georg VI. zu erhaschen. 1965 verfolgten wir im Fernsehen die Bestattung von Churchill, bei dem einfache Marinematrosen den Sarg in einem Tempo von exakt zweiundsechzig Schritten pro Minute zogen. 1956 ließ uns der Ungarnaufstand zur Ungarischen Botschaft eilen, wo wir verfolgten, wie der kommunistische Stern von der Flagge gerissen wurde. Das königliche Salut der King's Troop im Hyde Park, dem ehemaligen Jagdrevier von Heinrich VIII., ließ uns jedes Mal dort hinpilgern. Der Anblick, der Lärm und der Geruch von fünfundsiebzig Rappen, wie sie mit klirrenden Geschirren aus dem etwas weiter entfernten Wald herangaloppiert kamen und ihre sechs gefechtsgrünen Dreizehnpfünder von Gallipoli und von der Somme hinter sich herzogen, begleitet von Reitern in Husarenuniform mit goldenem Schnurbesatz; der die Erde erbeben lassende, auf jedes »Feuer!« erfolgende Donner, wie er von den Mauern der Park Lane widerhallte und die Stimmen an der Speakers' Corner übertönte – genau so, stellten wir uns vor, musste es gewesen sein, wenn man damals einen Angriff bei Waterloo oder auf der Krim miterlebte. Die Luftparaden zum Gedenken an die »Battle of Britain«, bei denen Spitfires und Hurricanes den schweren Wellingtons und Lancasters vorausflogen, waren in den frühen 1950er Jahren jeden September ein weiterer Höhepunkt – das laut gellende »All Clear!« und das hohe Dröhnen der Merlin-Motoren versetzten Vater wieder zurück in die Tage, in denen er Mutter kennengelernt hatte und mit der RAF geflogen war.

Am Pembridge Square war uns das Glück hold. Bis zum Frühjahr 1957 hatte meine Mutter einen lukrativen Job bei einer deutschen Druckmaschinenfirma in der Westminster Bridge Road – nur getrübt durch die Avancen, die ihr dort ein gut aussehender Pole machte, eine Episode, die bei uns zu Hause für dicke Luft sorgte, mochte Mutter ihre Unschuld noch so sehr beteuern. Dann, Ende Juni jenes Jahres, am Johannistag, fand sie eine Anstellung bei Secker & Warburg in Bloomsbury (der Verlag von Thomas Mann, George Orwell, Kafka, Gide, Moravia, Barzun, Colette, Angus Wilson, Malraux, Günter Grass), zunächst als Sekretärin, später als Lektorin, für ein wöchentliches Salär von £ 14 und 10 s. Wir fühlten uns reich, umso mehr, als ich zur gleichen Zeit etwas Geld verdiente, indem ich bei einem Reisebüro im Courtyard, einer Nebenstraße des Queensway, das Postbuch führte.

Zum ersten und einzigen Mal zu Lebzeiten meines Vaters fuhren wir in den Urlaub, mit einem jener großen, viel versprechenden Züge, hinunter nach Totnes in Devon, auf einen Bauernhof namens Blue Post. Es waren herrliche zwei Wochen, in denen wir drei unter freiem Himmel ausgiebig die Gegend erwanderten, in Paignton das Meer auf uns wirken ließen, in Avonwick auf Tenderlokomotiven mit ein oder zwei Waggons warteten, die nie anzukommen schienen, trotz des vielen Rauchs im Tal, ausnahmsweise einmal völlig eins mit uns und mit der ländlichen Umgebung.

Wir genossen rauschende Herbstpartys und tiefschürfende Gespräche bei Fred und Pamela Warburg in deren vor Büchern nur so strotzenden Wohnung in der St Edmund's Terrace am Regent's Park (Pamela war diejenige, die mir mein erstes Exemplar von *Doctor Faustus* schenkte). Dank des Charismas eines exotischen, im Osmanischen Reich aufgewachsenen und von Atatürks Republik geprägten Türken sah Vater sich hier plötzlich im Mittelpunkt eines literarischen Zirkels, dessen Mitglieder sich über sein holperiges Englisch gewundert haben mögen, aber nichts sagten, sondern seine Ausdrucksweise stattdessen als kurios und recht reizvoll empfanden.

Wir erwiderten ihre Gastfreundschaft auf unsere Weise, mit türkischem Wein und Delikatessen aus Soho, die Vaters neueste kulinarische Triumphe ergänzten. Die illustren, brillanten Schriftsteller Jerzy Peterkiewicz und Christine Brooke-Rose gaben uns am Pembridge Square die Ehre. Lord Kinross ebenfalls – später, 1959, als er Vater darum bat, ihm das türkische Quellenmaterial zu besorgen und zu übersetzen, das er in seinem Buch *Atatürk: The Rebirth of a Nation* zu verwenden gedachte. Und natürlich die Warburgs – der heisere, pferdegesichtige Fred, jüdischer Intellektueller und zeitweilig Offizier der Royal Artillery, lebender Beweis dafür, dass das Verlagswesen tatsächlich »ein Betätigungsfeld für Gentlemen« war (so einer seiner Buchtitel).

Bis auf zwei Ausnahmen erschienen Vaters Bücher allesamt in den 1950er Jahren. Weitere Bücher und auch Kurzgeschichten wurden entworfen oder vollendet, doch sie blieben entweder im Manuskriptstadium oder wurden vernichtet. Als *Portrait* erschien, zeigten sich einige Kritiker davon überrascht, wie gut dessen Autor die englische Sprache beherrsche, insbesondere Harold Nicolson, der seine wohlwollende Rezension im *Observer* (13. August 1950) mit der Bemerkung ausklingen ließ, wie erstaunlich es doch sei, dass jemand, der im Jahr 1941 noch kein einziges Wort Englisch gesprochen habe, »nun in der Lage sei, die Nuancen unserer Sprache so leicht zu beherrschen, als handele es sich um seine Muttersprache«. Zwei Wochen später bezeichnete Barbara Worsley-Gough Vater in ihrer Rezension im *Spectator* als »so etwas wie eine männliche, muslimische Ausgabe von George Eliot«.

Diese Kritiker kamen, auf ihre jeweils eigene Weise, der Wahrheit viel näher, als sie womöglich geahnt hatten. In den späten 1940er Jahren war Vaters Kenntnis des Englischen allenfalls bruchstückhaft; in den späten 1960er Jahren sprach er es fließend, jedoch mit einem starken Akzent und mit einem noch immer recht limitierten Wortschatz. Das geschriebene Wort zu verstehen bereitete ihm indes nicht die geringste Mühe: Er las leidenschaftlich gern, von Dostojewski und Pasternak bis zu Galsworthy, von Churchill bis zu Freya Stark. Als seine Atatürk-Biografie 1962 von Michael Joseph publiziert wurde, bestand Vater darauf, dass Mutter (wenn auch gegen ihren Willen) als seine Koautorin genannt werden sollte. Er wusste schließlich besser als jeder andere, dass sie die stilistische und sprachliche Kraft – und mitunter die Denkweise und oftmals auch die Persona – hinter all seinen Werken war. Als Verfasserin von zahlreichen Manuskripten, Kurzgeschichten sowie Romanen, die sie manchmal unter einem Künstlernamen schrieb (»Rebecca« war einer, den sie besonders mochte), hatte sie immer Anerkennung als eine eigenständige Autorin gesucht.[16] Doch Vater, so sagte sie, habe ihr Talent nicht zur Entfaltung kommen lassen.

Wenn er seine Bücher schrieb, so bestand Vaters Methode meines Wissens darin, zunächst einen Entwurf in der alten (arabischen) türkischen Schrift zu verfassen, den er dann in die neue (lateinische) türkische Schrift übertrug und dabei erweiterte. Auf dieser Grundlage erstellte er anschließend einen englischen Rohentwurf. Diesen reichte er an meine Mutter weiter, die das Ganze las, interpretierte und mit ihm besprach, bevor sie dann eine literarische, poetisierte Endfassung schuf, die veröffentlicht werden konnte. Seine Geschichte, ihr Englisch. Später beteiligte auch ich mich daran: Ich las jedes Kapitel, erstellte Register und in einem Fall (*The Caravan Moves On*) kümmerte ich mich, wenn auch ein wenig naiv, um die auf den Vorsatzblättern abgedruckten Landkarten.

Seine beiden bedeutendsten Werke in den 1950er Jahren waren *Phoenix Ascendant: The Rise of Modern Turkey* (erschienen bei Robert Hale), das er der Erinnerung an meine Großeltern widmete, und *The Caravan Moves On* (Secker & Warburg; gekürzte Neuauflage London: Eland 2002; dt. *Die Karawane zieht weiter.* München: Hanser 1960), eine Beschreibung des Lebens der wenig bekannten Yürük-Nomaden von Karadağ im Taurusgebirge. Beide erschienen 1958. *Caravan,* eine Empfehlung der British Book Society, stieß auf großes Interesse. Das *Geographical Magazine* meinte, das Buch habe »ethnologische Relevanz«; die Reiseschriftstellerin Freya Stark, die Anatolien von ihren Wanderungen her bestens kannte, las es mit Begeisterung; Kinross bezeichnete es im *Daily Telegraph* als erhellend und aufschlussreich, und das *Times Literary Supplement,* das die Bücher meines Vaters nicht immer wohlwollend rezensierte, kam nicht umhin, es zu loben. Überrascht und ein wenig verlegen (aber auch erfreut) sah er sich von allen Seiten gepriesen: als ein Dichter, als ein vorbildlicher Reiseschriftsteller, als ein meisterhafter Geschichtenerzähler, als ein umgänglicher Bursche, als ein brillanter Autor.

Die beiden Bücher, die Vater am wenigsten Mühe bereiteten und die beide bei André Deutsch erschienen, handelten vom Kochen, einer seiner großen Leidenschaften: *Cooking with Yoğurt* (1956; Neuauflage London: Coronet 1981), ein seinerzeit recht ungewöhnliches Buch über »eines der Geschenke der Natur an die Menschheit«, und *Turkish Cooking* (1958, Neuauflage: 1999). Beide erwiesen sich als ziemlich profitabel und waren jahrelang lieferbar. Die von Vater beschriebene, erstaunlich primitive Methode zur Herstellung von *yoğurt* mittels eines »Nests« aus Baumwollköper und Federn, das er am Kamin unseres Zimmers platzierte, war ein Ritual, das ich am Pembridge Square jeden Abend verfolgen konnte. Ursprünglich dazu gedacht, meine Mutter nach ihrer Tuberkuloseerkrankung wieder zu Kräften zu bringen, war das Resultat von einer Schmackhaftigkeit und Konsistenz, die mit nichts zu vergleichen waren, was es damals in den Läden zu kaufen gab – auch heute noch reicht nichts an Vaters selbst gemachten Joghurt heran.

Zwei pädagogisch angehauchte Kinderbücher wurden ebenfalls auf den Markt geworfen: das mir gewidmete *The Young Traveller in Turkey* (Phoenix House 1957; später erschien eine niederländische Übersetzung) und *The Land and People of Turkey* (A & G Black 1958). Vater verkaufte alle Rechte daran für £ 75, es wurde unter dem Pseudonym Ali Riza veröffentlicht – ein nützlicher Einfall, denn dies war nicht nur der Name von Muazzez' Ehemann, sondern auch der von Atatürks albanischem Vater. Ein *nom de plume* war erforderlich, weil sein Verlag verhindern wollte, dass Vater sich selbst und *The Young Traveller* Konkurrenz machte. Außerdem befürchtete man, der Markt könne mit zu vielen Titeln unter dem Namen Orga übersättigt werden. Vater willigte ein: Er brauchte das Geld und war froh über die Gelegenheit, etwas für seine jungen Neffen drüben in İstanbul schreiben zu können, für Kaya (Mehmets Sohn) und für Erdal Aretikin[17] (der Sprössling von Ali). Von Mutters Nervenzusammenbruch einmal abgesehen, war 1958 für uns ein gutes Jahr.

In den späten 1950er und frühen 1960er Jahren verspürten wir das Bedürfnis nach einem neuen Lebensstil. Wir begannen nach

Häusern zu suchen, die zu vermieten waren. An den Wochenenden fuhren wir nach St Albans, nach Pinner und Chesham, nach Northwood Hills und Amersham – die ländliche Peripherie von London entwickelte sich zu unserem ständigen Jagdrevier. Hin und wieder erkundeten wir auch den Süden: Eine Tasse Tee in einem komfortablen Pullmanwagen der alten *Brighton Belle* ist eine glückliche Erinnerung. Schließlich setzten wir eine Annonce in die *Times* und erhielten *eine* Antwort. Wir überlegten, wir sahen, wir waren hin und weg.

Das von einer Zigeunerin vorhergesagte weiße Haus auf einem Hügel, Spike Island, Eigentum der van Thals (Bertie war im Verlagswesen tätig gewesen, Phyllis gab die Zeitschrift *Vanity Fair* heraus), war ein langes, flaches, aus dem späten 18. Jahrhundert stammendes, verwittertes East-Sussex-Cottage. Auf einem einsamen, etwa einen halben Hektar großen Stück Wildnis gelegen, in einer bewaldeten, von Nachtigallen bevölkerten Abgeschiedenheit, schmiegte es sich an eine üppig wuchernde, uralte Hecke entlang einem zerfurchten, grasbedeckten Feldweg, ganz in der Nähe der Bahnstation Wadhurst. Etwa eine knappe Stunde von London entfernt (an der Hastings-Bahnlinie), war es mit nichts zu vergleichen, was wir jemals gesehen hatten. Es war romantisch und rustikal, ein lauschiges Refugium in einer paradiesischen Umgebung. Es war nicht ideal, gestanden wir uns ein (lediglich zwei Vorderzimmer, Bad und Küche, so dass ich kein eigenes Zimmer haben würde), doch würde noch etwas Besseres auftauchen? Schließlich hatten wir nur eine einzige Antwort auf unser optimistisches Inserat erhalten, und wir wollten aus London heraus. Wir mieteten das Cottage für einen Appel und ein Ei (fünf Pfund pro Woche) und zogen dort am 18. September 1961 ein. Später, im März 1968, kaufte Mutter es dann für £ 5500.

Vater liebte Spike Island und die Ruhe, die dort herrschte. Es war ein Ort, wo es irgendwie keine Menschen und keinen Lärm gab. Wo überall die Gartengeister herrschten. Wir waren von der Natur umgeben, in all den Ouvertüren und Kadenzen ihrer Jahreszeiten – dem feucht-frischen Geruch der Erde, dem Duft der Blumen, den Wogen der Junischafgarbe, dem Geraschel der Tiere, der Majestät von Eichen und Rotbuchen, dem Schaukeln der Birken, dem Wind. Die Schwärze der Nacht, unbeeinträchtigt von Großstadtlichtern,

»mit Sternen bepudert« (Milton), die Galaxien der Milchstraße – all dies grenzte an eine mystische Erfahrung.

1962 erschienen zwei völlig gegensätzliche Bücher: *Cooking the Middle-East Way* (die Rechte gingen für £ 200 an Paul Hamlyn) und *Atatürk* (für das uns Michael Joseph einen Vorschuss von £ 500 zahlte), eine erweiterte und überarbeitete Fassung des zweiten Teils von *Phoenix Ascendant* (zwei Jahre vor der Studie von Kinross). Der Türkischen Botschaft gefiel es nicht. »Die Art und Weise, wie Atatürk in diesem Buch porträtiert wird [...], hat bei Türken überall auf der Welt Erstaunen und Empörung ausgelöst«, schrieb der Presseattaché an den *Evening Standard* (20. Januar). »Ich protestiere aufs Schärfste gegen die Wortwahl bei der Beschreibung von Atatürks Charakter.« (Der *Standard* hatte behauptet, das Buch verschweige nicht »die dunkle Seite von Atatürks Wesen« – wobei die bösartigsten Adjektive der Besprechung nicht aus der Feder meiner Eltern stammten, sondern aus der des Rezensenten.)

Zeitgleich mit dieser Kritik seitens der Botschaft erhielt Vater einen Brief vom Türkischen Konsulat in den Rutland Gardens, in dem er dazu aufgefordert wurde, sich dort einzufinden, um einige (nicht näher spezifizierte) Fragen zu beantworten. Vater ignorierte das Ganze, hörte nie wieder etwas vom Konsulat und verzichtete fortan darauf, sich seinen Staatsangehörigkeitsausweis verlängern zu lassen.

Danach stellte Vater ein umfangreiches Buch mit Reisrezepten zusammen, für das er keinen Abnehmer fand. Er fasste eine Mohammed-Biografie ins Auge, doch sie blieb eine Idee. Gemeinsam mit mir recherchierte und schrieb er ein paar Kapitel für eine maßgebliche Biografie von Süleymans Admiral Hayrettin Barbarossa; wäre das Buch vollendet worden, so hätte es womöglich Vaters bedeutendstes Werk sein können. Omar Sharif plante eine Verfilmung von *Atatürk,* mit ihm selbst in der Titelrolle, was eine ideale Besetzung gewesen wäre. Er zahlte uns eine beträchtliche Summe für das Vorkaufsrecht (£ 1500), doch auch aus diesem Projekt wurde nichts.

Spike Island gab Vater inneren Frieden – es war das Nächstbeste nach seinem Kindheitstraum, den Lebensabend damit zu verbringen, am Bosporus zu angeln. Aber es gab ihm auch zu viel Zeit zum Nachdenken. Er bekam fast nie andere Menschen zu Gesicht. Besucher gab es nur wenige. Er litt darunter, dass er, wie er fand, kein Prestige, keine Autorität besaß und keine Klasse. In materieller Hinsicht war er völlig von meiner Mutter abhängig. Sein Leben in England, so sollte er mir eines Tages mit einer Mischung aus Wut und Tränen anvertrauen, sei schon seit längerer Zeit zölibatär gewesen.[18] Mutters ständige Flirterei brachte ihn auf die Palme. Ihre Affäre mit einem Oberstleutnant der RAF machte ihm schwer zu schaffen. Damals, in ihren mittleren Vierzigern, attraktiv, kokett und extravagant, war sie Cheflektorin bei W. H. Allen, fuhr täglich im Frühstückswagen des Zuges zur Cannon Street und pflegte einen Lebensstil, geprägt von literarischen Lunches, Cocktailpartys und, wie ich aus dem schloss, was sie mir erzählte, nicht nur gelegentlichen heimlichen Verabredungen. Streitereien, schlechte Laune, Stunden, mitunter auch Tage, in denen die beiden nicht ein einziges Wort wechselten. Mutter ließ uns nun nicht mehr so oft im Stich (wie sie es in London getan hatte), aber sie wusste ganz genau, wie sie Vater quälen konnte, noch in den letzten Stunden seines Lebens. Unser Haus mochte von unserem Frohsinn widerhallen, es erzitterte aber auch von den Spannungen zwischen uns.

Vaters Leben drehte sich fortan um die Gartenarbeit und das Kochen. Er lernte, mit dem englischen Wegerecht zu leben, und saß oft vor dem Fernseher (auch während der Fußballweltmeisterschaft 1966, mit der ganzen Begeisterung und Fachkenntnis eines Fans der englischen Nationalmannschaft). Nach dem Winter 1963, in dem wir eine Woche lang eingeschneit gewesen waren, gründeten wir eine Literaturagentur, die wir International Authors nannten. Wir führten sie von zu Hause aus. Vater erledigte den Bürokram, Mutter beriet unsere Klienten und ich kümmerte mich um die Verträge und Provisionen. Ich dachte mir Buchprojekte aus und ließ sie Wirklichkeit werden. Unser Stall von Autoren war klein, aber angesehen. Ich glaube, wir hielten uns nicht ernsthaft für Literaturagenten, aber es war immerhin eine Beschäftigung und es brachte auch etwas Geld ein.

Die Musik spielte in Vaters Leben nun eine immer wichtigere Rolle. Am Pembridge Square hatte er sich einmal vehement gegen meine musikalischen Ambitionen ausgesprochen und schließlich nur unter der Bedingung eingelenkt, dass ich mich innerhalb von zwei Jahren auf diesem Gebiet bewährte. In den 1960er Jahren (als ich meinen Teil unserer Abmachung erfüllt hatte) tat er alles, um mich zu fördern, kaufte mir Notenblätter und Bücher. Später unterstützte er mich, als ich mit knapp zwanzig Jahren meine ersten Gehversuche als Journalist und Musikkritiker machte.

In den 1950er Jahren waren unsere Konzertbesuche eher sporadisch gewesen. In den 1960er Jahren gingen wir jeden Donnerstagabend durch die Kensington Gardens zum Royal College of Music, um dort um halb sechs dessen begabteste und beste Studenten spielen zu hören. Das nahe gelegene Goethe-Institut besuchten wir ebenfalls gern, denn dort gab es Konzerte, einen Empfang und etwas zu essen sowie die Gelegenheit, mit den Künstlern (Elly Ney, Friedrich Wührer, die Brüder Kontarsky) ein zwangloses Gespräch zu führen – und alles gratis. Ich durfte sogar die Noten umblättern.

Unser Umzug nach Spike Island hinderte *baba* und mich nicht daran, unsere Konzertbesuche fortzusetzen. Der junge, gut aussehende Ungar Tamás Vásáry gab anlässlich des 150. Geburtstags von Liszt ein hervorragendes Konzert in der Royal Festival Hall, mit fünf glänzenden Zugaben, darunter die 6. Ungarische Rhapsodie (deren orientalisches Gepräge Vater ungemein ansprach). Wir genossen alte Dauerbrenner von Klavierkonzerten, die Rubinstein und Giulini mit ihren Interpretationen zu neuem Leben erweckten. Wir entdeckten die sogenannten Proms, die ungezwungenen Promenadenkonzerte in der Royal Albert Hall und anderswo, und wir begeisterten uns für das 20. Jahrhundert genauso wie für die Vergangenheit. Bernstein und das New York Philharmonic, Solti, Boulez, Copland, Ozawa, Penderecki, Xenakis, Horenstein, Ormandy, Oistrach, Barbirolli, Boult, Ashkenazy, Letzterer frisch von seinem Triumph beim Moskauer Tschaikowsky-Wettbewerb zurückgekehrt, moderne Musik im Institute of Contemporary Arts … Noch lange nach Vaters Tod schien es mir unvorstellbar, ohne ihn ein Konzert zu besuchen. Er hatte mich gelehrt, Musik zu genießen und mein Vergnügen daran auch zu zeigen. Er ärgerte sich über die Mentalität, die Einstellung, das offensichtliche Desinteresse und die Reserviertheit, die er bei vielen professionellen Musikkritikern beobachtete. Er konnte dies nie begreifen. »Warum?«, pflegte er mich zu fragen. Ich wusste es nicht. Ich weiß es noch immer nicht.

Mein Vater lebte etwas mehr als neun Jahre in Spike Island. In jener Zeit sah er, wie meine Mutter beruflich immer erfolgreicher wurde, sich aber innerlich zunehmend von ihm entfernte. Er sah, wie ich mein Schicksal in die eigenen Hände zu nehmen begann. Und er sah sich selbst ohne etwas, für das es sich zu leben gelohnt hätte. Ich kenne niemanden, der den Tod mehr herbeigesehnt hat als er. An einem weißen, frostigen Novembermorgen des Jahres 1970 kam mit der Post eine Mitteilung über einen Krankenhausbesuch, den er nicht mehr benötigte. Er spazierte durch seinen Garten, berührte die Bäume, die er eigenhändig gepflanzt hatte, hielt hier inne, um einen Zweig zurechtzustutzen, und dort, um sich mit dem majestätischen Kirschbaum vor dem Küchenfenster zu unterhalten. Das Ende ließ nicht mehr lange auf sich warten. Vergessen von einer Welt, die er einst zu beherrschen geglaubt hatte, durchbohrt von den Pfeilen von Mutters spitzer Zunge, schlich er sich von uns fort, mit einem seligen Lächeln, seine Miene entspannt, seine blasse Gesichtshaut nicht mehr gerötet von der Hitze des Fiebers. Der Sommer jenes Jahres, in dem mein von der Gicht geplagter Vater einen schweren Herzanfall erlitten hatte, war eine Zeit voller Schmerzen und Medikamente gewesen, eine Zeit, in der seine blauen Augen vor Angst und Krankheit ständig verdüstert waren. An jenem Abend jedoch nicht mehr. Bewusstlos, wollte er einfach nur von uns gehen. Jene mondlosen Stunden, der Anruf aus dem Kent and Sussex, Station 14, der Heimweg durch den Wald, die tropfnassen Zweige, Mutter, die nie die Zeit gehabt hatte, sich von Vater zu verabschieden, seine alte, treue Labradorhündin, die kohlrabenschwarze Lâle, wie sie in ihrer Einsamkeit vor sich hin jaulte, das Licht, wie es zitternd durch die Bäume hindurchschimmerte – all dies habe ich mein Lebtag nicht vergessen. Sonntag, der 29. November, die erste Morgenstunde. Für eine allerletzte Nacht nach Hause gebracht – sein Sarg mit einer roten türkischen Flagge bedeckt, auf der sein Degen lag, derselbe Degen, den wir damals aus Irland zurückgebracht hatten –, wurde er, seinem Wunsch gemäß, eingeäschert. Eine schlichte Zeremonie. Ein wenig Musik – das Intermezzo aus *Cavalleria Rusticana*, Chopins Trauermarsch. Dann die Flammen. Vaters Asche verstreuten wir im Wind, an dem Ort, den er in seinen letzten Lebensjahren so sehr geliebt hatte. Ein paar Krümel Asche hob ich auf. Ich bestattete sie später zusammen mit den sterblichen Überresten meiner Mutter.

Ateş Orga
Guildford, Surrey, England
16. August 1988, überarbeitet am 14. Dezember 2008

Nachtrag

Für die Leser der Nachkriegszeit lag die Stärke von *Portrait* in seiner Ausnahmestellung, seiner Ungewöhnlichkeit (zur Mitte des 20. Jahrhunderts wusste man im Westen relativ wenig über die Türkei) sowie darin, dass es außerhalb des literarischen Mainstreams stand und keine eigennützigen Zwecke verfolgte. Es las sich leicht; es las sich wie ein Roman. Es führte dem Leser exotische Szenen vor Augen. Es befasste sich mit Gefühlen, die fast jedem Menschen vertraut sind, mit Liebe, mit Not und Elend, mit dem Schmerz des Abschiednehmens, mit dem Erwachsenwerden. Außerdem waren türkische Schriftsteller und Dichter 1950 (im Unterschied zu heute) in der englischsprachigen Welt kaum bekannt. Halide Edib Adıvars *Memoirs* waren 1926 in New York und London publiziert worden, Reşat Nuri Güntekins *Autobiography of a Turkish Girl* erschien 1949 in englischer Übersetzung in London – keines dieser Werke befand sich unter den Büchern meiner Eltern. Güntekins *Afternoon Sun* (1951), Mahmut Makals *A Village in Anatolia* (1954), das meine Mutter 1957 kaufte, Nâzım Hikmets *Poems* (1954) und Yaşar Kemals *Memed, My Hawk* (1962) erschienen allesamt später.

In Amerika bei Macmillan blieb *Portrait* (mit den von Vater favorisierten türkischen Schreibweisen, die von Gollancz anglisiert worden waren) jahrelang lieferbar; der Verlag brachte 1957 eine zweite Auflage heraus. In den 1970er Jahren versuchte ich, diverse britische Verleger, darunter auch Olivia Gollancz, für das Buch zu interessieren, jedoch ohne Erfolg. Obwohl es ihm gefiel und er womöglich derjenige war, der seine abschlägige Antwort am meisten bereuen sollte, war Tom Stacey (ein Freund, den ich über meine Mutter kennengelernt hatte) der Ansicht, wie so viele in der damaligen Zeit, dass der Stil antiquiert sei und dass es seiner Zeit zu sehr verhaftet sei, um für breitere Leserschichten noch von Interesse zu sein.

März 1988, Blackrock. Ein Nachmittag mit abwechselnd Regen und Sonnenschein. Da steht das Haus, St George's Avenue Nr. 82, sehr stimmungsvoll mit seiner spätgeorgianischen Silhouette. Neue Gesichter leben hier nun, und der einstmals verwilderte Garten sieht jetzt ziemlich manierlich aus. Auf der Suche nach jemandem, der sich vielleicht noch erinnert, komme ich mit einem Mann ins Gespräch, der mich in die Booterstown Avenue verweist, eine heruntergekommene Gegend. Und hier finde ich tatsächlich Lillian Higgins, die letzte der Mooney-Töchter, das Mädchen, das Vater damals so stark verbrüht hatte, dass er ins Krankenhaus musste. Obwohl sie nicht zu wissen scheint, wer ich bin, kocht sie einen Tee und beginnt zu reden, anfangs noch ziemlich zurückhaltend, doch dann taut sie zunehmend auf. Sie erinnert sich an ein Paar mit einem Kind. Eine nette Frau, sehr fürsorglich gegenüber dem Kind. Türkisch. Aber ein ernster Mann, der nur gebrochen Englisch sprach, ein strenger Zuchtmeister, zu streng. Ein Mann mit gutem Geschmack. Der Junge? Ja, ein ziemlicher Schlingel. Verbrachte seine Zeit meist im Garten, oben im Birnbaum am hinteren Ende, und unterhielt sich dann mit Miss Fitzharris, der Nachbarin aus Nr. 80, und ihren Hühnern. Spielte nie mit anderen Kindern. Lag um Punkt sieben im Bett. Das Paar? Nun, zum Abendessen stand bei denen immer eine Flasche Wein auf dem Tisch – oder war's Martini? Und auf dem Herd kochte immer ein Topf mit Markknochen – denn Mark und Suppe, sagte der Mann, seien gut für die Gesundheit. Jede Menge Packkisten und mit Gurten versehene Schrankkoffer, wertvolle Bücher, Orientteppiche ... Das Kind hatte einen kurzen Namen. »A-tisch?« ... Ermattete Augen blicken mich an. Das Feuer im Oktober, das Feuer, von dem seinerzeit die ganze

Straße gewusst hatte – sie hat es aus ihrer Erinnerung gelöscht. Aber nicht die Fremden, die damals von jenseits des Meeres gekommen waren.

Juli 1988, Weymouth Quays. Sonnenuntergang. Eines der seltsamsten Telefonate meines Lebens. Auf Empfehlung (wie ich später erfahre) von Lady Norwich, will John Hatt, der Gründer des seit sechs Jahren bestehenden Eland-Verlags, *Portrait* wiederveröffentlichen (in ein paar Wochen, genauer gesagt, am 31. Oktober, dem Tag, an dem Vater achtzig geworden wäre). Bei einem Mittagessen im altehrwürdigen Polish Club in London bitte ich ihn, mich ein Vorwort beisteuern zu lassen, das die Geschichte des Buches und Vaters Leben in England in die richtige Perspektive rückt. Er willigt ein, meint aber, dass das, was ich zu sagen hätte, sich als *Nachwort* viel besser, viel dramatischer lesen würde – ein genialer Einfall, wie sich später herausstellt (und wie Kritiker seitdem immer wieder bestätigt haben). Auf meinen Vorschlag endet das Buch mit dem Tod meiner Großmutter im Jahr 1940. Das ursprüngliche Schlusskapitel wird gestrichen – jedoch nicht dessen bewegende Schlussepisode (Vaters Aufbruch von Ankara nach London), die in das Nachwort aufgenommen wird.

Nach zahllosen Neuauflagen haben sich das Schicksal von *Portrait* und Vaters Reputation in einem geradezu atemberaubenden Ausmaß verändert. Das Buch ist zu einem Kultklassiker avanciert. Und, was noch wichtiger ist, Arın Bayraktaroğlus bahnbrechende, im Dezember 1994 in İstanbul veröffentlichte türkische Übersetzung (bei Ana Yayıncılıc, insgesamt elf Auflagen; überarbeitete Neuauflage bei Everest Yayınları, İstanbul: Januar 2009) bewirkte Vaters vollständige Rehabilitation in seinem Heimatland. Während der Ägide von Celâl Bayar verboten, ist es heute Pflichtlektüre an vielen türkischen Universitäten. »Die erschütternde Geschichte einer wohlhabenden Familie, die durch den Ersten Weltkrieg in bitterste Armut gestürzt wird« (Maureen Freely, *Guardian,* 14. Juni 2008). »Die beste […] Beschreibung des Lebens in İstanbul« (*Economist,* 7. April 2005). »Eine ergreifende Erinnerung an eine verlorene Liebe, traurig und zugleich großartig, eine der besten Lebenserinnerungen des 20. Jahrhunderts« (Caroline Moorhead, »Book of a Lifetime«, *Independent*, 11. Februar 2005).

Übersetzungen erschienen auch in Griechenland (2000, Exandas), in Spanien (2001, Editorial Casiopea), in den Niederlanden (2002, Uitgeverij Atlas) und in Italien (2007, Passigli Editori). Am außergewöhnlichsten und überraschendsten, was die Herangehensweise und den späteren Erfolg betraf, war die künstlerisch verpackte niederländische Ausgabe, die an einem kalten Samstag Anfang März 2001 mit Emile Brugman, den ich zufällig getroffen hatte, bei einem türkischen Tee in Ali Tüysüzs' Galeri Kayseri ausgebrütet und bei einem Mittagessen im Hotel Pera Palas per Handschlag besiegelt wurde.

Im Juni 2000 kehre ich nach İstanbul zurück[19], wobei ich Vaters Seele mitnehme. Nach Überquerung der einstmals Rumelien genannten Heimat von Vaters Vorfahren mütterlicherseits jagt unser Flugzeug eine Zeit lang über dem Schwarzen Meer dahin, bevor es in die Kurve geht, um in niedriger Höhe über ockerfarbene Häuser mit Pfannendächern und über der sengenden Hitze ausgesetzte Betonpisten zu gleiten, dann wieder hinaus, diesmal über das Marmarameer, bevor es erneut wendet für den Landeanflug auf die Marmor- und Edelstahlpracht des Atatürk-Flughafens – all dies ist ein Cocktail, der mich in eine fieberhafte Erregung versetzt. Dies ist eine Stadt mit Straßen und Plätzen, deren Namen ich immer gekannt habe, die ich aber dennoch nicht kenne – und die ich seit über fünfzig Jahren nicht mehr gesehen habe.

Mir bleiben zweiundsiebzig Stunden, in denen mir Emre Aracı[20], der britischer ist als jeder Brite, Gesellschaft leisten wird. Mit dem Boot fahren wir beide den Bosporus hinauf bis nach Sarıyer, vorbei an den Hängebrücken und der schönen Moschee von Ortaköy, vorbei an Kuleli und seinem roten Dach, vorbei an dem bewaldeten Areal des alten amerikanischen Robert College for Boys, vorbei an der romantischen, natürlichen Marina und der Landungsbrücke bei İstinye. Das nach Rosen duftende Magnolien- und Weinrebenparadies aus Vaters Kindheit und auch den verwilderten, von Unkraut überwucherten Garten, den er hier Jahre später als junger Offizier vorfand, gibt es nicht mehr – wir können uns beides nur vorstellen. Doch das dunkle, mit Balkonen und üppigen Schnitzereien versehene dreistöckige Holzhaus, das einmal Emres Familie gehört hat, gibt es noch. Verriegelt und verrammelt und in einem ziemlich ramponierten Zustand, steht es nun zum Verkauf, ein Sammelplatz für den Krimskrams und das Gerümpel der in der Nähe vertäuten Fischerboote, erdrückt von Take-away-Restaurants und den voll behängten Wäscheleinen der angrenzenden Mietshäuser. Traurig und verlassen, vielleicht – aber man kann noch immer ahnen, wie es hier einmal gewesen sein muss.

Am nächsten Tag unternehmen wir einen völlig anderen Ausflug. Diesmal überqueren wir den Bosporus und fahren dann ostwärts, auf der staubigen, holperigen Straße über İzmit nach Karamürsel. Dies ist die Gegend des schweren Erdbebens von 1999. Trümmer und Verwüstung, wohin das Auge blickt – eingestürzte Häuser, geborstene Mauern, nur einen Ziegelstein dick, ein Schutthaufen nach dem anderen, wackelige Wohnblocks, Ruinen, die einem wie blinde Kadaver entgegenglotzen, ihre Fenster herausgerissen, ihre wenig soliden Fußböden und Wände der Gewalt der Elemente ausgesetzt, ihre verformten Überreste von Zimmern und Küchen traurige Reminiszenzen an die Menschen, die hier einmal gewohnt haben. Doch trotz aller Erschöpfung und Resignation – das Leben geht weiter. Alte Männer sitzen herum, politisieren und rauchen, wozu sie Tee aus kleinen Gläsern schlürfen. Stämmige, sonnengebräunte, barfüßige Jungen mit kurz geschorenen Haaren spielen im Schmutz. Baufällige, zur Straße hin offene Läden verstecken sich im Erdgeschoss von hohen, unbewohnbaren Häusern. Obstverkäufer besprengen ihre Ware. Und überall sprießen Satellitenschüsseln hervor, selbst an den unwahrscheinlichsten Stellen. Karamürsel ist der Ort, wo Tante Bedia und Cousine Oya wohnen. In Mehmets Haus. Ich kann mich nicht daran erinnern, ihnen jemals begegnet zu sein, doch sie versichern mir, dies sei der Fall gewesen. Wir unterhalten uns stockend, mit vielen Pausen, ein ganzes Leben voll unterschiedlicher Erfahrungen liegt zwischen uns. Im Grunde sind wir Fremde, lediglich verbunden durch unseren Namen und unser Blut, Fremde, die sich nur von alten, verblassten Bildern her kennen. Trotzdem empfangen sie mich in ihrem Haus und mit offenen Armen. Hier stoße ich plötzlich wieder auf das Essen und die Gerüche meiner Kindheit – eine konkrete, greifbare Autobiografie. Fotografien aus der Zeit, als Oya und ich noch klein waren. Ein Schrein für Vaters

Bücher, allesamt unberührt. Das Telegramm, das ich ihnen 1970 schickte, um sie von seinem Tod in Kenntnis zu setzen. Sorgfältig konservierte Memorabilien aus anderen Zeiten, aus einem anderen Land. Wir berühren, wir spüren, wir nehmen den Moment in uns auf. Der Abendbus kommt. Meine Tante mustert mich beim Abschied, mütterlich, gleichmütig, doch ihre Augen durchbohren mich dabei tief, vielleicht um etwas von den Männern wiederzuerkennen, in deren Familie sie eingeheiratet hat. Meine Cousine ist emsig mit anderen Dingen beschäftigt. Ihre Nichte und ihr Neffe kommen vorbei, um uns Auf Wiedersehen zu sagen, Bilder einer von Eau de Cologne untermalten Anmut und einer unaufdringlichen Bescheidenheit. Als wir abfahren, schaue ich zurück, gleichgültig gegenüber der Zeit, und lasse meinen Blick auf der Szenerie ruhen, um mich später besser an diesen Ort erinnern zu können, wo die Erde nach Luft schnappt und das Meer so unendlich träge heranschwappt, um sie zu küssen.[21]

In den 1890er Jahren bezeichnete der französische Romancier und Reiseschriftsteller Pierre Loti die westlich der Stadt gelegenen Festungsmauern als »den einsamsten Fleck der Welt, wo sich seit den Tagen der letzten byzantinischen Kaiser nichts verändert zu haben scheint […], dieselben Zinnen, dieselben Türme, dieselben dunklen Schattierungen, aufgetragen von der Hand der Zeit, dieselben regelmäßigen Linien, die schnurgerade und langweilig verlaufen, bis sie sich schließlich in der Ferne am Horizont verlieren […] die umliegende Landschaft […], übersät mit Gruppen von düsteren Zypressen, so hoch wie Kathedralen, in deren Schatten sich Tausende von osmanischen Grabstätten dicht an dicht zusammendrängen […], so viele Friedhöfe, so viele Gräber, so viele Tote.« Hier verbringen Emre und ich einen Nachmittag, und am Ende finden wir das, wonach wir gesucht haben: Merkezefendi, ein vergessenes Gräberfeld von kühler Stille und wohlriechend rauchigen, sonnenbesprenkelten Schatten, das einen deutlichen Kontrast zu der lauten, ursprünglich römischen Straße bildet, die zwischen ihm und den Festungswällen verläuft. Wir stoßen auf das vernachlässigte und, für eine so berühmte Schriftstellerin, auffällig unspektakuläre Grab von Halide Edib Adıvar. Wir stolpern über die vor sich hin rostende Ruine eines Mausoleums für den Koch eines Derwischordens. Wir können kaum glauben, dass ein kleiner, grob behauener Felsklotz die letzte Ruhestätte des Malers İbrahim Çallı markiert. Und mit einem Mal taucht sie auf: Şevkiye Orga, 1895–18. Mai 1940.[22] Die Rosensträucher, die mein Vater und Mehmet gepflanzt haben, sind verschwunden. Der auf die Festungsmauern blickende, einstmals glänzende marmorne Grabstein ist im Lauf der Jahre stumpf geworden, und alles ist überwuchert von einem dichten Gestrüpp aus Unkraut und Dornensträuchern. Ich säubere die Grabstätte, so gut ich kann, und verbeuge mich in stillem Gedenken an meine Großmutter. Dann lassen wir sie in Frieden und überantworten sie, so wie es ihre Söhne vor uns getan haben, »der Sonne und dem milden Regen und den ewigen Nächten, die ihrer harrten«.

Freitag, 23. März 2001. Teşvikiye, Nişantaşı. Ein Ausflug auf Vaters Territorium. Ezgi Saydam[23] begleitet mich zu einem Treffen bei der Işık Foundation. Wir kommen auf Sabiha Gökçen zu sprechen, deren Beerdigung an jenem Tag landesweit für Schlagzeilen sorgt. Jemand ruft einen Verwandten an, einen alten Kuleli-Soldaten, und entlockt ihm die eine oder andere Erinnerung. İrfan Orga? Ja … wir waren damals gemeinsam Kadetten. Er ging nach England … Schmiss alles hin wegen einer Ausländerin. Einem Mädchen aus Irland …

Ateş Orga
Stambourne, North Essex, England
Ambronay, Rhône-Alpes, Frankreich
6. Januar 2009

1 Als man Sabiha Gökçen 1995 ein Exemplar der türkischen Übersetzung von *Portrait* zukommen ließ, wollte sie sich angeblich nicht dazu oder zu meinem Vater äußern: »Diese bemerkenswerten Damen aus Atatürks engstem Umfeld wussten, im Unterschied zu denen, die heute in den Medien auftauchen, wann sie zu reden und was sie zu sagen hatten« (Arın Bayraktaroğlu, 23. Juli 2008).

2 In seinen türkischen Pässen wird entweder 1324 (nach dem Rumi-Kalender) oder 1908 (nach dem Gregorianischen Kalender) als Geburtsjahr angeführt; vgl. Fußnote 14.

3 Das am 21. Juni 1934 verabschiedete und am 26. November in Kraft getretene Nachnamen-Gesetz, das *Bey, Hanım* und andere Anreden ein für alle Mal abschaffte.

4 Geografische Koordinaten: 55° 51' nördlicher Breite, 45° 57' östlicher Länge.

5 Laut ihrem ersten Trauschein. In einem später, am 19. November 1946, in İstanbul ausgestellten britischen Pass wird sie aufgeführt als Margaret Mary Orga geborene D'Arcy-Wright (sic!), mit dem Vermerk, sie habe ihren Namen in Orga geändert.

6 Heute ein Wohnblock, umgewandelt etwa zur Mitte der 1960er Jahre.

7 »Mehr als eine Klasse, aber noch nicht ganz eine eigene Rasse«, lautet eine der Charakterisierungen dieses Menschenschlags (Annabel Goff, *Walled Gardens*).

8 Entertainments National Service Association, die 1939 gegründete britische Organisation zur Truppenbetreuung, die während des Zweiten Weltkriegs mit kulturellen Darbietungen und Veranstaltungen für die Unterhaltung der Streitkräfte und der Arbeiter in den Rüstungsbetrieben sorgte.

9 Ein zwischen 1935 und 1937 errichteter, auf die Themse blickender Wohnkomplex, nicht weit entfernt von den Houses of Parliament, mit insgesamt 1250 Privatwohnungen, damals angeblich »die größte in sich geschlossene Wohnanlage in Europa« (so der Kunsthistoriker Nikolaus Pevsner), zu dem ein Restaurant, ein Swimmingpool, ein Tennisplatz sowie ein Krocketfeld gehörten; zu den Bewohnern zählten Mitglieder des Königshauses, hohe Justizbeamte, Staatsdiener, Repräsentanten des Komitees »Freies Frankreich«, aber auch Callgirls und Spione.

10 Ursprünglicher Schluss der ersten Auflage (1950) von *Portrait.*

11 Nâzım Hikmet (1902–1963), Zeilen auf der Rückseite einer Fotografie.

12 »Rechtskräftig mit dem 15. Januar 1946, dem Tag, an dem offiziell festgestellt wurde, dass der Beklagte den Dienst quittiert hat.«

13 In diesem Brief bestreitet Mutter die »sogenannten ›Tatsachen‹«, die der Kläger geltend gemacht hatte: »Der Angeklagte hat zu keiner Zeit Aviation (oder irgendein anderes Fachgebiet) in England oder anderswo studiert. Er war vom türkischen Luftwaffenministerium nach England beordert worden, um dort als Vorgesetzter von 45 Jungoffizieren zu fungieren, die ihre Ausbildung in England vollenden sollten. Nach einem Jahr [im Juli 1943] erhielt er den Oberbefehl über alle türkischen Offiziere [...], die in England eine Ausbildung absolvierten, und er erfüllte diese Aufgaben aus [einem Büro in] der Türkischen Botschaft in London [sein ›offizieller Status‹ war dem britischen Luftwaffenministerium avisiert worden].« Im letzten Absatz bittet sie Menderes, sich »die bedauerliche

Lage eines Mannes aus Ihrem eigenen Volk« vor Augen zu halten, »der dazu gezwungen werden soll, im Exil zu leben, in einem Land, das er allenfalls als einen Ersatz für sein Vaterland ansehen kann. Die Schulden zu begleichen ist uns völlig unmöglich; wir haben kein Geld. Ein Schriftsteller [...] ist in jedem Land arm; reich ist er nur an Geist und an der Befriedigung, die er empfindet, wenn er eine große geistige Leistung vollbracht hat. Im Falle meines Mannes ist es die Türkei, die von seiner schriftstellerischen Arbeit profitiert (›er ist einer Ihrer nützlichsten und wirksamsten Aktivposten‹) – denn er macht sie uns Ausländern bekannt und vertraut, selbst dem einfachen Mann auf der Straße.«

14 2001 entdeckte ich jedoch zu meiner großen Überraschung, dass meine Geburt dort tatsächlich registriert worden war: 15. November 1946 (Eminönü). In derselben Urkunde heißt es, das Geburtsdatum meines Vaters sei der 1. März 1324 (Rumi-Kalender) und das Geburtsjahr meiner Mutter 1929 (nicht 1919).

15 Beide waren Schülerinnen an der Alma Mater meiner Mutter, wodurch sie sich offenbar noch besser als Ehefrauen für mich eigneten; beide sollten, ohne es zu wissen, mein Leben beeinflussen.

16 Unter ihrem eigenen Namen publizierte sie nur eine einzige Geschichte – *The Journey* (in: *Pick of Today's Short Stories 14*. Eyre & Spottiswoode 1963, einer Anthologie mit Beiträgen von so renommierten Autoren wie Brian Glanville, H.E. Bates, Constantine Fitzgibbon und Mordecai Richler). Dazu gesellte sich noch ein von ihr herausgegebener Band mit Kurzgeschichten – *The House on the Fontanka: Modern Soviet Short Stories* (William Kimber 1970). Ihn widmete sie den »beiden Menschen, die mein Leben am meisten beeinflusst haben, İrfan und Ateş, sowie Gloria Slader-Leopold, die mich in meiner Jugend fast genauso stark beeinflusste« (Gloria, die in der Schule und während des Krieges mit meiner Mutter befreundet gewesen war und möglicherweise ein Faible für meinen Vater gehabt hatte, trat in den 1960er Jahren wieder in unser Leben – und verschwand im November 1974, kurz nach Mutters Tod und nach meiner ersten Eheschließung, aus meinem Leben).

17 Schreibweise wie im Nachwort der ursprünglichen Eland-Ausgabe (1988), aber Arıtekin in der türkischen Übersetzung von *Portrait*.

18 Im Frühherbst 1970 könnte sich dies jedoch vorübergehend geändert haben.

19 Auf Einladung von John Scott und Berrin Torolsan – Lord und Lady Montagu-Douglas-Scott, Mäzene des englisch-türkischen Connaisseurperiodikums *Cornucopia*.

20 Komponist, Dirigent, Gelehrter und langjähriger Freund.

21 Bedia starb 2005. Oya hat wieder geheiratet und lebt nun in der Nähe von İstanbul.

22 Dies steht im Widerspruch zu dem Geburtsjahr, das Vater in seinem Buch angibt, nämlich 1893 (vgl. S. 469), doch es deckt sich mit einer Kindheitserinnerung von mir, in der Vater mir erzählt, seine Mutter sei zum Zeitpunkt seiner Geburt tatsächlich erst dreizehn gewesen.

23 Mezzosopranistin und in erster Linie dafür verantwortlich, dass ich manche Seiten von Vaters Stadt intensiver wahrgenommen habe, Dinge, die ich sonst möglicherweise mit anderen Augen gesehen hätte – von der Moschee von Eyüp bis zum Topkapı-Palast, vom Taksim-Platz bis Tünel, vom Çırağan-Palast bis Ortaköy, von der Sultan-Ahmet-Moschee bis zur Hagia Sophia, von Şişli bis zum Großen Basar, von Yeşil Ev bis zur »Perle von İstanbul«.

Weiterführende Literatur

Ateş Orga, *İrfan Orga: Flight, Flame, Farewell.* In: *Meetings with Remarkable Muslims.* London: Eland 2005

Ateş Orga, *İrfan Orga's »Portrait of a Turkish Family«: Genesis of a Literary Masterpiece.* Paper anlässlich des 100. Geburtstags von İrfan Orga, Emmanuel College, Cambridge, 19. April 2008. *Turkish Area Studies Review* 12 (Herbst 2008)

Ateş Orga (Hg.), *İstanbul: A Collection of the Poetry of Place.* London: Eland 2002

Ateş Orga, *Return of the Native.* In: *Cornucopia* 22 (İstanbul 2000/01)

İrfan Orga, *The Caravan Moves On.* Afterword by Ateş Orga. London: Eland 2002; dt. u. d. T. *Die Karawane zieht weiter. Anatolische Ruinen, Berge und Nomaden.* Aus d. Engl. v. Elisabeth Zehden-Boehm. München: Hanser 1960

İrfan Orga, *Turkish Cooking.* Foreword by Jennifer Paterson. Introduction by Ateş Orga. London: Deutsch 1999

Deutsche Erstausgabe
1. Auflage

Die Originalausgabe erschien 1950 unter dem Titel
Portrait of a Turkish Family bei Victor Gollancz, London

Aus dem Englischen von Fritz Schneider
Lektorat: Claudia Jürgens, Berlin
Umschlag: Claas Möller, b3K, Hamburg – Frankfurt a. M.
Umschlagmotiv: © picture-alliance/KPA/deelight.biz
Satz: Greiner & Reichel, Köln
Druck und Bindung: GGP Media GmbH, Pößneck
Printed in Germany
ISBN 978-3-7160-2604-5

www.arche-verlag.com